PRIVACIDADE E SUA COMPREENSÃO NO DIREITO BRASILEIRO

MARCOS EHRHARDT JÚNIOR

FABÍOLA ALBUQUERQUE LOBO

Coordenadores

PRIVACIDADE E SUA COMPREENSÃO NO DIREITO BRASILEIRO

Belo Horizonte

FÓRUM

CONHECIMENTO JURÍDICO

2019

© 2019 Editora Fórum Ltda.

É proibida a reprodução total ou parcial desta obra, por qualquer meio eletrônico, inclusive por processos xerográficos, sem autorização expressa do Editor.

Conselho Editorial

Adilson Abreu Dallari	Floriano de Azevedo Marques Neto
Alécia Paolucci Nogueira Bicalho	Gustavo Justino de Oliveira
Alexandre Coutinho Pagliarini	Inês Virgínia Prado Soares
André Ramos Tavares	Jorge Ulisses Jacoby Fernandes
Carlos Ayres Britto	Juarez Freitas
Carlos Mário da Silva Velloso	Luciano Ferraz
Cármen Lúcia Antunes Rocha	Lúcio Delfino
Cesar Augusto Guimarães Pereira	Marcia Carla Pereira Ribeiro
Clovis Beznos	Márcio Cammarosano
Cristiana Fortini	Marcos Ehrhardt Jr.
Dinorá Adelaide Musetti Grotti	Maria Sylvia Zanella Di Pietro
Diogo de Figueiredo Moreira Neto (*in memoriam*)	Ney José de Freitas
Egon Bockmann Moreira	Oswaldo Othon de Pontes Saraiva Filho
Emerson Gabardo	Paulo Modesto
Fabrício Motta	Romeu Felipe Bacellar Filho
Fernando Rossi	Sérgio Guerra
Flávio Henrique Unes Pereira	Walber de Moura Agra

CONHECIMENTO JURÍDICO

Luís Cláudio Rodrigues Ferreira
Presidente e Editor

Coordenação editorial: Leonardo Eustáquio Siqueira Araújo
Aline Sobreira de Oliveira

Av. Afonso Pena, 2770 – 15º andar – Savassi – CEP 30130-012
Belo Horizonte – Minas Gerais – Tel.: (31) 2121.4900 / 2121.4949
www.editoraforum.com.br – editoraforum@editoraforum.com.br

Técnica. Empenho. Zelo. Esses foram alguns dos cuidados aplicados na edição desta obra. No entanto, podem ocorrer erros de impressão, digitação ou mesmo restar alguma dúvida conceitual. Caso se constate algo assim, solicitamos a gentileza de nos comunicar através do *e-mail* editorial@editoraforum.com.br para que possamos esclarecer, no que couber. A sua contribuição é muito importante para mantermos a excelência editorial. A Editora Fórum agradece a sua contribuição.

Dados Internacionais de Catalogação na Publicação (CIP) de acordo com a AACR2

P961   Privacidade e sua compreensão no direito brasileiro / Marcos Ehrhardt
Júnior, Fabíola Albuquerque Lobo (Coord.).– Belo Horizonte : Fórum, 2019.

336p.; 14,5cm x 21,5cm.

ISBN: 978-85-450-0694-7

1. Direito Civil. 2. Direito do Consumidor. I. Ehrhardt Júnior, Marcos. II. Lobo, Fabíola Albuquerque. III. Título.

CDD: 342.1
CDU: 347

Elaborado por Daniela Lopes Duarte - CRB-6/3500

Informação bibliográfica deste livro, conforme a NBR 6023:2018 da Associação Brasileira de Normas Técnicas (ABNT):

EHRHARDT JÚNIOR, Marcos; LOBO, Fabíola Albuquerque (Coord.). *Privacidade e sua compreensão no direito brasileiro*. Belo Horizonte: Fórum, 2019. 336p. ISBN 978-85-450-0694-7.

SUMÁRIO

APRESENTAÇÃO........11

DIREITO À PRIVACIDADE E SUA AUTOLIMITAÇÃO
Paulo Lôbo........15

1	O mínimo inatingível	15
2	Irrenunciabilidade dos direitos da personalidade	16
3	Intransmissibilidade dos direitos da personalidade	17
4	A extensão da privacidade	17
5	Direito à intimidade e à vida privada	18
6	Direito ao sigilo	21
7	Direito à imagem	22
8	Direito aos dados pessoais	23
9	A doutrina das três esferas	25
10	A privacidade em perigo: a sociedade da informação	27
11	Alcance da autolimitação	28
12	Tempo da autolimitação do exercício	29
	Referências	31

OS DESAFIOS DA COMPREENSÃO DO DIREITO À PRIVACIDADE NO SISTEMA JURÍDICO BRASILEIRO EM FACE DAS NOVAS TECNOLOGIAS
Erick Lucena Campos Peixoto, Marcos Ehrhardt Júnior........33

1	Introdução	33
2	Nascimento da privacidade contemporânea	34
2.1	A privacidade segundo Warren e Brandeis	34
2.2	O desenvolvimento da privacidade na Europa	38
3	As três dimensões da privacidade	39
3.1	A estrutura tridimensional da privacidade	40
3.2	Dimensão decisional da privacidade	41
3.3	Dimensão espacial da privacidade	43
3.4	Dimensão informacional da privacidade	45
3.4.1	Pessoas identificadas, identificáveis e não identificáveis	48
3.4.2	Problemas com a anonimização e o risco de reidentificação	49
4	Conclusão	52
	Referências	53

PUBLICIDADE NAS REDES SOCIAIS E A VIOLAÇÃO À PRIVACIDADE DO CONSUMIDOR
Dante Ponte de Brito 55

1 Introdução 55
2 O direito à privacidade na era digital 58
3 As redes sociais como instrumento de captura do consumidor e o papel da publicidade 61
4 Responsabilização em face da violação da privacidade do consumidor nas redes sociais 64
5 Conclusão 69
Referências 70

SE VOCÊ GOSTOU, DÊ UM *"LIKE"*
Maria Carla Moutinho Nery 73

1 Introdução 73
2 O direito à privacidade 74
3 O bar Mitzvah 79
4 A blogueira e o pirulito 80
5 Caiu na rede, é dano 82
6 O sobrevivente 84
7 Conclusão 85
Referências 86

BREVES COMENTÁRIOS AO RELATÓRIO *DISINFORMATION AND 'FAKE NEWS': FINAL REPORT. EIGHTH REPORT OF SESSION 2017–19* E O DANO AO DIREITO À PRIVACIDADE NAS REDES SOCIAIS
Danilo Rafael da Silva Mergulhão 87

1 Prolegômenos 87
2 Breves comentários ao relatório da *House of Commons. Digital, Culture, Media and Sport Committee. Disinformation and 'Fake News': Final Report. Eighth Report of Session 2017-19* 90
3 Conclusão 97
Referências 99

RESPONSABILIDADE CIVIL DOS PROVEDORES DE INTERNET
Geraldo Frazão de Aquino Júnior 101

1 A internet e a contratação eletrônica 101
2 O direito e a responsabilidade civil 107
3 Requisitos e excludentes da responsabilidade civil 109
4 Novas tendências da responsabilidade civil 112
5 A responsabilidade civil na internet 113
6 A responsabilidade civil dos provedores de internet e a Lei nº 12.965, de 23 de abril de 2014 117

7   Considerações finais 123
Referências 125

NOTAS SOBRE O DIREITO À PRIVACIDADE E O DIREITO AO ESQUECIMENTO NO ORDENAMENTO JURÍDICO BRASILEIRO
Bruno de Lima Acioli, Marcos Ehrhardt Júnior 127

     Introdução 127
1   A privacidade como valor e direito moderno e o seu lugar no ordenamento jurídico brasileiro 128
2   O direito ao esquecimento 134
2.1   Origem, formas e conteúdo do direito ao esquecimento 137
2.2   O ordenamento jurídico brasileiro e os limites ao direito ao esquecimento 150
     Conclusão 156
     Referências 158

PRIVACIDADE E ESQUECIMENTO SOB A PERSPECTIVA DO EMPRESÁRIO QUE VIVENCIOU CRISE ECONÔMICO-FINANCEIRA
Paula Falcão Albuquerque, José Barros Correia Júnior 163

     Introdução 163
1   Direito ao esquecimento como proteção à privacidade 165
2   A falência e a recuperação de empresas no Brasil e a ordem econômica 171
3   O empresário que vivenciou crise econômico-financeira e o direito ao esquecimento 176
     Considerações finais 181
     Referências 182

PRIVACIDADE FAMILIAR E DIREITO DE FAMÍLIA MÍNIMO
Dimitre Braga Soares de Carvalho 185

     Referências 196

DIREITO À PRIVACIDADE DA ENTIDADE FAMILIAR E OS LIMITES AO RECONHECIMENTO DA LEGITIMIDADE DE FAMÍLIAS SIMULTÂNEAS
Camila Buarque Cabral, Karina Barbosa Franco 199

     Introdução 199
1   Direito à privacidade das entidades familiares 200
1.1   Privacidade, liberdade e autonomia 205
2   Família simultânea ao casamento 209
2.1   Jurisprudência dos tribunais superiores brasileiros 213
     Conclusão 219
     Referências 221

DIREITO À PRIVACIDADE E AS LIMITAÇÕES À MULTIPARENTALIDADE
Fabíola Albuquerque Lobo 225

1   Introdução 225
2   O direito à privacidade 227
3   Relação de parentalidade proveniente da reprodução assistida heteróloga 229
4   Relação de parentalidade proveniente da adoção 234
5   Autolimitação da privacidade e a multiparentalidade 240
6   Conclusão 244
      Referências 245

AS FAMÍLIAS POLIAFETIVAS SOB A ÓTICA DO DIREITO À RESERVA DA PRIVACIDADE FAMILIAR
Patricia Ferreira Rocha 247

      Introdução 247
1   Delimitação conceitual da família poliafetiva 248
2   O pluralismo familiar constitucional é capaz de incluir a poliafetividade? 252
3   O reconhecimento da família poliafetiva como corolário da reserva da privacidade 256
      Conclusão 265
      Referências 266

A PROTEÇÃO DE DADOS PESSOAIS NA INFÂNCIA E O DEVER PARENTAL DE PRESERVAÇÃO DA PRIVACIDADE
Luciana Brasileiro, Maria Rita Holanda 269

1   Introdução 269
2   A doutrina da proteção integral – Limites ao exercício da autoridade parental 271
3   A privacidade infantil e a sua violação durante a formação da personalidade – Dano irreparável 275
4   Conclusão 277
      Referências 278

A TUTELA JURÍDICA DAS PESSOAS TRANS SOB O VIÉS DA PERSONALIDADE: DEBATES ACERCA DOS DIREITOS À IDENTIDADE, AO NOME, À INTEGRIDADE PSICOFÍSICA E À PRIVACIDADE
Manuel Camelo Ferreira da Silva Netto 281

      Introdução 282
1   Transcendendo conceitos: um aporte teórico do contexto sociojurídico no qual estão inseridas as pessoas trans 284
1.1   O movimento LGBTQI e as pessoas trans: além do arco-íris existem múltiplas identidades 284

1.2	As repercussões da estigmatização da população trans frente ao direito	289
2	O reconhecimento da identidade de gênero como um direito da personalidade e sua contribuição para uma despatologização das identidades trans	291
2.1	Direito à identidade, ao nome e à integridade psicofísica das pessoas trans: retificação de registro, nome social e cirurgia de transgenitalização	297
2.2	Direito à privacidade das pessoas trans sob a ótica do direito ao esquecimento: o respeito à intimidade e à vida privada como formas de superar as estigmatizações	300
	Considerações finais	303
	Referências	304

A LONGEVA PRIVACIDADE DO TESTAMENTO CERRADO E SUA UTILIZAÇÃO NA ERA DIGITAL

Gustavo Henrique Baptista Andrade 309

Introdução 309

O testamento no direito brasileiro 310

A privacidade no direito brasileiro 318

Tecnologia e privacidade 322

Tecnologia, privacidade e testamento cerrado 325

Conclusão 328

Referências 330

SOBRE OS AUTORES 333

APRESENTAÇÃO

Nas últimas décadas experimentamos uma intensa transformação nas relações pessoais e negociais impulsionada pelo desenvolvimento tecnológico. Atualmente, a referência a "nova economia" e suas características de inovação disrruptiva aparece, muitas vezes, num contexto de mineração de dados pessoais que ocorre de modo pouco transparente e abusivo, facilitado, em grande parte, pela contingência de nossa Lei Geral de Proteção de Dados, que ainda se encontrar no período de *vacatio legis*.

Aos poucos, perdemos o controle de quem detém informações a respeito de nossas vidas, desde dados aparentemente inofensivos, como data e local de nascimento, escolaridade e profissão, até informações detalhadas sobre hábitos de consumo e rotina, incluindo aqui opções religiosas e sexuais, que muitas vezes aparecem no momento de preenchimento de cadastros para os mais variados tipos de atividades, desde a prática de exercícios numa academia, atendimento num consultório odontológico, aquisição de um produto num quiosque num centro comercial ou agendamento de um serviço numa oficina.

Raramente nos perguntamos por que devemos informar no cadastro preferências por times esportivos e/ou gênero de filmes e pouco nos importamos com o fato do nosso *smartphone* sempre parecer saber para onde iremos em seguida, quanto tempo demoraremos para chegar e onde provavelmente vamos estacionar o carro.

Essa narrativa poderia perdurar por mais algum tempo, mas esse não é o objetivo desta apresentação. As referências acima foram feitas com intenção de demarcar a evolução de um conceito inicialmente relacionado à necessidade de definição de limites, ao estabelecimento de um espaço de convivência apartado dos demais indivíduos. Essa compreensão "espacial" do que seria privacidade, essencialmente focada no aspecto físico, desenvolve-se noutras dimensões, na medida em que as pessoas passam a analisar a influência de outros sujeitos no que se refere ao seu modo pessoal de vida. Integram-se, neste particular, numa pretensão de tutela que busca fundamento nos direitos à intimidade, vida privada, sigilo, imagem, honra, sem mencionar a tradicional noção de inviolabilidade do lar, todos inseridos no texto constitucional.

O desafio de estudar a privacidade em nossos dias parte da compreensão de que o termo encerra uma multiplicidade de situações, cuja característica principal parece apontar para o controle de acesso. Poder-se-ia afirmar que goza de privacidade aquele que consegue manter controle sobre suas próprias informações, mas não apenas isso. O entendimento do conceito perpassa o modo como construímos nossa própria esfera particular, como sugere Stefano Rodotà, em sua obra *A vida na sociedade de vigilância*, traduzida e editada no Brasil pela Renovar.

Diante do exposto, dando continuidade a uma série de publicações que já conta com um título específico sobre a "Boa-fé e sua aplicação no Direito Brasileiro" e outra sobre a "Função Social nas relações privadas", o Grupo de Pesquisa Constitucionalização das Relações Privadas (CONREP), vinculado à Universidade Federal de Pernambuco (UFPE), apresenta o fruto de discussões empreendidas durante os últimos meses, tendo como tema central a dificuldade de compreensão da Privacidade em tempos de intensas transformações sociais.

Como premissas fundamentais para análise dos desafios que a tutela jurídica do direito à privacidade enfrenta, podemos relacionar "a) sua abdicação no inconsciente coletivo em prol da sensação de mais segurança, multiplicando-se aspectos de que já se denominou de sociedade de vigilância; b) o argumento da tutela da liberdade de expressão, que passa a ser tida, equivocadamente, como dotada de primazia *a priori*; c) a exposição pública dos dados pessoais, voluntária ou praticada ilicitamente por terceiros na sociedade de informação e do espetáculo, nos meios de comunicação e nas chamadas redes sociais", conforme precisamente destacado pelo Professor Paulo Lôbo no texto de abertura deste livro, cujo título é "Direito à privacidade e sua autolimitação". É preciso, por conseguinte, ressignificar o conceito da privacidade, que pode ser compreendida em mais de uma dimensão, como propõem Erick Lucena Campos Peixoto e Marcos Ehrhardt Júnior.

A proposta do livro é abordar a questão da privacidade e seus desdobramentos em vários campos das relações particulares, ilustrando qual o entendimento doutrinário predominante e, sempre que possível, como os tribunais brasileiros vêm compreendendo o tema. Assim, Dante Ponte de Brito aborda a questão da publicidade nas redes sociais sob a ótica da proteção ao consumidor, cabendo a Carla Moutinho a tarefa de comentar situações quotidianas que foram impactadas pela tecnologia, para, ao final, apresentar como o Poder Judiciário lidou com as situações. No texto denominado "Se você gostou, dê um *like*", a referida autora aborda três casos concretos que ilustram ainda não

APRESENTAÇÃO | 13

existir consenso entre os juízes para o estabelecimento de critérios de fixação das indenizações por danos extrapatrimoniais por ofensa à privacidade do indivíduo.

Ainda no campo das redes sociais, Danilo Rafael da Silva Mergulhão apresenta breves comentários ao relatório denominado *Disinformation and fake news* elaborado pelo Comitê Digital da Câmara dos Comuns do Reino Unido, trazendo à discussão o estágio do debate na comunidade europeia. A parte dedicada ao estudo da privacidade no ambiente digital se encerra com o texto de Geraldo Frazão de Aquino Júnior acerca da responsabilidade civil dos provedores de internet.

Em seguida, o objeto de estudo volta-se para a compreensão do direito ao esquecimento no Brasil, através das contribuições de Bruno de Lima Acioli e Marcos Ehrhardt Júnior e de Paula Falcão Albuquerque e José Barros Correia Júnior.

Passa-se, então, ao estudo da privacidade e sua compreensão atual no campo das relações familiares e sucessórias, cabendo a Dimitre Braga Soares de Carvalho tratar da privacidade familiar na perspectiva de um direito de família mínimo, enquanto Camila Buarque Cabral e Karina Barbosa Franco questionam os limites ao reconhecimento da legitimidade de famílias simultâneas a partir da expectativa de privacidade das entidades familiares.

Percebe-se, por conseguinte, que além da dimensão individual, a compreensão da privacidade também abrange relações pessoais em sua interação relacional, como ocorre em casos de multiparentalidade e no estabelecimento de famílias poliafetivas, cabendo, respectivamente, a Fabíola Albuquerque Lobo e a Patricia Ferreira Rocha, questionarem acerca do direito à privacidade familiar.

Para além das relações conjugais acima referidas, há de se perquirir acerca da proteção dos dados pessoais na infância e o dever parental de preservação da privacidade, tarefa que coube a Luciana Brasileiro e Maria Rita Holanda, enquanto Manuel Camelo Ferreira da Silva Netto ficou responsável por analisar a tutela jurídica das pessoas *trans*, especialmente no que se refere aos direitos relativos à identidade, ao nome, à integridade psicofísica e à privacidade.

Mesmo o tradicional instituto do testamento cerrado não ficou imune a investigações no campo da privacidade, competindo a Gustavo Henrique Baptista Andrade apresentar suas reflexões sobre o tema, consistindo no artigo que encerra a presente coletânea, mas não o debate sobre o assunto, que se mantém vivo em qualquer cenário de análise do impacto das transformações tecnológicas em nossas vidas.

O objetivo do presente livro é municiar o leitor de novas perspectivas sobre a privacidade em nosso tempo, sendo útil a operadores do direito, pesquisadores e estudantes, que podem utilizar os textos acima referidos como ponto de partida para desbravar novas possibilidade de compreensão e entendimento acerca do tema.

Os Coordenadores

DIREITO À PRIVACIDADE E SUA AUTOLIMITAÇÃO

PAULO LÔBO

1 O mínimo inatingível

É possível a autolimitação do direito à privacidade? Na atualidade, verificam-se constantes exemplos de autolimitação, especialmente no que concerne à intimidade, à vida privada e aos dados pessoais, com ampla divulgação e estímulo pelas mídias tradicionais e sociais. Um dos exemplos frisantes são os espetáculos televisivos de exposição do cotidiano de pessoas, cujas privacidades são propositadamente expostas, denominados *big brothers* ou *reality shows*, com transmissão aberta. Outro, é a exposição narcísica da própria pessoa em redes sociais virtuais, com divulgação de seus dados pessoais, de sua intimidade e de sua vida privada. Outro, ainda, é a concordância de uso de seus dados pessoais pelos provedores de conexão e de utilização de serviços pela internet, que os convertem em mercadoria para obtenção de resultados financeiros vultosos. Até que ponto essas situações podem ser consideradas compatíveis com o sistema de tutela dos direitos à privacidade e, *a fortiori*, da personalidade?

Os principais desafios que a tutela jurídica do direito à privacidade enfrenta, inclusive no cotidiano do sistema judiciário, são: a) sua abdicação no inconsciente coletivo em prol da sensação de mais segurança, multiplicando-se aspectos que já se denominou de sociedade de vigilância; b) o argumento da tutela da liberdade de expressão, que passa a ser tida, equivocadamente, como dotada de primazia *a priori*; c) a exposição pública dos dados pessoais, voluntária ou praticada ilicitamente por terceiros na sociedade de informação e do espetáculo, nos meios de comunicação e nas chamadas redes sociais.

Para que possamos encontrar a resposta jurídica adequada, temos, à partida, de resolver um dilema: os direitos da personalidade são direitos subjetivos individuais, exclusivamente, ou direitos subjetivos funcionalizados que incluem os interesses sociais?

Entendemos que os direitos da personalidade tutelam o núcleo essencial da dignidade da pessoa humana. Todavia, a proteção à dignidade humana não é valor exclusivamente individual; não radica no juízo de valor subjetivo, do que cada pessoa entende como tal. O sentido, no tempo e espaço, é extraído dos valores que se desenvolveram e consolidaram no meio social, no tempo e no espaço, que podem contrariar os valores da pessoa que deve ser objeto de tutela jurídica. Assim, há um mínimo inatingível ou núcleo essencial, que é igual para todas as pessoas.

2 Irrenunciabilidade dos direitos da personalidade

Nenhuma pessoa pode renunciar a qualquer parte dos direitos da personalidade. A renúncia atingiria o núcleo essencial da dignidade da pessoa, onde se inscrevem os direitos da personalidade, pois quem renuncia a um direito o exclui de modo definitivo dos bens jurídicos de que é titular. É inconcebível, no direito atual, a renúncia à vida, à integridade física, à integridade psíquica, à identidade pessoal, à intimidade, à vida privada, por exemplo. Essa característica foi afirmada de modo expresso pelo Código Civil (art. 11)[1] sem abertura a qualquer exceção.

A renúncia a qualquer direito da personalidade afetaria sua inviolabilidade e significaria renunciar a si mesmo, para converter-se de sujeito em objeto. O direito de povos antigos, fundado na escravidão, admitia que uma pessoa pudesse renunciar à sua liberdade para

---

[1] "Art. 11. Com exceção dos casos previstos em lei, os direitos da personalidade são intransmissíveis e irrenunciáveis, não podendo o seu exercício sofrer limitação voluntária."

degradar-se em escravo, como forma de pagamento de dívidas, o que é inadmissível na contemporaneidade. Como diz Pontes de Miranda, "a razão para a irrenunciabilidade é a mesma da intransmissibilidade: ter ligação íntima com a personalidade e ser eficácia irradiada por essa. Se o direito é direito de personalidade, irrenunciável é".[2]

3 Intransmissibilidade dos direitos da personalidade

Intransmissíveis são os direitos da personalidade, estabelece o Código Civil, no mesmo art. 11. Mas há certos aspectos que podem ser objeto de transmissão. Como conciliar essa aparente contradição? O direito de imagem-retrato é transmissível, por exemplo, principalmente nos casos de pessoas que vivem profissionalmente da exposição pública, como os modelos, os artistas, os desportistas. A Lei de Direitos Autorais admite expressamente o chamado direito de arena, para pessoas que não são criadores ou autores, mas cujas habilidades corporais, físicas ou dramáticas os singularizam, atraindo público e gerando renda para si e para as organizações que as utilizam; são situações essencialmente patrimoniais e, portanto, transmissíveis, não podendo terceiro fazer uso delas para proveito próprio, sem consentimento do titular.

Porém, um esclarecimento se impõe para se ultrapassar a contradição, é dizer, o que se transmite não é o direito da personalidade, mas a projeção de seus efeitos patrimoniais, quando haja. O direito permanece inviolável e intransmissível, ainda que o titular queira transmiti-lo, pois o que é inerente à pessoa não pode ser dela destacado. A pessoa não transmite sua imagem, ficando dela privada durante certo tempo, o que acarretaria sua despersonalização. O que se utiliza é certa e determinada projeção de sua imagem (a foto, o filme, a gravação), que desta se originou. A regra do Código Civil está, portanto, correta.

4 A extensão da privacidade

Sob a denominação privacidade[3] cabem os direitos da personalidade que resguardam de interferências externas os fatos da intimidade

---

[2] PONTES DE MIRANDA, F. C. *Tratado de direito privado*. v. 7. Rio de Janeiro: Borsoi, 1971, p. 8.

[3] O termo, de origem anglo-saxônica, difundiu-se no uso linguístico, no Brasil, a partir da década de setenta do século XX, tendo sido adotado por nossos dicionários, como o de Houaiss. Apesar do anglicanismo, não pode ser substituído simplesmente por intimidade, liberdade pessoal, vida íntima ou sossego, como sugere o dicionarista, pois cada uma dessas situações insere-se no todo da privacidade.

e da reserva da pessoa, que não devem ser levados ao espaço público. Incluem-se os direitos à intimidade, à vida privada, ao sigilo, à imagem e aos dados pessoais. O art. 21 do Código Civil ressalta que a "vida privada da pessoa natural é inviolável", o que deve ser entendido como inviolabilidade oponível ao Estado, à sociedade e à própria pessoa. Como diz o Código Civil português, a extensão da privacidade (ou reserva) é definida conforme a natureza do caso e a condição das pessoas.

No ambiente anglo-saxão, onde mais se expandiu, deplora-se que o conceito de privacidade tenha se tornado demasiadamente vago e difícil de controlar para executar um trabalho analítico útil (e, aqui, legal). O conceito cresceu dentro de uma nebulosa noção de propriedade, de liberdade (com a qual é frequentemente igualado) ou de autonomia (com a qual é frequentemente confundido). Essa ambiguidade tem prejudicado sua eficaz proteção legal.

No centro do interesse para proteger a privacidade encontra-se uma concepção do indivíduo e de sua relação com a sociedade. A ideia das esferas de atividades privadas e públicas supõe uma comunidade em que não somente tal divisão faça o sentido, mas que as composições institucionais e estruturais que facilitam uma representação orgânica deste tipo estejam presentes.[4] A necessidade de equilíbrio entre as esferas pública e privada é ressaltada no entendimento da Comissão de Direitos Humanos da ONU de que, se "todas as pessoas vivem em sociedade, a proteção da privacidade é necessariamente relativa".

5 Direito à intimidade e à vida privada

O direito à intimidade diz respeito a fatos, situações e acontecimentos que a pessoa deseja ver sob seu domínio exclusivo, sem compartilhar com qualquer outra. É a parte interior da história de vida de cada um, que o singulariza, e que deve ser mantida sob reserva. Estão cobertos pelo manto tutelar da intimidade os dados e documentos cuja revelação possa trazer constrangimento e prejuízos à reputação da pessoa, quer estejam na moradia, no automóvel, nos ambientes de lazer, nos arquivos pessoais, na bagagem, no computador, no ambiente do trabalho, na internet. O conceito de intimidade varia de pessoa para pessoa, mas acima de tudo depende da cultura de onde emergiu sua

---

[4] WACKS, Raymond. *Personal information*: privacy and the law. Oxford: Clarendon Press, 1989, p. 7-8.

formação, em cada época e nos diferentes lugares onde desenvolva seu projeto existencial.

Visando à proteção da intimidade, a Lei nº 13.271/2016 veda as revistas íntimas em mulheres, seja por órgãos públicos, incluindo presídios, seja por empresas privadas, prevendo multa em caso de descumprimento, a ser revertida para órgãos de proteção dos direitos da mulher.

O direito à vida privada diz respeito ao ambiente familiar, cuja lesão resvala nos outros membros do grupo. O gosto pessoal, a intimidade, as amizades, as preferências artísticas, literárias, sociais, gastronômicas, sexuais, as doenças porventura existentes, medicamentos tomados, lugares frequentados, as pessoas com quem se conversa e sai, até o lixo produzido, interessam exclusivamente a cada indivíduo, devendo ficar fora da curiosidade, intromissão ou interferência de terceiros. Estabelece o inciso XI do artigo 5º da Constituição que a casa é o asilo inviolável do indivíduo, ninguém podendo penetrar sem o consentimento do morador, salvo em flagrante delito ou para prestar socorro ou por determinação judicial.

Com o avanço da tecnologia e da informática, a vida privada encontra-se muito vulnerável à violação, que pode ser feita por intermédio de satélites, de aparelhos óticos, gravadores, transmissores de alta sensibilidade e gravadores de última geração. Esses equipamentos sofisticados dispensam a invasão física da casa da pessoa, pois conseguem captar dados, informações, falas e imagens a distância.

Mais graves são as imensas possibilidades de invasão dos arquivos pessoais e das informações veiculadas pelas mídias sociais, causando danos, às vezes, irreversíveis à intimidade das vítimas, pela manipulação desses dados. Estão difundidos arquivos gravados pelo servidor ou programas invasivos, sem o conhecimento do utilizador dos equipamentos e programas, os quais capturam e armazenam informações sobre os hábitos dos consumidores, que são comercializadas para utilização em mala direta enviadas aos usuários de acordo com suas preferências, ofertando produtos e serviços. O consequente recebimento indesejado de correspondências eletrônicas (*spam*) caracteriza ilícito, suscetível de responsabilidade civil (CC, art. 186). A legislação brasileira considera crime "realizar interceptação de comunicações telefônicas, de informática ou telemática, ou quebrar segredo de Justiça, sem autorização judicial ou com objetivos não autorizados em lei" (Lei nº 9.296/1996, art. 10).

Adverte Stefano Rodotà que estamos diante de progressivos resvalos na privacidade: da pessoa "perscrutada", através de câmeras de vídeo e de técnicas biométricas, pode passar-se à pessoa "modificada" mediante a inserção de *chips* e de etiquetas "inteligentes", em um contexto que cada vez mais claramente nos individualiza como *networked persons*, pessoas permanentemente em rede, configuradas de modo a emitir e receber pulsos que permitem esquadrinhar e reconstruir movimentos, hábitos, contatos, alterando sentidos e conteúdos da autonomia das pessoas.[5]

A Lei nº 12.965/2014 (Marco Civil da Internet) isenta de responsabilidade civil o provedor de aplicações de internet que disponibilize conteúdo gerado por terceiros, salvo se, após ordem judicial, não tornar indisponível o conteúdo, dentro do prazo que lhe for assinalado pelo juiz, de acordo com os limites técnicos do serviço. Também será responsabilizado subsidiariamente pela violação da intimidade decorrente de divulgação não autorizada de imagens, vídeos ou de outros materiais contendo cenas de nudez ou de atos sexuais, quando, após notificado pelo próprio interessado (sem necessidade de ordem judicial), não retirar tais conteúdos. O art. 19 da lei estabelece que a responsabilidade civil do provedor de aplicações de internet por conteúdo ofensivo de usuário somente se caracterizará se não tomar providências para torná-lo indisponível após ordem judicial específica, o que configura restrição desproporcional ao direito do ofendido, que não poderá dirigir-se direta e extrajudicialmente ao provedor.

Em situações excepcionais, a lei pode admitir a violação da privacidade na internet. A Lei nº 13.441/2017, que introduziu o art. 190-A no ECA, prevê a infiltração de agentes de polícia na internet para investigar os crimes contra crianças e adolescentes mediante autorização judicial que defira requerimento do Ministério Público ou representação de delegado de polícia durante o prazo renovável de 90 dias.

A distinção entre intimidade e vida privada nem sempre é fácil, pois está condicionada aos variados ambientes culturais e às mutações ocorridas no tempo, razão porque quase sempre essas expressões estão conjugadas, como optou a Constituição. A alusão a uma é quase sempre abrangente da outra. De toda a forma, quando a norma jurídica referir a uma delas, o intérprete deve considerar como implicitamente referida a outra.

Antes de 1988, a intimidade e a vida privada não foram expressamente referidas nas constituições brasileiras. A Constituição do Império,

---

[5] RODOTÀ, Stefano. Transformações do corpo. *Revista Trimestral de Direito Civil*. Rio de Janeiro: Padma, n. 19, jul./set. 2004, p. 95.

de 1824, e a da República de 1891 cuidavam apenas da inviolabilidade do domicílio, o que supõe alcançar a vida privada. Nas Constituições de 1934, 1937 e 1946, a intimidade e a vida privada continuaram sendo tuteladas de forma indireta, remetendo-se à inviolabilidade do domicílio, e nas de 1967 e 1969, com a inclusão da garantia do sigilo da correspondência e das comunicações telegráficas.

6 Direito ao sigilo

O direito ao sigilo protege o conteúdo das correspondências e das comunicações. Não é apenas ilícito divulgar tais manifestações, mas também tomar delas conhecimento, e revelá-las, não importa a quantas pessoas. A Constituição (art. 5º, XII) garante a inviolabilidade do sigilo da correspondência e das comunicações telegráficas, de dados e das comunicações telefônicas, "salvo, no último caso, por ordem judicial". A ressalva diz respeito, exclusivamente, às comunicações telefônicas. O STF (MS nº 21729 e RE nº 418.416) ressaltou que "a proteção a que se refere o art. 5º, XII, é da comunicação 'de dados' e não os 'dados', o que tornaria impossível qualquer investigação administrativa" (houve apreensão da base física na qual se encontravam os dados, mediante prévia decisão judicial).

A autorização judicial para interceptação telefônica, para fins de prova em processo criminal, e apenas nessa hipótese, é problemática, pois quase sempre viola a intimidade da pessoa, em relação a comunicações pessoais ouvidas e gravadas.

Para Pontes de Miranda, o direito ao sigilo da correspondência é, fora de dúvida, a liberdade de não emitir o pensamento para todos ou além de certas pessoas. Dessa liberdade nasce o direito ao sigilo da correspondência, porque se exerce aquela. O direito a velar a intimidade é, portanto, efeito de exercício da liberdade de fazer e de não fazer; é a liberdade que está à base disso.[6]

O direito ao sigilo impede que cônjuges, companheiros ou pais violem correspondências e comunicações, sob pretexto de dever de fidelidade ou de poder familiar, pois lesivos à dignidade pessoal dos atingidos.

Contudo, o sigilo profissional não constitui direito da personalidade, pois tutela muito mais o cliente que o profissional, o qual tem

---

[6] PONTES DE MIRANDA, F. C. *Tratado de direito privado*. Rio de Janeiro: Borsoi, 1971, p. 126 e 129. v. 7.

o dever de guarda; sua revelação viola a intimidade e a vida privada do cliente. Tampouco se inclui no âmbito do direito da personalidade o sigilo bancário, pois exprime um valor patrimonial do banco ou do cliente. Porém, em sentido contrário a esse nosso entendimento, o STF (RE nº 215301-CE) decidiu que "o sigilo bancário é espécie do direito à privacidade, que a C.F. consagra" e somente pode ser quebrado por intervenção da autoridade judiciária.

7 Direito à imagem

O direito à imagem diz respeito a toda forma de reprodução da figura humana, em sua totalidade ou em parte. Não se confunde com a honra, reputação ou consideração social de alguém, como se difundiu na linguagem comum. Relaciona-se ao retrato, à efígie, cuja exposição não autorizada é repelida. Nesse, como nos demais casos de direitos da personalidade, pode haver danos materiais, mas sempre há dano moral, para tanto bastando a revelação ou a publicação não autorizadas. Quando a divulgação ou exposição do retrato, filme ou assemelhado danifica a reputação da pessoa efigiada, viola-se também o direito à honra e, quase sempre, à intimidade. Há quem sustente, de acordo com o uso linguístico, que o direito à imagem pode conter duas dimensões: a) a primeira é a imagem externa da pessoa (efígie), ou externalidade física; b) a segunda é a imagem atributo, ou seja, o conceito público que a pessoa desfruta, ou externalidade comportamental. Parece ter sido na primeira dimensão (efígie) a alusão que a Constituição faz à imagem no art. 5º, inciso X, e na segunda dimensão (atributo) a referência à imagem, no inciso V.

O Código Civil da Argentina, de 2014, exige o consentimento da pessoa para que se capte ou reproduza sua imagem ou sua voz, salvo nos seguintes casos: a) quando a pessoa tome parte em atos públicos; b) quando exista um interesse científico, cultural ou educacional de caráter prioritário e desde que se tomem as precauções suficientes para se evitar um dano desnecessário; c) exercício regular do direito de informar sobre acontecimentos de interesse geral. São regras de ajuste, também aplicáveis ao direito brasileiro.

O direito à imagem é um dos principais alvos de tensão ou colisão com a liberdade de imprensa, constitucionalmente garantida. Os limites são tênues e há tendência para abuso dessa liberdade, que, como todas as garantias constitucionais, não é absoluta. O STJ (REsp nº 480625) julgou caso de reportagem veiculada em revista de circulação nacional, na qual se publicou fotografia de uma adolescente, apontada como suicida, que alegou danos morais por ofensa a sua imagem. O STJ levou em conta a repercussão da ofensa, a situação econômica da ofensora e grau da culpa, para elevar o valor da reparação devida. O art. 20 do Código Civil determina que "a exposição ou utilização da imagem de uma pessoa poderão ser proibidas" se "lhe atingirem a honra, a boa fama ou a respeitabilidade, ou se se destinarem a fins comerciais". Essa regra, de redação ambígua, tem ensejado controvérsias acerca de sua constitucionalidade, pois o inciso X do art. 5º da Constituição enuncia a imagem e a honra como direitos da personalidade autônomos, sem depender um do outro para seu exercício ou proteção, notadamente quanto a reparação por danos moral e material. Pode haver lesão ao direito à imagem sem ter havido simultânea lesão à honra, bastando a primeira para incidência da norma constitucional. Para salvar a regra do art. 20, sem a incompatibilidade que a interpretação literal acarretaria, não se pode condicionar a tutela jurídica de um direito à existência de idêntica lesão a outro, devendo-se recorrer à interpretação em conformidade com a Constituição. Assim, a interpretação a ser acolhida não é a que subordina ou condiciona um direito a outro, mas a que exclui a lesão à imagem quando o fato não causar qualquer dano ou prejuízo ao titular, sendo a referência à honra meramente exemplificativa. Nesse sentido, em caso de publicação não consentida de fotografia de artista de televisão, decidiu o STF (RE nº 215984-RJ) que "para a reparação do dano moral não se exige a ocorrência da ofensa à reputação do indivíduo"; desde que o fato exista, por si só, há o dano moral que deve ser reparado.

Como bem esclarece Adriano de Cupis, indubitavelmente, muitos casos nos quais se discute o direito à imagem traduzem hipóteses de difusão da imagem de maneira e em circunstâncias tais que representam uma ofensa à honra; mas, mesmo que tal se não verifique, subsiste do mesmo modo a tutela jurídica, e por isso o direito à imagem tem caráter autônomo.[7]

8 Direito aos dados pessoais

A esfera privada abrange na atualidade o autogoverno dos dados pessoais, os quais impactam fortemente na compreensão dos direitos da personalidade, agravando os riscos de sua violação. A coleta de dados

---

[7] CUPIS, Adriano de. *I diritti della personalità*, Milano: Giuffrè, 1982, p. 309.

pessoais por parte dos provedores de bens e serviços, notadamente dos que a utilizam para fins de informação, cresceu exponencialmente com a difusão da informática, fragilizando as garantias legais da privacidade.

Os dados pessoais passaram a constituir fonte de incalculável lucro para empresas provedoras desses dados, em prejuízo da privacidade de seus titulares, no denominado capitalismo de vigilância, baseado na mais-valia comportamental, o qual transita ao lado do Estado de vigilância da contemporaneidade.

O criador e controlador de uma das mais importantes empresas provedoras de redes sociais afirmou, com certa arrogância, que a "era da privacidade acabou"; no entanto, em 2018 divulgou-se a subtração de dados, para fins ilícitos, de milhões de pessoas usuárias dessa mesma empresa provedora, o que demonstrou a falácia da afirmação e a necessidade de maior controle social ou público de tal atividade. Em depoimento prestado ao Congresso norte-americano, esse mesmo executivo reconheceu que a empresa provedora não fizera o suficiente para impedir o mal uso "da privacidade dos dados", inclusive para manipulação de perfis e difusão de notificações falsas ou discursos de ódio.

Em 2014, a Assembleia-Geral da ONU adotou nova resolução sobre o "direito à privacidade na era digital", reconhecendo que até mesmo os metadados podem revelar informações pessoais e fornecer elementos sobre comportamento individual, relações sociais, preferências individuais e identidade, e estabeleceu que "toda interferência no direito à privacidade não deve ser arbitrária ou ilegal, tendo presente aquilo que é razoável para a persecução de escopos legítimos".

A partir de 25 de maio de 2018, entrou em vigor na União Europeia o Regulamento Geral de Proteção de Dados; todas as empresas envolvidas com a manipulação e tratamento de dados de usuários estão obrigadas a criar configurações de privacidade em seus produtos e propriedades digitais, reavaliar regularmente impactos na privacidade das pessoas e explicar como buscam permissão para usar dados e documentar como os utilizam.

No Brasil, com forte inspiração no Regulamento Geral europeu, a Lei nº 13.709/2018, com entrada em vigor em 15 de fevereiro de 2020, estabelece regras minuciosas, voltadas à proteção dos dados pessoais, aplicando-se a todas as utilizações em território nacional, independentemente do país da sede do utilizador. De acordo com a lei, toda pessoa natural tem assegurada a titularidade de seus dados pessoais e garantidos os direitos qualificados como fundamentais, entre eles, a privacidade. A utilização dos dados pessoais depende de consentimento do titular, ou para cumprimento de obrigação legal, ou para estudos por órgão de pesquisa com garantia de anonimato, ou para execução de contrato preliminar a pedido do titular. Porém, é dispensada a exigência de consentimento para os dados tornados manifestamente públicos pelo titular, ainda que resguardados os direitos deste. O consentimento somente será válido se for suficientemente informado e destacado em cláusula específica, podendo ser revogado a qualquer momento pelo titular. Quando houver consentimento, o titular tem o direito de acesso facilitado às informações sobre o tratamento dos dados pessoais.

Stefano Rodotà[8] conclui que "se constrói hoje a esfera privada, entendida como conjunto de informações referidas a determinada pessoa", pois, na atualidade, cedemos informações, deixamos traços quando desejamos produtos e serviços, quando obtemos informações, quando nos movimentamos no espaço real ou virtual. A grande massa de dados pessoais, recolhidos em escala sempre mais larga e postos em circulação intensamente, modifica o conhecimento e a identidade mesma da pessoa.

Para efeitos da Lei nº 12.414/2011, considera-se "banco de dados" o conjunto de dados relativo à pessoa natural ou jurídica, armazenados com a finalidade de subsidiar a concessão de crédito, a realização de venda a prazo ou de outras transações comerciais e empresariais que impliquem risco financeiro. A lei assegura ao cadastrado o direito de obter o cancelamento do cadastro quando solicitado; de acessar gratuitamente as informações sobre ele existentes no banco de dados; de solicitar impugnação de qualquer informação sobre ele erroneamente anotada em banco de dados e ter, em até sete dias, sua correção ou cancelamento; de conhecer os principais elementos e critérios considerados para a análise de risco; de ser informado previamente sobre o armazenamento, a identidade do gestor do banco de dados, o objetivo do tratamento dos dados pessoais e os destinatários dos dados em caso de compartilhamento; de ter os seus dados pessoais utilizados somente de acordo com a finalidade para a qual eles foram coletados.

9 A doutrina das três esferas

Relativamente à privacidade, o direito alemão desenvolveu a doutrina das três esferas, no intuito de identificar o que seria seu núcleo essencial insuscetível de limitação e o que poderia ser objeto

---

[8] RODOTÀ, Stefano. *Il mondo nelle rete: quali diritti, quali i vincoli*. Roma-Bari: Laterza, 2014, p. 32.

de autolimitação. Com base na jurisprudência constitucional, têm sido assinaladas três esferas ou âmbitos do livre desenvolvimento da personalidade, em relação com a dignidade da pessoa e em função das possibilidades de intervenção do Estado em cada uma delas: a) a *esfera* íntima *ou interna*, especialmente vinculada à dignidade, e que constituiria um núcleo subtraído a qualquer ingerência estatal; b) a *esfera privada*, na qual o indivíduo pode desenvolver livremente sua personalidade, mas na que o Estado pode intervir quando se devam proteger interesses da coletividade;[9] c) a *esfera pública ou social*, constituída pelas ações que não tenham relação com o desenvolvimento da personalidade e, portanto, não protegidas como configuração da vida privada.[10] A doutrina das três esferas tem por fito a limitação negativa oposta ao Estado, segundo a concepção dominante na Alemanha dos direitos fundamentais. Todavia, podemos apropriá-la aos direitos da personalidade nas relações entre sujeitos privados.

A adaptação da doutrina das três esferas, em relação à própria pessoa titular do direito à privacidade, pode ser útil para discernir o que pode ser objeto de autolimitação. A esfera íntima ou interna, ou o núcleo irredutível e essencial integrante da dignidade de qualquer pessoa, que a sociedade assim considera, não pode ser objeto de autolimitação. Nenhuma pessoa pode permitir, por ato de liberalidade ou mediante contrato oneroso, que sua esfera íntima de privacidade possa ser violada ou exposta. A esfera íntima da privacidade é tudo aquilo que a consciência jurídica contemporânea considera como insuscetível de projeção no espaço público.

A ideia de uma esfera íntima ou interna esteve subjacente às primeiras manifestações doutrinárias sobre privacidade. É consenso, entre os autores dessa matéria, que o primeiro texto consagrado diretamente ao direito à privacidade foi o de Warren e Brandeis, publicado em 1890 nos Estados Unidos.[11] Esses autores, que foram pessoalmente

---

[9] Exemplo de limitação decorrente da necessidade de proteção dos interesses sociais ou públicos é a decisão do STF, no HC nº 75338-RJ, que considerou lícita a gravação de conversa telefônica por um dos interlocutores, ou com sua autorização, sem ciência do outro, quando há investida criminosa deste último. Não haveria violação a direito à privacidade quando se "grava diálogo com sequestradores, estelionatários ou qualquer tipo de chantagista".

[10] DÍAZ REVORIO, Francisco Xavier. *Valores superiores e interpretación constitucional*. Madrid: CEPC, 1997, p. 495.

[11] WARREN, Samuel; BRANDEIS, Louis D. The right to privacy. Disponível em www. louisville.edu/library/law/brandeis/privacy.html. Originalmente publicado em *Harvard Law Review*, n. 193, 1890.

incomodados com a invasão de suas privacidades por jornalistas sensacionalistas, apontam como núcleo indevassável o direito de estar só ou de ser deixado só,[12] como espécie de propriedade individual estendida, concebida como direito absoluto, ou seja, a propriedade do indivíduo é o valor supremo, inviolável pelo Estado e pela sociedade. Não é este o sentido atual de núcleo essencial, pois ancorado na dignidade da pessoa humana, de caráter extrapatrimonial, cuja violação possa afetar o próprio significado de dignidade e do valor da pessoa humana. Warren e Brandeis admitiram que o direito à privacidade não proibia a publicação de qualquer matéria que fosse de "interesse público e geral", coincidindo com a ideia de esfera pública e social. Também admitiram que a comunicação de qualquer matéria, quando a publicação for feita de acordo com a lei que interdita a difamação, o que a aproxima da segunda esfera (esfera privada). Mas, em nenhuma circunstância, poderia haver publicação concernente a "vida privada, hábitos, atos e relações de um indivíduo" sem qualquer conexão com atividade pública que ele desenvolva ou pretenda desenvolver. Por fim, a verdade da matéria publicada ou a falta de malícia de quem a publicou não pode ser salvo conduto para violação da privacidade. Vê-se, então, que a doutrina das três esferas era germinal nesse trabalho pioneiro, ainda que sob fundamento na propriedade.

10 A privacidade em perigo: a sociedade da informação

A difusão atual dos meios de comunicação, amplificada com a revolução da informática e da chamada sociedade da informação, no final do século XX e começo do século XXI, levou a extremos as potencialidades de invasão da privacidade das pessoas, não apenas pelo Estado, mas, sobretudo, pelas empresas e por indivíduos. Nos casos de comunidades eletrônicas, ou redes sociais, as pessoas revelam características de sua intimidade e vida privada, como seus desejos, fantasias, tendências, qualidades, defeitos, preferências e interesses, que passam a ser de domínio público. Por outro lado, empresas de comércio eletrônico utilizam-se de programas invasores, que coletam informações sobre as pessoas, para fins de induzi-las ao consumo de seus produtos e serviços, muitas vezes com a colaboração das próprias pessoas, que prestam informações aparentemente inofensivas sobre dados que integram sua intimidade e vida privada.

---

[12] Os autores atribuem essa expressão ao juiz Thomas Cooley, que a divulgou em 1888.

Até que ponto a proteção jurídica da privacidade, máxime com o estímulo à autolimitação, pode ser exequível na sociedade da informação? A informação, potencializada ao infinito, no mundo informatizado, pode ser irreversível. Os exemplos se sucedem de tentativas de cessação, mediante decisões judiciais, que, em vez de estancar a violação ao direito à privacidade, provoca a curiosidade e a malícia dos usuários do mundo virtual, que difundem mais ainda as informações lesivas. As legislações e os tribunais não conseguem dar respostas adequadas à proteção da privacidade. A sensação que fica é de enorme impotência, para as pessoas ofendidas.

Os *e-mails* são correspondências da pessoa, cuja inviolabilidade é expressamente garantida na Constituição (art. 5º, XII). Todavia, o Tribunal Superior do Trabalho (TST-RR-613/2000-013-10-00.7) decidiu que "se se cuida de e-mail corporativo, declaradamente destinado somente para assuntos e matérias afetas ao serviço, o que está em jogo, antes de tudo, é o exercício do direito de propriedade do empregador sobre o computador capaz de acessar a Internet e sobre o próprio provedor", além de que "está em xeque o direito à imagem do empregador, também merecedor de tutela constitucional", para, finalmente, entender como lícita a prova assim obtida para despedida por justa causa. Vê-se que o equívoco em que incorreram Warren e Brandeis fez escola, pois o TST buscou fundamento no direito de propriedade, desconsiderando a natureza extrapatrimonial dos direitos da personalidade e sua inviolabilidade. Confunde o direito de propriedade do suporte material e instrumental e o conteúdo das mensagens nele veiculadas, que podem ingressar no âmbito dos direitos da personalidade, quando forem pessoais. O impressionante equívoco dessa decisão pode dar ensejo a que os empregadores pressionem seus empregados a que autorizem a violação de suas correspondências eletrônicas. Pode o empregador impedir que os computadores ou o provedor corporativos sejam utilizados pelo empregado para fins pessoais, mas não pode violar o conteúdo das correspondências pessoais, para produzir provas contra o segundo. O poder de controle do empregador não alcança as correspondências eletrônicas dos empregados, pouco importando que utilize o provedor corporativo, pois são invioláveis, salvo decisão judicial para fins exclusivamente de investigação criminal.

11 Alcance da autolimitação

A banalização da autolimitação da privacidade está provocando a própria desconsideração social ou ruína desta, pois as pessoas passam a encarar como normal sua violação, inclusive quando afeta frontalmente o núcleo essencial da dignidade humana.

A extensão banal da autolimitação da privacidade pode resvalar para o predomínio de valores morais discutíveis, como sanção para a conduta considerada contrária àqueles. O STJ (REsp nº 595600) decidiu que não cabe indenização por danos morais para mulher anônima e que praticou *topless* (sem a parte de cima do biquíni) voluntariamente em praia pública, tendo a foto sido publicada em jornal. O voto condutor da maioria no Tribunal de Justiça estadual observou que "se a embargada resolveu mostrar sua intimidade às pessoas deve ter maioridade suficiente para suportar as consequências de seus atos". A censura moral é o fundamento desse voto. O recurso ao STJ não foi acolhido, sob o argumento de que "se a demandante expôs sua imagem em cenário público, não é ilícita ou indevida sua reprodução sem conteúdo sensacionalista pela imprensa, uma vez que a proteção à privacidade encontra limite na própria exposição realizada". Ou seja, e sem razão, o Tribunal defendeu a tese da autolimitação tácita, o que autorizaria a livre violação da privacidade da pessoa que assim se comporta. O fato de a pessoa ter conduta diferente das demais, sem prejuízo a quem quer que seja e inexistindo lei proibitiva, é exercício de sua liberdade, constitucionalmente assegurada, não se podendo entender que autorizou tacitamente a publicação violadora de sua privacidade, na medida em que o jornal atingiu público maior que o do lugar onde se encontrava, com evidente intuito sensacionalista.

No plano jurídico constitucional e dos valores tão duramente conquistados para realização concreta da existência humana e de sua dignidade, não é possível a autolimitação irrestrita dos direitos da personalidade. O núcleo essencial e intangível, que diz com a dignidade da pessoa, igual à de todas as outras pessoas, não pode ser autolimitado. Na hipótese da privacidade, apenas as demais esferas da vida privada e da intimidade que tangenciam o espaço público podem ser autolimitadas.

12 Tempo da autolimitação do exercício

Não é o direito da personalidade que pode ser autolimitado, mas exclusivamente seu exercício, em tempo definido. Nesse sentido, o enunciado da I Jornada de Direito Civil, promovida pelo Conselho Superior da Justiça Federal (STJ): "O exercício dos direitos da personalidade pode sofrer limitação voluntária, desde que não seja permanente nem geral". Igualmente o Enunciado nº 139 das Jornadas de Direito

Civil: "Os direitos da personalidade podem sofrer limitações, ainda que não especificamente previstas em lei, não podendo ser exercidos com abuso de direito de seu titular, contrariamente à boa-fé objetiva e aos bons costumes". Nesse sentido decidiu o STJ (REsp nº 1630851), em caso de uso de mensagem de voz em gravação de saudação telefônica, autorizada em contrato.

Não há extinção ou renúncia ao direito, mas suspensão temporária de seu exercício, que será restabelecido ao termo final. Cabe ao aplicador do direito verificar se a limitação afeta o núcleo essencial do direito da personalidade, ou da preservação da dignidade da pessoa humana.

A autolimitação há de ser expressa e indiscutível. A ausência prolongada do exercício de determinado direito da personalidade ou de defesa em face de violação duradoura não significa renúncia ou limitação. Por outro lado, ainda quando haja consentimento, é permitida a retratação, que consiste na possibilidade de o titular da imagem revogar o consentimento, cabendo ao prejudicado o direito à indenização que comprovadamente resultar desse ato. A retratação é inerente ao direito da personalidade, que não pode ser disponível ou limitado em caráter permanente ou quando sua utilização resulte em dano ao titular, cuja extensão adequadamente não podia prever. São conhecidas as situações de personalidades públicas, principalmente do mundo artístico, que no início e ainda relativamente desconhecidas, realizaram atividades ou aceitaram a divulgação de seus corpos, cuja divulgação ou exposição no futuro comprometem a reputação que conquistaram, suas relações familiares e respeito profissional.

A temporária disponibilidade, que hoje em dia é frequentemente responsável pela reversão de frutos econômicos ao titular da declaração de vontade, não desmerece a atribuição da irrenunciabilidade. Porque, sendo irrenunciáveis, não autorizam a alienação, tampouco a transmissibilidade absoluta e perpétua de seu conteúdo. Há, isso sim, parcial e temporária limitação de exercício, mediante excepcional e restrito consentimento do titular. É o caso da utilização e publicação consentida do retrato, da divulgação autorizada de aspectos íntimos e da tolerância da ofensa à honra. O direito permanece intacto. Suas potencialidades são cedidas temporariamente, no que consiste a faculdade máxima de disposição humana.[13]

---

[13] JABUR, Gilberto Haddad. *Liberdade de pensamento e direito à vida privada*: conflitos entre direitos da personalidade. São Paulo: Revista dos Tribunais, 2000, p. 45-55.

Na questão delicada da limitação voluntária de seu exercício, que o Código Civil veda em princípio (art. 11), repisa-se a distinção entre direito absoluto e direito ilimitado. Direito absoluto é todo aquele que é oponível a todas as demais pessoas (*erga omnes*), infundindo o dever geral de abstenção, mas pode sofrer autolimitação, desde que não seja permanente ou que afete seu núcleo essencial.

Referências

CUPIS, Adriano de. *I diritti della personalità*, Milano: Giuffrè, 1982.

DÍAZ REVORIO, Francisco Xavier. *Valores superiores e interpretación constitucional*. Madrid: CEPC, 1997.

JABUR, Gilberto Haddad. *Liberdade de pensamento e direito à vida privada:* conflitos entre direitos da personalidade. São Paulo: Revista dos Tribunais, 2000.

PONTES DE MIRANDA, F. C. *Tratado de direito privado*. Rio de Janeiro: Borsoi, 1971. v. 7.

RODOTÀ, Stefano. Transformações do corpo. *Revista Trimestral de Direito Civil*. Rio de Janeiro: Padma, n. 19, jul./set. 2004.

RODOTÀ, Stefano. *Il mondo nelle rete: quali diritti, quali i vincoli*. Roma-Bari: Laterza, 2014.

WACKS, Raymond. *Personal information: privacy and the law*. Oxford: Clarendon Press, 1989.

WARREN, Samuel; BRANDEIS, Louis D. The right to privacy. Disponível em www.louisville.edu/library/law/brandeis/privacy.html. Originalmente publicado em *Harvard Law Review*, n. 193, 1890.

Informação bibliográfica deste texto, conforme a NBR 6023:2018 da Associação Brasileira de Normas Técnicas (ABNT):

LÔBO, Paulo. Direito à privacidade e sua autolimitação. *In*: EHRHARDT JÚNIOR, Marcos; LOBO, Fabíola Albuquerque (Coord.). *Privacidade e sua compreensão no direito brasileiro*. Belo Horizonte: Fórum, 2019. p. 15-31. ISBN 978-85-450-0694-7.

OS DESAFIOS DA COMPREENSÃO DO DIREITO À PRIVACIDADE NO SISTEMA JURÍDICO BRASILEIRO EM FACE DAS NOVAS TECNOLOGIAS[1]

ERICK LUCENA CAMPOS PEIXOTO

MARCOS EHRHARDT JÚNIOR

1 Introdução

A preocupação com a privacidade, durante muito tempo, foi algo restrito a uma pequena parcela da humanidade. Muitos nunca tiveram e outros ainda não têm uma noção, ainda que mínima, daquilo que se pode tratar por privacidade nos dias de hoje. Ao longo da história, nas diferentes sociedades e em seus mais diferentes meios, a noção de privacidade foi sentida de uma maneira muito própria em cada círculo social. Daí a razão de se dizer que a privacidade é algo plástico, que

---

[1] Versão revista, atualizada e modificada do artigo intitulado "Breves notas sobre a ressignificação da privacidade", publicado na *Revista Brasileira de Direito Civil – RBDCivil*, v. 16, p. 35-56, 2018.

varia conforme a época e o local. É adaptável, valorada de um jeito por uma cultura, e até dispensável para outra.

Desde que o homem resolveu demarcar limites, estabelecendo um espaço para sua convivência apartada dos demais, surge a noção que mais tarde se consubstanciaria no que denominamos privacidade. Desse modo, é possível afirmar que a privacidade começa no sentido físico.

A partir do século XIX, com o desenvolvimento da fotografia, a facilidade em se reproduzir qualquer imagem, aliada ao poder de disseminação da informação através da mídia impressa, pode ser considerada a antessala dos problemas da privacidade que enfrentamos hoje.

No pós-guerra do século XX, a invenção dos computadores fez desenvolver a tecnologia da informação de um modo impactante. Em pouco tempo, a capacidade de processamento de dados crescia em progressão geométrica, e os problemas trazidos com as novas tecnologias começaram a afetar de um modo novo a privacidade. A preocupação passou a ser em relação aos dados informáticos (principalmente os dados pessoais), a partir dos censos promovidos pelos governos. Esse momento histórico redesenhou o modo como a privacidade era vista, incorporando uma dimensão que nos dias de hoje passou a ter mais destaque que o tratamento dado à privacidade tradicionalmente.

Ao lado da privacidade espacial e da privacidade sobre as decisões e ações tomadas em decorrência do modo pessoal de vida, a privacidade informacional encontra fundamento nos direitos à intimidade, vida privada, sigilo, imagem, honra, inviolabilidade da casa e inviolabilidade dos dados estão inseridos no texto constitucional.

Este trabalho, empregando a metodologia civil-constitucional, pretende dar uma nova significação à privacidade enquanto direito, estabelecendo-a como categoria de direitos reunidos em torno de semelhanças familiares, cuja característica comum é o controle de acesso. Esse controle de acesso fará correspondência com cada uma das dimensões da privacidade, sendo de dois tipos: o que diz respeito ao acesso físico, tangível, que corresponderá à dimensão espacial da privacidade; e o que diz respeito a um acesso intangível, virtual, que corresponderá à dimensão decisional e à dimensão informacional da privacidade.

2 Nascimento da privacidade contemporânea

2.1 A privacidade segundo Warren e Brandeis

No ano de 1890, a Sra. Warren, uma jovem dona de casa de Boston, Massachusetts, realizava em sua casa uma série de eventos sociais. Filha de um senador de Delaware e mulher de um jovem e bem-sucedido fabricante de papel que tinha desistido da prática jurídica para tomar de conta do negócio que herdara, Samuel Dennis Warren. A Sra. Warren circulava entre a elite da sociedade e os jornais da época, mais precisamente o Saturday Evening Gazette, especializado em temas de "sangue azul", cobria suas festas em detalhes altamente pessoais e embaraçosos.

Naquela, era onde o *yellow journalism* (imprensa marrom é o equivalente em português) aflorava. A imprensa, na busca de ampliar suas vendas, começou com os excessos que são tão comuns hoje. A cidade de Boston, no dizer de Prosser, talvez fosse, de todas as cidades americanas, aquela em que uma dama e um cavalheiro mantinham seus nomes e seus assuntos pessoais longe dos jornais.

O assunto sobre a casa dos Warren veio à tona com um furo jornalístico, na ocasião do casamento de uma filha dos Warren, o que aborreceu muito os seus pais. Nas palavras de William L. Prosser, foi um aborrecimento pelo qual a imprensa, os anunciantes e a indústria do entretenimento dos Estados Unidos tiveram que pagar caro pelos próximos setenta anos.[2]

O Sr. Warren se voltou para o seu sócio na advocacia, Louis Dembitz Brandeis. Juntos, reuniram decisões antigas cujas soluções tenham se dado com base em difamação, violação de algum direito de propriedade, violação de confiança ou contrato implícito.[3] O resultado foi o artigo "The right to privacy", publicado em 1890 na *Harvard Law Review*.[4]

O artigo concluía que tais casos eram baseados em um princípio mais amplo, o qual merecia reconhecimento em separado. A esse princípio Warren e Brandeis chamaram de direito à privacidade (*right to privacy*), o remédio para os crescentes abusos da imprensa através de um nível mais profundo de proteção do indivíduo contra a imposição de sofrimento mental.

---

[2] PROSSER, William L. Privacy. *California Law Review*, n. 3, v. 48, agosto de 1960, p. 383.

[3] PROSSER, William L. *Privacy*, cit., p. 384. Envolviam publicação de correspondências privadas (Woolsey v. Judd), exposição de gravuras e publicação de catálogo (Prince Albert v. Strange), publicação de receitas obtidas sorrateiramente por funcionário (Yovatt v. Winyard), publicação de palestras para sala de aula cujo demandado era um membro (Abernethy v. Hutchinson), publicação da imagem do autor feita pelo demandado (Pollard v. Photographic Co.).

[4] BRANDEIS, Louis D. WARREN, Samuel D. The right to privacy. *Havard Law Review*, v. 4, n. 5, dec. 15, 1890.

Warren e Brandeis trouxeram a ideia de que a privacidade seria o direito de ser deixado em paz – *the right to be let alone* – expressão que utilizaram de Thomas McIntyre Cooley, da sua obra de 1879,[5] *A Treatise on the Law of Torts: Or the Wrongs Which Arise Independently of Contract*. Cooley define imunidade pessoal assim, em tradução livre:

Imunidade Pessoal: o direito à personalidade pode ser considerado como sendo um direito de completa imunidade: o direito de ser deixado em paz. O dever correspondente é, não para infligir uma lesão, nem, dentro de tal proximidade que possa torná-lo bem-sucedido, tentar infligir uma lesão. Neste particular, o dever vai além do que é exigido na maioria dos casos; geralmente uma finalidade não executada ou uma tentativa malsucedida não é considerada. Mas a tentativa de cometer uma *battery*[6] envolve vários elementos da lesão que nem sempre estão presentes nas violações do dever; envolve geralmente um insulto, uma situação que cause medo, um chamado repentino sobre as energias para pronta e efetiva resistência. Há uma grande possibilidade de um choque nos nervos, e a paz e quietude da pessoa é perturbada por um período de maior ou menor duração. Há, consequentemente, razão suficiente para que o estado de direito faça do *assault* um *legal wrong*, mesmo sem ter havido *battery*. Assim, neste caso, a lei vai ainda mais longe e faz com que o dano tentado seja uma ofensa criminal também.[7]

Originalmente, Warren e Brandeis descreveram o direito à privacidade como um direito já existente na *Common Law*, o qual incorporava

---

[5] COOLEY, Thomas McIntyre. A treatise on the law of torts, or the wrongs which arise independent of contract. Chicago: Callaghan and company, 1879. *In*: *HathiTrust*. Disponível em: http://www.hathitrust.org/. Acesso em: 03 jan. 2016.

[6] *Battery* é a violação do direito de ter o próprio corpo deixado em paz, por atos danosos ao corpo, como um corte, ferida de bala etc. *Assault* é a ameaça de infligir danos ao corpo da pessoa. Ambos são tanto um tipo de *tort* quanto um tipo de *crime* no *common law*.

[7] "Personal Immunity: The right to one's person may be said to be a right of complete immunity: to be let alone. The corresponding duty is, not to inflict an injury, and not, within such proximity as might render it successful, to attempt the infliction of an injury. In this particular the duty goes beyond what is required in most cases; for usually an unexecuted purpose or an unsuccessful attempt is not noticed. But the attempt to commit a battery involves many elements of injury not always present in breaches of duty; it involves usually an insult, a putting in fear, a sudden call upon the energies for prompt and effectual resistance. There is very likely a shock to the nerves, and the peace and quiet of the individual is disturbed for a period of greater or less duration. There is consequently abundant reason in support of the rule of law which makes the assault a legal wrong, even though no battery takes place. Indeed, in this case the law goes still further and makes the attempted blow a criminal offense also" COOLEY, Thomas McIntyre. A treatise on the law of torts, or the wrongs which arise independent of contract. Chicago: Callaghan and company, 1879, p. 29. In: *HathiTrust*. Disponível em: http://www.hathitrust.org/. Acesso em: 03 jan. 2016.

proteções para a personalidade violada de cada indivíduo. A *Common Law*, diz os autores, assegura a cada indivíduo o direito de determinar, ordinariamente, até que ponto seus pensamentos, sentimentos e emoções devem ser comunicados aos outros.[8] O direito à privacidade, para esses autores americanos, significa que cada indivíduo tem o direito de escolher compartilhar ou não compartilhar com outros as informações sobre sua vida privada, hábitos, atos e relações.[9]

Warren e Brandeis defendiam ser necessário para o sistema legal reconhecer o direito da privacidade porque quando uma informação sobre a vida privada de um indivíduo é tornada disponível para os outros, ela tende a influenciar e até mesmo causar dano no núcleo mais central da personalidade do indivíduo.

A concepção original do direito à privacidade de Warren e Brandeis incorporava, assim, um *insight* psicológico, o que era pouco explorado naquela época, em que a personalidade de um indivíduo, especialmente a imagem que tem de si mesmo, pode ser afetada e às vezes distorcida ou danificada quando informações sobre aquela vida privada são disponibilizadas a terceiros, ou seja, o direito à privacidade era o direito de cada indivíduo de proteger sua integridade psicológica, exercendo controle sobre informações que refletiam e aferravam a sua personalidade.[10]

Contrariando as decisões da Suprema Corte na época, Warren e Brandeis dissociaram o direito à privacidade tanto do direito à liberdade quanto do direito à propriedade. O direito à liberdade, segundo eles, assegura amplos privilégios civis, mas não a privacidade. O direito à propriedade, compreendendo interesses materiais individuais, contrastava com a preocupação com assuntos espirituais do direito à privacidade.[11]

---

[8] BRANDEIS, Louis D. WARREN, Samuel D. The right to privacy. *Havard Law Review*, v. 4, n. 5, dec. 15, 1890, p. 198.

[9] BRANDEIS, Louis D. WARREN, Samuel D. The right to privacy, cit., p. 216.

[10] Estes autores alocaram cuidadosamente o direito à privacidade dentro do contexto da altamente esquemática jurisprudência do direito americano do final do século XIX. Warren e Brandeis colocaram o direito à privacidade dentro da categoria mais geral do direito de o indivíduo ser deixado em paz. O próprio direito de ser deixado em paz foi parte de um direito ainda mais geral, o direito de gozar a vida, o qual era, por sua vez, parte do direito fundamental do indivíduo à própria vida. O direito à vida foi parte de uma tríade familiar de direitos fundamentais próprios do indivíduo, refletido na quinta emenda da Constituição Americana. GLANCY, Dorothy J. The invention of the right to privacy. *Arizona Law Review*, v. 21, n. 1, 1979, p. 2-3.

[11] GLANCY, Dorothy J. The invention of the right to privacy. *Arizona Law Review*, v. 21, n. 1, 1979, p. 4. Nas décadas seguintes, seguiu-se intenso debate sobre a delimitação do significado de privacidade. Dentre os diversos autores que trataram do tema, merece

2.2 O desenvolvimento da privacidade na Europa

No âmbito europeu, a primeira legislação a tratar da proteção de dados foi a *Hessisches Datenschutzgesetz*,[12] a Lei de Proteção de Dados do Estado de Hesse, na Alemanha Ocidental, de 7 de outubro de 1970. Em 1973, a Suécia passou a ser o primeiro país europeu a ter uma lei nacional sobre proteção de dados. Esta lei sueca foi responsável por introduzir conceitos, como o registro central de informação de processamento de dados pessoais e o procedimento de licenciamento, do qual o registro público foi aberto ao escrutínio dos cidadãos e consumidores, usado como uma ferramenta de cumprimento da lei pelas agências de proteção de dados. Esses conceitos foram o pilar das primeiras legislações europeias de proteção de dados.[13]

A primeira diferença em relação à privacidade entre o novo e o velho mundo a se levar em conta é o aspecto temporal. Enquanto nos Estados Unidos a discussão ganhava corpo ainda no século XIX, na Europa só se passa a uma preocupação mais concreta no pós-guerra, justamente depois da invenção do computador. A privacidade americana, no seu sentido inicial, dizia respeito ao direito de não ser incomodado, era uma derivação do direito à vida, de não ter nenhum mal infligido ao corpo, o que posteriormente foi levado para o aspecto moral. Não ser incomodado, ser deixado em paz, ou simplesmente "ser deixado só" são os sentidos possíveis do *right to privacy*.

O movimento pela privacidade que surge na segunda metade do século XX na Europa se desvincula do sentido físico do *right to privacy*

---

destaque o entendimento de Willian L. Prosser, que defende que o direito à privacidade compreende quatro distintos tipos de violação a diferentes interesses do indivíduo, os quais são reunidos por um mesmo nome, mas que não têm quase nada em comum, exceto que cada um representa uma interferência contra o direito do demandante de ser deixado em paz. Esses quatro *torts* foram assim descritos: (1) intrusão na reclusão ou solidão, ou na sua vida privada (*intrusion*); (2) divulgação pública de fatos privados embaraçosos sobre o demandante (*public disclosure of private facts*); (3) publicidade na qual o demandante é apresentado de modo equivocado para o público (*false light in the public eye*); e (4) apropriação, para obtenção de vantagem, do nome ou da imagem do demandante (*apropriation*). PROSSER, William L. Privacy. *California Law Review*, n. 3, v. 48, agosto de 1960, p. 389.

[12] BUNDESREPUBLIK DEUTSCHLAND. HESSEN. Datenschutzgesetz von 7. Oktober 1970. *In: Datenschutz*. Disponível em: https://www.datenschutz.rlp.de/downloads/hist/ldsg_hessen_1970.pdf. Acesso em: jul. 2016.

[13] A legislação sueca foi logo seguida pelos outros países escandinavos. Na Dinamarca e Noruega, com uma lei tanto para o setor privado quanto o público em 1978; Finlândia em 1988. Cf. BURKERT, Herbert. Privacy - Data Protection: a German/European Perspective. *In*: ENGEL, Christoph; KELLER, Kenneth (Ed.). *Governance of Global Networks in the Light of Differing Local Values*. Baden-Baden: Nomos, 2000, p. 48.

americano. A preocupação aqui é com o novo paradigma tecnológico que potencializou o processamento de dados através do uso do computador. Preocupa-se, então, com os dados pessoais e com o controle sobre eles.

A preocupação dos europeus com a privacidade também difere da preocupação dos americanos no sentido de que a proteção dos dados pessoais é uma medida necessária, inicialmente, contra o Estado, numa relação vertical, ao passo que nos Estados Unidos, o direito à privacidade surge como uma garantia contra os abusos cometidos por particulares, ou seja, horizontalmente.

As raízes da privacidade nos Estados Unidos estão em um direito do indivíduo, de caráter negativo, enquanto as raízes europeias estão também na sociedade, apresentando características de direito positivo, no qual se exige do Estado que se tomem medidas para garantir a proteção de dados pessoais, como a instalação de órgãos de controle, além de a proteção visar grupos minoritários que podem sofrer discriminações com a exposição de seus dados pessoais. Na Europa se desenvolve o aspecto social da privacidade.

Stefano Rodotà, autor italiano, tratava o direito à privacidade como "o direito de manter o controle sobre suas próprias informações e de determinar a maneira de construir a sua própria esfera particular". Tais definições não se excluem, pelo contrário, incluem progressivamente novos aspectos de liberdade em um conceito mais abrangente de privacidade.[14]

3 As três dimensões da privacidade

Privacidade é, como chama Solove, uma *umbrela word*,[15] ou seja, uma palavra guarda-chuva, que abriga distintos direitos da mesma família. Dentro do rol dos direitos da privacidade, destacam-se o direito ao sigilo, o direito à intimidade, o direito à imagem, o direito à honra, o direito à proteção dos dados pessoais.

Dworkin[16] ensina que a privacidade pode ser a) territorial, quando é legítimo que se faça o que se deseja num espaço demarcado;

---

[14] RODOTÀ, Stefano. *A vida na sociedade de vigilância*: a privacidade hoje. Rio de Janeiro: Renovar, 2008, p. 15.

[15] SOLOVE, Daniel J. *Understanding privacy*. Kindle edition. Cambridge, London: Harvard University Press, 2008.

[16] DWORKIN, Ronald. *Domínio da vida*: aborto, eutanásia e liberdades individuais. São Paulo: Martins Fontes, 2003, p. 74.

b) pode ser uma questão de confidencialidade, quando, por exemplo, as pessoas podem manter suas convicções políticas na esfera privada; por último, c) a privacidade também significa soberania quanto a decisões pessoais. A privacidade, assim, manifesta-se de várias maneiras, a depender do contexto, fazendo-se representar em uma ou mais dimensões, simultaneamente, inclusive.

Nos debates sobre privacidade, nota-se a *privacy* americana, que apesar de na sua origem derivar do direito à vida, desenvolve-se num contexto de tutela da liberdade, enquanto o modelo de privacidade que surge na Europa coloca a privacidade na perspectiva da dignidade. Uma invasão da privacidade pode se constituir como uma ofensa intrínseca contra a dignidade individual. Intrínseca porque causa dano independentemente das consequências circunstanciais advindas da conduta danosa.

As ofensas contra a dignidade individual diferem das ofensas contra a liberdade individual. A autonomia (liberdade) se refere à capacidade de as pessoas criarem suas próprias identidades e deste modo moldarem suas próprias vidas. Já a dignidade, no sentido aqui empregado, se refere ao nosso senso de respeito que se impõe a nós mesmos.

Ao contrário do que ocorre na perspectiva da autonomia, deve-se anotar que a compreensão da privacidade na concepção de dignidade sofre maior influência de normas intersubjetivas que definam as formas de conduta, comumente associadas ao respeito entre as pessoas. Não é raro buscar fundamento para a privacidade nas formas sociais de respeito que cada um deve ao próximo, numa comunidade. Assim entendida, a privacidade pressupõe pessoas que são incorporadas socialmente, cuja identidade e autoestima dependam do desempenho das normas sociais, das quais a violação constitui um dano "intrínseco".[17]

Seja numa forma mais próxima de sua concepção enquanto liberdade, seja enquanto dignidade, buscar identificar qual o direito lesado parece ser uma atividade possível quando identificado o bem jurídico violado.

3.1 A estrutura tridimensional da privacidade

Ao se atribuir a característica de "privado" a certa coisa, a um determinado assunto, quer se dizer que há uma restrição onde alguém

---

[17] POST, Robert C. Three concepts of privacy. *Yale Law School Legal Scholarship Repository*. Disponível em: http://digitalcommons.law.yale.edu/fss_papers. Acesso em junho de 2016, p. 2092.

tem um nível de acesso mais profundo que outra pessoa. Há uma relação desigual aqui: uma pessoa tem mais acesso que outra, tendo o poder de restringir, de controlar esse acesso. Essa é a chave para o entendimento da privacidade, já que carrega o significado de proteção contra o acesso indesejado à coisa por terceiros.

O termo "acesso" pode ter uma conotação física, direta, concreta, bem como uma conotação metafórica. Esta última se refere tanto ao controle que a pessoa exerce sobre quem tem acesso às informações dela, quanto ao controle que ela tem sobre quais pessoas tem ou terão capacidade de interferir ou intervir nas decisões que são relevantes para ela.[18]

Quando o controle de acesso se refere a algo físico, como um quarto de uma residência em que a pessoa que o habita pode determinar quem pode lá entrar, está a se falar em uma dimensão espacial da privacidade.

O controle de acesso, quando faz referência a coisas intangíveis, pode ser dividido em dois tipos: i) um é relativo à proteção contra a interferência indesejada ou à heteronomia nas nossas decisões e ações, a dimensão decisional da privacidade; ii) o outro é relativo à proteção da informação, a dimensão informacional da privacidade.

Seja em qual for a dimensão da privacidade em que se manifesta o controle de acesso, é necessário ter em mente que tais dimensões não existem de forma isolada. Pelo contrário, as dimensões coexistem, de forma que haverá situações onde será difícil dizer a que dimensão da privacidade determinado assunto diz respeito.

Assim, haverá situações em que determinado assunto da privacidade estará inserido em uma dimensão da privacidade, bem como aquelas em que tal assunto se encontra na intersecção de duas dimensões ou mesmo imerso nas três. São situações complexas em que se identifique mais de uma dimensão da privacidade, ou nas quais haja dúvida em qual dimensão determinado assunto se encaixa.

3.2 Dimensão decisional da privacidade

A privacidade em sua dimensão decisional é o tipo de proteção que se dá ao modo de vida do indivíduo, incluindo aí as suas escolhas, seus gostos, seus projetos, suas características. Tal proteção recobre certos tipos de comportamento em público, o estilo de vida e as

---

[18] RÖSSLER, Beate. *The value of privacy*. Cambridge: Polity, 2015, posição 304.

decisões e ações mais fundamentais, como ir a determinada igreja ou o que estudar.[19]

A estrutura dessa dimensão da privacidade remonta a uma tradição da jurisprudência americana que fundamenta as liberdades reprodutivas, tais como o direito de usar métodos anticoncepcionais e o direito ao aborto, uma tradição que chega a confundir as chamadas liberdades civis com os direitos de privacidade.

A privacidade decisional estabelece um espaço de manobra no tráfico social que é necessário para a autonomia individual sem que haja interferência alheia. O indivíduo deve agir dentro da sua esfera de liberdade sem que se sinta intimidado pelos olhares indesejados. A pessoa (observando-se, é claro, a licitude dos seus atos) não deve a ninguém explicação sobre suas decisões, sobre seu comportamento ou sobre o seu jeito de vida, muito pelo contrário, deve-se esperar moderação, reserva e indiferença dos outros em relação a tudo aquilo que não lhes disser respeito.[20]

A autodeterminação pessoal e a autonomia, nesse ponto, significam o direito de ser o autor da própria história, ou seja, que a vida da pessoa não seja objeto de comentários, interpretações distintas da realidade por pessoas não autorizadas a permear camadas restritas da personalidade.

A privacidade em sua dimensão decisional protege as pessoas de serem mal interpretadas ou julgadas fora de contexto em um mundo em que se costuma prestar atenção de modo superficial, um mundo no qual informação é confundida facilmente com conhecimento. O verdadeiro conhecimento sobre uma pessoa é produto de um processo lento de mútua relação.[21]

As relações sociais do indivíduo variam de grau, desde as mais próximas (família, amigos) às mais distantes (desconhecidos). Cada grau tem acesso a determinados aspectos da pessoa. A família conhece detalhes mais íntimos; colegas de faculdade conhecem um lado daquela pessoa, assim como os professores conhecerão outro. Um estranho olhará superficialmente, tendo na maioria das vezes a aparência da pessoa como única informação sobre ela. Cada relação destas é constituída através de diferentes aspectos da vida da pessoa e em cada uma

---

[19] RÖSSLER, Beate. *The value of privacy*. Cambridge: Polity, 2015, posição 2064.

[20] RÖSSLER, Beate. *The value of privacy*. Cambridge: Polity, 2015, posição 2151.

[21] ROSEN, Jeffrey. *The unwanted gaze*: the destruction of privacy in America. New York: Vintage Books, 2001, p. 8.

dessas relações a privacidade protege aqueles aspectos que podem ser entendidos como não essenciais para a relação, e assim, irrelevantes.

A privacidade pode ser violada não somente por comentários negativos, objeções e olhares indesejados, mas também pela interferência positiva, inclusive pela aprovação. Se alguém faz comentários sobre a roupa de outrem, ou um elogio inoportuno, por mais que seja um ato positivo, será uma interferência no modo de agir daquela pessoa. O núcleo da privacidade decisional é garantir que a pessoa em sua integralidade seja capaz de viver uma vida tranquila. Assim, a privacidade decisional acaba abrangendo uma privacidade corporal também, já que a privacidade de uma pessoa pode ser violada não só quando são levantados questionamentos sobre seu jeito de viver, mas também quando comentários indesejados são feitos sobre o seu corpo.[22]

As atitudes que se esperam para que seja respeitada a privacidade decisional são a moderação, a reserva e até a indiferença. A essas atitudes soma-se outra, a tolerância. Geralmente, usa-se a palavra tolerância para um contexto em que os costumes e as ações dos outros encontram na pessoa desaprovação e antipatia; uma ideia contrária à dela, seja um posicionamento político, religioso ou a opinião sobre uma estrela da música *pop*. Mas a tolerância, no contexto da privacidade decisional, está relacionada a saber se uma dada pessoa permite que outra tenha influência em suas decisões pessoais. E essa influência não se dá apenas em aspectos negativos, mas também positivos, como um encorajamento, um elogio. Se pessoas se sentam na mesa ao lado em um restaurante, cabe, a quem está do lado, simplesmente não prestar atenção.[23]

A proteção da privacidade em sua dimensão decisional tem um ponto de encontro com a dimensão informacional. Muitos dos assuntos que dizem respeito ao modo de viver da pessoa acabam virando dados, os chamados dados sensíveis, cuja proteção é uma das principais preocupações na chamada sociedade da informação. No próximo tópico será abordada a dimensão informacional da privacidade.

3.3 Dimensão espacial da privacidade

Quando se fala da dimensão espacial da privacidade, volta-se àquela que é a mais tradicional dimensão da privacidade de todas, aquela dimensão original, de onde todo assunto relativo à privacidade

---

[22] RÖSSLER, Beate. *The value of privacy*. Cambridge: Polity, 2015, posição 2261.

[23] RÖSSLER, Beate. *The value of privacy*, cit., posição 2294.

se originou. É a privacidade do lar, a privacidade de um cômodo da casa, de um determinado lugar físico.

A vida privada dentro de espaços protegidos segue uma dinâmica diferente da vida que se leva exposta a olhares de qualquer um que cruza o caminho. A proteção do lar dá a liberdade necessária para se viver uma vida digna, permitindo que cada um desenvolva sua personalidade como bem lhe aprouver.

Numa lamentável passagem de nossa História, saber que o indivíduo presta culto doméstico para determinada religião foi muito útil aos nazistas para o seu plano de extermínio dos judeus. A todos deve ser assegurado um espaço físico que seja um ambiente de proteção à personalidade, onde o homem exercitará sua liberdade como forma de autorrealização. O termo "privacidade espacial" acaba não revelando toda a riqueza desta dimensão da privacidade. A vida doméstica vai além de um mero espaço. Aqui há o encontro das dimensões espacial e decisional. O espaço doméstico é onde pode-se, por excelência, praticar livremente nosso modo de viver.

A Constituição Federal, em seu artigo 5º, XI, diz que "a casa é asilo inviolável do indivíduo, ninguém nela podendo penetrar sem consentimento do morador, salvo em caso de flagrante delito ou desastre, ou para prestar socorro, ou, durante o dia, por determinação judicial". A proteção aqui prevista não é a mesma dada pelo direito de propriedade. São duas coisas completamente diferentes. A inviolabilidade da casa é direito de privacidade, protege o ambiente privado do lar, as relações que ali se desenvolvem livres do julgamento social. Não se trata do direito ao bem que é o imóvel, mas do reino de liberdade que representa para aqueles que ali vivem, que ali se realizam dignamente.

O caso *Masacres de Ituango Vs. Colombia* da Corte Interamericana de Direitos Humanos é bastante relevante para o reconhecimento de uma dimensão espacial da privacidade. A Corte assentou naquele caso que não se pode afastar da ideia de domicílio a ideia de vida privada, já que estão intrinsecamente ligadas. A casa é o ambiente vital para o desenvolvimento da vida privada

Algumas normas do direito interno visam à proteção da privacidade em sua dimensão espacial, como nos limites impostos ao direito de construir, pelo art. 1.301 do Código Civil, que estabelece uma distância mínima para a construção de janelas, varandas etc. em relação ao terreno vizinho. Assim, busca-se uma convivência harmoniosa entre os moradores de cada casa, evitando o intrometimento na vida alheia através da diminuição do contato físico entre cada lar, bem como os olhares indiscretos. De modo semelhante, o artigo 1.303 trata do tema em relação à zona rural: "Na zona rural, não será permitido levantar edificações a menos de três metros do terreno vizinho".

3.4 Dimensão informacional da privacidade

Um ponto de partida interessante para se tratar a privacidade informacional foi elaborado por Solove, que defende que a privacidade deve ser concebida de baixo para cima, ao invés de cima para baixo. Isso quer dizer que a privacidade deve ser olhada a partir dos contextos particulares, e não apenas como algo abstrato.[24]

Solove elaborou o que ele chama de taxonomia[25] da privacidade (*taxonomy of privacy*), para, segundo ele, dar um entendimento mais pluralístico da privacidade, focando nas atividades que podem criar e que criam problemas de privacidade. Para o autor americano, uma violação de privacidade ocorre quando determinada atividade causa problemas que afetam uma matéria ou atividade privada.[26]

Nessa taxonomia, existem quatro grupos básicos que representam atividades danosas: coleta de informação; processamento de informação; disseminação de informação; e invasão.

O primeiro grupo de atividades que afetam a privacidade é a coleta de informação, subdividida em *surveillance* (vigilância, consistindo em observar, escutar, registrar a atividade de alguém) e *interrogation* (interrogação, que consiste em várias formas de questionamento ou investigação em busca de informação).

O segundo grupo de atividades envolve o modo como a informação é armazenada, manipulada e utilizada, ou seja, o processamento de informação, que subdivide-se em *aggregation* (combinação de várias partes de dados sobre uma pessoa); *identification* (ligar a informação a um particular); *insecurity* (envolve a falta de cuidado em proteger a informação de vazamentos e acesso indevido); *secundary use* (uso de uma informação para um propósito diferente daquele para qual ela foi coletada); *exclusion* (não permissão do titular dos dados de saber sobre os dados que os outros têm sobre ele e participar no manejo e uso dos mesmos).

---

[24] SOLOVE, Daniel J. *Understanding privacy*. Kindle edition. Cambridge, London: Harvard University Press, 2008, posição 131.

[25] Taxonomia, segundo o Dicionário Priberam da Língua Portuguesa, significa a teoria ou nomenclatura das descrições e classificações científicas.

[26] SOLOVE, Daniel J. *Understanding privacy*, cit., posição 1280.

O terceiro grupo de atividades envolve a disseminação de informação: *breach of confidentiality* (quebra de promessa de manter uma informação pessoal em segredo); *disclousure* (revelação de uma informação verdadeira sobre uma pessoa que afeta o jeito com que os outros julgam sua reputação); *exposure* (envolve a revelação da nudez, do sofrimento ou de funções corporais de outrem); *increased accessibility* (forma de ampliar a acessibilidade à informação); *blackmail* (chantagem, ameaça em revelar informações pessoais); *appropriation* (envolve o uso da identidade do titular dos dados para servir a outros objetivos e interesses; *distortion* (consiste em disseminar informações falsas ou enganosas sobre indivíduos. Todas as formas de disseminação de informação envolvem a propagação, transferência de dados pessoais ou a ameaça de fazê-los.

No quarto e último grupo estão as atividades que envolvem as invasões nos assuntos particulares das pessoas: *intrusion* (envolve os atos invasivos que perturbam a tranquilidade ou solidão de alguém; *decisional interference* (é a incursão nas decisões do titular de dados em relação a seus assuntos particulares).

Solove[27] organizou estes grupos em volta de um modelo que começa na pessoa a que se referem os dados, o indivíduo cuja vida é mais afetada diretamente pelas atividades classificadas na taxonomia. Desse indivíduo, várias entidades coletam informação, sejam elas outras pessoas, empresas ou o governo. A coleta de informação, por si só, pode configurar uma atividade danosa, apesar de que nem toda atividade de coleta é perigosa ou cause danos à pessoa.

Os chamados *"data holders"*, tipo de agente de tratamento, estão entre aqueles que coletam os dados e fazem o tratamento, ou seja, armazenamento, combinação, manipulação, busca e uso dos dados coletados, fase esta que Solove chama de processamento de informação.

A Lei nº 13.709, de 14 de agosto de 2018, que dispõe sobre a proteção de dados pessoais no Brasil (LGPD), refere-se ao tratamento como sendo toda operação realizada com dados pessoais, como as que se referem a coleta, produção, percepção, classificação, utilização, acesso, reprodução, transmissão, distribuição, processamento, arquivamento, armazenamento, eliminação, avaliação ou controle da informação, modificação, comunicação, transferência, difusão ou extração (art. 5º, X).

Após o processamento, os *data holders* transferem para outros a informação ou a liberam, resultando na fase conhecida por disseminação

---

[27] SOLOVE, Daniel J. *Understanding privacy*. Kindle edition. Cambridge, London: Harvard University Press, 2008.

de informação. Todo o caminho percorrido desde a coleta de informações até a disseminação da informação reflete o afastamento dos dados pessoais do controle do indivíduo. A cada fase, fica mais difícil exercer o controle sobre eles.

O último grupo, referente às "invasões", afasta-se dos grupos anteriores pelo fato que a informação aqui não é um elemento preponderante. A *intrusion* fica mais bem inserida no contexto da privacidade espacial, enquanto que a *decisional interference* é a própria dimensão decisional da privacidade.

O autor coloca num mesmo plano diferentes dimensões da privacidade para tentar, de uma forma organizada, explicar a privacidade através dos problemas concernentes a ela. Discorda-se, aqui, desse tipo de organização apenas por colocar num mesmo lugar coisas diferentes. A teoria tridimensional da privacidade situa cada dimensão em seu devido lugar, por isso a opção por sua utilização neste trabalho.

Na maioria das vezes, quando se diz que um indivíduo sofreu uma violação da privacidade, na verdade, o que se está querendo dizer é que ocorreram várias violações em vários direitos da privacidade, e até em dimensões diferentes desta. Uma pequena postagem em uma rede social pode facilmente ferir o direito à honra, à imagem, à proteção de dados pessoais, à intimidade, etc. Por conseguinte, determinada violação à privacidade, alcançado mais de uma dimensão, exige uma resposta mais complexa, compreensiva de todos os matizes da violação.

Os problemas da privacidade se situariam nos pontos, nas interseções das dimensões da privacidade, o que dá liberdade para se trabalhar determinado assunto de modo muito mais organizado e eficiente que o proposto por Solove. É muito mais apropriado examinar um caso de violação de privacidade, primeiro, a partir do próprio caso (por exemplo, se houve vazamento de dados, se uma foto foi publicada sem autorização, se alguém foi acusado injustamente de um crime numa postagem de rede social etc.), segundo, localizando o problema dentro das dimensões da privacidade que lhe são pertinentes (se vazamento de dados, na dimensão informacional; se calúnia, dimensão decisional), de forma a encontrar se houve de fato violação e qual o direito violado (honra, imagem, intimidade etc.), para então advir a consequência jurídica adequada.

Ocorre que os contornos da privacidade em sua dimensão informacional ainda apresentam outros desafios, sobretudo quando considerado o intenso e cada vez mais complexo uso de ferramentas tecnológicas para mineração de dados.

3.4.1 Pessoas identificadas, identificáveis e não identificáveis

Quando se fala em privacidade informacional, um conceito central é o *Personally Identifiable Information* (*PII*), termo originalmente da área de segurança da informação, trata-se de qualquer informação relativa a uma pessoa identificada ou passível de identificação. Informações como o nome, o número de um documento de identidade, carteira de motorista, título eleitoral ou do cadastro de pessoas físicas, placa do veículo, cartão de crédito, impressão digital, rosto, dados genéticos entram dentro dessa categoria pelo potencial que têm de identificar (aquele que estava no anonimato) o indivíduo.

O conceito de *Personally Identifiable Information* exsurge no contexto do desenvolvimento do computador desde a segunda metade do século XX, quando os sistemas de armazenamento de dados computadorizados permitiram novas técnicas capazes de ligar estes dados às pessoas,[28] em que pese não haver uma definição uniforme.

Informação pessoal e dados pessoais são termos talvez mais vistos, mas partem de uma concepção mais restrita. Enquanto estes termos se referem a uma pessoa identificada, que se destaca como indivíduo, a PII abrange também aquele que pode ser identificado.

Paul Schwartz e Daniel Solove[29] apresentam o modelo que eles chamam de PII 2.0, abrangendo essas duas categorias (informação sobre uma pessoa identificada e informação sobre uma pessoa identificável), mas também indicam uma terceira categoria, a da informação sobre uma pessoa não identificável, que leva apenas um risco remoto de identificação. Em relação a esta última categoria, levando em consideração os meios que possam razoavelmente ser utilizados para (re)identificação, tais dados não são relacionáveis a uma pessoa.

Os conceitos acima apresentados ganham importância quando se verifica que a Lei Geral de Proteção de Dados Pessoais (Lei nº 13.709, de 14 de agosto de 2018) aborda a questão da anonimização, tendo esta por utilização de meios técnicos razoáveis e disponíveis no momento do tratamento, por meio dos quais um dado perde a possibilidade de associação, direta ou indireta, a um indivíduo (art. 5º, XI).

---

[28] SCHWARTZ, Paul M.; SOLOVE, Daniel J. The PII Problem: privacy and a new concept of personally identifiable information. *In*: *New York University Law Review*, [s. l.], v. 86, n. December, p. 1814-1894, 2011, p. 1817.

[29] *Ibidem*, p. 1878.

É preciso compreender a utilidade e as diversas possibilidades de anonimização dentro do contexto de um modelo econômico em que a mineração de dados pessoais tornou-se uma das principais formas de financiamento da chamada nova economia. Diante do desafio de implementar as garantias relativas à autodeterminação informacional prevista da LGPD, não é raro que o recurso à anonimização seja apontado como um dos modos de se buscar equilibrar os interesses de todos os envolvidos. Contudo, como ocorre com boa parte dos temas que envolvem aplicação de tecnologia às relações jurídicas, ainda vivenciamos os primeiros estágios dos debates sobre seus impactos e consequências.

3.4.2 Problemas com a anonimização e o risco de reidentificação

Ohm[30] critica o modelo de anonimização (*release-and-forget model*), apresentando advertência que não pode ser negligenciada quando o foco é a proteção da privacidade: quando o administrador anonimiza os dados, ele os lança, tanto publicamente quanto de forma privada, para um terceiro ou mesmo internamente para outros funcionários, e depois não faz qualquer tentativa de descobrir o que aconteceu com esses dados depois de lançados.

Por se tratar de técnicas já difundidas, os métodos utilizados para anonimização acabaram gerando uma confiança em demasia naquele que seria o papel da arquitetura, nos moldes em que Lessig[31] a coloca como reguladora do comportamento no ciberespaço.

Abre-se espaço para se indagar se todos os usuários da rede possuiriam o mesmo nível de proteção, ou se o indivíduo comum, com conhecimentos básicos acerca da tecnologia, que apenas a utiliza como ferramenta para realizar tarefas corriqueiras, ficaria exposto à ação de sujeitos com maior nível de conhecimento ou acesso a equipamentos: um "superusuário".

---

[30] OHM, Paul. Broken promises of privacy: responding to the surprising failure of anonymization. *UCLA Law Review*, [s. l.], v. 57, n. 6, p. 1701-1777, 2010, p. 1712.

[31] LESSIG, Lawrence. *Code*: version 2.0. New York: Basic Books, 2006. p. 123.

O mito do superusuário,[32] ou seja, aquele poderoso usuário de computador, difícil de ser localizado, imune às restrições tecnológicas e ciente das lacunas legais, é uma das críticas feitas por Ohm a uma visão mais otimista da anonimização, como aquela de Schwartz e Solove, para os quais o fato de a reidentificação de uma pessoa ser possível não necessariamente implica que isso aconteça.

A crítica de Ohm é severa: no final das contas, é necessário que se abandone a ideia de que se pode proteger a privacidade apenas removendo as informações sobre uma pessoa identificável (PII).[33] O cenário caótico sobre esse tipo de dado é comparado pelo professor americano com o jogo Whack-A-Mole,[34] em que, quando uma toupeira sai do buraco e o jogador a acerta com a marreta, outras saem pelos outros buracos. Assim estariam dispostos os dados sobre uma pessoa identificável: quando se resolvesse o problema de um, apareceriam mais outros.

Schwartz e Solove[35] discordam neste ponto, afirmando que seu modelo PII 2.0 pode ser operacional e previsível. Ohm inclusive critica o termo *"anonymize"*, entendendo ser errado e que há a necessidade de se corrigir a retórica utilizada nos debates sobre privacidade.

Sobre esse tópico, Latanya Sweeney[36] afirma que o termo "anônimo" *(anonymous)* implica que os dados não podem ser manipulados ou

---

[32] OHM, Paul. The myth of the superuser: fear, risk, and harm online. *UC Davis Law Review*, [s. l.], v. 41, n. 4, p. 1327, 2008. O superusuário, no entendimento do citado autor, é aquele que possui poder, a habilidade de controlar ou alterar computadores e redes, que um usuário comum não possui (p. 1333). Podemos aqui tentar rotular os *hackers*, que se fazem presentes no imaginário popular de maneira caricata e que aparecem constantemente no noticiário. Geralmente utilizam ferramentas para conquistar mais poder, como programas de computador altamente sofisticados. Não percamos de vista, contudo, que depois de certo tempo, aquela ferramenta símbolo de seu poder acaba sendo difundida, passando a ser acessível ao usuário comum. Ohm argumenta que existe uma tendência de que a designação de superusuário desapareça na medida em que a técnica que dominava se torne ultrapassada, corriqueira, e cita como exemplo o CD, que tempos atrás somente algumas pessoas tinham o conhecimento capaz de fazer cópias daquela mídia utilizando o *drive* do computador. No ano em que o seu artigo foi escrito, 2008, já existiam aplicativos que facilitavam a qualquer usuário o processo de cópia de CD ou DVD e, comparando com hoje, mais de dez anos depois, com o advento do *streaming* e suas facilidades, o interesse naquelas mídias físicas fica restrito a uma parcela pequena de pessoas. O superusuário que antes tinha habilidades de copiar as músicas de um CD é só mais um usuário comum hoje.

[33] OHM, Paul. Broken promises of privacy: responding to the surprising failure of anonymization. *In: UCLA Law Review*, [s. l.], v. 57, n. 6, p. 1701–1777, 2010, p. 1742.

[34] *Ibidem*, 1742.

[35] SCHWARTZ, Paul M.; SOLOVE, Daniel J. The PII Problem: privacy and a new concept of personally identifiable information. *New York University Law Review*, [s. l.], v. 86, n. December, p. 1814-1894, 2011, p. 1884.

[36] SWEENEY, Latanya. Maintaining Patient Confidentiality When Sharing Medical Data Requires a Symbiotic Relationship Between Technology and Policy. *Retrieved March*, [s. l.], n. May, p. 1-21, 1997.

relacionados para identificar qualquer indivíduo e que mesmo quando uma informação anonimizada é compartilhada com terceiros, ela está longe de ser "anônima".

Basta que algum dado seja vinculado à identidade real de alguma pessoa para que qualquer associação entre esse dado e uma identidade virtual (como o perfil ou avatar de uma pessoa ou aquela identidade que se cria anonimizada em uma base de dados) vai quebrar o anonimato. Por isso a reidentificação causa preocupação, não só em relação à exposição de dados identificáveis, mas de todos os dados que podem contribuir para a capacidade de se estabelecer ligações (*linkability*[37]) entre os dados, abrindo a possibilidade para futuros danos.

A novel legislação brasileira (art. 12 da Lei Geral de Proteção de Dados Pessoais) não considera como dados pessoais aqueles que foram anonimizados, salvo quando o processo de anonimização ao qual foram submetidos (a) for revertido utilizando meios próprios; ou (b) quando, com esforços razoáveis, puder ser revertido. A razoabilidade dos esforços para reidentificação de dados anonimizados deve levar em consideração fatores objetivos, como o custo e o tempo necessários para reverter o processo, de acordo com as tecnologias disponíveis, e a utilização de meios próprios.

Não se perca de vista que aqueles dados utilizados para formação de perfil comportamental de determinada pessoa natural poderão ser considerados como dado pessoal se a pessoa for identificada, recebendo a tutela da LGPD, na forma do §2º do artigo 12.

Em estudo que é um marco na privacidade informacional, Latanya Sweeney[38] conduziu experimentos utilizando dados do censo dos Estados Unidos de 1990, apontando que 87% da população norte-americana à época (216 milhões de 248 milhões de pessoas) era identificável de forma única apenas pela combinação de três informações: do ZIP *code*, da data de nascimento completa e do sexo. Metade da população dos Estados Unidos (132 milhões, 53%) era identificável apenas utilizando-se a informação do lugar (*city, town, or municipality*), do sexo e data de nascimento. Indicando o *county*, o sexo e a data de nascimento, 18% da população poderia ser identificada.

Dados simples permitiram que a professora Sweeney realizasse tal façanha, expondo a fragilidade do modelo de anonimização da

---

[37] OHM, Paul. Broken promises of privacy: responding to the surprising failure of anonymization. *UCLA Law Review*, [s. l.], v. 57, n. 6, p. 1701-1777, 2010, p. 1746.

[38] SWEENEY, Latanya. Simple demographics often identify people uniquely. *Carnegie Mellon University*, Data Privacy Working Paper 3. Pittsburgh 2000, [s. l.], p. 1-34, 2000.

época. Ohm afirma que o modelo de anonimização e reidentificação dos cientistas da computação é um jogo de adversários (*adversarial game*) em que a figura do adversário é a pessoa que tenta reidentificar os dados, não importando se as razões que a levam a isso sejam boas ou más. *Stalkers*,[39] investigadores, colegas intrometidos, empregadores, vizinhos, a polícia, analistas de segurança do Estado, anunciantes ou qualquer um interessado em associar um indivíduo com dado são adversários em potencial.[40]

Diante do contexto acima apresentado, deve-se refletir se os dados anonimizados também merecem receber algum tipo de tutela, já que pode existir um risco de serem reidentificados, quebrando todo anonimato anteriormente conquistado. Apesar das pesquisas apontarem para os inconvenientes e os riscos da adoção do modelo *release-and-forget*, a adoção de um modelo no qual os dados desvinculados de uma pessoa física tenham alguma espécie de proteção ainda parece algo distante.

4 Conclusão

A privacidade é uma das palavras mais multifacetadas que se pode trazer ao debate, com seus vários sentidos atribuídos em vários tempos e por várias culturas. Sua compreensão remete a um conceito fluido, melhor compreendido quando dividido em três dimensões distintas, porém complementares (decisional, informacional e espacial). Em cada uma dessas dimensões se pode identificar os problemas a elas relativos e, a partir daí, localizar o direito violado.

Esse modelo tridimensional da privacidade tem outra utilidade, que é permitir um melhor detalhamento de cada problema relativo à privacidade e assim chegar, de forma mais precisa, à extensão do dano. Assim, feito este caminho, descobrir como reparar o dano à privacidade passa a ser uma atividade mais próxima do caso concreto, atenta às várias peculiaridades deste. Evita-se, desse modo, que a busca da reparação seja lastreada em ilações generalistas e que ocorra um tabelamento informal do *quantum* indenizatório.

A privacidade enfrenta um desafio atual, que é se reinventar numa sociedade da informação, numa nova revolução tecnológica construída nas bases da anterior. Toda estrutura de fluxo de informação

---

[39] NARAYANAN, Arvind; SHMATIKOV, Vitaly. *De-anonymizing Social Networks*. Disponível em: https://arxiv.org/abs/0903.3276. Acesso em: 22 abr. 2018.

[40] OHM, Paul. Broken promises of privacy: responding to the surprising failure of anonymization. *UCLA Law Review*, [s. l.], v. 57, n. 6, p. 1701-1777, 2010, p. 1724.

construída nas décadas anteriores serve de suporte para essa nova fase do desenvolvimento tecnológico. *Big data*, internet das coisas e vigilância são termos cada dia mais comuns e levam às grandes preocupações com a privacidade.

O processo de anonimização é de fundamental importância dentro da temática da privacidade informacional, em que a informação em uma base de dados pode ser manipulada para dificultar a identificação dos titulares dos dados. Numa sociedade em que a informação circula a todo tempo, é importante que se proteja os indivíduos contra os riscos da identificação. Por isso se tutelam os dados que identifiquem a pessoa e, também, aqueles que possam identificá-la. Isso porque algumas informações são capazes de estabelecer um vínculo direto com uma pessoa, enquanto outras, por mais que não o façam diretamente, quando associadas a mais dados, acabam resultando na identificação.

O aspecto tecnológico sempre fez parte do desenvolvimento histórico da privacidade, e agora, mais que nunca, parece dar um tom de primazia à dimensão informacional dela. Mas é importante não olvidar que deve haver um diálogo entre as dimensões da privacidade na perspectiva dos problemas decorrentes das novas tecnologias, como forma de tentar enfrentar a complexidade e velocidade com que novas questões surgem neste campo de estudo.

Referências

BRANDEIS, Louis D. WARREN, Samuel D. The right to privacy. *Havard Law Review*, v. 4, n. 5, dec. 15, 1890.

BUNDESREPUBLIK DEUTSCHLAND. HESSEN. Datenschutzgesetz von 7. Oktober 1970. *In: Datenschutz*. Disponível em: https://www.datenschutz.rlp.de/downloads/hist/ldsg_hessen_1970.pdf. Acesso em: jul. 2016.

BURKERT, Herbert. Privacy – Data Protection: a German/European Perspective. *In*: ENGEL, Christoph; KELLER, Kenneth (Ed.). *Governance of Global Networks in the Light of Differing Local Values*. Baden-Baden: Nomos, 2000.

COOLEY, Thomas McIntyre. A treatise on the law of torts, or the wrongs which arise independent of contract. Chicago: Callaghan and company, 1879. *HathiTrust*. Disponível em: http://www.hathitrust.org/. Acesso em: 03 jan. 2016.

DWORKIN, Ronald. *Domínio da vida*: aborto, eutanásia e liberdades individuais. São Paulo: Martins Fontes, 2003.

GLANCY, Dorothy J. The invention of the right to privacy. *Arizona Law Review*, v. 21, n. 1, 1979.

LESSIG, Lawrence. *Code*: version 2.0. New York: Basic Books, 2006. p. 123.

NARAYANAN, Arvind; SHMATIKOV, Vitaly. *De-anonymizing social networks*. Disponível em: https://arxiv.org/abs/0903.3276. Acesso em 22 de abril de 2018.

OHM, Paul. Broken promises of privacy: responding to the surprising failure of anonymization. *UCLA Law Review*, [s. l.], v. 57, n. 6, p. 1701-1777, 2010, p. 1746.

OHM, Paul. The myth of the superuser: fear, risk, and harm online. *UC Davis Law Review*, [s. l.], v. 41, n. 4, p. 1327, 2008, 1335.

POST, Robert C. Three concepts of privacy. *Yale Law School Legal Scholarship Repository*. Disponível em: http://digitalcommons.law.yale.edu/fss_papers. Acesso jun. 2016.

PROSSER, William L. Privacy. *In: California Law Review*, n. 3, v. 48, agosto de 1960.

RODOTÀ, Stefano. *A vida na sociedade de vigilância*: a privacidade hoje. Rio de Janeiro: Renovar, 2008.

RODOTÀ, Stefano. *Il mondo nella rete: quali i diritti, quali i vincoli*. Roma-Bari: GLF Laterza, 2014.

RODOTÀ, Stefano. *Intervista su privacy e libertà*. Roma-Bari: GLF Laterza, 2005.

ROSEN, Jeffrey. *The unwanted gaze:* the destruction of privacy in America. New York: Vintage Books, 2001.

RÖSSLER, Beate. *The value of privacy*. Cambridge: Polity, 2015.

SCHWARTZ, Paul M.; SOLOVE, Daniel J. The PII Problem: Privacy and a new concept of personally identifiable information. *New York University Law Review*, [s. l.], v. 86, n. December, p. 1814-1894, 2011, p. 1884.

SOLOVE, Daniel J. *Understanding privacy*. Kindle edition. Cambridge, London: Harvard University Press, 2008.

SWEENEY, Latanya. Maintaining Patient Confidentiality When Sharing Medical Data Requires a Symbiotic Relationship Between Technology and Policy. *Retrieved March*, [s. l.], n. May, p. 1-21, 1997.

SWEENEY, Latanya. Simple demographics often identify people uniquely. *Carnegie Mellon University*, Data Privacy Working Paper 3. Pittsburgh 2000, [s. l.], p. 1-34, 2000.

WESTIN, Alan. *Privacy and freedom*. New.

Informação bibliográfica deste texto, conforme a NBR 6023:2018 da Associação Brasileira de Normas Técnicas (ABNT):

PEIXOTO, Erick Lucena Campos; EHRHARDT JÚNIOR, Marcos. Os desafios da compreensão do direito à privacidade no sistema jurídico brasileiro em face das novas tecnologias. *In*: EHRHARDT JÚNIOR, Marcos; LOBO, Fabíola Albuquerque (Coord.). *Privacidade e sua compreensão no direito brasileiro*. Belo Horizonte: Fórum, 2019. p. 33-54. ISBN 978-85-450-0694-7.

PUBLICIDADE NAS REDES SOCIAIS E A VIOLAÇÃO À PRIVACIDADE DO CONSUMIDOR

DANTE PONTE DE BRITO

1 Introdução

Com a crescente virtualização dos negócios jurídicos, uma parcela cada vez maior das relações de consumo tem se efetuado no ambiente eletrônico, impulsionadas pela publicidade *on-line*. Como consequência de tal fato, os operadores do Direito que atuam na seara consumerista vêm se deparando com inúmeras situações-problema inéditas, pois o Código de Proteção e Defesa do Consumidor (CDC), promulgado na década de 90 do século passado, não podia sequer imaginar a proporção que o chamado *e-commerce* alcançaria.

A inserção da sociedade de consumo em um ambiente virtual propiciou um novo cenário no que se refere à interação das pessoas com o mundo, ocasionado, assim, conflitos envolvendo a privacidade do usuário. Nesse novo espaço marcado pela velocidade e agilidade das informações, o indivíduo que se utiliza da web encontra-se suscetível a ter seus dados privados relevados.[1]

---

[1] OLIVEIRA, Rafael Santos de; BARROS, Bruno Mello Correa de; PEREIRA, Marília do Nascimento. O Direito à privacidade na internet: desafios para proteção da vida privada e

Adverte Cláudia Lima Marques que há uma dificuldade no que se refere à questão probatória, visto que o dano causado à privacidade do usuário na internet, por exemplo, pode ter proporções globais e atingir um número de consumidores indefinido. Segundo a autora:

> A maior tendência da internet é para a globalização, justamente, porque, no meio eletrônico, desaparecem os limites (*borders*) estatais e territoriais. O mundo eletrônico (*cyber world*) teve como efeito a desterritorialização ou, para muitos, a desnacionalização dos negócios jurídicos. No *cyberspace*, a noção de soberania clássica (estatal-jurídica ou política) isto é, fazer leis, impor leis e julgar condutas, rendendo efetivas as leis postas pelo Estado (*enforceability*) diminui sua força (ou mesmo desaparece, para alguns). É bastante difícil tornar efetiva a regulamentação estatal ou assegurar competência das jurisdições estatais na internet.[2]

Nesse sentido, é necessário investigar quais seriam as fronteiras do direito à privacidade na internet e de que forma é possível proteger os dados pessoais disponibilizados nas redes sociais e utilizados como mecanismos para atrair consumidores por meio da rede mundial de computadores?

É certo que o fenômeno da massificação da sociedade contribuiu para o aprofundamento do problema objeto deste estudo, qual seja, a violação da privacidade do consumidor por informações constantes nas redes sociais e o uso delas sem o consentimento do mesmo. A cultura de massa, internacionalizada e globalizada, impactou abruptamente o modo como os indivíduos passaram a lidar com sua esfera privada. Há uma espécie de transformação de estilo de vida, em que o consumo desenfreado passou a ser parte indissociável da vida dos seres humanos e, sem que percebam, são transformados em mercadorias, verdadeiros *outdoors* virtuais, renunciando seu direito à privacidade.

Na visão do sociólogo polonês Zygmunt Bauman, as pessoas, apesar de não estarem conscientes dessa nova realidade, acabam se transformando em mercadorias e essa condição é a principal característica da chamada 'sociedade de consumidores'.[3]

---

o direito ao esquecimento. *Revista da Faculdade de Direito da UFMG*, Belo Horizonte, n. 70, p. 561-594, jan./jun. 2017, p. 563.

[2] MARQUES, Cláudia Lima. *Confiança no Comércio Eletrônico e a Proteção do Consumidor*. São Paulo: Revista dos Tribunais, 2004, p. 88-89.

[3] BAUMAN, Zygmunt. *Vida para Consumo*: a transformação das pessoas em mercadoria. Rio de Janeiro: Zahar, 2008, p. 20.

A internet, em especial o advento das redes sociais, no início deste século, foi responsável por uma verdadeira revolução no que tange ao direito à privacidade, ao permitir e estimular a livre circulação de informações da esfera íntima dos internautas. Na rede mundial de computadores, são armazenados dados pessoais dos usuários sobre suas preferências, seus gostos e desejos. As empresas se aproveitam desse banco de dados fornecidos pelos próprios internautas para direcionar produtos e serviços por meio de anúncios *on-line*. Assim, sem perceber, o consumidor que navega na internet pode estar sendo violado em sua privacidade.

Pretende-se, com esta breve investigação científica, questionar se a conduta de traçar um perfil fundamentado nas preferências do internauta e, de posse de tais dados, direcionar a publicidade que lhe será enviada, sem que haja o consentimento expresso e consciente deste e sem observar o respeito à sua privacidade e intimidade, constituiria ou não abuso de direito?

Outra indagação que se impõe desde já: é admissível que empresas queiram saber a opinião e as necessidades dos consumidores em relação a determinado produto ou serviço e, com essa finalidade, possam adotar o procedimento de monitorar diálogos de internautas e utilizar as informações das conversas como mecanismos para persuadi-los na web?

No que se refere à publicidade por meio da internet, adverte-se que esta constitui uma espécie de junção da publicidade tradicional com o *marketing* da resposta direta e imediata do consumidor. Com base em tais premissas, assevera-se que a publicidade on-line é uma modalidade que merece atenção especial, visto que possui características diferenciadas em relação à publicidade tradicional. Segundo Santos e Silva:

> A publicidade veiculada no ambiente virtual assume contornos diversos, muitas vezes se subtraindo dos comandos expressos no Código de Defesa do Consumidor. Tal situação tem suscitado novos problemas, principalmente quando não são respeitados os princípios da identificação e não abusividade da mensagem publicitária.[4]

Pode-se dizer que as redes sociais devem ser consideradas uma ameaça à privacidade dos internautas haja vista que há uma permissão

---

[4] SANTOS, Noemi de Freitas; e SILVA, Rosane Leal da. A exposição do consumidor à publicidade na internet: o caso das promoções de vendas no Twitter. Trabalho publicado nos *Anais do XX Congresso Nacional do CONPEDI*, p. 3388-3416, nov. 2011, p. 3389.

de vigilância onipresente, em razão da gigantesca base de dados e da rápida distribuição de informação em escala mundial? Esses são os questionamentos propostos. Diante do exposto, a relevância do estudo salta aos olhos, uma vez que o consumidor brasileiro usa diariamente as redes sociais e pode estar sendo lesado em sua privacidade sem se dar conta. Destarte, o tema da violação dos dados pessoais do consumidor e do emprego destes para fins mercadológicos merece atenção dos juristas na atualidade.

2 O direito à privacidade na era digital

O rápido desenvolvimento das tecnologias informacionais, a expansão das redes comunicativas globais e o crescimento das mídias digitais corroboraram de modo significativo para edificar-se uma verdadeira sociedade da informação, em que esta é colocada como a força motriz e mola propulsora dos fluxos mercadológicos e econômicos na contemporaneidade.[5]

Foi nesse contexto que inúmeras empresas, instituições e corporações desenvolveram-se, propiciando novos instrumentos de captura do consumidor internauta. Diante desse novo paradigma, infere-se o seguinte questionamento: como se dá a proteção e o respeito aos dados pessoais e à privacidade no ambiente virtual?

Para se ter uma ideia da dimensão do problema, o Facebook possui mais de 2 bilhões de usuários ativos por mês e é a rede social mais acessada do mundo. Apesar disso, a maioria dos que utilizam a plataforma desconhece os pormenores ínsitos à concordância com os Termos de Serviço e com a Política de Dados do mesmo.[6] Tal constatação demonstra que os internautas não possuem conhecimento acerca da política de privacidade das redes sociais que usam diariamente.

Antes de avançar e buscar o aprofundamento do tema da privacidade na era digital e, mais especificamente nas redes sociais, faz-se mister tecer algumas considerações sobre o instituto do direito à privacidade, sua história recente e algumas características peculiares.

---

[5] OLIVEIRA, Rafael Santos de; BARROS, Bruno Mello Correa de; PEREIRA, Marília do Nascimento. O Direito à privacidade na internet: desafios para proteção da vida privada e o direito ao esquecimento. *Revista da Faculdade de Direito da UFMG*, Belo Horizonte, n. 70, pp. 561-594, jan./jun. 2017, p. 568.

[6] KURTZ, João. Facebook domina ranking de redes sociais mais usadas no mundo. Disponível em: https://www.techtudo.com.br/noticias/2017/07/facebook-domina-ranking-de-redes-sociais-mais-usadas-no-mundo.ghtml. Acesso em: 10 de mar. 2019.

Privacidade vem da expressão latina *privatus* e remete à ideia de algo que pertence à pessoa, estando fora do alcance de terceiros ou do Estado. Abrange informações de interesse exclusivo do particular, incluindo opinião pessoal, orientação religiosa e sentimentos afetivos. Para Erick Peixoto e Marcos Ehrhardt Júnior, a privacidade, como é conhecida hoje, desenvolve-se a partir do século XIX nos Estados Unidos e significa "o direito de ser deixado em paz", configurando-se como o direito de exercer o controle de quem tem acesso ou não à sua vida privada e o modo como os outros podem influenciar em suas decisões existenciais.[7]

Anderson Schreiber observa que a evolução do direito à privacidade seria mais recente do que a de alguns outros direitos da personalidade, como a honra, por exemplo, e que o marco inicial para seu surgimento teria sido a publicação na *Harvard Law Review*, em 1890, do artigo The Right to Privacy.[8]

No âmbito da legislação pátria, o art. 21 do Código Civil de 2002[9] reafirmou a autonomia constitucional do direito à privacidade prevista no art. 5º, inciso X, da Carta Magna de 1988,[10] caracterizando como um direito da personalidade, dotado de inviolabilidade e assegurando o direito à indenização por dano material ou moral decorrente de sua transgressão.

Mikhail Cancelier afirma que o atributo marcante do direito à privacidade consiste em sua maleabilidade, sendo extremamente sensível às alterações comportamentais da sociedade.[11] Reconhecendo-se a proteção à privacidade como um objeto jurídico volátil, é possível compreender a razão da importância do estudo do referido instituto à luz do fenômeno das redes sociais.

---

[7] PEIXOTO, Erick Lucena Campos; EHRHART JR. Marcos. Breves notas sobre a ressignificação da privacidade. *Revista Brasileira de Direito Civil – RBDCivil* I, Belo Horizonte, v. 16, p. 35-36, abr./jun. 2018, p. 35.

[8] SCHREIBER, Anderson. *Direitos da personalidade*. São Paulo: Atlas, 2013, p. 134.

[9] Art. 21. Código Civil: "A vida privada da pessoa natural é inviolável, e o juiz, a requerimento do interessado, adotará as providências necessárias para fazer cessar ato contrário a esta norma".
BRASIL. Código Civil (2002). *Código Civil Brasileiro*: Lei 10.406, de 10 de janeiro de 2002. Palácio do Planalto. Disponível em: http://www.planalto.gov.br. Acesso em 11 mar. 2019.

[10] Art. 5º, inciso X, Constituição da República Federativa do Brasil: "São invioláveis a intimidade, a vida privada, a honra e a imagem das pessoas, assegurando o direito a indenização pelo dano material ou moral decorrente de sua violação".
BRASIL. Constituição da República Federativa do Brasil (1988). *Constituição da República Federativa do Brasil*: promulgada em 05 de outubro de 1988. Palácio do Planalto. Disponível em: http://www.planalto.gov.br. Acesso em 11 mar. 2019.

[11] CANCELIER, Mikhail Vieira de Lorenzi. O direito à privacidade hoje: perspectiva histórica e o cenário brasileiro. *Revista Sequência*, Florianópolis, n. 76, p. 213-240, ago. 2017, p. 213.

Outro aspecto que merece ser ressaltado no que se refere ao direito à privacidade, de extrema relevância para esta investigação científica, é o limite de sua relativização para fins comerciais, prática que vem sendo bastante utilizada nas redes sociais. Sabe-se que o direito à privacidade não é absoluto, comporta relativizações. No entanto, até que ponto um usuário na web pode abrir mão de sua privacidade com intuito de obtenção de lucros?

O instituto jurídico da privacidade pode ser melhor compreendido quando subdivido em três dimensões distintas e complementares. São elas a dimensão decisional, espacial e informacional. Esta última está conectada ao tema do presente artigo, relacionando o aspecto tecnológico e o desafio da proteção à privacidade de se reinventar em uma sociedade de informação.[12]

No que alude ao aspecto do direito digital, compreende-se o direito à privacidade como aquele ligado à proteção de dados pessoais tratados por meio eletrônico. Em outras palavras, o direito à privacidade na era digital constitui o conjunto de aspectos relacionados à personalidade do internauta que não podem ser objeto de intromissões ou intervenções arbitrárias, sem o seu respectivo consentimento.

No meio virtual, a violação à privacidade foi ampliada em níveis exponenciais em razão da característica intrínseca à própria rede mundial de computadores de difusão e dispersão de dados e informações, sem que haja um centro de comando capaz de controlar o sistema.

Há toda uma circunstância que leva os próprios usuários da rede a divulgarem e compartilharem seus dados pessoais seja espontaneamente ou estimulados por empresas que se utilizam de tais informações para fins mercadológicos, como a propagação de anúncios nas redes sociais dos indivíduos.

Adverte-se, ainda, que a apropriação indevida dos dados pessoais dos usuários da internet potencializa o risco de estes tornarem-se vítimas de crimes cibernéticos, cada vez mais comuns no ambiente virtual.

Bruce Schneier alerta que há um maremoto de dados pessoais gerados nas relações por meio da internet, o que representa uma verdadeira poluição de informações. Dessa forma, assim como o problema da poluição ambiental foi diuturnamente ignorado em nome do progresso, a sociedade atual tem feito vista grossa para a questão do excesso de

---

[12] PEIXOTO, Erick Lucena Campos; EHRHART JR. Marcos. Breves notas sobre a ressignificação da privacidade. *Revista Brasileira de Direito Civil* – RBDCivil I, Belo Horizonte, v. 16, p. 35-36, abr./jun. 2018, p. 55.

dados na rede, fato este que poderá impactar em uma séria dificuldade no que se refere à questão da proteção da privacidade.[13]

3 As redes sociais como instrumento de captura do consumidor e o papel da publicidade

Discorre-se bastante, diuturnamente, acerca do excesso do uso de aparelhos eletrônicos, acesso demasiado à internet e, consequentemente, utilização exagerada (podendo chegar a gerar um vício) das redes sociais. Quais os prejuízos, do ponto de vista do direito do consumidor, podem ocorrer aos usuários imersos nesse novo ambiente, ainda pouco explorado cientificamente?

A própria natureza humana dá sinais de que o indivíduo é um ser gregário, tendente ao convívio social. A integração com outras pessoas faz parte do processo de formação, desenvolvimento e construção da personalidade e quanto maior o avanço tecnológico, mais as pessoas ampliam o desejo e a capacidade de se comunicar e interagir umas com as outras.

Nesse contexto, as redes sociais consistem em ferramentas de integração interpessoal na internet que permitem ao indivíduo criar e exibir um perfil, onde relata suas experiências, publica suas opiniões, posta imagens, *selfies*, vídeos, conversa com outros usuários, enfim, interage com uma grande variedade de internautas.[14]

Para Cândida Almeida, as redes sociais podem ser definidas como um conjunto sistêmico cujas propriedades são partilhadas com elementos internos (os perfis, *timelines*, os grupos, etc.) e externos ao sistema (como os *posts* oriundos de outras *urls*, os internautas, as empresas que patrocinam publicidades, as outras redes que se integram a esta) que têm como mecanismo peculiar a sua linguagem digital interativa interfaceadora de informações estabelecidas por signos oriundos de imagens, textos e sonoridades e evolui, assumindo modificações em todos os seus elementos na medida em que as trocas sígnicas vão sendo estabelecidas interna e externamente ao sistema.[15]

Segundo Guy Kawasaki, lendário executivo da Apple, no mundo globalizado e concorrido em que se vive, está claro que as mídias sociais

---

[13] SCHNEIER, Bruce. *The future of pricacy, in Schneier on security*. Disponível em: http://www. schneier.com/blog/archives/2006/03/the_future_of_p.html. Acesso em: 02 jun. 2015.

[14] LACERDA, Bruno Torquato Zampier. *Bens digitais*. Indaiatuba: Foco jurídico, 2017, p. 32.

[15] ALMEIDA, Cândida. Mídias sociais: apontamentos semióticos e sistêmicos. *XXXV Congresso Brasileiro de Ciências da Comunicação*, 4 a 7 de set. 2013, p. 1-15, p. 10.

MARCOS EHRHARDT JÚNIOR, FABÍOLA ALBUQUERQUE LOBO (Coord.)
PRIVACIDADE E SUA COMPREENSÃO NO DIREITO BRASILEIRO

funcionam como um termômetro capaz de determinar o sucesso ou fracasso de qualquer assunto que se promova, seja um negócio, um produto ou você mesmo.[16]

No Brasil, a primeira rede social que permitiu essa experiência interativa com grande sucesso foi o Orkut, hoje extinto, de propriedade do Google Inc., que foi lançado no país em 2004. Atualmente, o Facebook se tornou líder no mercado das redes sociais, conforme afirmado anteriormente, possuindo dados de mais de um bilhão de usuários pelo mundo todo, podendo checar seus hábitos de consumo e preferências, o que lhe confere um valor quase inestimável.

Observa André Peixoto que, além de permitir a interação entre seus usuários e a construção de uma autobiografia virtual, com o registro de fatos cotidianos, a ferramenta digital também tem mostrado significativa relevância no que se refere à sua capacidade de mobilização, uma vez que tem se verificado na internet o surgimento de diversos movimentos sociais e políticos que alcançam grande repercussão nacional e internacional.[17]

Para Sheron Neves, há um novo público produtor de conteúdo que está emergindo nas redes sociais. Nesse ambiente o consumidor não é mais passivo. Este passou de simples receptor de conteúdo para produtor e distribuidor.[18] Essa percepção possibilitou às empresas a alteração na forma de adquirir a atenção do consumidor internauta.

As redes sociais têm uma característica marcante que merece ser destacada neste estudo científico. Elas buscam capturar os desejos do consumidor e estimulam a criação de necessidades individuais e coletivas que fomentam a atividade publicitária como motor propulsor do mercado contemporâneo. Essa criação de demandas, que na verdade não existem, é que se denomina de economia do engano. Dentre as modalidades de anúncios, cresce a utilização da publicidade direcionada ou teleguiada, ou seja, aquela que atinge diretamente o internauta e desperta neste o desejo de aquisição de bens de consumo supérfluos.

Percebe-se que, nas redes sociais, há todo um esforço programado da comunicação de massa no sentido de fisgar e prender o consumidor. As crianças, inclusive, parecem ser as vítimas mais suscetíveis de

---

[16] KAWASAKI, Guy. *A arte das redes sociais*. Rio de Janeiro: Best Business, 2017, p. 1.

[17] PEIXOTO, André Pinto. *Responsabilidade civil do Facebook por dano à privacidade na rede social*. 2013. 122 p. Dissertação (Mestrado em Direito). Universidade de Fortaleza, Fortaleza: 2013, p. 23.

[18] NEVES, Sheron. O vine e o diálogo audiovisual na cultura participativa. *Revista Geminis*, n. 2, ano 5, mai. 2014, p. 32-202, p. 34.

tal aprisionamento, em razão de sua ainda incipiente capacidade de discernimento.

As agências de publicidade, em parceria com os fornecedores de produtos e serviços e com os veículos de comunicação de massa, se aproveitam dessa fragilidade para desvendar os anseios do consumidor e fazer com que este se comporte de maneira prejudicial a sua saúde e segurança, inclusive financeira, gerando a compra por impulso, o consumismo e o superendividamento das famílias.

A publicidade tornou-se um instrumento extremamente eficaz na captura de consumidores e também bastante lucrativo, pois, apesar de um anúncio na internet ou em outros meios de comunicação comprometer parte do capital das empresas anunciantes, tal investimento acaba se tornando uma quantia pequena se comparada ao retorno que poderá advir em um futuro próximo.[19]

Em uma sociedade de consumo pautada pela avidez do mercado em fisgar o polo mais frágil da relação consumerista, despertando neste o interesse pela aquisição de bens, constitui tarefa hercúlea falar de proteção contra a não captura do consumidor e combate a práticas mercadológicas desleais.

Nos primórdios, poderia se afirmar que a publicidade tivesse, sim, uma função meramente informativa, de demonstrar as características, qualidades e preços dos produtos e serviços. Tal função puramente informativa não mais permanece. A pressão sobre o consumidor, por meio de mensagem direcionada e impositiva é uma realidade, e deve ser estudada.

Não se pode negligenciar o fato de que o consumo por meio da internet cresceu em grande escala. Em um mundo caracterizado por cidadãos cada vez mais conectados, algumas condutas dos fornecedores chamam atenção e merecem ser analisadas com a devida cautela. O envio de e-mails em massa, com informes de produtos e serviços, os chamados *spams*, constitui exemplo de comportamento mercadológico invasivo.

É preciso ter em mente que o respeito à liberdade de escolha representa um dos pilares do mercado de consumo. A partir do instante em que o consumidor é insistentemente importunado por mensagens e esforços publicitários, seja nas redes sociais ou em outro veículo midiático, sua liberdade e dignidade estão sendo violadas.

---

[19] BRITO, Dante Ponte de. *Publicidade subliminar na internet*: identificação e responsabilização nas relações de consumo. Rio de Janeiro: Lumen Juris, 2017, p. 101.

No entendimento de Dias, o fundamento da norma que preconiza a não captura do consumidor insere-se dentro de um contexto maior de inaceitável invasão da esfera privada do mesmo, convertendo sua privacidade em um cenário de luta concorrencial entre empresas. Tais práticas, sofisticadas e invasivas, molestam o sossego do consumidor, turbam a sua possibilidade de escolha minimamente refletida e, portanto, exigem o seu prévio consentimento, sob pena de se configurarem abusivas.[20]

Não se pode olvidar de mencionar outro fenômeno oriundo da rede mundial de computadores que possui relação direta com a temática ora estudada. Algo que vem tornando-se frequente é a veiculação de publicidade nas redes sociais com o intuito exclusivo de capturar informações sobre os comportamentos e desejos dos consumidores, formando um verdadeiro banco de dados.

A partir de um clique em um anúncio há a captura de informações pessoais e os usuários da rede passam a receber em seus perfis do Facebook, Instagram, Twitter, YouTube, etc. publicidades e ofertas cirurgicamente calculadas. Dessa forma, há a necessidade de combater não somente a prática de bombardeio constante com mensagens publicitárias, mas também deve haver preocupação com a obtenção camuflada de informações pessoais do consumidor por meio das redes sociais e cadastros aparentemente inofensivos, mas que são, na verdade, uma armadilha preparada pelo fornecedor.

Em síntese, o dever de não captura do consumidor impõe como reprovável a conduta de assédio, coação e de influência indevida sobre a privacidade e a liberdade de escolha do sujeito mais frágil da relação consumerista. Também constitui comportamento que deve ser rechaçado pela legislação protetiva o envio de mensagens não solicitadas e a aquisição de informações pessoais do consumidor sem o seu devido consentimento.

4 Responsabilização em face da violação da privacidade do consumidor nas redes sociais

Diante do exposto acerca da violação da privacidade e dos dados pessoais dos usuários das redes sociais e da prática de formação de um verdadeiro banco de dados e informações sobre os comportamentos e

---

[20] DIAS, Lucia Ancona Lopez de Magalhães. *Publicidade e Direito*. São Paulo: Editora Revista dos Tribunais, 2013, p. 93.

desejos dos consumidores, pergunta-se: como se dá a responsabilização em face de tal conduta?

Não cabe aqui detalhar (e nem seria possível em razão da complexidade da matéria) o regime jurídico da responsabilidade civil do direito brasileiro. Adverte-se que o Código de Proteção e Defesa do Consumidor (CDC) atribuiu a responsabilidade do fornecedor de produtos e serviços a um tratamento unitário.

Corroborando tal entendimento, Lisboa afirma que, com a legislação consumerista, houve uma minimização da importância dada pela doutrina clássica à dicotomia responsabilidade contratual e extracontratual. Para o autor, a defesa do consumidor se aplica em razão da existência da relação de consumo e não graças à natureza do dever jurídico violado.[21]

Para Benjamin, a discussão acerca da responsabilização contratual ou extracontratual é prejudicial à proteção do consumidor. Sobre essa questão o autor defende a chamada teoria da qualidade que constitui uma releitura das garantias tradicionais sob o prisma da produção, comercialização e consumo em massa.[22]

Ressalte-se que a responsabilidade estabelecida no CDC é, via de regra, objetiva, ou seja, deve ser apurada, independentemente de comprovação de culpa, fundada no dever de segurança do fornecedor em relação aos produtos e serviços lançados no mercado de consumo.

Partindo-se do pressuposto de que as empresas que atuam na web sob a forma de redes sociais são prestadoras de serviços na internet, tendo como objeto jurídico a disponibilização de espaços de interação humana entre os usuários, entre outras atividades, bem como a prática direcionada de *marketing* pelos anunciantes que lá atuam, parece plausível afirmar que resta configurada aqui uma relação de consumo.

Em outras palavras, ao utilizar um perfil que lhe foi concedido para compartilhamento de conteúdo pessoal, o usuário o faz na condição de destinatário final do serviço, nos termos do art. 2º do CDC.[23] É de clareza meridiana, igualmente, a condição de vulnerabilidade

---

[21] LISBOA, Roberto Senise. *Responsabilidade civil nas relações de consumo*. São Paulo: Saraiva, 2012, p. 129-130.

[22] BENJAMIN. Antônio Herman V.; MARQUES, Claudia Lima e BESSA, Leonardo Roscoe. 6. ed. *Manual de direito do consumidor*. São Paulo: Revista dos Tribunais, 2014, p. 132.

[23] Art. 2º. Código de Proteção e Defesa do Consumidor: "Consumidor é toda pessoa física ou jurídica que adquire ou utiliza produto ou serviço como destinatário final". BRASIL. Código de Proteção e Defesa do Consumidor (1990). *Código de Proteção e Defesa do Consumidor*: Lei 8.078, de 11 de setembro de 1990. Palácio do Planalto. Disponível em: http://www.planalto.gov.br. Acesso em 12 mar. 2019.

(pedra de toque do sistema protetivo consumerista) do indivíduo que possui um perfil em uma rede social.

O Superior Tribunal de Justiça (STJ), em julgado que merece menção neste estudo, reconheceu a condição de fornecedor das plataformas que ofertam serviços de redes sociais, mesmo que não haja remuneração direta, mas sim indireta, mediante a veiculação de anúncios personalizados e *marketing* direto, decorrentes de processamento de dados e do fluxo de visitas dos usuários. Senão, vejamos.

DIREITO CIVIL E DO CONSUMIDOR. INTERNET. RELAÇÃO DE CONSUMO. INCIDÊNCIA DO CDC. GRATUIDADE DO SERVIÇO. INDIFERENÇA. PROVEDOR DE CONTEÚDO. FISCALIZAÇÃO PRÉVIA DO TEOR DAS INFORMAÇÕES POSTADAS NO SITE PELOS USUÁRIOS. DESNECESSIDADE. MENSAGEM DE CONTEÚDO OFENSIVO. DANO MORAL. RISCO INERENTE AO NEGÓCIO. INEXISTÊNCIA. CIÊNCIA DA EXISTÊNCIA DE CONTEÚDO ILÍCITO. RETIRADA IMEDIATA DO AR. DEVER. DISPONIBILIZAÇÃO DE MEIOS PARA IDENTIFICAÇÃO DE CADA USUÁRIO. DEVER. REGISTRO DO NÚMERO DE IP. SUFICIÊNCIA.

1. A exploração comercial da internet sujeita as relações de consumo daí advindas à Lei 8.078/90.

2. O fato de o serviço prestado pelo fornecedor de serviço de internet ser gratuito não desvirtua a relação de consumo, pois o termo "mediante remuneração" contido no art. 3º, §2º, do CDC deve ser interpretado de forma ampla, de modo a incluir o ganho indireto do fornecedor.[24]

Adotando o entendimento de que há relação de consumo, conforme acima transcrito, pode-se aferir que uma rede social, ao promover espaço para que os internautas compartilhem informações, deve se responsabilizar por eventual dano no que tange à utilização indevida de dados pessoais dos usuários.

Da mesma forma, caso haja omissão quanto à pronta retirada de um conteúdo ofensivo e que viole a privacidade do mesmo, ou, ainda, verificada ausência de filtros de avaliação prévia de mensagens enviadas aos que navegam nas redes sociais, também pode haver o dever de indenizar.

---

[24] BRASIL. Superior Tribunal de Justiça. (STJ). *Recurso Especial nº 1.193.764/SP*. Brasília, DF. Relatora Min. Fátima Nancy Andrighi. Julgamento em: 08 ago. 2011. Disponível em: www.stj.jusbrasil.com.br. Acesso em 10 mar. 2019.

Nas redes sociais há uma peculiaridade que chama a atenção também na esfera de responsabilização e que constitui argumento em defesa dos fornecedores dessa espécie de prestação de serviço. Ao criar e alimentar um perfil no Facebook, Instagram ou Twitter, a inserção e o compartilhamento das informações se dá por parte do próprio usuário. Seguindo tal raciocínio, de acordo com o ordenamento vigente, o mesmo não deve responder pelos seus atos?

Nos termos da Diretiva da União Europeia nº 2000/31[25] sobre comércio eletrônico, a resposta a tal indagação é afirmativa. Em seu art. 14, a legislação assevera que os prestadores de serviço no ambiente virtual que apenas armazenam os dados inseridos pelos usuários não serão responsáveis pelos conteúdos postados, desde que não conheçam os fatos ou as circunstâncias ilícitas e que, uma vez tomando conhecimento, ajam com prontidão para retirada desses dados.

Não obstante o fundamento de validade da argumentação exposta, faz-se mister destacar que, da interpretação do sistema protetivo consumerista pátrio, se extrai a máxima de que o consumidor não pode ser colocado em situação de desvantagem exagerada, nem incompatível com a boa-fé e a equidade, nos termos do art. 51, inciso IV do CDC. Tal dispositivo, cumulado com o art. 4º, inciso I e art. 6º, inciso VI, garantem guarida legal à parte mais frágil da relação consumerista.

Some-se a tais embasamentos legais a teoria do risco-proveito, que alicerça o Sistema Nacional de Defesa do Consumidor, segundo a qual, ao oferecer um serviço no mercado de consumo, como ocorre com a prestação de serviço de redes sociais, as empresas devem arcar com os eventuais riscos de danos e responsabilizar-se pelos mesmos.

Patricia Burrowes explica que o surgimento das redes sociais facilitou e multiplicou comportamentos já presentes desde os primórdios da internet: a produção de conteúdos por todos os participantes, a colaboração e o compartilhamento de informações, inclusive anúncios.[26] Nesse raciocínio, a regulamentação séria e responsável da matéria se faz necessária e constitui um dos pilares do direito do consumidor contemporâneo.

---

[25] DIRECTIVA 2000/31/CE. Directiva do Parlamento Europeu e do Conselho de 8 de junho de 2000 relativa a certos aspectos legais dos serviços da sociedade de informação, em especial do comércio electrónico, no mercado interno. *Directiva sobre o comércio electrónico.* Disponível em: http://eur-lex.europa.eu/legal-content/PT/TXT/? uri=celex%3A32000L0031. Acesso em 12 mar. 2019.

[26] BURROWES, Patricia Cecilia. Uma campanha memorável. *Comunicação, mídia e consumo*, n. 32, ano 11, vol. 11, set./dez. 2014, p. 185-202, p. 194.

Ressalte-se que as informações compartilhadas em redes sociais, como o Facebook, Instagram ou YouTube, são dotadas de relevância jurídica, enquanto representam uma expressão do ser, uma virtualização do eu, revestidas ou não de caráter patrimonial. Diante de tal constatação, a preocupação com as informações que circulam na web salta aos olhos.

Com a propagação dos meios de comunicação de massa em escala mundial, imprimiu-se nas últimas décadas o que os estudiosos da matéria vêm denominando de "sociedade do espetáculo". Este fenômeno impacta diretamente no problema da proteção da privacidade nas redes sociais.

Na visão de Guy Debord, ao final da década de 60 do século passado, passou a se desenhar uma nova relação social entre pessoas, medidas por imagens. A sociedade capitalista se apresentaria como uma imensa acumulação de espetáculos. Estes passam a ser medidos por acumulação de acontecimentos nas mídias sociais. O espetáculo transforma-se na realidade; esta, por sua vez, transforma-se no espetáculo.[27]

André Peixoto observa que a democratização do acesso à tecnologia tem permitido que, em um mesmo espaço, anônimos e famosos, possam ter uma espécie de igualdade de oportunidades de ver e serem vistos.[28] Tal circunstância tem alterado profundamente a percepção que as pessoas têm de privacidade, o que impacta a forma como o direito deve lidar com a questão.

Na busca de seguir determinada tendência de comportamento, ligado ao modo de vestir, falar, portar, produzir, os internautas acabam municiando as empresas de *marketing*, passando a viver em um mundo movido de aparência e consumo permanente, impulsionando a economia do engano.

Seguindo a linha de raciocínio propugnada nesse estudo, a captura indevida de dados pessoais, sem a devida autorização expressa e consciente do consumidor, para realização de publicidade direcionada nas redes sociais deve ser passível de responsabilização, sob pena de subverter a lógica do sistema protetivo consumerista.

Não basta haver autorização formal em um formulário de adesão. É preciso que o direito à informação previsto no art. 6º, inciso III, e a

---

[27] DEBORD, Guy. *A sociedade do espetáculo*. Tradução de Estela dos Santos Abreu. Rio de Janeiro: Contraponto, 1997, p. 23.

[28] PEIXOTO, André Pinto. *Responsabilidade civil do Facebook por dano à privacidade na rede social*. 2013. 122 p. Dissertação (Mestrado em Direito). Universidade de Fortaleza, Fortaleza: 2013, p. 37.

proteção contra práticas comerciais coercitivas ou desleais, garantida no inciso V do mesmo dispositivo do CDC, sejam devidamente respeitados.

5 Conclusão

Segundo o filósofo francês Pierre Lévy, "o gênero humano já passou por três períodos históricos evolutivos: a oralidade, a escrita e a virtualização, na qual se encontra atualmente. Portanto, a informatização ou virtualização representa mais um ponto positivo na evolução humana".[29]

Na sociedade de massa contemporânea, não estar conectado *on-line* pode gerar sentimento de exclusão social e econômica. Com a internacionalização do mercado de consumo e o avanço do alcance da rede mundial de computadores e, sobretudo, das redes sociais, o perfil pessoal em uma plataforma digital passou a gozar de prestígio antes inimaginável, inclusive no mundo dos negócios. Os chamados *"likes"* constituem instrumentos de mediação de popularidade e, consequentemente, de prestígio para os que trabalham no meio publicitário.

É nesse contexto que o direito à privacidade merece ser analisado e estudado sob uma nova ótica. A linha é tênue entre a superexposição espontânea nas redes sociais em busca de visibilidade e popularidade e a vulnerabilidade agravada a que os usuários da web estão submetidos.

Como se mencionou, os fornecedores de produtos e serviços, aliados às agências publicitárias, desenvolveram, com base na captura de dados pessoais na web, um verdadeiro arsenal de anúncios feitos sob medida para cada usuário das redes sociais. Tal prática, além de atentar contra a privacidade, causa diversos outros prejuízos aos consumidores como o consumismo e o superendividamento das famílias.

Cabe destacar, ainda, que se vive hoje imerso na sociedade do espetáculo. Ante essa nova conjuntura, a proteção à privacidade merece guarida perene por parte dos estudiosos do direito, porquanto a percepção em relação a este direito foi alterada profundamente.

No que se refere à aferição de responsabilidade por violação da privacidade nas redes sociais, recomenda-se o estabelecimento de uma normatização comum em caráter global.

Verificou-se, finalmente, que, de acordo com o sistema protetivo consumerista pátrio, a relação entre o usuário de um perfil em uma rede social é de consumo e, na hipótese de violação de dados pessoais e

---

[29] LEVY, Pierre. *O Que é Virtual?* Rio de Janeiro: Editora 34, 1996, p. 25.

ingerência indevida em sua privacidade, deve haver responsabilização nos termos do Código de Proteção e Defesa do Consumidor.

Referências

ALMEIDA, Cândida. Mídias sociais: apontamentos semióticos e sistêmicos. XXXV CONGRESSO BRASILEIRO DE CIÊNCIAS DA COMUNICAÇÃO, 4 a 7 de set. 2013, p. 1-15.

BAUMAN, Zygmunt. *Vida para Consumo*: a transformação das pessoas em mercadoria. Rio de Janeiro: Zahar, 2008.

BENJAMIN. Antônio Herman V.; MARQUES, Claudia Lima e BESSA, Leonardo Roscoe. 6. ed. *Manual de direito do consumidor*. São Paulo: Revista dos Tribunais, 2014.

BRASIL. Código Civil (2002). Código Civil Brasileiro: Lei 10.406, de 10 de janeiro de 2002. Palácio do Planalto. Disponível em: http://www.planalto.gov.br. Acesso em 11 mar. 2019.

BRASIL. Código de Proteção e Defesa do Consumidor (1990). *Código de Proteção e Defesa do Consumidor*: Lei 8.078, de 11 de setembro de 1990. Palácio do Planalto. Disponível em: http://www.planalto.gov.br. Acesso em 12 mar. 2019.

BRASIL. Constituição da República Federativa do Brasil (1988). *Constituição da República Federativa do Brasil*: promulgada em 05 de outubro de 1988. Palácio do Planalto. Disponível em: http://www.planalto.gov.br. Acesso em 11 mar. 2019.

BRASIL. Superior Tribunal de Justiça. (STJ). *Recurso Especial nº 1.193.764/SP*. Brasília, DF. Relatora Min. Fátima Nancy Andrighi. Julgamento em: 08 ago. 2011. Disponível em: www.stj.jusbrasil.com.br. Acesso em 10 mar. 2019.

BRITO, Dante Ponte de. *Publicidade subliminar na internet*: identificação e responsabilização nas relações de consumo. Rio de Janeiro: Lumen Juris, 2017.

BURROWES, Patricia Cecilia. Uma campanha memorável. *Comunicação, Mídia e Consumo*, n. 32, ano 11, v. 11, p. 185-202, set./dez. 2014.

CANCELIER, Mikhail Vieira de Lorenzi. O direito à privacidade hoje: perspectiva histórica e o cenário brasileiro. *Revista Sequência*, Florianópolis, n. 76, p. 213-240, ago. 2017.

DEBORD, Guy. *A sociedade do espetáculo*. Tradução de Estela dos Santos Abreu. Rio de Janeiro: Contraponto, 1997.

DIAS, Lucia Ancona Lopez de Magalhães. *Publicidade e Direito*. São Paulo: Revista dos Tribunais, 2013.

DIRECTIVA 2000/31/CE. Directiva do Parlamento Europeu e do Conselho de 8 de junho de 2000 relativa a certos aspectos legais dos serviços da sociedade de informação, em especial do comércio electrónico, no mercado interno. *Directiva sobre o comércio electrónico*. Disponível em: http://eur-lex.europa.eu/legal-content/PT/TXT/?uri=celex%3A32000L0031. Acesso em 12 mar. 2019.

KAWASAKI, Guy. *A arte das redes sociais*. Rio de Janeiro: Best Business, 2017.

KURTZ, João. Facebook domina ranking de redes sociais mais usadas no mundo. Disponível em: https://www.techtudo.com.br/noticias/2017/07/facebook-domina-ranking-de-redes-sociais-mais-usadas-no-mundo.ghtml. Acesso em: 10 mar. 2019.

LACERDA, Bruno Torquato Zampier. *Bens digitais*. Indaiatuba: Foco jurídico, 2017.

LEVY, Pierre. *O que é virtual?*. Rio de Janeiro: Editora 34, 1996.

LISBOA, Roberto Senise. *Responsabilidade civil nas relações de consumo*. São Paulo: Saraiva, 2012.

MARQUES, Cláudia Lima. *Confiança no comércio eletrônico e a proteção do consumidor*. São Paulo: Revista dos Tribunais, 2004.

NEVES, Sheron. O vine e o diálogo audiovisual na cultura participativa. *Revista Geminis*, n. 2, ano 5, mai. 2014, p. 32-202.

OLIVEIRA, Rafael Santos de; BARROS, Bruno Mello Correa de; PEREIRA, Marília do Nascimento. O Direito à privacidade na internet: desafios para proteção da vida privada e o direito ao esquecimento. *Revista da Faculdade de Direito da UFMG*, Belo Horizonte, n. 70, pp. 561-594, jan./jun. 2017.

PEIXOTO, Erick Lucena Campos; EHRHART JR. Marcos. Breves notas sobre a ressignificação da privacidade. *Revista Brasileira de Direito Civil – RBDCivil I*, Belo Horizonte, v. 16, p. 35-36, abr./jun. 2018.

PEIXOTO, André Pinto. *Responsabilidade civil do Facebook por dano à privacidade na rede social*. 2013. 122 p. Dissertação (Mestrado em Direito). Universidade de Fortaleza, Fortaleza: 2013.

SANTOS, Noemi de Freitas; e SILVA, Rosane Leal da. A exposição do consumidor à publicidade na internet: o caso das promoções de vendas no Twitter. Trabalho publicado nos *Anais do XX Congresso Nacional do CONPEDI*, p. 3388-3416, nov. 2011.

SCHREIBER, Anderson. *Direitos da personalidade*. São Paulo: Atlas, 2013.

SCHNEIER, Bruce. *The future of pricacy, in Schneier on security*. Disponível em: http://www.schneier.com/blog/archives/2006/03/the_future_of_p.html. Acesso em: 02 jun. 2015.

Informação bibliográfica deste texto, conforme a NBR 6023:2018 da Associação Brasileira de Normas Técnicas (ABNT):

BRITO, Dante Ponte de. Publicidade nas redes sociais e a violação à privacidade do consumidor. *In*: EHRHARDT JÚNIOR, Marcos; LOBO, Fabíola Albuquerque (Coord.). *Privacidade e sua compreensão no direito brasileiro*. Belo Horizonte: Fórum, 2019. p. 55-71. ISBN 978-85-450-0694-7.

SE VOCÊ GOSTOU, DÊ UM *"LIKE"*

MARIA CARLA MOUTINHO NERY

1 Introdução

O avanço tecnológico vivenciado atualmente trouxe implicações no comportamento das pessoas no meio social. Compras pela internet, conversas pelos *chats*, encontros e desencontros por meio de redes sociais são alguns dos pontos responsáveis por essa mudança comportamental.

A aquisição de produtos e serviços por meio da internet é crescente no mercado de consumo. As pessoas cada vez mais se afastam das lojas físicas, das grandes filas, do estresse no trânsito e do estacionamento para adquirir produtos e serviços por meio de um clique.

Em decorrência disso, os perfis de compras – contendo as principais buscas e preferências do consumidor – e os dados pessoais do indivíduo ganham espaço no ambiente virtual das lojas e aplicativos de vendas pela internet.

Por outro lado, os *smartphones*, cuja função, em princípio, seria a de telefonar e aproximar as pessoas onde quer que elas se encontrem, assumiram um papel relevante no distanciamento das relações interpessoais e do convívio, provocado pelos encantos das redes sociais e dos *chats* de conversa virtual.

Muitas vezes, quem está ao seu lado está mais distante para um diálogo do que aquele que se encontra há milhas de distância e teclando tantas outras conversas pelo *whatsApp*. O diálogo falado foi substituído por troca de mensagens, as palavras deram lugar aos "emogis" e às "figurinhas", relacionamentos começam e se destroem pela rede, eleições são vencidas pelas redes sociais, dinheiro para campanhas eleitorais ou sociais são arrecadados por meio de "vaquinha virtual".

O telefonema ou telegrama de desejo de boas festas, de feliz aniversário ou de pêsames deram lugar a cartões virtuais, *posts*, fotografias e vídeos. Dê um *"like"* ou um "joinha" e faça parte do time de amigos de determinada celebridade. Faça uma crítica e seja alvo de *haters* (odiadores) virtuais ou, ainda, seja julgado pelo tribunal penal virtual, ambiente em que não há contraditório, direito de defesa e acesso à justiça. Preste uma informação, dê uma opinião e fique sujeito a receber críticas e opiniões contrárias de inúmeros desconhecidos que não economizam nos xingamentos e agressões virtuais.

As redes sociais assumiram um papel significativo no interesse das pessoas pela vida alheia. A dona Fifi Fofoqueira – idealizada na figura de uma mulher na janela, olhando o movimento dos passantes – foi substituída por milhares de amigos e seguidores virtuais que ficam *stalkeando* (espiando) a vida fotografada na rede.

A mudança de hábito da sociedade proveniente da tecnologia, por vezes, faz as pessoas deixarem a janela da privacidade escancarada; por outras, faz com que elas tenham a sua intimidade invadida. Tudo isso deixa a vida em sociedade passível de desentendimentos e, por consequência, de danos.

Este estudo tem por objetivo, em um primeiro momento, ambientar o direito à privacidade como direito da personalidade na doutrina do Direito Civil-Constitucional. Em seguida, analisar algumas situações de violação da privacidade em decorrência das novas tecnologias, a partir não só de situações fáticas como também de alguns julgados prolatados no Judiciário brasileiro em que a privacidade foi violada.

2 O direito à privacidade

O conceito tradicional de privacidade nasceu em 1890, durante o Estado Liberal, em Boston, Massachusetts, em repulsa aos ataques da imprensa americana, com vistas a proteger o indivíduo do denominado *yellow journalism*.

A expressão "direito de estar só" ou, mais precisamente, de "ser deixado em paz" ("the right to be alone") foi cunhada por Warren e Brandeis, que reconheceram o direito à privacidade não como um direito da personalidade, mas como um direito patrimonial.

Assim, o direito à privacidade foi reconhecido como um direito de propriedade do indivíduo em si mesmo. O ser humano teria direito não somente à integridade física e psíquica, pois, segundo Warren e Brandeis, os limites do direito de propriedade sobre si ultrapassariam o corpo humano, alcançando a reputação, o prestígio, isto é, a vida particular de cada um.[1]

É dizer: o indivíduo é proprietário de sua privacidade, e não é dado nem ao Estado, nem à sociedade usurpá-lo desse direito, por ser ele absoluto.

Nessa medida, a concepção clássica dada por Warren e Brandeis demarcou os limites da privacidade com o objetivo de vedar a intromissão da sociedade na vida íntima, nos pensamentos, nas emoções e nos sentimentos das pessoas – ainda que elas sejam públicas.

Isso porque essas informações, mesmo sendo verdadeiras, nada interessam ao seio social e jamais poderiam ser invadidas nem pelo Estado, nem pela imprensa, nem pelos demais membros da sociedade.

Excepcionalmente, os autores admitem a possibilidade de divulgação de questões de interesse público e geral, bem como assuntos em que haja a observância da lei contra a calúnia e a difamação (Law of slander and libel).

Assim, o direito amplo à privacidade, lastreado no direito de propriedade, era um dever essencialmente negativo, de "não fazer", no qual todos deveriam se abster de imiscuir-se na vida íntima do seu titular.

Essa natureza negativa do direito à privacidade, de ser proprietário de si mesmo e impor ao outro uma barreira intransponível de vedação à intromissão, foi substituída pela natureza de direito da personalidade, isto é, "direitos não patrimoniais inerentes à pessoa, compreendidos núcleo essencial a dignidade da pessoa humana".[2]

Na perspectiva do Direito Civil Constitucional, o direito à privacidade é, portanto, uma espécie de direito da personalidade e, como tal, encontra fundamento constitucional no direito à intimidade, à vida

---

[1] BRANDEIS, Louis Dembitz; WARREN, Samuel Dennis. *The right to privacy. In*: CSAIL. Disponível em: http://groups.csail.mit.edu/mac/classes/6.805/articles/privacy/Privacy_brand_warr2.html. Acesso em 24 mar. 2019.

[2] LÔBO, Paulo. *Direito civil*: parte geral. 8.ed. São Paulo: Saraiva, 2019, p. 147.

MARCOS EHRHARDT JÚNIOR, FABÍOLA ALBUQUERQUE LOBO (Coord.)
PRIVACIDADE E SUA COMPREENSÃO NO DIREITO BRASILEIRO

privada, à honra, à imagem (art. 5, inciso X), bem como na inviolabilidade da casa (art. 5, inciso XI), do sigilo e dos dados pessoais (art. 5, inciso XII) do indivíduo.[3]

O professor Paulo Lôbo enumera as faces da privacidade da seguinte maneira: direito à intimidade, à vida privada, direito ao sigilo e a direito à imagem.[4] Por outro lado, o professor Anderson Schreiber classifica a privacidade em dois pilares: intimidade e proteção de dados.[5]

O direito à intimidade está relacionado aos fatos de domínio privativo do sujeito, os quais ele não deseja comunicar a ninguém, devendo, portanto, ser mantidos sob sigilo. São os "segredos que se leva para o caixão". Assim, situações de cunho particular aptas a trazer embaraços e danos à boa fama do sujeito são tuteladas pelo direito à intimidade.[6]

Vista sob as lentes da proteção de dados, a privacidade se volta às informações inerentes á pessoa enquanto membro de uma sociedade, podendo se apresentar de variadas formas, como, por exemplo, as informações genéticas, as preferências sexuais, crença religiosa, perfil de consumo e de busca na internet.

Maria Celina Bodin de Moraes define a privacidade lastreada na autonomia privada do sujeito quanto à confidencialidade de seus dados ao declarar que:

> A privacidade, hoje, manifesta-se portanto na capacidade de se controlar a circulação das informações. Saber quem as utiliza, significa adquirir, concretamente, um poder sobre si mesmo. Trata-se de uma concepção qualitativamente diferente da privacidade como "direito à autodeterminação informativa" o qual concede cada um de nós um real poder sobre as nossas próprias informações, os nossos próprios dados.[7]

---

[3] "X – são invioláveis a intimidade, a vida privada, a honra e a imagem das pessoas, assegurado o direito a indenização pelo dano material ou moral decorrente de sua violação; XI – a casa é asilo inviolável do indivíduo, ninguém nela podendo penetrar sem consentimento do morador, salvo em caso de flagrante delito ou desastre, ou para prestar socorro, ou, durante o dia, por determinação judicial; XII – é inviolável o sigilo da correspondência e das comunicações telegráficas, de dados e das comunicações telefônicas, salvo, no último caso, por ordem judicial, nas hipóteses e na forma que a lei estabelecer para fins de investigação criminal ou instrução processual penal;

[4] LÔBO, Paulo. Direito Civil: parte geral. 8. ed. São Paulo: Saraiva, 2019, p. 159.

[5] SCHREIBER, Anderson. Direitos da personalidade. São Paulo: Atlas, 2011, p. 131.

[6] LÔBO, Paulo. Direito Civil: parte geral. 8. ed. São Paulo: Saraiva, 2019, p. 160.

[7] MORAES, Maria Celina Bodin de. Na medida da pessoa humana: estudos de direito civil-constitucional. Rio de Janeiro: Renovar, 2010, p. 142.

Assim, todos esses direitos inerentes à privacidade podem ser distribuídos no direito à intimidade e à proteção de dados pessoais, pois o que não está ligado ao íntimo do ser humano está distribuído, das mais diversas formas, em informações sobre o sujeito.

Por outro lado, no Código Civil, a privacidade está regulada pelos artigos 20 e 21,[8] que garantem a inviolabilidade da vida privada, notadamente, quanto à transmissão de atos, escritos, palavras e imagens do sujeito, sem prejuízo de eventual indenização em caso de violação.

Além disso, a privacidade, sendo um direito da personalidade, tem como características[9] a intransmissibilidade, indisponibilidade, irrenunciabilidade, inexpropriabilidade, imprescritibilidade e vitaliciedade.[10]

Em acréscimo, a doutrina elege o direito à personalidade, notadamente o direito à privacidade, como sendo um direito absoluto, em virtude da sua oponibilidade *erga omnes*, ou seja, a sua eficácia é contra todos.[11]

Vista sob a perspectiva de cunho espacial, a privacidade não se limita somente ao espaço físico, mas também às ações do indivíduo no ambiente virtual, abrangendo tanto os dados pessoais deste, como também as suas postagens nas redes sociais, além do seu perfil de consumo e de buscas feitas na internet.

No espaço físico, a tutela da privacidade pode se apresentar de várias formas: em ambientes públicos, nos ambientes relacionais e na residência das pessoas.

Nos ambientes públicos, em princípio, a privacidade é praticamente inexistente, não se podendo restringir o conhecimento de fatos pessoais de determinada pessoa por parte dos passantes do local.

---

8 "Art. 20. Salvo se autorizadas, ou se necessárias à administração da justiça ou à manutenção da ordem pública, a divulgação de escritos, a transmissão da palavra, ou a publicação, a exposição ou a utilização da imagem de uma pessoa poderão ser proibidas, a seu requerimento e sem prejuízo da indenização que couber, se lhe atingirem a honra, a boa fama ou a respeitabilidade, ou se se destinarem a fins comerciais. Parágrafo único. Em se tratando de morto ou de ausente, são partes legítimas para requerer essa proteção o cônjuge, os ascendentes ou os descendentes.
Art. 21. A vida privada da pessoa natural é inviolável, e o juiz, a requerimento do interessado, adotará as providências necessárias para impedir ou fazer cessar ato contrário a esta norma."

9 O artigo 11 do Código Civil enumera as seguintes características: "Art. 11. Com exceção dos casos previstos em lei, os direitos da personalidade são intransmissíveis e irrenunciáveis, não podendo o seu exercício sofrer limitação voluntária".

10 Por todos: LÔBO, Paulo. *Direito Civil*: parte geral. 8. ed. São Paulo: Saraiva, 2019, p.149.

11 Por todos: EHRHARDT JÚNIOR, Marcos. *Direito Civil:* LICC e Parte Geral. Salvador: Juspodivm, 2009, p. 191-195.

Ainda assim, a princesa Caroline de Mônaco ingressou com pedido judicial na Corte Europeia de Direitos Humanos de Estrasburgo, buscando a preservação de sua privacidade.

Caroline se insurgia contra fotografias, publicadas pelas revistas *Frau im Spiegel* e *Frau Aktuell*, dela esquiando e do Príncipe Albert assistindo aos jugos olímpicos de Salt Lake City, nos Estados Unidos, enquanto o príncipe Ranier, pai de Caroline, estava doente. "O príncipe Ranier não está sozinho em casa", dizia a manchete, ilustrada pelas fotografias. Isso porque o príncipe estaria aos cuidados da Princesa Stéphanie, enquanto Caroline viajava.

A Corte, por unanimidade, decidiu não ter a Alemanha violado o respeito à vida privada e familiar, garantido pelo artigo 8º do Convênio Europeu de Direitos Humanos.

Segundo a Corte, as imagens, por guardarem caráter informativo e de interesse público em torno da doença do Príncipe Ranier e de como os familiares conciliavam a vida privada e as obrigações familiares, não violaram a privacidade de Caroline. Apesar disso, a Corte fez constar a existência de um espaço privado da pessoa, no qual ela tem legítima expectativa de respeito à sua vida privada.

Na realidade, há um espaço de separação entre a vida pública e a vida privada de qualquer pessoa a ser respeitado. O problema é delimitar esse espaço. Na hipótese, Caroline é pessoa pública e estava viajado de férias em ambiente público e de livre acesso, não implicando, portanto, qualquer violação à sua privacidade.

Por outro lado, nos ambientes relacionais, tais como locais de trabalho, consultórios médicos, hospitais, escolas, clubes e academias de ginástica, há um espaço mais amplo a ser tutelado, porque a intimidade e os dados do sujeito ficam (ou deveriam ficar) limitados às pessoas ali relacionadas.

Apesar disso, o sambista Arlindo Cruz, vítima de um AVC hemorrágico, fora fotografado, no leito da Casa de Saúde de São José, por um massoterapeuta, cuja entrada havia sido autorizada pela família, em total desrespeito à privacidade do cantor e de sua família em um momento de dor.

Nesse aspecto, o fato de o massoterapeuta ter tido sua entrada consentida pelos familiares do cantor não o autoriza, por óbvio, a fotografá-lo dentro do ambiente hospitalar.

Um terceiro espaço não pode ser objeto de invasão: a casa, o asilo inviolável do sujeito.

A privacidade espacial pode ser violada tanto pelo vizinho intrometido que, aproveitando-se do curto espaço existente entre os arranha-céus das grandes cidades, observa a vida cotidiana dos habitantes da janela da frente, como pelo porteiro desses edifícios, que tomam conhecimento de todos os horários, hábitos, imagens das câmeras de segurança e tipos de correspondências dos moradores.

Nas classes mais baixas, há uma peculiaridade: a privacidade nas habitações é quase inexistente. Isto se dá, na maioria das vezes, por falta de espaço da moradia.

Nas favelas, nas casas conjugadas ou construídas sob a laje de um terceiro, avós, pais, filhos, tios e primos abrem mão da intimidade no seio familiar e muitas vezes se amontoam, ao dividir o mesmo quarto, sem portas ou paredes.

Situações dessa natureza findam por resultar não só em anulação da privacidade como também em abusos sexuais sofridos pelas crianças provocados pelos próprios familiares.

No ambiente virtual, o excesso de exposição nas redes sociais finda por resultar em litígios judiciais, por danos à personalidade. Os perfis das pessoas expõem livremente (e com autorização) imagens, práticas do cotidiano, preferências de consumo e fotografias de filhos menores de idade.

Nesse aspecto, os filhos de celebridades e de anônimos são constantemente fotografados e postados nas redes sociais. O filho do nadador Michael Phelps, Boomer Phelps, ganhou um perfil em uma rede social ainda na primeira infância e já conta com mais de 500 mil seguidores. No Brasil, Valentina, a filha de Mirella Santos com o humorista Wellington Muniz, o Ceará, é constantemente retratada nas redes sociais. Os pais assumiram a personalidade digital dos filhos, elegendo, em nome deles, fotos e vídeos que entendem como "publicáveis".

Entre os anônimos, acha-se inocente a postagem de crianças brincando, aprendendo a andar, usando o pinico ou mesmo tomando banho nu. Em princípio, não se vê nada de danoso à vida privada dessas crianças até elas crescerem, terem suas próprias vontades, tomarem suas próprias decisões e serem alvo de piadas desagradáveis por parte dos colegas de colégio.

3 O bar Mitzvah

Nissim Ourfali é protagonista de um dos *memes* mais populares do Brasil, após um vídeo seu ter "viralizado" nas redes sociais, isto é, teve grande repercussão nos sites e redes sociais.

O vídeo traz uma versão adaptada da música "What makes you Beatiful", da banda *One Direction,* em que Ourfali e família convidam amigos e familiares para o seu bar Mitzvah, cantando e dançando os *hobbies* do garoto como, por exemplo, jogar basquete, assistir a série *Big Bang Theory* e ir à praia da Baleia, em São Paulo.

Depois disso, os pais de Ourfali ingressaram com pedido judicial contra o Google, objetivando a retirada do vídeo (Processo nº 583.00.2012.192672-8, no Fórum Central João Mendes – São Paulo).

Em 2014, foi prolatada sentença de improcedência do pedido, por não ser possível, sem a indicação das páginas, retirar tantas referências ao jovem, notadamente, porque outras paródias e *covers* já haviam sido publicadas com base no vídeo.

O juiz ressaltou ter o pai do garoto agido de forma imprudente, ao permitir o livre acesso da postagem do vídeo original, ao invés do compartilhamento privado. A família de Nissim recorreu da decisão e o Tribunal de Justiça reformou a sentença, determinando a retirada dos vídeos por parte do Google. O processo ainda é passível de recurso.

Na hipótese, o constrangimento do agora jovem Nissim é inquestionável. No entanto, o vídeo foi produzido e publicado pelo próprio pai, sem qualquer cautela sobre eventuais danos que pudessem surgir.

O vídeo ainda está circulando nas redes sociais e a identificação das páginas de acesso para exclusão não são passíveis de contagem, fato que torna o pedido impossível.

4 A blogueira e o pirulito

Antes de iniciar o relato sobre o caso concreto, convém esclarecer terem os nomes das partes sido preservados, em respeito à privacidade destas, ficando mantida a veracidade dos fatos e do julgamento.

A mãe da criança, ao tomar conhecimento do vídeo por meio de terceiros e identificar que o relato se tratava de seu filho, sentindo-se ofendida, replicou o vídeo, respondeu na página da blogueira, identificando-se e proferindo palavras injuriosas contra ela.

Uma blogueira, especialista em assuntos infantis, fez um vídeo na rede social Snapchat, fazendo um alerta às mães de crianças até 3 anos sobre o perigo de consumo do pirulito no formato de "bola".

Na ocasião, a blogueira relatou ter presenciado um engasgo sofrido por uma criança ao consumir esse pirulito, sem identificá-la ou mesmo nominar a responsável por ela.

No entanto, no seu discurso, a blogueira emitiu juízo de valor negativo ao questionar como uma mãe entrega um pirulito para uma criança tão pequena que terminou se entalando.

A mãe da criança, ao tomar conhecimento do vídeo e identificar que o relato se tratava de seu filho, proferiu injúrias por meio do Facebook contra a blogueira e publicou uma foto desta com um de seus filhos pequenos, sem autorização, denegrindo a imagem desta. O vídeo teve grande repercussão nas redes sociais.

Com esse comportamento, a mãe da criança conduziu os chamados *haters* para a página da blogueira e fez o vídeo viralizar na rede, dando visibilidade às imagens que ela própria havia repudiado.

Dias depois, a blogueira publicou uma nota de esclarecimento para reafirmar a sua intenção de alertar as mães a não fornecerem pirulitos naquele formato para crianças de tenra idade.

Como as ofensas na rede não tiveram fim, a blogueira requereu, judicialmente, a retirada do vídeo publicado sem autorização, a proibição de novas postagens com o propósito de denegri-la, bem como indenização pelos danos morais sofridos no valor de R$20.000,00.

Em contrapartida, a mãe da criança ingressou com pedido reconvencional requerendo a retirada do vídeo postado pela blogueira bem como a condenação desta por danos morais pela postagem tida por ofensiva no valor de R$10.000,00.

A sentença fez algumas considerações sobre o direito à privacidade, distinguindo a vida pública da vida privada das pessoas e, ao delimitar o caso concreto, considerou que o fato era relativo a aspectos de privacidade e de intimidade de uma mãe e de seu filho que haviam sido divulgados porque ocorridos em um ambiente público.

Ao fundamentar a decisão quanto ao direito à imagem e à privacidade, a sentença se utilizou dos Enunciados nºs 278 e 279 da IV Jornada de Direito Civil.

278 – A publicidade que venha a divulgar, sem autorização, qualidades inerentes a determinada pessoa, ainda que sem mencionar seu nome, mas sendo capaz de identificá-la, constitui violação a direito da personalidade.

279- A proteção à imagem deve ser ponderada com outros interesses constitucionalmente tutelados, especialmente em face do direito de amplo acesso à informação e da liberdade de imprensa. Em caso de colisão, levar-se-á em conta a notoriedade do retratado e dos fatos abordados, bem como a veracidade destes e, ainda, as características de sua utilização (comercial, informativa, biográfica), privilegiando-se medidas que não restrinjam a divulgação de informações.

No entanto, a hipótese relatada não teve, em nenhum momento, caráter publicitário, razão pela qual o Enunciado nº 278, acima transcrito, não se aplica ao caso em questão.

Ainda segundo a sentença, na postagem do vídeo, a descrição de características ou atributos pela blogueira, quanto aos fatos ocorridos, ensejou a identificação da mãe da criança por terceiros, colocando esta numa situação de exposição indesejada, denegrindo sua imagem e divulgando uma situação de sua vida privada sem autorização.

A decisão considerou, ainda, que a mãe da criança não pretendia ter a sua vida exposta. Apesar disso, percebe-se ter sido ela a responsável por dar grande repercussão ao caso ao replicar o vídeo da blogueira na sua página pessoal do *Facebook*, exceder os limites cordiais do direito de resposta e incitar comentários odiosos na página da blogueira.

No entanto, tanto o vídeo como as postagens realizadas pela blogueira não tinham identificado o nome da mãe ou o da criança, tendo a própria mãe rompido a barreira do anonimato ao se identificar e se defender nas redes sociais quanto aos comentários realizados pela blogueira.

Por outro lado, o comportamento da mãe ao ofender a blogueira nas redes sociais e incitar comentários odiosos na página do Facebook dela ultrapassou os limites do direito de resposta eventualmente existente e causou danos morais à blogueira.

O resultado do julgamento do juízo de 1º grau foi no sentido de reconhecer ofensa aos direitos da personalidade de ambas as partes, *in re ipsa*, e condenar, ambas, ao pagamento de R$2.500,00 pelos danos provocados. Em grau de recurso, o Tribunal reformou a decisão, fixando indenização de R$3.500,00 em favor da blogueira.

Apesar do baixo valor indenizatório fixado pela Corte, a reforma da sentença foi adequada no sentido de identificar o causador do dano e a vítima. É de se ressaltar que a responsável pela identificação dos personagens do vídeo bem como pela repercussão deste foi a própria mãe da criança.

5 Caiu na rede, é dano

Assim como no tópico anterior, em respeito à privacidade dos envolvidos, os nomes elegidos são fictícios, ficando mantida a veracidade dos fatos e do julgamento.

Um jovem casal, ficticiamente denominado de Clarck e Lois Lane, durante o período de união estável, tiraram fotos íntimas da intensa atividade sexual por eles vivida.

Ao tentar baixar as fotos da máquina fotográfica, Clarck pediu a ajuda do tio Criptônio. Na oportunidade, o tio informou ter transferido todas as fotos para uma mídia digital, não tendo guardado nenhuma cópia dos arquivos em seu computador.

Passados três anos, Clarck e sua prima Malévola, filha do tio Criptônio, tiveram uma discussão na rede social Facebook. No calor da discussão, Malévola, publicou fotos de Lois Lane nua no Facebook e no Orkut e reencaminhou um e-mail enviado pelo tio Criptônio para ela, contendo todas as fotos íntimas do casal, para Clarck e para a mãe dele.

Além disso, Malévola enviou essas fotos para uma lista de e-mails de amigos de Clarck. A partir daí surgiram vários perfis falsos de Clarck no Facebook, contendo as fotos das relações sexuais dele nas fotos de capa da rede social.

Importa registrar não ter sido possível identificar o responsável pela criação dos perfis falsos, tendo Clarck atribuído esta responsabilidade a sua prima Malévola. No entanto, Clarck não conseguiu provar essas alegações, afinal, quaisquer dos destinatários do e-mail, com as fotos, poderia ter sido o responsável pela criação dos perfis.

Diante desses fatos, Lois Lane ajuizou ação indenizatória contra Clarck, por ele ter repassado as fotos ao tio e, por consequência, à sua prima. A sentença foi julgada procedente e Clarck foi condenado a pagar R$12.000,00 à Lois Lane.

Além disso, Clarck ajuizou ação indenizatória contra o tio Criptônio, a prima Malévola e a ex-companheira, Lois Lane, pleiteando indenização pelos danos morais sofridos bem como pelos danos materiais suportados por ele ao ter que indenizar Lois Lane no valor de R$12.000,00.

A sentença julgou o pedido de Clarck improcedente, levando em consideração ter sido ele o responsável pela divulgação das fotos que provocaram danos morais a Lois Lane.

Ao apreciar as condutas do tio Criptônio e da prima Malévola, a sentença considerou ser Clarck o causador do dano, por ter dado a máquina fotográfica para retirada das fotos ao tio Criptônio. Segundo a decisão, Clarck não poderia pleitear danos morais, pois ele teria sido o primeiro a dar publicidade a sua intimidade.

Além disso, a sentença considerou que somente a Lois Lane é dado o direito de reparação pelos danos morais, por ter sido a única vítima na divulgação das fotos. O tribunal confirmou a sentença.

Nesse caso, a manutenção da sentença se demonstrou equivocada, pois apesar de Clarck ter pedido auxílio do tio para baixar as fotos, não foi ele o responsável pela propagação delas nas redes, e sim o tio

Criptônio e a prima Malévola. Na realidade, Clarck é tão vítima quanto Lois Lane e, além de não ter sido reparado pelos danos sofridos, teve a sua intimidade exposta nas redes sociais e foi condenado a pagar uma indenização à Lois Lane.

6 O sobrevivente

A Editora Globo foi condenada a pagar indenização pelo uso não autorizado de imagem em matéria jornalística. O caso já foi julgado pelo STJ, no RESP nº 1235926/SP.

Na hipótese em discussão, o autor ajuizou ação indenizatória por danos morais contra a editora pela publicação de uma matéria jornalística do homicídio de um jovem, por razões homofóbicas, em que ele teria sido testemunha. A matéria continha o nome e a opção sexual do autor, que estaria na companhia do jovem agredido e morto, além da fotografia contendo o destaque: "o sobrevivente".

Embora o Tribunal Paulista tenha entendido que não houve danos morais pela veiculação da notícia, ante a inexistência de comentários preconceituosos, agressivos, jocosos, inverídicos ou atentatórios na matéria, a editora foi condenada ao pagamento de R$50.000,00, pela violação ao direito de imagem.

A editora argumentou, em sede de recurso especial, que a reportagem apenas narrou fatos de interesse público, já que o crime causou clamor na sociedade, sendo paradoxal ser condenada pelo uso da imagem.

No entanto, o Superior Tribunal de Justiça manteve a condenação, por fundamento diverso, qual seja, a divulgação de imagem não autorizada, com circunstâncias da vida privada do autor.

Percebe-se, no caso supracitado, não ter havido violação do direito à privacidade em si, pois a notícia jornalística estava albergada na hipótese de questões de interesse público geral. No entanto, houve violação ao direito da imagem do ofendido, porque publicada sem autorização deste.

Por esse ângulo, o entendimento dado pelo STJ ao caso foi no sentido de que a simples utilização de imagem desautorizada, por si só, é suficiente para macular o direito da personalidade. Além disso, é desnecessária a comprovação de prejuízo ou dor moral para tanto, pois o dano é a própria utilização da imagem desautorizada.[12]

---

[12] Precedentes STJ: RESP nº 138883/PE, RESP nº 267529/RJ e EREsp nº 230.268

7 Conclusão

Esse trabalho teve por objetivo trazer algumas considerações sobre o direito a privacidade na perspectiva do direito civil-constitucional.

Assim, alguns dispositivos da CF/88 e do CC/02 foram analisados para ambientar o tema e demonstrar as várias características e faces da privacidade.

Nesse contexto, a privacidade foi vista tanto como direito de propriedade como direito de personalidade. Já no âmbito dos direitos da personalidade, viram-se as características da privacidade e dos ambientes em que ela deve ser preservada.

Nesse ponto, os limites da privacidade têm apresentado parâmetros diversificados, a depender da situação vivenciada, resultando em danos iniciados algumas vezes por provocação do próprio titular.

Em seguida, analisaram-se as ofensas ao direito à privacidade e as variadas formas como o Judiciário enfrentou ações judiciais de reparação de danos, ora conferindo indenizações irrisórias, ora fixando indenizações adequadas, ora negando o direito à privacidade mesmo diante de evidente ofensa.

Percebe-se não haver consenso no Judiciário sobre os critérios de fixação das indenizações por dano moral decorrentes de danos sofridos por ofensa à privacidade do indivíduo.

A valoração do dano moral deve levar em consideração, de acordo com o critério da moderação e da razoabilidade construído pela jurisprudência do STJ,[13] aspectos como: a) a situação econômica do causador do dano; b) seu grau de dolo ou culpa; c) sua conduta frente ao lesado, após o ato ilícito; d) as consequências do ato ilícito; e) a situação econômica do lesado e sua conduta à época do fato; e f) o caráter pedagógico da medida, no sentido de estimular o ofensor a não reincidir no ilícito praticado.

Maria Celina Bodin de Moraes,[14] ao comentar os critérios utilizados pelo Judiciário para fixação do dano moral, afirma tratar-se "de um sistema de justiça intuitiva, sem qualquer possibilidade de sistematização racional".

---

[13] REsp nº 1677957 / PR; REsp nº 1652588 / SP; REsp nº 883630/RS; AgInt no AREsp nº 927232 DF; AgInt no AREsp nº 1249098/SP.

[14] MORAES, Maria Celina Bodin de. Conceito, função e quantificação do dano moral. *Revista IBERC* v. 1, n. 1, p. 01- 24, nov.-fev./2019. Disponível em: www.responsabilidadecivil.org/revista-iberc. Acesso em: 15 abr. 2019.

A indenização não pode ser fixada de forma irrisória tampouco de modo exorbitante, seja para evitar o enriquecimento ilícito, seja para não imputar ao causador do dano uma obrigação desarrazoada. Em tempos de redes sociais, exposições e agressões por meio da internet tomam uma proporção infinitamente superior e, por vezes, fora do controle das pessoas. Assim, é imprescindível a quantificação das indenizações por dano moral de maneira adequada, com o fim de atender o caráter pedagógico da medida. Dessa maneira, busca-se evitar novos danos por ofensa à privacidade do sujeito.

Referências

BRANDEIS, Louis Dembitz; WARREN, Samuel Dennis. The right to privacy. *In*: CSAIL. Disponível em: http://groups.csail.mit.edu/mac/classes/6.805/articles/privacy/Privacy_brand_warr2.html. Acesso em 24 mar. 2019.

CONSULTOR JURÍDICO. Google não é obrigado a excluir vídeos sobre Nissim Ourfali na internet. Disponível em: https://www.conjur.com.br/2014-jul-21/google-nao-obrigado-excluir-videos-nissim-ourfali Acesso em 24 mar. 2019

EHRHARDT JÚNIOR, Marcos. *Direito Civil:* LICC e Parte Geral. Salvador: Juspodivm, 2009.

LÔBO, Paulo. *Direito civil*: parte geral. 8. ed. São Paulo: Saraiva, 2019.

MORAES, Maria Celina Bodin de. *Na medida da pessoa humana*: estudos de direito civil-constitucional. Rio de Janeiro: Renovar, 2010.

MORAES, Maria Celina Bodin de. Conceito, função e quantificação do dano moral. *Revista IBERC* v. 1, n. 1, p. 01- 24, nov.-fev./2019. Disponível em: ww.responsabilidadecivil. org/revista-iberc. Acesso em: 15 abr. 2019.

R7. Polícia identifica responsável por fotografar Arlindo Cruz no hospital. Disponível em: <https://noticias.r7.com/rio-de-janeiro/policia-identifica-responsavel-por-fotografar-arlindo-cruz-no-hospital-11102017> Acesso em 24 mar. 2019.

SCHREIBER, Anderson. *Direitos da personalidade.* São Paulo: Atlas, 2011.

UOL. Bebê Phelps no Instagram: pais são donos de identidade digital de filho? Disponível em: https://universa.uol.com.br/noticias/redacao/2016/08/18/bebe-phelps-no-instagram-pais-sao-donos-de-identidade-digital-de-filho.htm. Acesso em: 24 mar. 2019.

VEJA. Caroline de Mônaco perde processo contra Alemanha por ação de 'paparazzi'. Disponível em: https://veja.abril.com.br/mundo/caroline-de-monaco-perde-processo-contra-alemanha-por-acao-de-paparazzi/. Acesso em 24 mar. 2019.

Informação bibliográfica deste texto, conforme a NBR 6023:2018 da Associação Brasileira de Normas Técnicas (ABNT):

MOUTINHO, Maria Carla. Se você gostou, dê um *"like"*. *In*: EHRHARDT JÚNIOR, Marcos; LOBO, Fabíola Albuquerque (Coord.). *Privacidade e sua compreensão no direito brasileiro*. Belo Horizonte: Fórum, 2019. p. 73-86. ISBN 978-85-450-0694-7.

BREVES COMENTÁRIOS AO RELATÓRIO *DISINFORMATION AND 'FAKE NEWS': FINAL REPORT. EIGHTH REPORT OF SESSION 2017–19* E O DANO AO DIREITO À PRIVACIDADE NAS REDES SOCIAIS

DANILO RAFAEL DA SILVA MERGULHÃO

1 Prolegômenos

Conhecimento é poder.

(Autor desconhecido)

Os leitores não encontrão aqui um marco teórico do conceito de privacidade, afinal, tantos outros trabalhos já se dispuseram a explicar com maior maestria a construção desse fenômeno como direito fundamental. Essa não é a intenção do trabalho! Mas, sim, de explicar os perigos que tem a sociedade enfrentado em face da utilização desenfreada dos dados de usuários e não usuários da rede social intitulada Facebook, utilizando por base o Relatório do Comitê Digital, Cultura, Mídia e Esporte da Câmara dos Comuns no Reino Unido.

Em outra esteira, percebemos que o conhecimento sempre foi meio para adquirir riquezas. Isso é verificável desde que o "mundo é mundo". Analisando o desenvolvimento das sociedades historicamente, percebemos que elas possuíam conhecimentos específicos e que tais conhecimentos eram os principais meios para alcançarem o almejado poder econômico, político e militar. A título de exemplos, temos os egípcios, que desenvolveram as técnicas de cultivo às margens do Rio Nilo; dos gregos, que desenvolveram a filosofia e as bases para o governo democrático; os romanos, com seu domínio sobre a política e os meios para arregimentar seus exércitos; ainda na Idade Moderna, o poderio de Portugal, que desenvolveu as mais modernas modalidades de navegação, e assim sucessivamente, até os dias atuais, em que o conhecimento é dado pelo acesso aos dados de bilhões de pessoas e tudo isso de forma gratuita.

As informações encaminhadas ao Facebook são analisadas com e sem autorização dos usuários e não usuários e compilados num engendrado informacional, e, por conseguinte, vendido a empresas, sem qualquer espécie de limite moral e tampouco sem que o usuário seja informado para quem foram repassados seus dados, por quais motivos, e, ainda, sem que receba qualquer tipo de remuneração por tal transação econômica. Como afirma Silveira, "os saberes que lhe são associados são produzidos sobretudo pelo monitoramento, análise e categorização do imenso fluxo de dados e rastros pessoais em circulação".[1]

É lógico que fica evidente que o direito à privacidade ganhou relevo a partir das revoluções que resultaram na fundação do modelo de Estado liberal e que em nada se coaduna com o caminho que têm trilhado as grandes corporações na busca insaciável e sem limites por lucro, numa verdadeira sociedade de controle.

Na atualidade com pulverização do acesso à internet, bem como desenvolvimento das redes sociais, percebemos a dicotomia entre privacidade e a mercantilização de dados pessoais. Nas palavras de Sérgio Amadeu da Silveira as "relações sociais realizadas a partir do uso intensivo de tecnologias da informação e comunicação envolvendo empresas, tecnologias, dispositivos e que formam um dos mais importantes mercados da atualidade: o da compra e venda de dados pessoais".[2]

---

[1] SILVEIRA, Sérgio Amadeu. *Tudo sobre todos:* redes digitais, privacidade e venda e dados. São Paulo: edições Sesc, 2017, Kindle, posição 78.

[2] SILVEIRA, Sérgio Amadeu. *Tudo sobre todos:* redes digitais, privacidade e venda e dados. São Paulo: edições Sesc, 2017, Kindle, posição 63.

Essa teoria é facilmente demonstrada quando analisamos que a lista Forbes de maiores empresas do ano de 2017 estão ligadas a serviços, dentre as quais destacam-se a Apple, Google, Facebook, Microsoft, Amazon. Fica evidente que há uma migração do sistema capitalista tradicional ligado à indústria para um capitalismo neoliberal vinculado à expansão de serviços. Nesse sentido, afirma Sérgio Amadeu da Silveira, "nessa nova fase do capitalismo, fortemente baseada em uma biopolítica da modulação de comportamentos, há uma troca conflitiva entre a expansão da microeconomia da interceptação de dados, a intrusão de dispositivos de rastreamento e o direito à privacidade".[3]

Resta-nos cristalino que o direito à privacidade é o maior obstáculo à expansão dessa economia chamada informacional.

A privacidade enquanto direito vem sendo atacada diuturnamente, principalmente em nome da chamada "segurança contra ataques terroristas", em que verifica-se o elastecimento do monitoramento das comunicações globais, sem prévia autorização, sob o pretexto da manutenção da segurança e combate ao terrorismo.

Acerca do tema, alerta o trabalho de Sabrina Palanza:[4]

(...) lo sviluppo della tecnologia wireless e satellitare abbia permesso la nascita del fenomeno dell'IoT e di come quest'ultimo sarà in grado di cambiare profondamente la vita quotidiana dell'uomo. Il "carburante" del fenomeno, come si è visto, sono i dati che vengono raccolti continuamente e indiscriminatamente dagli oggetti smart, ossia oggetti "comuni" dotati di sensori connessi alla rete e con altri oggetti smart. Nonostante gli evidenti vantaggi apportati da questa tecnologia, sono stati sottolineati i possibili rischi derivanti dalla diffusione di massa di questi oggetti "intelligenti" (furti d'identità, vendita dei dati per fini economici, ecc.). Rischi che fondamentalmente provengono proprio dai dati raccolti, che di per sé risultano essere pressoché innocui ma che tramite processi di analisi come la datizzazione (data mining) e il big data analytics, diventano una minaccia per la sicurezza e la privacy dell'individuo. La privacy – di cui si parla sempre più dopo il Datagate del 2013 – e il relativo diritto alla privacy appaiono argomenti strettamente connessi alla raccolta e alla rielaborazione dei dati.

---

[3] SILVEIRA, Sérgio Amadeu. *Tudo sobre todos:* redes digitais, privacidade e venda e dados. São Paulo: edições Sesc, 2017, Kindle, posição 86.

[4] PALANZA, Sabrina. Internet of things, big date e privacy: la tríade del futuro. Publicado em: out. 2016. Disponível em: https://www.iai.it/sites/default/files/iai1612.pdf. Acesso em 01 mar. 2019.

Essa nova modalidade de liberalismo econômico pautada no amplo e irrestrito acesso informacional é a maior vilã ao Estado moderno, ocasionando, com frequência, uma tensão com as liberdades individuais conquistadas a duras penas ao longo dos séculos.

Toda essa realidade é plasmada pela construção de contratos de adesão entre usuários e redes sociais a título gratuito e de contratos empresariais das pessoas jurídicas que representam as redes sociais e demais empresas que tenham interesse nos dados fornecidos por aqueles usuários sobre si e sobre terceiros, este a título oneroso.[5]

Sendo as grandes corporações, logo, agentes econômicos, vinculadas as redes sociais detêm a tecnologia e as informações, questiona-se *se é necessário ou, o mais importante, é possível impor limitações às redes sociais na utilização dos dados dos seus usuários?*

2 Breves comentários ao relatório da *House of Commons. Digital, Culture, Media and Sport Committee. Disinformation and 'Fake News': Final Report. Eighth Report of Session 2017-19*

Conforme já explicitado no dia 18 de fevereiro, a Câmara dos Comuns do Reino Unido, conhecida como a Câmara Baixa do Parlamento daquela nação, publicou o resultado do relatório realizado pelo Comitê Digital, Cultura, Mídia e Esporte,[6] entre os anos de 2017 e 2018, intitulado *"Disinformation and 'fake news': Final Report"*.[7] O Comitê em tela é nomeado pela Câmara dos Comuns para examinar os gastos, administração e política do Departamento Digital, Cultura, Mídia e Esporte e seus órgãos públicos associados. É fruto do acúmulo de meses de colaboração com outros países, organizações, parlamentares e indivíduos de todo o mundo. No total, foram realizadas 23 sessões de provas orais, receberam-se mais de 170 inscrições por escrito, ouviram-se evidências de 73 testemunhas, perguntou-se sobre 4.350

---

[5] Os contratos, nas palavras de Enzo Roppo, seriam "a veste jurídico-formal de operações econômicas". ROPPO, Enzo. *O contrato.* Trad. De Ana Coimbra e M. Januário C. Gomes. Coimbra: Almedina, 2009, fls. 11.

[6] Membros do Comitê: The current staff of the Committee are Chloe Challender (Clerk), Mems Ayinla (Second Clerk), Mubeen Bhutta (Second Clerk), Josephine Willows (Senior Committee Specialist), Lois Jeary (Committee Specialist), Andy Boyd (Senior Committee Assistant), Keely Bishop (Committee Assistant), Sarah Potter (Attached Hansard Scholar), Lucy Dargahi (Media Officer) and Anne Peacock (Senior Media and Communication Officer).

[7] United Kingdom. House of Commons. Disinformation and 'fake news': Final Report. Publicado em 18 fev. 2019, pág. 05. Disponível em: https://publications.parliament.uk/pa/cm201719/cmselect/cmcumeds/1791/1791.pdf. Acesso em: 01 mar. 2019.

questões nessas audiências e houve muitas trocas de correspondência pública e privada com indivíduos e organizações.[8] Já em seu resumo, aponta como um dos prismas de resultado do estudo os impactos das *"fake News"* proliferadas nas redes sociais no arcabouço legal do direito à privacidade. Nesse sentido, aponta:

> This is the Final Report in an inquiry on disinformation that has spanned over 18 months, covering individuals' rights over their privacy, how their political choices might be affected and influenced by online information, and interference in political elections both in this country and across the world–carried out by malign forces intent on causing disruption and confusion.[9]

No mais, as redes sociais foram responsáveis por mudanças sensíveis na forma de construção do diálogo social, em que prepondera a alta incidência de notícias de teor inconsistente, notícias falsas capazes de construir um processo antidemocrático, uma vez que pauta-se em informações construídas de forma intencional, com o condão de desinformação e sua perniciosa capacidade de distorcer, perturbar e desestabilizar uma pessoa específica (física ou jurídica) ou determinada camada da sociedade. Sobre o tema:

> We have always experienced propaganda and politically-aligned bias, which purports to be news, but this activity has taken on new forms and has been hugely magnified by information technology and the ubiquity of social media. In this environment, people are able to accept and give credence to information that reinforces their views, no matter how distorted or inaccurate, while dismissing content with which they do not agree as 'fake news'. This has a polarising effect and reduces the common ground on which reasoned debate, based on objective facts, can take place. Much has been said about the coarsening of public debate, but when these factors are brought to bear directly in election campaigns then the very fabric of our democracy is threatened.[10]

---

[8] United Kingdom. House of Commons. *Disinformation and 'fake news': Final Report.* Publicado em 18 fev. 2019, pág. 08. Disponível em: https://publications.parliament.uk/pa/cm201719/cmselect/cmcumeds/1791/1791.pdf. Acesso em: 01 mar. 2019.

[9] Em tradução livre: "Este é o Relatório Final de uma investigação sobre desinformação que abrange mais de 18 meses, cobrindo os direitos das pessoas sobre sua privacidade, como suas escolhas políticas podem ser afetadas e influenciadas pela informação online, e interferência nas eleições políticas neste país e em todo o país. mundo – realizado por forças malignas com a intenção de causar desordem e confusão." In: United Kingdom. House of Commons. *Disinformation and 'fake news': Final Report.* Publicado em 18 fev. 2019, p. 05. Disponível em: https://publications.parliament.uk/pa/cm201719/cmselect/cmcumeds/1791/1791.pdf. Acesso em: 01 mar. 2019.

[10] Em tradução livre: "Nós sempre experimentamos propaganda e preconceito politicamente alinhado, que se propõe a ser notícia, mas essa atividade assumiu novas formas e tem

Mister se faz firmar que as redes sociais, principalmente o Facebook tem utilizado dados de usuários e não usuários para lucrar. Tem aquela empresa aferindo lucro na venda de dados fornecidos pelo usuário conforme expõe o Relatório "Facebook makes its money by selling access to users' data through its advertising tools. It further increases its value by entering into comprehensive reciprocal data-sharing arrangements with major app developers who run their businesses through the Facebook platform".[11]

Afinal, qual o intuito daquela rede social em prestar um serviço global de rede social de forma gratuita?

Destacamos que o valor pago pelos usuários extrapola os limites pecuniários, uma vez que a venda dos dados e construção de algoritmos capazes de indicar comportamento de determinada pessoa e, assim associadas a estruturas mercantilizadas para fins políticos[12] e econômicos, passa desapercebido da quase totalidade de tais usuários.

---

sido enormemente ampliada pela tecnologia da informação e pela onipresença das mídias sociais. Nesse ambiente, as pessoas são capazes de aceitar e dar crédito a informações que reforçam seus pontos de vista, não importando o quanto sejam distorcidas ou imprecisas, ao mesmo tempo em que descartam conteúdos com os quais não concordam como "notícias falsas". Isso tem um efeito polarizador e reduz o terreno comum no qual o debate fundamentado, baseado em fatos objetivos, pode ocorrer. Muito se tem falado sobre o encolhimento do debate público, mas quando esses fatores são levados diretamente às campanhas eleitorais, o próprio tecido de nossa democracia está ameaçado." *In:* United Kingdom. House of Commons. *Disinformation and 'fake news': Final Report*. Publicado em 18 fev. 2019, pág. 06. Disponível em: https://publications.parliament.uk/pa/cm201719/cmselect/cmcumeds/1791/1791.pdf. Acesso em: 01 mar. 2019.

[11] Em tradução livre: "O Facebook ganha dinheiro vendendo o acesso aos dados dos usuários por meio de suas ferramentas de publicidade. Ele aumenta ainda mais seu valor ao participar de acordos de compartilhamento de dados recíprocos abrangentes com os principais desenvolvedores de aplicativos que gerenciam seus negócios por meio da plataforma do Facebook." *In:* United Kingdom. House of Commons. *Disinformation and 'fake news': Final Report*. Publicado em 18 fev. 2019. pág. 06. Disponível em: https://publications.parliament.uk/pa/cm201719/cmselect/cmcumeds/1791/1791.pdf. Acesso em: 01 mar. 2019.

[12] Sobre o tema, segue um conceito de *fake news*: "Fake News como a divulgação de notícias de duvidosa certeza e/ou veracidade como o ilícito de postura antidemocrática capaz de desequilibrar o pleito eleitoral e interferir na lisura do processo eleitoral. Partindo deste conceito inicial temos como características do fenômeno das Fake News no processo eleitoral: a) Divulgação de notícias de duvidosa certeza e/ou veracidade como ato ilícito. A liberdade de expressão, direito de primeira dimensão, consagrado como direito fundamental pela Carta Constitucional de 1988 (art. 5º, IV e IX), foi e é fruto de constantes processos de conquistas e retrocessos do indivíduo em face do Estado. Com relação a certeza e/ou veracidade, podemos firmar que são dois conceitos chaves que se faz necessário fazer algumas ponderações. A certeza está relacionada à ideia de confiança, já a verdade está ligada à ideia de inquestionável. No caso, a Fake news está relacionada com esta ausência de certeza e/ou verdade, das informações divulgadas pelas redes sociais, ocasionando a construção de um estado de coisas – combinação de determinadas situações que são aplicadas na sociedade ou em parcelas destas – que derivará em prejuízo incalculável a certa pessoa, associação, profissão, partidos políticos e dentro dum processo eleitoral a prejuízo da Nação. b) Postura Antidemocrática A divulgação Fake News nos moldes acima firmados, realizada por qualquer pessoa, mas de forma especial quando realizada

Acerca do uso político para campanhas eleitorais, ficou evidenciada a utilização de tais redes sociais, principalmente o Facebook para a manipulação do processo eleitoral estadunidense, conforme se depreende do próprio relatório "The US Senate Select Committee on Intelligence has an ongoing investigation into the extent of Russian interference in the 2016 US elections".[13] E continua "As a result of data sets provided by Facebook, Twitter and Google to the Intelligence Committee-under its Technical Advisory Group-two third-party reports were published in December 2018".[14]

Não poderia ser diferente, haja vista que há uma profunda necessidade das empresas adquirem o conhecimento sobre a malha social para maximizarem seus lucros, utilizando de forma ampla e majoritária os dados dos usuários das redes sociais e, neste caso em concreto, do Facebook, através de sua "fórmula mágica", chamada algoritmo. Nesse sentido, a reportagem "Como as empresas aprendem seus segredos", de Charles Duhigg, no The New York Times, deixa claro como estamos à mercê da internet e que esta há muito tempo não respeita o Direito à Privacidade dos seus usuários e não usuários.

---

por candidatos, partidos políticos, coligações, ou qualquer outra pessoa da sociedade engajada ou não com o processo eleitoral, caracteriza uma postura dita antidemocrática, uma vez que, traz consigo, como possível consequência o desrespeito à soberania da vontade popular, própria das Democracias, na medida que induz o eleitor ao erro. Podemos concluir afirmando que tal ato perpetrado por um candidato, macula o direito do cidadão a ser representado por um governante honesto. c) Desequilíbrio no pleito eleitoral A publicação das notícias falsas, causa um profundo desiquilíbrio no pleito eleitoral, na medida em que a proliferação de tais notícias traz, conforme já dito, laivo a sua vítima, causando, consequentemente, tendências anômalas na "construção" do voto d) Interferir na lisura do pleito eleitoral As práticas advindas das Fake News poderão ocasionar uma captação ilícita do sufrágio, ocasionada pelo alcance do objeto da divulgação de notícias de duvidosa certeza e/ou veracidade, qual seja, levar o eleitor ao erro." In: MERGULHÃO, Danilo Rafael da Silva; MERGULHÃO JÚNIOR, José Claudio Oliveira; ALBUQUERQUE, Paula Falcão. Post-truth, fake news e processo eleitoral. Revista de Estudos Eleitorais do Tribunal Regional Eleitoral de Pernambuco. v. V, Recife, 2018, p. 79-81.

[13] Em tradução livre: "O Comitê de Inteligência do Senado dos EUA tem uma investigação em andamento sobre a extensão da interferência russa nas eleições de 2016 nos EUA. Como resultado dos conjuntos de dados fornecidos pelo Facebook, Twitter e Google ao Intelligence Committee – sob seu Technical Advisory Group – dois relatórios de terceiros foram publicados em dezembro de 2018." In: United Kingdom. House of Commons. Disinformation and 'fake news': Final Report. Publicado em 18 fev. 2019. pág. 09. Disponível em: https://publications.parliament.uk/pa/cm201719/cmselect/cmcumeds/1791/1791.pdf. Acesso em: 01 mar. 2019.

[14] Em tradução livre: "New Knowledge, uma empresa de integridade da informação, publicou "The Tactics and Tropes of a Agência de Pesquisa na Internet ", que destaca as táticas e mensagens da Agência de Pesquisa na Internet para manipular e influenciar os americanos e inclui um slide mesa, destacando estatísticas, infográficos e apresentação temática de memes." In: United Kingdom. House of Commons. Disinformation and 'fake news': Final Report. Publicado em 18 fev. 2019. pág. 09. Disponível em: https://publications.parliament. uk/pa/cm201719/cmselect/cmcumeds/1791/1791.pdf. Acesso em: 01 mar. 2019.

O caso utilizado na reportagem foi a criação de um algoritmo capaz de identificar se determinada mulher estava grávida, a partir de suas pesquisas realizadas na internet (buscadores, redes sociais), para, a partir daí, encaminhar comerciais de determinada empresa, capaz de capturá-la como consumidora em período que antecedesse o nascimento da criança. Isso porque os registros de nascimentos são públicos e, por conseguinte, o comercial concorreria com todas as empresas que buscassem acesso àqueles registros públicos. Logo, a alternativa era saber do período de gravidez, no início do segundo trimestre. Nas palavras do entrevistado "We knew that if we could identify them in their second trimester, there's a good chance we could capture them for years".[15]

Nos termos do relatório, verifica-se que o Facebook lucra inclusive com a propagação de notícias de cunho ilícito, no sentido de divulgar mensagens negativas e deturpadas sobre determinadas pessoas ou situações, sobre a simples alegação, nos termos do relatório, de que notícias negativas seriam um chamariz para propaganda. Senão vejamos:

> This proliferation of online harms is made more dangerous by focussing specific messages on individuals as a result of 'micro-targeted messaging'–often playing on and distorting people's negative views of themselves and of others. This distortion is made even more extreme by the use of 'deepfakes', audio and videos that look and sound like a real person, saying something that that person has never said.20 As we said in our Interim Report, these examples will only become more complex and harder to spot, the more sophisticated the software becomes.[16]

No mais, alega a impossibilidade de qualquer tipo de incidência de responsabilidade sobre qualquer evento que ocorra por meio de suas plataformas, sob a alegação de que não teria o direito de regular as publicações dos seus usuário.

---

[15] DUHIGG, charles. how companies learn your secrets. *The New Yourk Times Magazine,* 16 fev. 2012. Disponível em: https://www.nytimes.com/2012/02/19/magazine/shopping-habits.html. Acesso em 15 mar. 2019.

[16] Em tradução livre: "Esta proliferação de danos online torna-se mais perigosa, centrando-se em mensagens sobre indivíduos como resultado de "mensagens com micro-alvos" – geralmente distorcendo as visões negativas das pessoas sobre si mesmas e sobre os outros. Essa distorção é feita ainda mais extrema pelo uso de "deepfakes", áudio e vídeos que parecem e soam como pessoa real, dizendo algo que essa pessoa nunca disse. Como dissemos em nosso Relatório, estes exemplos só se tornarão mais complexos e mais difíceis de detectar, quanto mais sofisticado o software torna-se." *In:* United Kingdom. House of Commons. *Disinformation and 'fake news': Final Report.* Publicado em 18 fev. 2019. p. 11. Disponível em: https://publications.parliament.uk/pa/cm201719/cmselect/cmcumeds/1791/1791.pdf. Acesso em: 01 mar. 2019.

Noutra área, o Facebook, desde a compra do programa israelense chamado de *Onavo*, estaria capturando os dados que utilizamos em nossos smartphones, para a partir daí entender quais aplicativos estaríamos utilizando com frequência e por conseguinte adquirir tais empresas. Eliminando, dessa forma, a livre concorrência. Neste sentido,

> Onavo was an Israeli company that built a VPN app, which could hide users' IP addresses so that third parties could not track the websites or apps used. Facebook bought Onavo in 2013, promoting it to customers "to keep you and your data safe when you go online by blocking potentially harmful websites and securing your personal information".128 However, Facebook used Onavo to collect app usage data from its customers to assess not only how many people had downloaded apps, but how often they used them. This fact was included in the 'Read More' button in the App Store description of Onavo: "Onavo collects your mobile data traffic [...] Because we're part of Facebook, we also use this info to improve Facebook products and services, *gain insights into the products and services people value, and build better experiences*".
>
> This knowledge helped them to decide which companies were performing well and therefore gave them invaluable data on possible competitors. They could then acquire those companies, or shut down those they judged to be a threat. Facebook acquired and used this app, giving the impression that users had greater privacy, when in fact it was being used by Facebook to spy on those users.[17]

---

[17] Em tradução livre: "A Onavo era uma empresa israelense que criou um aplicativo VPN, que poderia ocultar o IP dos usuários endereços para que terceiros não possam rastrear os sites ou aplicativos usados. Facebook comprou Onavo em 2013, promovendo aos clientes "para manter você e seus dados seguros quando você for on-line, bloqueando sites potencialmente prejudiciais e protegendo suas informações pessoais. No entanto, o Facebook usou a Onavo para coletar dados de uso de aplicativos de seus clientes para avaliar não apenas quantas pessoas tinham baixado aplicativos, mas com que frequência eles os usavam. Este fato foi incluída no botão "Leia mais" na descrição da App Store de Onavo: "Onavo coleta seu tráfego de dados móveis [...] Como fazemos parte do Facebook, também usamos essas informações para melhorar os produtos e serviços do Facebook, obter informações sobre os produtos e serviços as pessoas valorizam e constroem experiências melhores". Esse conhecimento ajudou-os a decidir quais empresas estavam tendo um bom desempenho e portanto, deu-lhes dados inestimáveis sobre possíveis concorrentes. Eles poderiam então adquirir essas empresas, ou encerrar aqueles que julgavam ser uma ameaça. Facebook adquirido e usou este aplicativo, dando a impressão de que os usuários tinham maior privacidade, quando na verdade era sendo usado pelo Facebook para espionar esses usuários." *In:* United Kingdom. House of Commons. Disinformation and 'fake news': Final Report. Publicado em 18 fev. 2019. p. 36. Disponível em: https://publications.parliament.uk/pa/cm201719/cmselect/cmcumeds/1791/1791.pdf. Acesso em: 01 mar. 2019.

Conclusão não muito diferente do que chegou a United Nations Alliance of Civilizations (UNAOC) em 2017, quando da publicação do artigo "Unraveling #fakenews from opinion-making information: a news literacy discussion".[18]

Já no Brasil, o Ministério Público do Distrito Federal e Territórios instaurou os seguintes procedimentos:

a) Procedimento Administrativo – PA, através da Portaria nº 34/2019, que sem seus motivos externa:

> Considerando que os interesses ou direitos difusos são transindividuais, de natureza indivisível, de que sejam titulares pessoas indeterminadas e ligadas por circunstâncias de fato;
> Considerando que a Constituição Federal afirma ser inviolável o sigilo da correspondência e das comunicações telegráficas, de dados e das comunicações telefônicas, salvo, no último caso, por ordem judicial, nas hipóteses e na forma que a lei estabelecer para fins de investigação criminal ou instrução processual penal; Considerando que a Constituição Federal diz que a lei reprimirá o abuso do poder econômico que vise à dominação dos mercados, à eliminação da concorrência e ao aumento arbitrário dos lucros; Considerando que o Marco Civil da Internet tem como princípios a garantia da liberdade de expressão, comunicação e manifestação do pensamento, bem como a proteção da privacidade e a proteção dos dados pessoais; Considerando que o Marco Civil da Internet elenca como direito dos usuários da internet informações claras completas sobre coleta, uso, armazenamento, tratamento e proteção de seus dados pessoais, que somente poderão ser utilizados com o consentimento expresso do usuário; Considerando a recente informação do grupo econômico Facebook no sentido de que planeja integrar as comunicações das plataformas Messenger, Instagram e WhatsApp.[19]

b) Inquérito Civil Público – Reconhecimento Facial – instaurado através da Portaria nº 09/2018 que visa "assegurar, aos titulares dos dados pessoais, os direitos de inviolabilidade da intimidade e da vida privada, bem como o direito de não

---

[18] UNAOC. Unraveling #fakenews from opinion-making information: a news literacy discussion. Disponível em: https://www.unaoc.org/wp-content/uploads/mil_fakenews_v5.pdf. Acesso em: 16.nov.2018.

[19] BRASÍLIA, Ministério Público do Distrito Federal e dos Territórios. Portaria n. 34 / 2019. Disponível em: http://www.mpdft.mp.br/portal/pdf/comissao_protecao_dados_pessoais/Instaura%C3%A7%C3%A3o_de_Procedimento_Administrativo_Facebook_Integra%C3%A7%C3%A3o_2_1.pdf. Acesso em: 15 mar. 2019.

fornecimento a terceiros dos dados pessoais, salvo mediante consentimento livre expresso e informado".[20]

No que tange ao Inquérito Civil Público, foi um dos objetos da investigação a utilização de algoritmo que, através do reconhecimento facial, seria possível identificar[21] a orientação sexual[22] das pessoas com elevado grau de êxito e, por consequência, criar um "radar gay" para fins de discriminações.

3 Conclusão

Percebemos claramente que as conquistas que culminaram com as definições que temos do direito fundamental à privacidade têm sofrido duros golpes, principalmente ocasionados pela migração do sistema neoliberal industrial para um sistema de serviços em que a maximização de lucros dos agentes econômicos estão vinculados ao acesso de dados privados dos usuários da internet, principalmente das redes sociais.

As redes sociais, todavia, encontram na internet um local capaz de impedir a incidência das normas basilares que assegurem aos usuários e não usuários a tutela de sua privacidade e da incidência de responsabilidade civil, penal e administrativa. Apenas o Estado seria capaz de frear tais aspectos perniciosos. Nesse sentido, temos o Relatório *Disinformation and 'fake news': Final Report* que nos assevera,

> The big tech companies must not be allowed to expand exponentially, without constraint or proper regulatory oversight. But only governments and the law are powerful enough to contain them. The legislative tools already exist. They must now be applied to digit activity, using tools such as privacy laws, data protection legislation, antitrust and competition law. If companies become monopolies they can be broken up, in whatever sector. Facebook's handling of personal data, and its use for political campaigns, are prime and legitimate areas for inspection by

---

[20] BRASIL. Ministério Público do Distrito Federal e dos Territórios. Portaria n. 09 / 2018. Disponível em: http://www.mpdft.mp.br/portal/pdf/noticias/julho_2018/Instaura% C3%A7%C3%A3o_de_ICP_Facebook.pdfAcesso em: 15 mar. 2019.

[21] WANG, Yilun; KOSINKI, Michal. Deep neural networks are more accurate than humans at detecting sexual orientation from facial images. *Journal of Personality and Social Psychology*. Disponível em https://psyarxiv.com/hv28a/. Acesso em: 15 mar. 2019.

[22] Advances in AI are used to spot signs of sexuality. The Economist. London. 09 set. 2017. Disponível em: https://www.economist.com/science-and-technology/2017/09/09/advances-in-ai-are-used-to-spot-signs-of-sexuality. Acesso em: 23 mar. 2019.

regulators, and it should not be able to evade all editorial responsibility for the content shared by its users across its platforms.[23]

No Brasil, com o Marco Civil da Internet, Lei Federal nº 12.965, de 23 de abril de 2014, e demais modificações, mister se faz afirmar que o art. 19 da lei em comento é objeto do Recurso Extraordinário nº 1.037.396, de relatoria do Ministro Dias Toffoli, no qual consta como polo ativo o Facebook, que condiciona ao descumprimento de prévia e específica ordem judicial de exclusão de conteúdo a caracterização de responsabilidade civil de provedor de aplicações de internet por danos decorrentes de atos ilícitos praticados por terceiros.

Noutra esteira, temos a utilização dos dados como mercadoria. Afinal, como Sérgio Amadeu Silveira ensina-nos, a "mercadoria retorna ao capitalista como elemento crucial do processo de reprodução do capital. Os dados sobre como o produto foi consumido, o horário exato da compra e os metadados da transação chegam antes ou junto com o dinheiro resultante do processo de circulação".[24] E continua "assim, o crescimento das transações de compra e venda realizadas pelas redes digitais gera cada vez mais dados sobre o perfil do consumidor que adquiriu uma mercadoria."[25]

A ideia de que a rede social, através dos seus algoritmos e da inteligência artificial, possa conhecer o usuário mais do que ele mesmo se conhece é estarrecedor! É necessário criar mecanismos capazes de enfrentar corretamente a utilização dos dados de usuários e não usuários na internet, principalmente, pelas redes sociais. Aparentemente apenas o Estado teria a capacidade de conjuntamente construir mecanismos de controle. Os exemplos já surgem, inclusive no Brasil, com o advento da Lei Geral de Proteção aos Dados Pessoais.

---

[23] Em tradução livre: "As grandes empresas de tecnologia não devem se expandir exponencialmente, sem restrições ou supervisão regulatória adequada. Mas apenas os governos e a lei são poderosos o suficiente para contê-los. Os instrumentos legislativos já existem. Eles devem agora ser aplicados a atividade, usando ferramentas como leis de privacidade, legislação de proteção de dados, leis antitruste e de concorrência. Se as empresas se tornarem monopólios, elas podem ser desmembradas, em qualquer setor. O manuseio de dados pessoais pelo Facebook e seu uso para campanhas políticas são áreas privilegiadas e legítimas para inspeção pelos órgãos reguladores, e não deve ser capaz de evitar toda a responsabilidade editorial pelo conteúdo compartilhado por seus usuários em suas plataformas." *In:* United Kingdom. House of Commons. *Disinformation and 'fake news': Final Report*. Publicado em 18 fev. 2019, p. 06-07. Disponível em: https://publications.parliament. uk/pa/cm201719/cmselect/cmcumeds/1791/1791.pdf. Acesso em: 01 mar. 2019.

[24] SILVEIRA, Sérgio Amadeu. *Tudo sobre todos*: redes digitais, privacidade e venda e dados. São Paulo: edições Sesc, 2017, Kindle, posição 86.

[25] SILVEIRA, Sérgio Amadeu. *Tudo sobre todos*: redes digitais, privacidade e venda e dados. São Paulo: edições Sesc, 2017, Kindle, posição 86.

Referências

ADVANCES in AI are used to spot signs of sexuality. The Economist. London. 09 set. 2017. Disponível em: https://www.economist.com/science-and-technology/2017/09/09/advances-in-ai-are-used-to-spot-signs-of-sexuality. Acesso em: 23 mar. 2019.

BRASIL. Ministério Público do Distrito Federal e dos Territórios. *Portaria n. 34/2019*. Disponível em: http://www.mpdft.mp.br/portal/pdf/comissao_protecao_dados_pessoais/Instaura%C3%A7%C3%A3o_de_Procedimento_Administrativo_Facebook_Integra%C3%A7%C3%A3o_2_1.pdf. Acesso em: 15 mar. 2019.

BRASIL. Ministério Público do Distrito Federal e dos Territórios. Portaria n. 09/2018. Disponível em: http://www.mpdft.mp.br/portal/pdf/noticias/julho_2018/Instaura%C3%A7%C3%A3o_de_ICP_Facebook.pdf. Acesso em: 15 mar. 2019.

DUHIGG, charles. How Companies Learn Your Secrets. The New YOurk Times Magazine, 16.fev.2012. Disponível em: https://www.nytimes.com/2012/02/19/magazine/shopping-habits.html. Acesso em 15 mar. 2019.

MERGULHÃO, Danilo Rafael da Silva; MERGULHÃO JÚNIOR, José Claudio Oliveira; ALBUQUERQUE, Paula Falcão. Post-truth, fake news e processo eleitoral. *Revista de Estudos Eleitorais do Tribunal Regional Eleitoral de Pernambuco*. v. V, Recife, 2018, p. 79-81.

PALANZA, Sabrina. Internet of things, big date e privacy: la tríade del futuro. Publicado em: out. 2016. Disponível em: https://www.iai.it/sites/default/files/iai1612.pdf. Acesso em: 01 mar. 2019.

ROPPO, Enzo. *O contrato*. Trad. De Ana Coimbra e M. Januário C. Gomes. Coimbra: Almedina, 2009.

SILVEIRA, Sérgio Amadeu. *Tudo sobre todos:* redes digitais, privacidade e venda e dados. São Paulo: edições Sesc, 2017, Kindle.

UNAOC. Unraveling #fakenews from opinion-making information: a news literacy discussion. Disponível em: https://www.unaoc.org/wp-content/uploads/mil_fakenews_v5.pdf. Acesso em: 16 nov. 2018.

UNITED KINGDOM. House of Commons. Disinformation and 'fake news': Final Report. Publicado em 18 fev. 2019. Disponível em: https://publications.parliament.uk/pa/cm201719/cmselect/cmcumeds/1791/1791.pdf. Acesso em: 01 mar. 2019.

WANG, Yilun; KOSINKI, Michal. Deep neural networks are more accurate than humans at detecting sexual orientation from facial images. *Journal of Personality and Social Psychology*. Disponível em: https://psyarxiv.com/hv28a/. Acesso em: 15 mar. 2019.

Informação bibliográfica deste texto, conforme a NBR 6023:2018 da Associação Brasileira de Normas Técnicas (ABNT):

MERGULHÃO, Danilo Rafael da Silva. Breves comentários ao relatório *Disinformation and 'Fake News': Final Report. Eighth Report of Session 2017–19* e o dano ao direito à privacidade nas redes sociais. *In*: EHRHARDT JÚNIOR, Marcos; LOBO, Fabíola Albuquerque (Coord.). *Privacidade e sua compreensão no direito brasileiro*. Belo Horizonte: Fórum, 2019. p. 87-99. ISBN 978-85-450-0694-7.

RESPONSABILIDADE CIVIL DOS PROVEDORES DE INTERNET

GERALDO FRAZÃO DE AQUINO JÚNIOR

1 A internet e a contratação eletrônica

O caráter global e quase onipresente da internet tem contribuído para o surgimento de uma nova forma de contratação que, realizada no meio virtual, conduz a declarações de vontade que não se coadunam com as tradicionais condutas que se perfazem entre pessoas presentes. É largo o campo de ação dos contratos eletrônicos, que demandam a criação de uma lógica jurídica que reflita a complexidade virtual em que se encontra a sociedade, capaz de interpretar a realidade social e adequar a solução ao caso concreto na mesma velocidade das mudanças geradas pelos avanços tecnológicos.

O comércio eletrônico desponta como uma das atividades de maior relevância econômica com o advento da internet. Hoje, inúmeros acordos são formalizados por meio de contratações a distância, conduzidas por meios eletrônicos e sem a presença física simultânea dos contratantes no mesmo local. Sobre esse fenômeno:

> Nos anos recentes, a penetração da Tecnologia da Informação nas aplicações da vida real transformou a maneira pela qual os negócios são transacionados. Uma dessas aplicações são os Contratos Eletrônicos,

que tornaram os negócios simples ao modelarem e gerenciarem eficazmente os processos e tarefas envolvidos. Um contrato eletrônico (*e-contract*) é um contrato modelado, especificado, executado, controlado e monitorado por um sistema de *software*. Nos contratos eletrônicos, todas as (ou certo número de) atividades são realizadas eletronicamente, superando os atrasos no sistema manual, assim como preconceitos do corpo de empregados.[1]

A disseminação, em escala mundial, de informações e de imagens mediante a utilização das mídias digitais e o exponencial desenvolvimento dos meios informáticos vêm fomentando o trabalho de pesquisadores para entender o alcance do fenômeno. O advento da internet, em especial, tem provocado mudanças no desenvolvimento das relações humanas, e o direito, reflexo que é da sociedade, vem sofrendo o influxo dessas transformações, o que impõe enormes desafios aos juristas, legisladores e aplicadores. Sobre o processo de globalização e o surgimento da internet, assevera Boaventura de Sousa Santos:[2]

> Nas últimas três décadas, as interacções transnacionais conheceram uma intensificação dramática, desde a globalização dos sistemas de produção e das transferências financeiras, à disseminação, a uma escala mundial, de informação e imagens através dos meios de comunicação social ou às deslocações em massa de pessoas, quer como turistas, quer como trabalhadores migrantes ou refugiados. A extraordinária amplitude e profundidade destas interacções transnacionais levaram a que alguns autores as vissem como ruptura em relação às anteriores formas de interacções transfronteiriças, um fenômeno novo designado por "globalização", "formação global", "cultura global", "sistema global", "modernidades globais", "processo global", "culturas da globalização" ou "cidades globais".

Na formação dessa nova cultura, a internet é um elemento imprescindível, pois permite a experimentação de um tipo de comunicação global, que vem se consolidando como uma estrutura básica mundial.[3] A transmissão de informações por esse meio está diretamente vinculada

---

[1] KARLAPALEM, Kamalakar; DANI, Ajay R.; KRISHNA, P. Radha. A frame work for modeling electronic contracts. *Lecture Notes in Computer Science*, Berlim, Springer-Verlag, 2001, v. 2224, p. 193. (Tradução nossa).

[2] SANTOS, Boaventura de Sousa. Os processos da globalização. In: SANTOS, Boaventura de Sousa (Org.). *A globalização e as ciências sociais*. 3. ed. São Paulo: Cortez, 2005, p. 25.

[3] ASCENSÃO, José de Oliveira. *Direito da internet e da sociedade da informação*. Rio de Janeiro: Forense, 2002, p. 69.

à banda na qual transitam os dados, que são codificados e decodificados, comprimidos e descomprimidos, de modo que a velocidade de trânsito das informações seja otimizada e chegue ao usuário no menor tempo possível.[4] Já há algum tempo, o espaço virtual não se limita às fronteiras do computador, já que dispositivos móveis utilizam tecnologia multimídia, trazem a nota distintiva da portabilidade e estão onipresentes, conectando pessoas nos mais diversos pontos do planeta. Novos aparelhos são lançados com uma periodicidade avassaladora, tornando os modelos anteriores rapidamente defasados e gerando a ânsia, nos consumidores, de apresentar, nos círculos sociais, o último exemplar de dispositivo móvel. É o apelo ao consumismo descomedido, traço indelével da sociedade da informação.

As sociedades empresárias detectaram, nesse novo ambiente de pessoas conectadas, um novo foco de atuação e começaram a expandir a atividade comercial para essas áreas, indo ao encontro das demandas que então já se faziam prementes. São travadas, então, relações virtuais que importam efeitos jurídicos. Os contratos eletrônicos utilizam um sistema informatizado que permite ao consumidor concluir o negócio com o fornecedor do bem ou serviço. Essa relação despersonalizada difere em grande medida da clássica relação negocial levada a efeito em lojas físicas. A propósito, Rodotà[5] chama a atenção para aspectos do direito da personalidade nessas relações:

> O comércio eletrônico implica, hoje, não só do ponto de vista estritamente da conclusão de um contrato entre o consumidor e um fornecedor de bens de serviço, mas antes de tudo, e como base, um contrato que não é aquele clássico de quem entra em uma loja e compra um bem, mas um contrato em que há a utilização da tecnologia e a modalidade de contato intersubjetivo é toda nova, a aquisição se junta aos elementos necessários para concluir o contrato e uma parte da pessoa do contraente. Se eu entro na loja aqui em frente à minha casa, compro algo, a minha imagem desaparece no momento em que saio da loja, ao menos que eu não use um cartão de crédito, e aqui entramos em uma outra dimensão. Mas se eu faço isso na rede, eu deixo uma marca e dou um pedaço de mim, isto é, das minhas informações a este outro sujeito que poderá utilizá-las além da relação que foi estabelecida. Portanto, isso implica

---

[4] ZITTRAIN, Jonathan L. The generative internet. *Harvard Law Review*, v. 119, n. 7, maio 2006, p. 1993-1994.

[5] RODOTÀ, Stefano. Entrevista. *Revista Trimestral de Direito Civil*, Rio de Janeiro, Padma, ano 3, v. 11, jul.-set. 2002, p. 251-252.

necessariamente que além da relação contratual clássica, seja também utilizada a inovação da assinatura eletrônica e os contratos telemáticos; assim dizendo, há um aspecto que faz referência à pessoa.

Não só os aspectos atinentes à pessoa são afetados, mas toda a multiplicidade de estruturas sociais, econômicas, políticas e culturais da sociedade também o são. A internet tornou-se a grande vitrine de oportunidades do mundo moderno. Com o crescente aumento do número de pessoas conectadas, constata-se que o efeito dessa teia de relações é sentido em todos os cantos do globo, em virtude da possibilidade de comunicação em tempo real entre pessoas separadas por milhares de quilômetros. O amplo espectro de funcionalidades já existentes, assim como a velocidade com que são criados novos aplicativos, fomenta o germe imaginativo do ser humano com vistas a novos usos que certamente serão associados à rede. Estuda-se, inclusive, o analfabetismo digital, decorrente da exclusão de pessoas do mundo virtual, consubstanciando um novo tipo de excluído, que não tem acesso ao variado leque de oportunidades que a internet oferece. "Aqueles que não tiverem existência virtual dificilmente sobreviverão também no mundo real, e esse talvez seja um dos aspectos mais aterradores dos novos tempos".[6] Em outras palavras, instalou-se um novo tipo de ignorância, o que certamente vai exigir a adoção de políticas públicas com vistas a tornar disponíveis aos cidadãos equipamentos com acesso à rede, assim como capacitação adequada para que os usuários possam fazer uso de seus recursos.[7] Essa ignorância digital constitui fenômeno amplo e atinge não somente a população de baixa renda, mas também outros grupos, como idosos[8] e portadores de necessidades especiais, o que demanda a necessidade de inclusão digital do consumidor, em plena consonância com os objetivos visados na Política Nacional das Relações de Consumo, na esteira do quanto preconizado no art. 4º, inciso II, do Código de Defesa do Consumidor (CDC), sendo pouco realista esperar que a inclusão digital desses grupos seja conseguida apenas pelo crescimento do mercado, sem que haja intervenção estatal para combater a desigualdade de acesso e de incorporação de tecnologias da informação.[9]

---

[6]   PECK, Patricia. *Direito digital*. São Paulo: Saraiva, 2002, p. 20.

[7]   BEHRENS, Fabiele. *Assinatura digital & negócios jurídicos*. Curitiba: Juruá, 2007, p. 117-121.

[8]   SCHMITT, Cristiano Heineck. A "hipervulnerabilidade" do consumidor idoso. *Revista de Direito do Consumidor*, São Paulo, Revista dos Tribunais, ano 18, n. 70, abr.-jun. 2009, p. 100.

[9]   MORATO, Antonio Carlos. O conceito de hipossuficiência e a exclusão digital do consumidor na sociedade da informação. In: MORATO, Antonio Carlos; NERI, Paulo

Outro aspecto interessante relaciona-se ao uso cada vez mais individualista e menos socialmente participativo. A população de um país não está mais circunscrita a um território, mas é uma população global que realiza atos e celebra negócios em qualquer parte do mundo, conduta que muitas vezes escapa ao controle jurídico dos Estados. Ressalta Greco:[10]

> A tecnologia, especialmente a informática, trouxe a pulverização da participação social. O indivíduo não é mais uma figura abstrata que possa ser tratada e ter sua conduta disciplinada genericamente; não é mais um "objeto" do processo político e da criação de normas jurídicas. O indivíduo é alguém que, a todo instante, pode estar praticando atos, ativamente, que repercutem na estrutura de poder; é um verdadeiro "agente" que instaura múltiplas relações com outros indivíduos em qualquer parte do mundo, sem que a estrutura estatal possa controlar ou, muitas vezes, sequer tenha conhecimento.

Nesse prisma de crescente avanço nos sistemas informacionais que intensificam as interações econômicas, políticas e culturais, vivencia-se um período de transição entre o velho e o novo modelo de contratação. A intensificação dessas relações proporcionadas pelo avanço nas telecomunicações e na informática assumiu proporções tais que se pode questionar se com isso se inaugurou um novo modelo de desenvolvimento social. Não obstante, não ocorreu, ainda, uma migração completa para as novas formas de contratação, haja vista a abertura e a indefinição que marcam o tempo atual, pontuado por leituras ainda incipientes e contraditórias. Nessa linha, aduz Boaventura de Sousa Santos:[11]

> (...) Trata-se, pois, de um período de grande abertura e indefinição, um período de bifurcação cujas transformações futuras são imperscrutáveis. A própria natureza do sistema mundial em transição é problemática e a ordem possível é a ordem da desordem. Mesmo admitindo que um novo sistema se seguirá ao actual período de transição, não é possível estabelecer uma relação determinada entre a ordem que o sustentará e a ordem caótica do período actual ou a ordem não caótica que a precedeu e que sustentou durante cinco séculos o sistema mundial moderno.

---

de Tarso (Org.) *20 Anos do Código de Defesa do Consumidor:* estudos em homenagem ao Professor José Geraldo Brito Filomeno. São Paulo: Atlas, 2010, p. 11-13.

[10] GRECO, Marco Aurelio. *Internet e direito.* 2. ed. São Paulo: Dialética, 2000, p. 14.

[11] SANTOS, Boaventura de Sousa. Os processos da globalização. In: SANTOS, Boaventura de Sousa (Org.). *A globalização e as ciências sociais.* 3. ed. São Paulo: Cortez, 2005, p. 89.

Nestas circunstâncias, não admira que o período actual seja objecto de várias e contraditórias leituras.

Diante desse quadro, tem-se que o direito não tem desenvolvido soluções que abarquem todo o fenômeno, o que tem gerado insegurança jurídica aos usuários quando da efetivação da contratação eletrônica, em especial quanto à autenticidade das manifestações de vontade. Daí por que o direito não pode manter-se inerte, sob pena de não mais atender aos anseios da sociedade. Deve, por conseguinte, adequar-se à nova realidade para proporcionar a necessária estabilidade e segurança jurídica reclamada pelo cidadão. O direito é responsável pelo equilíbrio das relações sociais e este só poderá ser alcançado com a adequada interpretação da realidade social, instituindo normas que garantam a segurança das expectativas e que incorporem as transformações por meio de uma estrutura flexível que possa sustentá-la no tempo.

Segundo Everaldo Gaspar Lopes de Andrade,[12]

> As altas tecnologias da comunicação, das máquinas inteligentes, da robótica, da telemática e os baixos custos do transporte e do comércio livre e ilimitado transformam o mercado num mercado único, onde os grandes grupos multinacionais entram e saem de um país para outro, sobretudo nos países subdesenvolvidos e emergentes. No cenário do capitalismo financeiro, a volatilidade do capital promove transferências de dinheiro em fração de segundos de um país a outro, sem nenhuma regra. As indústrias pós-modernas detêm o poder mas terceirizam a fabricação de seus produtos e mantêm uma mobilidade geográfica impossível de ser controlada.
>
> Todos esses fenômenos criam uma nova característica de sociabilidade, mudando o quadro de referência sedimentado durante mais de um século no seio da sociedade industrial.

São inúmeros os desafios frente a uma economia globalizada que não tem mais fronteiras rígidas e que estimula a livre iniciativa e a livre concorrência, tornando-se imprescindível que as leis que protegem o internauta ganhem maior relevo em sua exegese, na incessante busca do equilíbrio que deve reger as relações jurídicas, mormente quando se tem em conta a complexidade, o imediatismo e a interatividade da sociedade atual. Alie-se a isso o fato de a vida econômica e social não

---

[12] ANDRADE, Everaldo Gaspar Lopes de. *Direito do trabalho e pós-modernidade:* fundamentos para uma teoria geral. São Paulo: LTr, 2005, p. 149.

poder desenvolver-se sem que haja o mínimo de segurança jurídica do contrato: sem ela, as garantias de tutela do ato jurídico perfeito e do direito adquirido tornar-se-iam meramente retóricas, despindo-se de sua finalidade estabilizadora e construtiva no relacionamento jurídico.[13] Nesse contexto, surge a questão da responsabilidade civil na internet, foco de grandes debates na doutrina e na jurisprudência, em especial por tratar-se de fenômeno relativamente recente que requer uma novel forma de estudo do fenômeno. Sob essa ótica, a questão da responsabilidade civil na internet demanda uma visão prospectiva, sem que se olvidem suas raízes já bem sedimentadas no ordenamento jurídico nacional.

2 O direito e a responsabilidade civil

A noção de direito encontra-se estreitamente vinculada à ideia de composição de conflitos de interesses, no intuito de atender às finalidades essenciais de justiça e de segurança. Nesse diapasão, a norma jurídica teria a função de dissipar as divergências e de servir de parâmetro de conduta para o comportamento da sociedade. Assim, são estabelecidos os pressupostos, critérios e mecanismos de composição patrimonial dos conflitos, de forma a ressarcir aquele que sofreu eventual dano. Dessa forma, toda atividade que acarreta prejuízo a outrem gera responsabilidade ou dever de indenizar. Em realidade, "toda manifestação da atividade humana traz em si o problema da responsabilidade".[14]

A expressão "responsabilidade civil" abrange qualquer situação na qual alguém deve arcar com as consequências de um ato, fato ou negócio que acarrete dano, fazendo com que seja acionado o mecanismo jurídico que exige do causador o dever de indenizar.

Os princípios da responsabilidade civil trazem embutidos a ideia da restauração de um equilíbrio patrimonial ou moral que sofreu violação, uma vez que eventual dano não reparado representa fator de inquietação social. Com vistas a abarcar uma maior gama de fenômenos, de molde a fazer com que considerável parcela dos danos não reste irressarcida, os ordenamentos jurídicos contemporâneos têm procurado alargar o campo do dever de indenizar, englobando situações

---

[13] THEODORO JÚNIOR, Humberto. *Direitos do consumidor*. 3. ed. Rio de Janeiro: Forense, 2002, p. 14.

[14] DIAS, José de Aguiar. *Da responsabilidade civil*. Rio de Janeiro: Renovar, 2006, p. 3.

antes não previstas, principalmente se se toma em conta a crescente complexidade da sociedade atual e as inovações tecnológicas levadas a efeito no contexto atual do mundo globalizado e do desenvolvimento dos meios de comunicação.

A responsabilidade civil divide-se, classicamente, em contratual e extracontratual. Aquela ocorre dentro do contexto de um negócio jurídico, quando há a cessação do contrato – resolução – em consequência de o devedor ter faltado ao cumprimento de sua obrigação. Rompido o vínculo contratual, sujeita-se o inadimplente ao princípio da reparação, que deve ser ampla, compreendendo o dano emergente e o lucro cessante.[15]

O estudo da responsabilidade extracontratual insere-se no âmbito do direito obrigacional, consistindo a reparação dos danos em algo sucessivo à transgressão de uma obrigação ou de um dever jurídico. O causador da ofensa ou da violação do direito alheio responde com os seus bens pela reparação do dano causado. Nessa seara, a ilicitude da conduta consiste no procedimento contrário a um dever preexistente. Sempre que alguém falta ao dever a que é adstrito, comete um ato ilícito, violando o ordenamento jurídico.

Com a Constituição Federal de 1988, retirou-se da esfera meramente individual e subjetiva o dever de repartição dos riscos da atividade econômica, impondo-se, como linha de tendência, a intensificação dos critérios objetivos de reparação e o desenvolvimento de novos mecanismos de seguro social.[16] É a socialização dos riscos, uma vez que os benefícios são repartidos entre todos. A par da previsão constitucional de estabelecer certas hipóteses de responsabilidade objetiva e de seguro social, o Código Civil, nessa mesma linha, além de prever novas hipóteses específicas de responsabilidade objetiva, instituiu, no parágrafo único do art. 927, uma cláusula geral de responsabilidade objetiva para atividades de risco. Daí, tem-se, no ordenamento jurídico brasileiro, um modelo dualista: de um lado, a norma geral de responsabilidade subjetiva estabelecida no art. 186 do Código Civil e, de outro, as normas reguladoras da responsabilidade objetiva para determinadas atividades, conforme a referida cláusula geral.

---

[15] PEREIRA, Caio Mário da Silva. *Instituições de direito civil*. Rio de Janeiro: Forense, 2004, v. III, p. 157.

[16] TEPEDINO, Gustavo. A evolução da responsabilidade civil no direito brasileiro e suas controvérsias na atividade estatal. In: TEPEDINO, Gustavo. *Temas de direito civil*. 3. ed. Rio de Janeiro: Renovar, 2004, p. 194.

3 Requisitos e excludentes da responsabilidade civil

A responsabilidade subjetiva tem como fundamento a conduta voluntária causadora de dano, consubstanciada no ato ilícito. Como categoria abstrata, o ato ilícito reúne certos requisitos que podem ser assim definidos:[17] a) uma conduta, que se configura na realização intencional ou meramente previsível de um resultado exterior; b) a violação do ordenamento jurídico, caracterizada na contraposição do comportamento à determinação de uma norma; c) a imputabilidade, ou seja, a atribuição do resultado antijurídico à consciência do agente; d) a penetração da conduta na esfera jurídica alheia, pois, enquanto permanecer inócua, desmerece a atenção do direito. Nesse contexto, não há uma diferença ontológica entre o ilícito civil e o criminal, pois, em ambos, existe o mesmo fundamento ético: a infração de um dever preexistente e a imputação do resultado à consciência do agente. No entanto, para o direito penal (em que há uma tipificação restrita), o delito é um fator de desequilíbrio social, que justifica a repressão como meio de restabelecimento e, para o direito civil (em que o conceito de ato ilícito é aberto, sujeito ao exame do caso concreto), o ilícito é um atentado contra o interesse privado de outrem, sendo a reparação do dano sofrido a forma de restauração do equilíbrio desfeito.

Conforme se depreende do contido no art. 186 do Código Civil, delineiam-se os requisitos essenciais da responsabilidade subjetiva: a) a conduta antijurídica do agente, permeada por culpa ou dolo; b) a existência de dano, ou seja, lesão a um bem jurídico, quer tenha natureza patrimonial ou não; c) o estabelecimento de um nexo de causalidade entre a conduta e o dano, de forma a precisar-se que o dano decorreu da conduta antijurídica. O efeito da responsabilidade civil é o dever de reparação, de modo que o responsável pelo rompimento do equilíbrio patrimonial e/ou moral é obrigado a restaurá-lo, indenizando o que a vítima efetivamente perdeu (dano emergente), assim como o que razoavelmente deixou de ganhar (lucro cessante).

Os atos ilícitos são aqueles que se originam direta ou indiretamente da vontade, ocasionando efeitos jurídicos contrários ao ordenamento. Esses atos estão intimamente ligados à imputabilidade, pois a voluntariedade desaparece ou torna-se ineficaz quando o agente é juridicamente irresponsável, não obstante o Código Civil, no art. 928, prever uma responsabilidade mitigada dos incapazes. O dever de

---

[17] PEREIRA, Caio Mário da Silva. *Instituições de direito civil*. Rio de Janeiro: Forense, 2004, v. I, p. 654.

indenizar vai centrar-se na análise da transgressão ao dever de conduta que constitui o ato ilícito: na responsabilidade subjetiva, o elemento subjetivo do ato ilícito, que gera o dever de indenizar, está na imputabilidade da conduta do agente.

A culpa, em sentido amplo, designa uma inobservância de um dever que o agente devia conhecer e observar. Segundo Rui Stoco,[18]

> A culpa, genericamente entendida, é, pois, fundo animador do ato ilícito, da injúria, ofensa ou má conduta imputável. Nessa figura, encontram-se dois elementos: o objetivo, expressado na iliceidade, e o subjetivo, do mau procedimento imputável.

A culpa civil, em sentido amplo, abrange o dolo (ato ou conduta intencional) e os atos ou condutas eivados de negligência, imprudência ou imperícia. Assim, para fins de indenização, basta verificar se o agente agiu com culpa em sentido lato, não se podendo estabelecer, aprioristicamente, um padrão de conduta. A culpa deve ser avaliada no caso concreto, levando-se em conta o padrão de conduta do "homem médio". Saliente-se que o Código Civil contém dispositivo estabelecendo a culpa concorrente: "se a vítima tiver concorrido culposamente para o evento danoso, a sua indenização será fixada tendo-se em conta a gravidade de sua culpa em confronto com a do autor do dano" (art. 945). Ou seja, constatando-se que o agente e a vítima agiram com culpa, ocorre a compensação.

Anderson Schreiber[19] observa, atualmente, uma nítida objetivação das hipóteses de responsabilidade com culpa presumida, assim como uma tendência em tomar a culpa em sentido objetivo, como desconformidade a um padrão geral e abstrato de comportamento, o que implica divórcio entre a culpa e sua tradição moral. O agente não é mais considerado culpado por ter agido de forma reprovável no sentido moral, mas por ter deixado de empregar a diligência social média, de modo que o comportamento do agente não é mais avaliado em relação ao que dele se deveria esperar, mas do que se espera do *bonus pater familias*.

O dano, por seu turno, consiste no prejuízo sofrido pela vítima, podendo ser patrimonial ou não patrimonial. Em regra, só haverá

---

[18] STOCO, Rui. *Responsabilidade civil e sua interpretação jurisprudencial*. São Paulo: RT, 1999, p. 66.

[19] SCHREIBER, Anderson. *Novos paradigmas da responsabilidade civil*: da erosão dos filtros da reparação à diluição dos danos. 5. ed. São Paulo: Atlas, 2013, p. 32-38.

possibilidade de indenização se ficar configurado o dano decorrente de um ato ilícito. Aplica-se, aqui, o princípio segundo o qual a ninguém é dado prejudicar outrem (*neminem laedere*). Positivado por meio de dispositivo constante na Constituição Federal, a possibilidade de indenização por dano moral ganhou vulto modernamente, principalmente em função das mais variadas situações que a sociedade engendra. O dano moral consubstancia-se no prejuízo que afeta o ânimo psíquico, moral ou intelectual da vítima e atua no âmbito dos direitos da personalidade. Ressalte-se que a pessoa jurídica também pode ser vítima de dano moral se houver ataque à sua honra objetiva, afetando sua reputação e renome, tendo por consequência reflexo patrimonial.[20]

O nexo de causalidade é o liame que une a conduta do agente ao dano. A análise da relação causal propiciará a descoberta do causador do dano, sendo elemento indispensável para que a vítima possa ser ressarcida, estabelecendo-se a relação de causa e efeito. Na identificação do nexo causal, existe a dificuldade em estabelecer-se sua prova, assim como a questão da identificação do fato que constituiu a verdadeira causa do dano, em especial quando há causas múltiplas que concorrem para sua ocorrência. Em última análise, caberá ao juiz, diante do caso concreto, sopesar e interpretar as provas, estabelecendo se houve violação do direito alheio e existência de nexo causal entre o comportamento do agente e o dano verificado.[21]

Delineados os elementos constitutivos da responsabilidade civil, é importante salientar que existem determinadas situações que rompem o nexo causal, excluindo a responsabilidade. São excludentes: a culpa exclusiva da vítima, o fato de terceiro, o caso fortuito e a força maior; e, no campo contratual, a cláusula de não indenizar. Vale ressaltar que, fundamentando a responsabilidade no ato ilícito, o Código Civil, no art. 188, enumera hipóteses em que, não obstante a ação voluntária do agente e a ocorrência de dano, não haverá necessariamente o dever de indenizar. São aqueles praticados em legítima defesa ou no exercício regular de um direito reconhecido e a deterioração ou destruição de coisa alheia, ou a lesão a pessoa, a fim de remover perigo iminente. Nesse último caso, o ato será legítimo somente quando as circunstâncias o tornarem absolutamente necessário, não excedendo os limites do indispensável para a remoção do perigo.

---

[20] VENOSA, Sílvio de Salvo. *Direito civil*: responsabilidade civil. São Paulo: Atlas, 2005, p. 50.
[21] STOCO, Rui. *Tratado de responsabilidade civil*. São Paulo: RT, 2004, p. 147.

4 Novas tendências da responsabilidade civil

A tendência em termos de responsabilidade civil caminha no sentido de, mais do que apontar o responsável pelo dano, dizer como ele será reparado.[22] Ampliam-se os casos de responsabilidade objetiva, em que não se perquire o elemento subjetivo da culpa, e atribui-se maior liberdade ao juiz para identificar em que situações há um risco criado capaz de ocasionar danos advindos do exercício de atividades consideradas perigosas. Em todo caso, o centro das preocupações em matéria de responsabilidade civil passou do homem, tomado isoladamente, para o homem considerado coletivamente. Volta-se o olhar para a construção de uma sociedade que resgate os valores éticos em prol da redefinição da arquitetura social em que vivemos.

Nessa linha, discorre Roberto Paulino:[23]

(...) Hoje, porém, o dano extrapatrimonial ganha enorme volume, pressiona por um sistema de reparação mais eficaz e a teoria clássica se mostra exaurida pelo fenômeno da erosão dos filtros e aparentemente incapaz de uma renovação sobre as mesmas bases.

Do panorama exposto se aduz que o método subsuntivo clássico da reparação de dano foi implodido por dentro, a partir de suas próprias contradições e insuficiências frente às novas demandas com que passou a se defrontar. Esvaziado o conteúdo do suporte fático, a sistemática tradicional não dá conta do problema da indenização nos termos em que hoje é posto.

Segundo Anderson Schreiber,[24] destacam-se como tendências da responsabilidade civil: a flexibilidade dos tribunais na exigência da prova do nexo causal; a coletivização das ações de responsabilidade civil, que permite superar a dificuldade de acesso individual à Justiça e assegura uma decisão unitária para todas as vítimas; a expansão do dano ressarcível, abrangendo dano à vida sexual, dano por nascimento indesejado, dano à identidade pessoal, dano de *mobbing*, dano de *mass media*, dano de férias arruinadas etc.; a despatrimonialização da reparação, na medida em que os tribunais passaram a valer-se de instrumentos extrapatrimoniais como a retratação pública; preponderância na prevenção

---

[22] DIAS, José de Aguiar. *Da responsabilidade civil*. Rio de Janeiro: Renovar, 2006, p. 50.

[23] ALBUQUERQUE JÚNIOR, Roberto Paulino. Ensaio introdutório sobre a teoria da responsabilidade civil familiar. *Advocatus*, Recife, ESA/OAB/PE, ano 4, nº 6, mar. 2011, p. 70.

[24] SCHREIBER, Anderson. As novas tendências da responsabilidade civil brasileira. *Revista Trimestral de Direito Civil*, Rio de Janeiro, Padma, ano 6, v. 22, p. 45-69, abr.-jun. 2005.

dos danos, por meio da atuação das agências reguladoras e órgãos de fiscalização e, por fim, a substituição da indenização pelo seguro.

5 A responsabilidade civil na internet

Como já ressaltado, as inovações tecnológicas, no contexto da atual globalização da sociedade, trazem em seu bojo a oportunidade de aprofundar posições e conceitos disseminados na cultura jurídica. O avassalador desenvolvimento dos meios de comunicação e de informática observados desde o final do século XX vem fomentando o germe imaginativo e criativo dos pesquisadores em prol da redefinição da arquitetura conjuntural do mundo em que vive o ser humano, plasmada por alterações vertiginosas da forma como é visto e sentido. Em particular, o desenvolvimento dos meios informáticos acarretou o surgimento de uma forma de contratação realizada no meio virtual, o que engendra desafios para os operadores do direito.

Em especial, o fenômeno do comércio eletrônico traz à tona a questão da responsabilidade civil na internet. As hipóteses de responsabilidade por danos abarcam uma ampla gama de situações, que podem ser classificadas, exemplificativamente, de acordo com o âmbito de regulação incidente:[25] a) injúrias e calúnias dirigidas a usuários individuais ou coletivos, provocadas pelo conteúdo informativo; b) danos causados aos consumidores; c) danos ao direito de propriedade no contexto da concorrência desleal; d) violações à privacidade do usuário; e) responsabilidade criminal.

No caso de danos aos usuários causados por prática de atos ilícitos na rede de computadores, tem-se que o ponto fulcral desse tipo de conduta é a existência de um autor que veicula, por meio digital, informação de conteúdo lesivo. O primeiro problema a ser enfrentado diz respeito à determinação da licitude ou não dessa informação, averiguando-se se se trata de um exercício do direito de liberdade de expressão de um indivíduo. Tomando-se como ponto de partida o fato de que as mensagens informativas virtuais carregam em si a marca do exercício dessa liberdade, não há que se olvidar que o direito protege outros bens jurídicos e, por isso, aquela liberdade pode vir a ser restringida por meio de um juízo de ponderação, sopesando valores que com ela possam vir a colidir. É de se ressaltar que o bem jurídico

---

[25] LORENZETTI, Ricardo Luis. *Comércio eletrônico*. São Paulo: Revista dos Tribunais, 2004, p. 423-425.

protegido em uma sociedade imbuída dos valores democráticos é a livre circulação de ideias e de informações.

De fato, a liberdade de expressão, direito protegido constitucionalmente, encontra limite na proteção da privacidade do sujeito afetado e, por conseguinte, a qualificação da responsabilidade civil dependerá da ponderação de ambos os direitos à luz do caso concreto. A mensagem digital está, assim, inserida no contexto de duas normas que a albergam: a que protege a livre manifestação do pensamento, de um lado, e, de outro, a que tutela a vida privada de um indivíduo. Além disso, deve-se levar em conta que a informação, tomada em si mesma, é um bem público, consubstanciando a necessidade de sua proteção por constituir-se em interesse difuso de todos os cidadãos, o que faz exsurgir a premência da tutela da transparência da informação e da veiculação de ações visando à decretação de inconstitucionalidade dos atos que a restrinjam a ponto de perder o objetivo para o qual foi veiculada. Em todo caso, a lesão aos limites estabelecidos normativamente à livre expressão do pensamento constituirá ineludivelmente ato antijurídico a reclamar o instituto da responsabilidade civil, que proverá a tutela específica contra a divulgação de conteúdo ilícito na internet, seja ela a ação reparatória ou a inibitória.

Como a forma de apresentação dos dados de uma página na internet concretiza-se por meio de produtos fragmentados em módulos, há um fracionamento objetivo e subjetivo da responsabilidade. Há, portanto, uma multiplicidade de sujeitos, cada qual ancorado em atuações distintas que reclamam tratamento diferenciado. Existem aqueles que provêm acesso à rede, outros são os titulares das páginas e há os que fornecem os conteúdos a serem exibidos. É o caso da responsabilidade contratual matizada pelo fato de haver uma pluralidade de sujeitos unidos por contratos conexos e que atuam em rede, cabendo distinguir as várias hipóteses de modo a não imputar responsabilidade a uma parte por ato praticado pela outra.

No caso de um contrato formalizado por meio da internet no qual o contratado se obriga a realizar uma prestação executada por diversos intermediários, aquele responde pelos demais que o auxiliaram no cumprimento da obrigação. Se, em outra hipótese, acessa-se uma página para pactuar-se um serviço a ser realizado por vários contratados, há uma pluralidade de sujeitos passivamente obrigados, que respondem, paritariamente, por eventuais danos, seja individualmente, seja solidariamente.

No entanto, se o sujeito acessa uma página e celebra contratos com várias pessoas, dando causa a obrigações diversas, tem-se que, como a página representa um produto fragmentado, cada obrigado não responde solidariamente pelas obrigações contraídas pelos outros sujeitos nos outros contratos. Não há, no caso, pluralidade subjetiva passiva, mas uma plêiade de vínculos convencionais com causas e sujeitos diferentes, cada qual com sua responsabilidade própria, cabendo, apenas, analisar se cabe imputar a algum partícipe o descumprimento contratual de outro.

O anonimato na internet é uma questão problemática. São inúmeros os casos de mensagens enviadas por *hackers*, *spams*, páginas clonadas, ações de grupos virtuais, etc. Diante dessa situação, cabe à tecnologia fornecer as soluções possíveis ao problema da identificação da autoria das informações na rede, de modo a determinar inequivocamente a responsabilidade pelo envio de dados indesejáveis ou nocivos. A regra de identificação é um ônus que deve recair sobre quem estiver em condições de cumpri-la com os menores custos. Em princípio, são os intermediários da cadeia de comunicação digital que podem representar esse papel, uma vez que contam com a possibilidade de estabelecer mecanismos de controle para a identificação dos usuários. A evolução tecnológica proporcionará os meios necessários para o cumprimento desse mister, cabendo aos juízes, auxiliados por peritos, analisar objetivamente as possibilidades concretas em cada caso. Se não tiver sido utilizado o mecanismo de controle adequado, o intermediário poderá ser responsabilizado, pois não se muniu dos recursos necessários, objetivamente aferíveis, para prover a identificação dos usuários que se utilizam de seus serviços. É evidente que, nesse processo, não devem ser feridas a privacidade ou a liberdade de expressão dos sujeitos intervenientes.

Fica evidente, pelo exposto, que a responsabilidade civil em cada caso terá que ser examinada à luz da ação considerada: se houve o fornecimento da informação; se o intermediário apenas a transmitiu; se houve a modificação da informação; ou se ocorreu a sua difusão, ampliando seus efeitos. Ou seja, no campo da responsabilidade, há que se identificar plenamente o conteúdo que produziu o efeito danoso, pois, muitas vezes, o dano é produzido não a partir de vários conteúdos informativos, mas de um conjunto organizado por diversos módulos cujo sentido só poderá ser discernido se examinado como um todo.

Talvez a posição mais relevante nessa cadeia que se forma desde a origem até o destino final da informação caiba aos sujeitos intermediários. Estes não produzem a informação, mas situam-se numa posição que une as duas pontas: o fornecedor original da informação e aquele que a recepciona. Atuando apenas como intermediadores na transmissão da informação, não exercem influência no objeto transmitido. Por essa razão, não são responsáveis pelo quanto veiculado. Não obstante, na medida em que abandonem essa posição de indiferença e passem, de algum modo, a influenciar a informação, os intermediários tornam-se responsáveis civilmente. Nessa linha, aduz Lorenzetti:

> A posição de intermediário tem recebido críticas relativas à existência de casos nos quais se dispõe uma conexão automática sem a intervenção do servidor, ou pelo menos sem a presença de uma atuação relevante que permita a qualificação de distribuição. Em outras hipóteses não ocorre distribuição, mas sim o mero acesso a um local no qual a decisão de acessar e o custo pelo uso ficam por conta do usuário; a posição do servidor é meramente passiva. Diante deste argumento, cabe observar que sempre que uma posição jurídica for definida, existirão hipóteses nela não enquadráveis; o importante é estabelecer a regra geral e de quem será o ônus de demonstrar a exceção. De acordo com a argumentação expendida, o "servidor" terá o ônus de comprovar a alegação de não atuar como intermediário.[26]

Entre os intermediários, podem-se citar os provedores de serviços de acesso à internet, o *hosting,* o *caching* e o *cybercafé.* Os provedores de acesso à internet prestam o serviço de transmissão de informações e não controlam o conteúdo das mensagens transitadas, aspecto que impacta decisivamente na questão relativa à analise de sua responsabilidade civil. Se há intervenção do provedor no conteúdo, este passa a ocupar o polo de fornecedor de conteúdo, o que modifica seu papel no tocante à eventual responsabilização.

O *hosting* é um contrato por meio do qual o prestador de serviço concede a outrem o direito de hospedar em servidor (a título gratuito ou oneroso) arquivos e programas de informática. Intervêm duas relações: a de hospedagem, entre o prestador e o titular da página, e a do acesso à informação, entre o público e o servidor. O *hosting* tem a característica de permanência e figura como mero locador de espaço para abrigar as informações digitais, não respondendo pelos atos do contratante.

Já o *caching* configura-se como um armazenamento temporário de informações, efetivado com o objetivo de tornar eficaz a transmissão posterior. Esse armazenamento provisório é necessário, pois se trata de um processo dentro do escopo de distribuição da informação. Nesse caso, funciona como um intermediário que, por conseguinte, não possui

---

[26] LORENZETTI, Ricardo Luis. *Comércio eletrônico.* São Paulo: Revista dos Tribunais, 2004, p. 449.

responsabilidade pelo armazenamento desde que não tenha atuação ativa, modificando a informação ou desobedecendo as instruções fornecidas por quem a envia. Tanto no caso do *hosting* quanto no do *caching*, o prestador deve retirar a informação armazenada ou bloquear seu conteúdo caso haja ordem judicial nesse sentido.

No tocante ao *cybercafé*, trata-se de intermediário e não de fornecedor de informações, disponibilizando computadores a serem utilizados pelos usuários para conexão à internet e para entretenimento. Estão imunes à responsabilidade pelo conteúdo das informações acessadas, uma vez que são fornecedores não técnicos e que não possuem condições de atuação ativa no conteúdo da informação.

No que concerne à responsabilidade dos fornecedores de informação, é importante distinguir entre os profissionais e os não profissionais. Os primeiros exercem a atividade de forma habitual, a título oneroso ou gratuito, e sua responsabilidade pode ser contratual, pelo descumprimento da prestação devida, ou extracontratual. Na esfera contratual, de acordo com o conteúdo da prestação, sua responsabilidade será determinada a partir do não cumprimento de uma obrigação de dar ou de fazer. Não cumprida a obrigação, responde o devedor por perdas e danos, mais juros e atualização monetária. Não obstante, o devedor não responde pelos prejuízos resultantes de caso fortuito ou de força maior, se expressamente não se houver por eles responsabilizado.

Na esfera extracontratual, a questão é de maior complexidade, tendo em conta que a informação divulgada na internet pode ser imediatamente acessada por uma vasta gama de pessoas, com a possibilidade de gerar as mais diversas questões relativas à responsabilidade. A mensagem informativa será considerada ilícita quando afetar bens passíveis de tutela. Nesses casos, é cabível imputar ao prestador de serviços a responsabilidade por sua veiculação, cabendo-lhe ressarcir os danos causados. Fundamenta-se essencialmente na culpa, e o nexo causal resta estabelecido quando demonstrar-se a atuação do provedor que causou o dano. As excludentes de responsabilidade configuram-se, além da força maior e do caso fortuito, quando há ausência de culpa ou quando esta recai exclusivamente na vítima.

6 A responsabilidade civil dos provedores de internet e a Lei nº 12.965, de 23 de abril de 2014

Especial relevo deve ser dado à questão da legislação regulamentadora dos novos institutos jurídicos que brotam nessa área.

Não se trata, aqui, de tolher os avanços tecnológicos, mas de prover um arcabouço normativo que zele pela confiança e pela proteção do consumidor que contrate utilizando-se do meio virtual. Nesse sentido, qualquer normatização que venha a tratar do assunto deverá ter o necessário grau de generalidade e de flexibilidade para não quedar-se defasada no tempo e para atender às características próprias dessa seara na qual a marca é a velocidade das mudanças.

Nessa linha, foi aprovado o "Marco Civil da internet" (Lei nº 12.965, de 23 de abril de 2014), iniciativa legislativa que visa à regulação de alguns aspectos da internet no Brasil, estabelecendo princípios, garantias, direitos e deveres para os usuários da rede, além de disciplinar a atuação do poder público no estabelecimento de mecanismos de governança multiparticipativa, transparente, colaborativa e democrática, com o auxílio do governo, do setor empresarial, da sociedade civil e da comunidade acadêmica. A propósito, o inventor do *World Wide Web*, Sir Tim Berners-Lee, divulgou uma declaração de apoio ao marco civil brasileiro.[27]

No capítulo destinado aos direitos e garantias dos usuários, estabelece-se a inviolabilidade da intimidade e da vida privada, além de sua proteção e indenização pelo dano material ou moral decorrente de sua violação. Asseguram-se, também, a inviolabilidade e sigilo do fluxo de comunicações pela internet e das comunicações privadas, salvo por ordem judicial, exigindo-se consentimento expresso sobre coleta, uso, armazenamento e tratamento de dados pessoais. Importante avanço ocorreu com a positivação da aplicabilidade das normas de proteção e de defesa do consumidor às relações de consumo realizadas na internet, sendo nulas de pleno direito as cláusulas contratuais que violem a garantia do direito à privacidade e à liberdade de expressão nas comunicações realizadas na rede. Não obstante, já era pacífico o entendimento de que o Código de Defesa do Consumidor aplica-se às relações travadas no ambiente virtual, conferindo-se aos usuários da rede o manto protetor estabelecido nos artigos 12 a 25 daquele diploma legal, que tratam da responsabilidade pelo fato e pelo vício do produto e do serviço.[28]

Ressalte-se a diretriz abraçada pela norma ao eleger a neutralidade da rede como diretriz basilar. Assim, o responsável pela transmissão,

---

[27] Informação disponível em http://www.webfoundation.org/2014/03/marco-civil-statement-of-support-from-sir-tim-berners-lee/. Acesso em: 20 jan. 2019.

[28] Assim entende o Superior Tribunal de Justiça em diversos julgados, a exemplo do REsp nº 1.396.417- MG, do REsp nº 1.403.749-GO e do REsp nº 1.406.448- RJ.

comutação ou roteamento tem o dever de tratar de forma isonômica quaisquer pacotes de dados, sem distinção por conteúdo, origem ou destino, serviço, terminal ou aplicação. Na provisão de conexão à internet, onerosa ou gratuita, bem como na transmissão, comutação ou roteamento, é vedado bloquear, monitorar, filtrar ou analisar o conteúdo dos pacotes de dados, cabendo ao responsável pela discriminação ou degradação do tráfego o dever de reparar os danos causados à luz do art. 927 do Código Civil.

Os artigos 10 e 11 do Marco Civil da internet dispõem sobre a proteção dos registros, dos dados pessoais e das comunicações privadas, estabelecendo que a guarda e a disponibilização dos registros de conexão e de acesso a aplicações de internet, bem como de dados pessoais e do conteúdo de comunicações privadas, devem atender à preservação da intimidade, da vida privada, da honra e da imagem das partes direta ou indiretamente envolvidas. Além disso, em qualquer operação de coleta, armazenamento, guarda e tratamento de registros, de dados pessoais ou de comunicações por provedores de conexão e de aplicações de internet em que pelo menos um desses atos ocorra em território nacional, deverão ser obrigatoriamente respeitados a legislação brasileira e os direitos à privacidade, à proteção dos dados pessoais e ao sigilo das comunicações privadas e dos registros. O provedor responsável pela guarda somente será obrigado a disponibilizar os registros dos usuários mediante ordem judicial. Nesse caso, caberá ao juiz tomar as providências necessárias à garantia do sigilo das informações recebidas e à preservação da intimidade, da vida privada, da honra e da imagem do usuário, podendo determinar segredo de justiça, inclusive quanto aos pedidos de guarda de registro.

Ressalte-se que as infrações às normas previstas nos referidos artigos 10 e 11 ficam sujeitas, sem prejuízo das sanções cíveis, criminais ou administrativas, às seguintes penas, aplicadas de forma isolada ou cumulativa: a) advertência, com indicação de prazo para adoção de medidas corretivas; b) multa de até 10% (dez por cento) do faturamento do grupo econômico no Brasil no seu último exercício, excluídos os tributos, considerados a condição econômica do infrator e o princípio da proporcionalidade entre a gravidade da falta e a intensidade da sanção; c) suspensão temporária das atividades; e/ou d) proibição de exercício das atividades. Tratando-se de empresa estrangeira, responde solidariamente pelo pagamento da multa sua filial, sucursal, escritório ou estabelecimento situado no país.

O Marco Civil da internet também ajudou a delinear de maneira mais contundente a questão da responsabilidade por danos decorrentes de conteúdo gerado por terceiros. Nessa medida, estatui que o provedor de conexão à internet não será responsabilizado civilmente por danos decorrentes de conteúdo gerado por terceiros. Com o intuito de assegurar a liberdade de expressão e impedir a censura, o provedor de aplicações de internet somente poderá ser responsabilizado civilmente por danos decorrentes de conteúdo gerado por terceiros se, após ordem judicial específica, não tomar as providências para, no âmbito e nos limites técnicos do seu serviço e dentro do prazo assinalado, tornar indisponível o conteúdo apontado como infringente.

Nesse ponto, cabe fazer a necessária distinção entre o provedor de conexão e o provedor de aplicações. A lei estabelece, no art. 5º, algumas definições de atividades por eles desempenhadas, mas não estabeleceu a definição dos diferentes tipos de provedor. Os incisos V, VI e VII estabelecem o seguinte glossário: conexão à internet: habilitação de um terminal para envio e recebimento de pacotes de dados pela internet, mediante a atribuição ou autenticação de um endereço IP; registro de conexão: o conjunto de informações referentes à data e hora de início e término de uma conexão à internet, sua duração e o endereço IP utilizado pelo terminal para o envio e recebimento de pacotes de dados; aplicações de internet: o conjunto de funcionalidades que podem ser acessadas por meio de um terminal conectado à internet. Dessa forma, o julgador terá o ônus de identificar qual foi o serviço prestado para que possa avaliar sua eventual responsabilidade. Não obstante, a partir do contido na Portaria nº 148, de 31 de maio de 1995, do Ministério das Comunicações, pode-se estabelecer a seguinte diferenciação: o provedor de conexão possibilita o acesso à internet aos usuários e o provedor de aplicações fornece um conjunto de funcionalidades que podem ser acessadas pelo usuário. A responsabilidade deste último em virtude da ocorrência de danos provocados por conteúdo gerado por terceiro está disciplinada nos arts. 19 a 21, enquanto que o provedor de conexão à internet não será responsabilizado civilmente por danos decorrentes de conteúdo gerado por terceiros (art. 18).

O Superior Tribunal de Justiça (STJ) já possui precedentes seguindo a linha de que o provedor de internet deve pagar indenização por danos morais na hipótese em que o conteúdo publicado impute ao autor fato definido como crime. Isso porque, ao ser comunicado de que algum texto ou imagem possui conteúdo ilícito, deve o provedor de internet retirar o material do ar, devendo responder pelos danos, em virtude da omissão praticada (considerações do Ministro Antonio Carlos Ferreira no AgRg no AREsp nº 431.271-RJ).

A ordem judicial deverá conter, sob pena de nulidade, identificação clara e específica do conteúdo apontado como infringente, que permita a localização inequívoca do material. Inovação nessa seara diz respeito à possibilidade de as causas que versem sobre ressarcimento por danos decorrentes de conteúdos disponibilizados na internet relacionados à honra, à reputação ou a direitos de personalidade, bem como sobre a indisponibilização desses conteúdos por provedores de aplicações de internet, poderem ser apresentadas perante os juizados especiais. Em todo caso, poderá ser deferida, pelo juiz, antecipação da tutela pretendida no pedido inicial, existindo prova inequívoca do fato e considerado o interesse da coletividade na disponibilização do conteúdo na internet, desde que presentes os requisitos de verossimilhança da alegação do autor e de fundado receio de dano irreparável ou de difícil reparação. Até a entrada em vigor de lei específica, a responsabilidade do provedor de aplicações de internet por danos decorrentes de conteúdo gerado por terceiros, quando se tratar de infração a direitos de autor ou a direitos conexos, continuará a ser disciplinada pela legislação autoral vigente.

A propósito, a jurisprudência já se tem manifestado acerca da responsabilidade dos provedores de internet. O STJ pronunciou-se no sentido de que o dano moral decorrente de mensagens com conteúdo ofensivo não constitui risco inerente à atividade desenvolvida pelo provedor da internet, porquanto não se lhe é exigido que proceda a controle prévio de conteúdo disponibilizado por usuários. Não se lhe aplica, assim, a responsabilidade objetiva, prevista no art. 927, parágrafo único, do Código Civil; além disso, a fiscalização prévia dos conteúdos postados não é atividade intrínseca ao serviço prestado pelos provedores (AgRg no Resp nº 1.402.104-RJ e AgRg no REsp nº 1.396.963-RS).

Assim, o provedor de hospedagem é uma espécie do gênero provedor de conteúdo, pois se limita a abrigar e a oferecer ferramentas para edição de páginas criadas e mantidas por terceiros, sem exercer nenhum controle editorial sobre as mensagens postadas pelos usuários. A verificação de ofício do conteúdo das mensagens postadas por cada usuário não constitui atividade intrínseca ao serviço prestado pelos provedores de hospedagem, de modo que não se pode reputar defeituoso, nos termos do art. 14 do CDC, o *site* que não exerce esse controle. Não se pode exigir do provedor de hospedagem a fiscalização antecipada de cada nova mensagem postada, não apenas pela impossibilidade técnica e prática de assim proceder, mas, sobretudo, pelo risco de tolhimento da liberdade de pensamento. Não se pode, sob o pretexto de dificultar a propagação de conteúdo ilícito ou ofensivo na *web*, reprimir o direito da coletividade à informação. Sopesados os direitos envolvidos e o risco potencial de violação de cada um deles, o fiel da balança deve pender para a garantia da liberdade de criação, expressão e informação, assegurada pelo art. 220 da Constituição Federal, sobretudo considerando que a internet representa, hoje, importante veículo de comunicação social de massa.

Não obstante a regra de não responsabilização pelos danos decorrentes de conteúdo gerado por terceiros, o provedor de aplicações de internet que disponibilize esse tipo de conteúdo será responsabilizado subsidiariamente pela violação da intimidade decorrente da divulgação, sem autorização de seus participantes, de imagens, de vídeos ou de outros materiais de caráter privado quando, após o recebimento de notificação pelo participante ou pelo seu representante legal, deixar de promover, de forma diligente, no âmbito e nos limites técnicos do seu serviço, a indisponibilização desse conteúdo. Essa notificação deverá conter, sob pena de nulidade, elementos que permitam a identificação específica do material apontado como violador da intimidade do participante e a verificação da legitimidade para apresentação do pedido.

Discutindo os limites da responsabilidade dos provedores de hospedagem de *blogs* pela manutenção de dados de seus usuários, o STJ consigna, no REsp nº 1.417.641-RJ, que, ao oferecer um serviço por meio do qual se possibilita que os usuários divulguem livremente suas opiniões, deve o provedor de conteúdo ter o cuidado de propiciar meios para que se possa identificar cada um desses usuários, coibindo o anonimato e atribuindo a cada imagem uma autoria certa e determinada.

Sob a ótica da diligência média que se espera do provedor, do dever de informação e do princípio da transparência, deve este adotar as providências que, conforme as circunstâncias específicas de cada caso, estiverem ao seu alcance para a individualização dos usuários do *site*, sob pena de responsabilização subjetiva por culpa *in omittendo*. Uma vez ciente do ajuizamento da ação e da pretensão nela contida de obtenção dos dados de um determinado usuário, estando a questão *sub judice*, o mínimo de bom senso e de prudência sugerem a iniciativa do provedor de conteúdo no sentido de evitar que essas informações se percam.

Essa providência é condizente com a boa-fé que se espera não apenas dos fornecedores e contratantes em geral, mas também da parte de um processo judicial, devendo as informações necessárias à identificação do usuário ser armazenadas pelo provedor de conteúdo por um prazo mínimo de 3 (três) anos, a contar do dia em que o usuário cancela o serviço.

Também do STJ advém o seguinte excerto:

> Atualmente, saber qual o limite da responsabilidade dos provedores de internet ganha extrema relevância, na medida em que, de forma rotineira, noticiam-se violações à intimidade e à vida privada de pessoas e empresas, julgamentos sumários e linchamentos públicos de inocentes, tudo praticado na rede mundial de computadores e com danos substancialmente potencializados em razão da natureza disseminadora do veículo. Os verdadeiros "apedrejamentos virtuais" são tanto mais eficazes quanto o são confortáveis para quem os pratica: o agressor pode recolher-se nos recônditos ambientes de sua vida privada, ao mesmo tempo em que sua culpa é diluída no anonimato da massa de agressores que replicam, frenética e instantaneamente, o mesmo comportamento hostil, primitivo e covarde de seu idealizador, circunstância a revelar que o progresso técnico-científico não traz consigo, necessariamente, uma evolução ética e transformadora das consciências individuais. Certamente, os rituais de justiça sumária e de linchamentos morais praticados por intermédio da internet são as barbáries típicas do nosso tempo. Nessa linha, não parece adequado que o Judiciário adote essa involução humana, ética e social como um módico e inevitável preço a ser pago pela evolução puramente tecnológica, figurando nesse cenário como mero expectador.[29]

7 Considerações finais

O fenômeno da globalização é moldado pela ausência de limitações territoriais ou geográficas no que tange à atuação humana, sendo caracterizado pela virtualidade e por mecanismos tecnológicos que encurtam as distâncias e promovem a comunicação instantânea, sobressaindo-se, nesse ambiente, as novas formas de comunicação, que adquiriram relevo com o surgimento da internet.

Os juristas debruçam-se sobre as questões levantadas pelo mundo virtual, direcionando esforços não só no sentido de regular determinados aspectos do mundo virtual, mas também de criar a confiança naquele que utiliza a rede mundial de computadores. Essa mobilização de forças tem como sustentáculo a necessidade de construir a transparência no meio virtual, proporcionando segurança às relações jurídicas, que devem ser pautadas pela boa-fé das partes no que se refere à privacidade dos dados transitados e ao dever de criar

---

[29] REsp nº 1.306.157-SP. Disponível em: www.stj.jus.br. Consulta em: 15 jan. 2019.

um ambiente seguro para a contratação. Ter consciência dos desafios e dos problemas inerentes à utilização da internet é um passo importante para desenvolver ações que visem à restituição da confiança que deve reger todas as relações jurídicas.

Em especial no que concerne à responsabilidade civil na internet, o direito aplicável ao mundo digital também tem guarida na maioria dos princípios do direito aplicável ao mundo físico. O novo olhar que lhe deve ser dirigido está, principalmente, relacionado à postura de quem o interpreta. A tecnologia não cria espaços imunes à aplicação do direito. Partindo do pressuposto de que a sociedade está inserida no processo de globalização, o grande desafio do operador do direito é ser flexível o bastante para adaptar seu raciocínio às novas situações e não criar obstáculos ao livre desenvolvimento da rede. Assim, permitir-se-á maior adequação à realidade social, provendo a dinâmica necessária para acompanhar a velocidade das transformações no mundo virtual.

Presenciam-se, nesse contexto, uma alteração nos paradigmas empresariais, um maior poder de informação para o consumidor, uma maior agilidade na consecução de suas transações (comerciais ou de cunho pessoal), configurando uma mudança de costumes propiciada pela era da tecnologia, na qual se põe em evidência o conhecimento. Nesse panorama, função relevante é atribuída ao direito com o fito de fornecer a necessária segurança aos partícipes das relações virtuais, provendo-lhes a correta prestação jurisdicional e protegendo o ambiente virtual das práticas nocivas que acarretam danos ao internauta, mormente quando este se encontra na posição de consumidor. O direito deve estar coadunado com as novas práticas que surgem a todo o momento, acompanhando de perto as inovações tecnológicas e, por conseguinte, promovendo um ambiente social mais próximo da segurança que deve nortear as relações jurídicas.

São essas possíveis e contraditórias leituras acerca do estado atual da sociedade que fazem com que seja tão rico e complexo o fenômeno globalizante da internet, exigindo do direito a maleabilidade necessária para regular as repercussões dessa nova ferramenta na vida de cada um. O direito, reflexo que é do caminhar evolutivo da sociedade, também é influenciado por essa nova realidade: a dinâmica da era da informação exige uma mudança na própria forma como é exercido e pensado.

É indubitável, portanto, que a internet tem papel fundamental como dinamizador desses avanços, significando uma profunda alteração na forma como devem ser encaradas as relações sociais. As transformações tecnológicas propiciaram mudanças sociais e, nesse contexto, o direito não pode manter-se inerte, sob pena de não mais atender aos anseios da sociedade. Sua capacidade de adequação à nova realidade determina a própria segurança do ordenamento, proporcionando a necessária estabilidade e segurança jurídica reclamada pelo cidadão. O direito é responsável pelo equilíbrio das relações sociais e este só poderá ser alcançado com a adequada interpretação da realidade social, instituindo normas que garantam a segurança das expectativas e que incorporem as transformações por meio de uma estrutura flexível que possa sustentá-la no tempo.

Referências

ALBUQUERQUE JÚNIOR, Roberto Paulino. Ensaio introdutório sobre a teoria da responsabilidade civil familiar. *Advocatus*, Recife, ESA/OAB/PE, ano 4, n. 6, p. p. 64-74, mar./2011.

ANDRADE, Everaldo Gaspar Lopes de. *Direito do trabalho e pós-modernidade:* fundamentos para uma teoria geral. São Paulo: LTr, 2005.

DIAS, José de Aguiar. *Da responsabilidade civil*. Rio de Janeiro: Renovar, 2006.

ASCENSÃO, José de Oliveira. *Direito da internet e da sociedade da informação*. Rio de Janeiro: Forense, 2002.

BEHRENS, Fabiele. *Assinatura digital & negócios jurídicos*. Curitiba: Juruá, 2007.

GRECO, Marco Aurelio. *Internet e direito*. 2. ed. São Paulo: Dialética, 2000.

KARLAPALEM, Kamalakar; DANI, Ajay R.; KRISHNA, P. Radha. A frame work for modeling electronic contracts. *Lecture notes in computer science*, Berlim, Springer-Verlag, v. 2224, p. 193-207, 2001.

LORENZETTI, Ricardo Luis. *Comércio eletrônico*. São Paulo: Revista dos Tribunais, 2004.

MORATO, Antonio Carlos. O conceito de hipossuficiência e a exclusão digital do consumidor na sociedade da informação. In: MORATO, Antonio Carlos; NERI, Paulo de Tarso (Org.) *20 Anos do Código de Defesa do Consumidor:* estudos em homenagem ao Professor José Geraldo Brito Filomeno. São Paulo: Atlas, p. 9-21, 2010.

PECK, Patricia. *Direito digital*. São Paulo: Saraiva, 2002.

PEREIRA, Caio Mário da Silva. *Instituições de direito civil*. Rio de Janeiro: Forense, 2004, v. I e III.

RODOTÀ, Stefano. Entrevista. *Revista Trimestral de Direito Civil*, Rio de Janeiro, Padma, ano 3, v. 11, p. 225-308, jul.set. 2002.

SANTOS, Boaventura de Sousa. Os processos da globalização. In: SANTOS, Boaventura de Sousa (Org.). *A globalização e as ciências sociais*. 3. ed. São Paulo: Cortez, p. 25-102, 2005.

SCHMITT, Cristiano Heineck. A "hipervulnerabilidade" do consumidor idoso. *Revista de Direito do Consumidor*. São Paulo, Revista dos Tribunais, ano 18, n. 70, p. 139-171, abr./jun. 2009.

SCHREIBER, Anderson. As novas tendências da responsabilidade civil brasileira. *Revista Trimestral de Direito Civil*, Rio de Janeiro, Padma, ano 6, vol. 22, p. 45-69, abr./jun. 2005.

SCHREIBER, Anderson. *Novos paradigmas da responsabilidade civil:* da erosão dos filtros da reparação à diluição dos danos. 5. ed. São Paulo: Atlas, 2013.

STOCO, Rui. *Responsabilidade civil e sua interpretação jurisprudencial.* São Paulo: RT, 1999.

STOCO, Rui. *Tratado de responsabilidade civil.* São Paulo: RT, 2004.

TEPEDINO, Gustavo. A evolução da responsabilidade civil no direito brasileiro e suas controvérsias na atividade estatal. In: TEPEDINO, Gustavo. *Temas de direito civil.* 3. ed. Rio de Janeiro: Renovar, p. 191-216, 2004.

THEODORO JÚNIOR, Humberto. *Direitos do consumidor.* 3. ed. Rio de Janeiro: Forense, 2002.

VENOSA, Sílvio de Salvo. *Direito civil:* responsabilidade civil. São Paulo: Atlas, 2005.

ZITTRAIN, Jonathan L. The generative internet. *Harvard Law Review,* v. 119, n. 7, p. 1974-2040, mai. 2006.

Informação bibliográfica deste texto, conforme a NBR 6023:2018 da Associação Brasileira de Normas Técnicas (ABNT):

AQUINO JÚNIOR, Geraldo Frazão de. Responsabilidade civil dos provedores de internet. *In:* EHRHARDT JÚNIOR, Marcos; LOBO, Fabíola Albuquerque (Coord.). *Privacidade e sua compreensão no direito brasileiro.* Belo Horizonte: Fórum, 2019. p. 101-126. ISBN 978-85-450-0694-7.

NOTAS SOBRE O DIREITO À PRIVACIDADE E O DIREITO AO ESQUECIMENTO NO ORDENAMENTO JURÍDICO BRASILEIRO[1]

BRUNO DE LIMA ACIOLI

MARCOS EHRHARDT JÚNIOR

Introdução

A privacidade – como um valor positivo e um direito – é uma conquista das civilizações modernas, sendo possível situar no final do século XIX, um dos períodos de mais intensa industrialização e urbanização humana, o momento histórico mais significativo para o início do processo de expansão de sua compreensão diante do impacto dos avanços tecnológicos experimentados pela humanidade.

A invenção da fotografia, o surgimento das tecnologias de gravação de áudio e vídeo, o processo de digitalização das tecnologias de comunicação desde o fim dos anos 1980, entre tantos outros importantes avanços na forma de interação dos sujeitos, formaram o grande

---

[1] O presente artigo é uma versão revisada, adaptada e expandida do texto "Privacidade e os Desafios de sua Compreensão Contemporânea: do Direito de ser Deixado em Paz ao Direito ao Esquecimento", publicado no livro *Autonomia Privada, Liberdade Existencial e Direitos Fundamentais*, organizado por Gustavo Tepedino e Joyceanne Bezerra de Menezes e publicado pela Editora Fórum, no início de 2019.

ambiente de progresso que culminou com a popularização comercial da internet. Em contrapartida, passaram a representar, no campo da tutela dos direitos fundamentais dos indivíduos, ameaças cada vez mais significativas à privacidade.

A compreensão do que se deveria entender por "direito à privacidade" evoluiu de um conceito mais restrito, associado ao retiro e ao sossego, sob a égide da expressão "direito de ser deixado em paz", até abarcar novos institutos jurídicos voltados para a proteção de interesses individuais na era digital, por meio de mecanismos legais de controle e autodeterminação informativa, entre os quais se destaca o ainda controverso "direito ao esquecimento".

De acordo com o jurista americano Daniel J. Solove, a privacidade é, hoje, um "conceito em desordem",[2] sobretudo em razão da emergência da sociedade de informação. A forma como as pessoas se relacionam com a privacidade mudou, seja pelo uso das redes sociais e a exposição pessoal por meio delas, seja pelo mercado de informações existente na internet, que se utiliza de dados pessoais dos usuários para ganho econômico.

Isso posto, o presente artigo não busca apresentar-se como uma contribuição de caráter definitivo para a ampla compreensão histórico-jurídica da privacidade e seus contornos mais atuais.

Busca-se, tão só, apresentar um resumo do estado atual do debate jurídico acerca da privacidade em sua expressão mais contemporânea, em sua característica tridimensional e, em especial, naquilo que lida mais estritamente com o controle de informações pessoais na era das mídias digitais: o direito ao esquecimento.

1 A privacidade como valor e direito moderno e o seu lugar no ordenamento jurídico brasileiro

A privacidade, tal como concebida atualmente – em um sentido positivo –, é um valor das sociedades modernas. Na Antiguidade, quando se prezava a participação na vida pública acima de qualquer valor individual, "privado" guardava o sentido negativo de "sofrer privação", de ser "destituído". Significava, portanto, não estar envolvido nos assuntos de interesse geral da comunidade.[3]

---

[2] SOLOVE, Daniel J. *Understanding Privacy*. Cambridge, Massachusetts: Harvard University Press, 2008, p. 1-2.

[3] BRENNAN, T. Cooley. *The Praetorship in the Roman Republic*. Nova York: Oxford University Press, 2000, *passim*.

Depois de vários séculos em que o valor de um homem era essencialmente medido pela sua participação, ou não, na vida pública, as constituições político-jurídicas das sociedades modernas, com seu conceito de liberdade focado nos direitos individuais, fizeram que a ideia de valor pessoal ou de dignidade fosse migrando de uma atribuição da vida pública para algo que floresce através do exercício da autonomia individual, concebendo-se assim um conteúdo positivo para a ideia de se buscar um espaço privado para si mesmo: privacidade.

A palavra "privacidade", embora tenha origem no *latim*, acabou se tornando um termo amplamente associado à cultura anglicana e à língua inglesa – *privacy* –, em razão do notável uso desta palavra por escritores, filósofos e juristas britânicos no início da era moderna,[4] tendo a Grã-Bretanha como um dos primeiros centros culturais do Ocidente modernizado.

Associada à ideia de autonomia e liberdade, Richard Posner[5] argumenta que a conquista da privacidade é, pois, um valor moderno, socialmente experimentado muito em razão do desenvolvimento econômico e cultural que os povos ocidentais experimentaram desde o século XVII, que concedeu aos indivíduos maior segurança física e autonomia para a construção de suas próprias esferas individuais de interesse, desatreladas das vontades de ordem coletiva.

Embora as constituições do Ocidente de fins de século XVIII já reconhecessem a importância das liberdades individuais e da separação entre espaço público e privado, amparadas em valores iluministas e liberais difundidos à época, somente em meados, para o fim do século XIX, é que surgiram as primeiras obras jurídicas sobre a privacidade enquanto um direito, e não apenas um valor social, sendo essas obras publicadas primariamente nos Estados Unidos.

O clássico artigo "The Right to Privacy", dos juristas americanos Samuel Warren e Louis Brandeis – originalmente publicado em 1890 –, é, por certo, o grande marco teórico fundamental para o desenvolvimento do direito à privacidade, não só na doutrina e na jurisprudência dos Estados Unidos, como também para todo o resto do mundo.[6]

---

[4] Sobre a etimologia da palavra privacidade, cf. DONEDA, Danilo. *Da privacidade à proteção de dados pessoais*. Rio de Janeiro: Renovar, 2006, p. 107.

[5] POSNER, Richard. The Right of Privacy. *Georgian Law Review*. Athens, Geórgia, v. 12, n. 3, 1978, p. 395-396.

[6] Neste sentido, a jurista Dorothy J. Glancy comenta que o artigo de Samuel Warren e Louis Brandeis seria responsável pela própria "invenção" do direito à privacidade na tradição jurídica americana. GLANCY, Dorothy J. The Invention of the Right to Privacy. *Arizona Law Review*, Tucson, Arizona, v. 21, n. 1, 1979, *passim*.

A questão da privacidade para os americanos veio a se tornar um assunto de considerável interesse jurídico apenas no final do século XIX, a partir do momento em que pessoas passaram a se incomodar com a coleta ou a divulgação de informações acerca de fatos pessoais indesejáveis sobre elas, um fenômeno tipicamente atrelado à expansão urbana das sociedades industriais e ao crescimento da imprensa, sobretudo dos tabloides de fofoca. Este foi, ademais, o pano de fundo para o artigo escrito por Samuel Warren em parceria com Louis Brandeis: a exposição abusiva da vida da Sra. Warren, esposa de Samuel, pela imprensa "marrom".[7]

O artigo de Warren e Brandeis,[8] que amparava seus argumentos jurídicos nessa invasão de privacidade sentida pelos cidadãos americanos aos fins de século XIX com o crescimento do jornalismo sensacionalista, acabou por tornar a expressão *'right to be let alone'* mundialmente conhecida entre os juristas que lidam com a questão do direito à privacidade.

Aliás, diga-se, Warren e Brandeis, apesar de terem adotado a referida expressão, não delimitaram o conceito de privacidade como sendo um "direito de ser deixado em paz", apenas tomaram emprestado o termo originalmente utilizado pelo magistrado americano Thomas Cooley[9] em uma de suas obras sobre proteção da pessoa pelas regras de responsabilidade civil extracontratual.

A jurisprudência e a doutrina americanas sofreram notável evolução na segunda metade do século XX, passando os juristas americanos a relacionar o sentido contemporâneo de privacidade ao de controle do indivíduo sobre suas informações pessoais. Alan Westin, importante jurista americano para este progresso conceitual, definiu a privacidade como "o direito de indivíduos, de grupos ou de instituições de

---

[7] Para mais comentários e detalhes sobre o referido caso, cf. EHRHARDT JR., Marcos; PEIXOTO, Erick Lucena Campos. Breves notas sobre a ressignificação da privacidade. *Revista Brasileira de Direito Civil*. Belo Horizonte, v. 16, abr./jun. 2018, p. 38-41.

[8] WARREN, Samuel; BRANDEIS, Louis. The Right to Privacy. *Civilistica.com*. Rio de Janeiro, a. 2, n. 3, jul.-set./2013.

[9] Conforme citação do próprio texto de Warren e Brandeis (Cf. The Right to Privacy. *Civilistica.com*. Rio de Janeiro, a. 2, n. 3, jul.-set./2013, p. 2-3), no original: "Recent inventions and business methods call attention to the next step which must be taken for the protection of the person, and for securing to the individual what Judge Cooley calls the right "to be let alone". Instantaneous photographs and newspaper enterprise have invaded the sacred precincts of private and domestic life; and numerous mechanical devices threaten to make good the prediction that what is whispered in the closet shall be proclaimed from the house-tops".

determinar por si mesmos quando, como e em que extensão as informações que dizem respeito a eles são comunicadas a terceiros".[10]

O conceito estabelecido por Alan Westin o coloca muito próximo dos juristas europeus contemporâneos, como Stefano Rodotà, que concebem a privacidade como uma forma de o indivíduo, por meio do controle de suas próprias informações, determinar "[...] as modalidades de construção da esfera privada em sua totalidade".[11]

Dito isso, apesar desses fortes pontos de contato, o direito à privacidade nos EUA permanece extremamente atrelado ao valor fundamental da liberdade, ao passo que a doutrina jurídica da Europa continental há bom tempo passou a fundamentar o direito à privacidade não só na liberdade individual, mas na tutela da dignidade da pessoa humana,[12] cujo fundamento de validade transcende, ao menos na maior parte dos sistemas jurídicos nacionais contemporâneos, o âmbito de proteção restrito da liberdade individual, o que torna a defesa jurídica da privacidade revestida de muito mais peso argumentativo nos países europeus quando esta é confrontada pelas liberdades de expressão e de imprensa.[13]

Enquanto isso, no Brasil, o direito à privacidade encontra-se positivado no Código Civil em seu artigo 21,[14] sobre o signo de "vida privada", enquanto a Constituição Federal de 1988, em seu artigo 5º,[15] inciso X, trata da inviolabilidade da "intimidade", da "vida privada" e da "imagem" – além da "honra" – como direitos fundamentais, direitos estes que compõem o escopo jurídico da privacidade.

A melhor forma de se compreender o direito à privacidade, pois, especialmente na sociedade contemporânea, é entendê-lo como um

---

[10] No original: "the claim of individuals, groups, or institutions to determine for themselves when, how, and to what extent information about them is communicated to others". WESTIN, Alan. *Privacy and Freedom*. Nova York: Ig Publishing, 2015, p. 5.

[11] RODOTÀ, Stefano. *A vida na sociedade de vigilância*: a privacidade hoje. Trad. Maria Celina Bodin de Moraes. Rio de Janeiro: Renovar, 2008, p. 129.

[12] EHRHARDT JR., Marcos; PEIXOTO, Erick Lucena Campos. Breves notas sobre a ressignificação da privacidade. *Revista Brasileira de Direito Civil*. Belo Horizonte, v. 16, abr./jun. 2018, p. 45-46.

[13] Sobre a relação entre visão americana e visão europeia de privacidade, cf. WERRO, Franz. The Right to Inform v. The Right to be Forgotten: a Transatlantic Clash. *In*: CIACCHI, Aurelia Colombi *et al* (Org.). *Liability in the Third Millennium*: Liber Amicorum Gert Bruggemeier. Bade-Bade: Nomos Verlagsgesellschaft, 2009, p. 292.

[14] "Art. 21. A vida privada da pessoa natural é inviolável, e o juiz, a requerimento do interessado, adotará as providências necessárias para impedir ou fazer cessar ato contrário a esta norma."

[15] "Art. 5º [...] X – são invioláveis a intimidade, a vida privada, a honra e a imagem das pessoas, assegurado o direito a indenização pelo dano material ou moral decorrente de sua violação;"

"termo guarda-chuva", de modo que dentro do âmbito maior do direito à privacidade encontram-se outros direitos menores e mais específicos,[16] como o direito à vida privada, o direito à intimidade, o direito à honra subjetiva, o direito à imagem, tal como previstos na Constituição, assim como, também, o direito à proteção dos dados pessoais.[17]

Atente-se que o formato "guarda-chuva" da significação atual da privacidade não implica, portanto, que as novas "concepções" de direito à privacidade surgem para substituir conceitos antigos. Os diversos conteúdos abarcados no instituto jurídico da privacidade podem e devem coexistir normalmente, dentro de uma compreensão mais ampla de privacidade.

Aliás, nesse momento de profundas mudanças em relação à dinâmica entre privacidade e novas tecnologias, Rodotà[18] se refere a alguns novos direitos surgidos ou renovados na atual era digital, entre os quais o direito ao esquecimento, o qual será objeto de abordagem especial em tópico posterior deste artigo.

A privacidade é, logo, entre os chamados *direitos de personalidade*, aquele que está sujeito a sofrer maiores variações em sua amplitude conceitual e em seu campo e grau de proteção, sobretudo diante dos novos e cada vez mais rápidos avanços tecnológicos nos meios públicos e privados de comunicação, o que torna a pessoa humana vulnerável a certas invasões em sua esfera pessoal às quais não estaria sujeita em um passado bem pouco remoto, principalmente agora, com a popularização da internet e a consequente formação de um mercado informacional vasto e de difícil controle pelo titular dos dados.

Portanto, o entendimento atual dos civilistas da tradição *civil law*, e também de parte considerável dos juristas da tradição *common law*, é de que, "além da garantia à inviolabilidade de seu domicílio, ao

---

[16] Neste sentido, cf. EHRHARDT JR., Marcos; PEIXOTO, Erick Lucena Campos. Breves notas sobre a ressignificação da privacidade. *Revista Brasileira de Direito Civil*. Belo Horizonte, v. 16, abr./jun. 2018, p. 47.

[17] Importante salientar que para alguns juristas europeus, o direito à proteção dos dados pessoais é um direito autônomo em relação ao direito à privacidade. Esta interpretação de juristas europeus é reflexo da Carta de Direitos Fundamentais da União, que trata em separado da vida privada, em seu artigo 7º, e do direito à proteção de dados pessoais, no artigo 8º. Nesse sentido: "Se tutela el cuerpo 'físico' afirmando que todos tienen derecho al respeto a la integridad física y psíquica prohibiendo en consecuencia la eugenesia masiva, la clonación reproductiva, los usos mercantiles del cuerpo. Se tutela el cuerpo 'electrónico' considerando la protección de los datos personales como un autónomo derecho fundamental, diferente a la tradicional idea de privacidad". (Cf. RODOTÀ, Stefano. *El Derecho a Tener Derechos*. Madrid: Editoria Trotta, 2014, p. 81).

[18] RODOTÀ, Stefano. *A vida na sociedade de vigilância*: a privacidade hoje. Trad. Maria Celina Bodin de Moraes. Rio de Janeiro: Renovar, 2008, p. 134-135.

sigilo de sua correspondência e ao segredo profissional", ou de outros tipos de controle relativos a questões mais estritas ao espaço de consentimento privado, "[...] deve-se assegurar ao indivíduo a possibilidade de controlar aquilo que diz respeito ao seu modo de ser no âmbito mais íntimo de vida privada [...], excluindo do conhecimento de terceiros",[19] podendo-se buscar a reparação ou a contenção dos danos no caso de informações privadas virem a circular socialmente sem a anuência da pessoa sobre as quais elas recaem, inclusive se esses dados puderem ser classificados como "imprecisos", "defasados" ou "desnecessários" – o que leva ao ponto central do direito ao esquecimento, a ser tratado no tópico a seguir.

Como Rodotà[20] destaca, a noção de direito à privacidade passou do eixo da "pessoa-informação-segredo" para o eixo da "pessoa-informação-circulação-controle", de forma que o titular do direito à privacidade "[...] pode exigir formas de *circulação controlada*, e não somente interromper o fluxo das informações que lhe digam respeito".

No Brasil, no Enunciado nº 404 da V Jornada de Direito Civil, o Conselho da Justiça Federal referenda uma nova interpretação ao artigo 21 do Código Civil, acerca da concepção contemporânea do direito à privacidade,[21] sendo este considerado um direito "trifásico" ou tridimensional.

Daniel Bucar,[22] proponente do Enunciado nº 404, entende que o direito à privacidade compreende três modalidades de controle pessoal de dados: o espacial, o contextual e o temporal, decorrendo, deste último, o "direito ao esquecimento". Evoluindo-se a partir de tal perspectiva, que para um leitor mais desavisado pode sugerir a falsa impressão de rigidez em suas categorias, é mais adequado vislumbrar o direito à privacidade de uma maneira tridimensional, o que permite maior flexibilidade quanto à expansão de seu alcance nos tempos complexos do século XXI.

---

[19] EHRHARDT JR., Marcos. *Direito Civil*: LINDB e parte geral. Salvador: Juspodivm, 2011, v. 1, p. 246.

[20] RODOTÀ, Stefano. *A vida na sociedade de vigilância*: a privacidade hoje. Trad. Maria Celina Bodin de Moraes. Rio de Janeiro: Renovar, 2008, p. 93.

[21] "A tutela da privacidade da pessoa humana compreende os controles espacial, contextual e temporal dos próprios dados, sendo necessário seu expresso consentimento para o tratamento de informações que versem especialmente sobre o estado de saúde, a condição sexual, a origem racial ou étnica, as convicções religiosas, filosóficas e políticas".

[22] BUCAR, Daniel. Controle temporal de dados: o direito ao esquecimento. *Civilistica.com*. Rio de Janeiro, a. 2, n. 3, jul.-set./2013, p. 7.

Segundo tal compreensão, é possível dividir o direito à privacidade em três grandes dimensões: espacial, informacional e decisional; cada uma dessas mantém pontos de contato com as demais, criando situações híbridas em que duas ou as três dimensões podem ser o objeto do controle de privacidade por parte do indivíduo.[23] É exatamente o que ocorre com o denominado "direito ao esquecimento", que normalmente pode ser encontrado em um ponto de interseção entre a dimensão informacional e a decisional da privacidade.

2 O direito ao esquecimento

Em definição bem sintética, o direito ao esquecimento pode ser conceituado como "o direito de uma determinada pessoa não ser obrigada a recordar, ou ter recordado certos acontecimentos de sua vida",[24] tratando-se, pois, de um novo aspecto jurídico do direito à privacidade.[25]

Embora o debate sobre direito ao esquecimento tenha se intensificado no Brasil apenas na presente década, sobretudo após as decisões do STJ nos casos da Chacina da Candelária e Aída Curi,[26] Otávio Luiz Rodrigues Júnior[27] argumenta que vários juristas brasileiros de renome discorreram sobre a temática entre os anos 1990 e início dos anos 2000, alguns deles, como Luiz Alberto David Araújo[28] e René Ariel Dotti,[29] assentados na doutrina francesa do *droit à l'oubli* – literalmente, direito ao esquecimento.

---

[23] Para uma visão mais aprofundada das três dimensões da privacidade, cf: EHRHARDT JR., Marcos PEIXOTO; Erick Lucena Campos. Breves notas sobre a ressignificação da privacidade. *Revista Brasileira de Direito Civil*. Belo Horizonte, v. 16, abr./jun. 2018, p. 47 e ss.

[24] CORREIA JR., José Barros; GALVÃO, Luís Holanda. Direito Civil: da memória ao esquecimento. *In*: CORREIA JR., José Barros; GALVÃO, Vivianny (Org.). *Direito à memória e direito ao esquecimento*. Maceió: Edufal, 2015, p. 22.

[25] Neste sentido: SCHREIBER, Anderson. *Direitos da personalidade*. São Paulo: Atlas, 2014, p. 170.

[26] Para comentários sobre estes dois julgados do STJ, o caso da chacina da Candelária, Resp nº 1.334.097/RJ, e o caso Aída Curi, Resp nº 1.335.153/RJ, cfr: EHRHARDT JR., Marcos; ACIOLI, Bruno de Lima. Uma Agenda para o Direito ao Esquecimento no Brasil. *In*: HIRONAKA, Giselda; SANTOS, Romualdo Baptista dos (Coord.). *Direito Civil*: estudos: coletânea do XV Encontro dos Grupos de Pesquisa – IBDCivil. São Paulo: Blucher, 2018, p. 130-134.

[27] RODRIGUES JUNIOR, Otávio Luiz. Brasil debate direito ao esquecimento desde 1990. *Revista Consultor Jurídico, Coluna de Direito Comparado*. São Paulo, 27 nov. 2013. Disponível em: http://www.conjur.com.br/2013-nov-27/direito-comparado-brasil-debate-direito-esquecimento-1990. Acesso em: 01 abr. 2018.

[28] ARAÚJO, Luiz Alberto David. *A proteção constitucional da própria imagem*: pessoa física, pessoa jurídica e produto. São Paulo: Verbatim, 2013.

[29] DOTTI, René Ariel. *Proteção da vida privada e liberdade de informação*. São Paulo: Revista dos Tribunais, 1980.

O corrente desejo ou, mesmo, a necessidade de se implementar instrumentos jurídicos para o controle de informações pessoais, sobretudo quando estas se tornam obsoletas ou prejudiciais aos seus titulares com o decurso do tempo ou perda de seu contexto, fez "ressurgir" no debate jurídico o atualmente polêmico direito ao esquecimento.

Bem, cumpre salientar que não são poucas as ressalvas e as críticas apontadas para o uso de um direito ao "esquecimento", ao menos em seu caráter terminológico. De fato, o termo adotado padece de certa obscuridade, e pode levar aos menos desavisados ou aos mais céticos a ideia de que o "esquecimento" contido em tal direito busca o "apagamento" da memória coletiva ou a manipulação de fatos pretéritos. O direito ao "esquecimento", por óbvio, jamais poderia ter este condão dentro de um regime democrático alicerçado pelo Estado de Direito.[30]

A expressão "direito ao esquecimento", por outro lado, adentrou o vocabulário jurídico já há algum tempo, tanto na doutrina, como na jurisprudência e na legislação comparada, de modo que seu uso acaba se fazendo necessário por uma questão de tradição,[31] mesmo que se concorde que a terminologia não seja das mais adequadas, pois o que está por trás do "direito ao esquecimento" é nada mais do que a defesa da privacidade.[32]

A proposta de se estabelecer ferramentas jurídicas para o controle temporal sobre as próprias informações – o direito ao esquecimento –

---

[30] Como bem salienta Pablo Dominguez Martinez, o assim chamado "direito ao esquecimento" "[...] não diz respeito aos aspectos macro do 'esquecimento'. Não se trata de apagar os grandes eventos, principalmente aqueles de extrema violência e com implicações diretas aos direitos humanos". MARTINEZ, Pablo Dominguez. *Direito ao esquecimento*: a proteção da memória individual na sociedade de informação. Rio de Janeiro: Lumen Juris, 2014, p. 70.

[31] O mesmo argumento é sustentado por Ingo Sarlet e Arthur Ferreira Neto: "[...] não se pode também perder de vista que, em determinados casos, a convenção de uma nomenclatura específica encontra-se tão arraigada no senso comum, é reproduzida de forma tão reiterada pela doutrina e é utilizada com tamanha freqüência pelos tribunais que a tentativa de sua substituição por outros termos – mesmo que sabidamente mais adequados e precisos – poderá ser inútil, excessiva e até arbitrária". SARLET, Ingo Wolfgang; FERREIRA NETO, Arthur M. *O direito ao "esquecimento" na sociedade da informação*. Porto Alegre: Livraria do Advogado, 2019, p. 175.

[32] Como sustenta Sérgio Branco: "Tratando-se a privacidade contemporânea como a possibilidade de controle sobre dados pessoais, em cujo debate se inserem fortemente conceitos como consentimento para coleta e tratamento de dados e sua finalidade, parece-nos que a definição é suficiente para abarcar o que se considera como direito ao esquecimento. Ou seja, apesar da nomenclatura distinta, deveria estar circunscrito ao direito de privacidade, sendo um aspecto dele. Afinal, se até mesmo dados que pouco ou nada revelam sobre seu titular são objeto de proteção pelo direito de privacidade, com igual razão devem ser tutelados, sob o mesmo direito, dados pretéritos que podem vir a causar dano ao titular caso sejam revelados tempos depois" (BRANCO, Sérgio. *Memória e esquecimento na internet*. Porto Alegre: Arquipélago Editorial, 2017, p. 171).

tem uma ligação direta com o rápido crescimento econômico e a expansão tecnológica experimentados pela humanidade nas últimas décadas, cuja maior invenção recente é o acesso a uma massiva quantidade de informações disponível em uma rede mundial de computadores interligados por um sistema global de protocolos denominado de internet. Com a internet, estabeleceu-se um novo paradigma de arquivamento de informações. Atualmente, dados pessoais não apenas são coletados em grande quantidade e com maior eficiência por meio da rede mundial de computadores, como também as informações coletadas podem ser facilmente relacionadas a uma pessoa conhecida ou identificável,[33] trazendo grande risco de danos à personalidade, sobretudo quando se lida com dados sensíveis.

O risco da "exposição ininterrupta" de dados sensíveis, sobretudo na internet, leva à constatação da considerável perda da capacidade que as pessoas naturais têm hoje de proteger a própria identidade e as escolhas pessoais de vida de danos presentes ou futuros.

A forma como as informações são tratadas e armazenadas nos computadores geram o temor sobre um efeito de "eternidade" sobre os erros, os rastros e lembranças passadas deixados pelos usuários na rede. Afinal, a arquitetura da rede foi feita para não esquecer.[34]

Pretende-se, então, por força do direito ao esquecimento, que determinadas informações sejam apagadas ou ocultadas quando atingirem a finalidade para a qual foram coletadas ou, ainda, depois de transcorrido algum tempo após estes dados serem originalmente coletados ou divulgados.[35]

Dito isso, os adeptos do direito ao esquecimento defendem a criação e a utilização de mecanismos legais para que se possa contestar a permanência de dados antigos na internet, assim como para restringir a transmigração de informações do meio analógico para os arquivos digitais em rede, visto que "[...] não caberia ao indivíduo ver novamente fatos, que já havia há muito superados, trazidos à tona por

---

[33] Para mais comentários, ver: SZEKELY, Ivan. The Right to be Forgotten and the New Archival Paradigm. In: GHEZZI, Alessia et al (Org.). The Ethics of Memory in a Digital Age: Interrogating the Right to be Forgotten. Basingstoke: Palgrave Macmillan Memory Studies, 2014, p. 32.

[34] LINS, Thiago. Análise da aplicação do direito ao esquecimento no julgamento do REsp nº 1.631.329-RJ. Revista Brasileira de Direito Civil – RBDCilvil, Belo Horizonte, v. 15, p. 177-197, jan./mar. 2018, p. 178.

[35] RODOTÀ, Stefano. A vida na sociedade de vigilância: a privacidade hoje. Trad. Maria Celina Bodin de Moraes. Rio de Janeiro: Renovar, 2008, p. 134-135.

uma mera atualização de arquivos para o sistema digital, gerando um dano à sua personalidade".[36] Devido ao advento da internet e seu novo paradigma de arquivamento de dados, a ideia de direito ao esquecimento na era digital se sustenta, principalmente, em ofertar a possibilidade jurídica de uma pessoa requerer às páginas de internet que retirem de seus arquivos ou sistemas determinadas informações antigas ou descontextualizadas de caráter pessoal que se encontram publicamente acessíveis na rede.[37]

2.1 Origem, formas e conteúdo do direito ao esquecimento

É preciso começar esse subtópico com o alerta de que o direito ao esquecimento tem sido equivocadamente, por muitas vezes, tratado na doutrina nacional e estrangeira como uma espécie de direito que, além de novo, seria unitário em forma e em conteúdo. Dois professores da Universidade de Toulouse, pois, Gregory Voss e Céline Castets-Renard, desenvolveram um intenso trabalho de pesquisa pelo qual subdividem e classificam o direito ao esquecimento em outras categorias jurídicas menores, afastando a ideia de que há uma forma ou conteúdo únicos nesse direito.

Realizando um exercício de taxonomia a partir de variações no objeto almejado e de diferenças na dimensão de proteção ou, mesmo, no campo de aplicação, Voss e Castets-Renard[38] afirmam que o direito ao esquecimento é uma espécie de termo "guarda-chuva", que pode se referir a mais de um significado – ou *direito*:

a) *right to rehabilitation (direito à reabilitação);*
b) *right to deletion/erasure (direito ao apagamento);*
c) *right to delisting/delinking/de-indexing (direito à desindexação).*
d) *right to obscurity (direito à obscuridade);*
e) *right to digital oblivion (direito ao esquecimento digital).*

---

[36] CORREIA JR., José Barros; GALVÃO, Luís Holanda. Direito Civil: da memória ao esquecimento. *In*: CORREIA JR., José Barros; GALVÃO, Vivianny (Org.). *Direito à memória e direito ao esquecimento*. Maceió: Edufal, 2015, p. 40.

[37] CASTELLANO, Pére Simon. El régimen constitucional del derecho al olvido digital. *In*: PEÑA-LOPEZ, Ismael *et al.* (Org.). *La neutralidad de la red y outros retos para el futuro de internet*. Barcelona: Hyugens Editorial, 2011, p. 395.

[38] VOSS, W. Gregory; CASTETS-RENARD, Céline. Proporsal for an International Taxonomy on the various forms of the "Right to be Forgotten": a study on the convergence of norms. *Colorado Technology Law*. Boulder, v. 14, n. 2, 2016, p. 298-299.

Tendo-se em vista, pois, a amplitude e a complexidade com que Voss e Castets-Renard lidam com as várias categorias do direito ao esquecimento, do seu significado amplo aos seus significados mais restritos, a classificação sugerida pelos autores será utilizada ao longo deste trabalho, sendo tecidas críticas e feitas contextualizações, quando necessário.

a) Direito à reabilitação

O *direito à reabilitação*, de acordo com Voss e Castets-Renard,[39] é o direito de uma pessoa que cumpriu sua pena perante a Justiça ou que foi absolvida em processo penal ter seu passado criminal esquecido. Esse direito é bem reconhecido no âmbito das legislações penais que determinam o apagamento do nome do ex-condenado dos cadastros criminais, em uma relação típica entre indivíduo e o Estado persecutor.

Como comentado por José Barros e Holanda Galvão,[40] as ciências criminais, há considerável tempo, "[...] têm trabalhado com certa facilidade com o trânsito entre a memória e o esquecimento". É típico, pois, das ciências criminais, por se encontrarem no campo do Direito Público e lidarem com o "direito de punir" exercido pelo Estado contra o indivíduo, que formas jurídicas de esquecimento – ou de perdão – sejam implementadas para que se possa facilitar a reinserção da pessoa em sua comunidade.

Por sua vez, no campo das relações privadas, o histórico de aplicação de um "direito à reabilitação" é mais recente e, também, mais controvertido, justamente por recair sobre uma área do Direito que historicamente se baseia na autonomia e na horizontalidade.

Dois casos icônicos, neste sentido, merecem alguns comentários: o caso *Melvin v. Reid*, nos EUA, e o caso *Lebach*, na Alemanha.

Embora Voss e Castets-Renard sequer citem tais casos em seu trabalho, a associação entre estes famosos julgamentos e o conceito de direito à reabilitação proposto pelos autores é quase imediata, de forma que é válido lhes traçar algumas linhas.

---

[39] VOSS, W. Gregory; CASTETS-RENARD, Céline. Céline. Proporsal for an International Taxonomy on the various forms of the "Right to be Forgotten": a study on the convergence of norms. *Colorado Technology Law*. Boulder, v. 14, n. 2, 2016, p. 300.

[40] CORREIA JR., José Barros; GALVÃO, Luís Holanda. Direito Civil: da memória ao esquecimento. *In*: CORREIA JR., José Barros; GALVÃO, Vivianny (Org.). *Direito à memória e direito ao esquecimento*. Maceió: Edufal, 2015, p. 22.

O caso *Melvin v. Reid*, julgado pela Suprema Corte da Califórnia no início dos anos 1930, enfrentou a questão da lembrança do passado criminal de uma ex-prostituta no filme *Red Kimono*, exibido nos cinemas no ano de 1929.

A prostituta Gabrielle Darley foi notícia nos principais jornais americanos no início dos anos 1910 ao responder pelo crime de matar seu alcoviteiro, sendo absolvida em júri dessa acusação em 1915. Anos mais tarde, ela abandonaria a prostituição e se casaria, passando a viver uma vida comum e anônima como a senhora Melvin. Sua sorte mudou novamente quando, em 1929, a produtora hollywoodiana *Wallace Reid Productions* redescobriu um relato jornalístico de seu passado e resolveu transformá-lo em filme, usando, inclusive, o nome real de Gabrielle, lançando a película sob o título de *Red Kimono*. O sucesso de público da obra cinematográfica reacendeu o interesse sobre a antiga vida "vulgar" de Gabrielle Darley Melvin, causando-lhe, por óbvio, constrangimentos com a lembrança de um passado esquecido e vexatório para os padrões sociais da época.[41]

A Corte californiano decidiu em favor da senhora Melvin, reconhecendo seu *direito à busca pela felicidade*,[42] contemplando a possibilidade de uma pessoa mudar seu projeto de vida e estar protegida de ataques desnecessários à sua personalidade e reputação sobre aspectos de seu passado, reputando o dano estar consubstanciado, especialmente, no fato da produção de Reid utilizar o nome verdadeiro de Gabrielle no filme, sem pensar nas consequências adversas de sua escolha para a vida da pessoa retratada no longa.

Veja-se, o tribunal não reconheceu, literalmente, um *right to be forgotten*, mas fundamentou o julgado em leitura do "direito à felicidade" como um exercício de mudança existencial que pressupõe um direito de esquecimento dos erros do passado, o esquecimento como ponto fulcral para um novo começo. Neste ponto, bastante pertinente as ponderações de Raul Choeri, acerca de eventuais mudanças na "imagem social" de um indivíduo:

> Situação jurídica peculiar, ainda na confluência dos direitos à identidade e de liberdade de manifestação de pensamento, é aquela na qual

---

[41] FRIEDMAN, Lawrence. *Guarding Life's Dark Secrets*: Legal and Social Controls over Reputation, Property, and Privacy. Palo Alto: Stanford University Press, 2007, p. 216-217.

[42] MANTELERO, Alessandro. The EU Proposal for a General Data Protection Regulation and the Roots of the 'Right to be Forgotten'. *Computer Law and Security Review*, Amsterdã, v. 29, n. 3, 2013, p. 230.

fatos verdadeiros, ocorridos há algum tempo sobre determinada pessoa, que tenha mudado de vida (seja no aspecto ideológico, moral, político, sexual) e conquistado nova imagem social, são reinvocados na atualidade, ferindo sua identidade pessoal. Trata-se do aspecto dinâmico da identidade, passível de constante modificação e sempre em processo de reconstrução psicossocial, o qual deve ser tutelado pelo Direito.[43]

Outro caso interessante aconteceu na Alemanha, sendo, também, reconhecido pelos juristas como um precedente histórico do direito ao esquecimento: o caso *Lebach*. Em 1969, um crime de latrocínio chocou a opinião pública alemã. Dois homens invadiram um depósito de armas na pequena cidade de Lebach, assassinando quatro soldados que guardavam o local, deixando um quinto soldado gravemente ferido. Os dois homicidas foram condenados à prisão perpétua, enquanto que um terceiro, partícipe que teria auxiliado os outros dois na preparação do crime, foi condenado a seis anos de reclusão.

O canal de televisão ZDF produziu um documentário sobre o caso, no qual identificava por nome e por foto os dois autores do crime e o terceiro partícipe, contando várias particularidades do caso, inclusive com detalhes sobre a relação homossexual que existia entre os homens que participaram do crime. O documentário iria ao ar poucos dias antes da soltura do partícipe.

O partícipe tentou junto às instâncias ordinárias, sem sucesso, conseguir uma medida judicial liminar para impedir a veiculação desse documentário. A questão eventualmente chegou ao Tribunal Constitucional Alemão, que julgou procedente a reclamação constitucional do partícipe, entendendo haver, no caso, uma violação ao seu *direito ao livre desenvolvimento da personalidade*.

A Suprema Corte Alemã entendeu que o exercício da liberdade de informação e de imprensa pelas instituições de radiodifusão está limitada a uma ponderação frente à proteção dos direitos da personalidade, devendo o julgador questionar o interesse concreto do público sobre estas informações e como, se possível, estas podem ser transmitidas sem que acarretem em dano aos direitos da personalidade.

Em que medida a divulgação de informações pela imprensa pode, num determinado contexto, ser capaz de exercer violência sobre a

---

[43] CHOERI, Raul Cleber da Silva. *O direito à identidade na perspectiva civil-constitucional*. Rio de Janeiro: Renovar, 2010, p. 264.

pessoa.[44] Tal reflexão nos é apresentada por Manuel da Costa Andrade, que ao debater a manifesta e desproporcionada desigualdade de armas entre a comunicação social e a pessoa, assim conclui:

Noutra perspectiva não pode desatender-se a manifesta e desproporcionada desigualdade de armas entre a comunicação social e a pessoa eventualmente ferida na sua dignidade pessoal, sempre colocada numa situação de desvantagem. Também este um dos sintomas da complexidade que as transformações operadas ou em curso, tanto ao nível do sistema social em geral, como no sistema da comunicação social, em especial, não têm deixado de agravar. Os meios de comunicação social, sobretudo os grandes meios de comunicação de massas configuram hoje instâncias ou sistemas autônomos, obedecendo a 'políticas' próprias e cujo desempenho dificilmente comporta as 'irritações' do ambiente, designadamente as da voz e dos impulsos do indivíduo. Nesta linha e a este propósito, Gadamer fala mesmo de 'violência' sobre a pessoa. A violência de uma opinião pública administrada pela 'política' da comunicação de assas e atualizada por uma torrente de informação a que a pessoa não pode subtrair-se nem, minimamente, condicionar. A informação – explicita o autor – já não é direta, mas mediatizada e não veiculada através da conversação entre mim e o outro, mas através de um órgão seletivo: através da imprensa, da rádio, da televisão. Certamente, todos estes órgãos estão controlados nos estados democráticos através da opinião pública. Mas sabemos também como a pressão objetiva de vias já conhecidas limita a iniciativa e a possibilidade dos controles. Com outras palavras: exerce-se violência. Na síntese de Weber: entre o indivíduo e a imprensa dificilmente pode falar-se de igualdade de armas: aqui é o ordinary citizen que aparece invariavelmente como mais fraco e que tudo tem de esperar da proteção dos tribunais. A sua honra é por assim dizer sacrificada no altar da discussão política, isto é, socializada.[45]

Nesse ponto, é preciso refletir, por exemplo, se a exposição dos nomes verdadeiros e fotos dos acusados é de todo necessária, ou se implica intervenção muito grave à esfera de privacidade dessas pessoas.[46]

---

[44] Cf. LINS, Thiago. Análise da aplicação do direito ao esquecimento no julgamento do REsp nº 1.631.329-RJ. *Revista Brasileira de Direito Civil – RBDCivil*, Belo Horizonte, v. 15, p. 177-197, jan./mar. 2018, p. 178.

[45] ANDRADE, Manuel da Costa. *Liberdade de Imprensa e inviolabilidade pessoal*: uma perspectiva jurídico-criminal. Coimbra: Coimbra, 1996, p. 64-65.

[46] SCHWABE, Jürgen. *Cinquenta anos jurisprudência do Tribunal Constitucional Federal Alemão*. Berlin: Konrad-Adenauer-Stiftung E.V., 2005, p. 487-492.

b) Direito ao apagamento

No exercício de taxonomia de Voss e Castets-Renard, o *direito ao apagamento* aparece como mais uma das subclassificações do direito ao esquecimento.

Na história recente, a questão do "direito ao apagamento" costuma aparecer conjuntamente com o conceito mais amplo de privacidade enquanto um *direito à autodeterminação informativa*. Trata-se, pois, do direito de uma pessoa retomar e exercer o controle sobre suas informações pessoais que estão em mãos do governo ou de particulares – instituições públicas, empresas, associações etc.

Ademais, esse problema da perda do controle sobre dados pessoais não é um fenômeno exatamente do século XXI, da assim chamada era digital. A preocupação com o uso e o destino das informações sobre pessoas naturais existe desde a formação do aparato jurídico e administrativo do *Welfare State* nas democracias ocidentais, o qual, em razão de suas políticas sociais, ampliou maciçamente a coleta e a abrangência dos cadastros dos usuários de serviços públicos.

É sempre oportuno lembrar que o acesso e o controle de informações pessoais por governos totalitários europeus, como na Alemanha Nazista e no leste europeu soviético serviram amplamente para que o Estado pudesse exercer formas tirânicas de controle da população, perseguir dissidentes políticos e, no caso dos nazistas, identificando, prendendo e exterminando grupos étnicos.

Não por outro motivo, ante o passado de totalitarismo enfrentado em todo o continente europeu – fascismo, nacional-socialismo, franquismo, socialismo-soviético, etc. –, a Europa tem sido, desde meados da década de 1990, o continente que mais promoveu avanços nas legislações do direito à privacidade sobre dados pessoais.[47]

A Diretiva Europeia de Proteção de Dados nº 95/46/CE, uma legislação comunitária que trata sobre a transmissão de dados entre os países-membros da União Europeia e as formas como os cidadãos europeus podem se proteger ou controlar este fluxo de informações não só estabeleceu formas de apagamento de informações de consumo após elas se tornarem obsoletas,[48] como também, em uma interpretação

---

[47] VOSS, W. Gregory; CASTETS-RENARD, Céline. Proporsal for an International Taxonomy on the various forms of the "Right to be Forgotten": a study on the convergence of norms. *Colorado Technology Law*. Boulder, v. 14, n. 2, 2016, p. 141.

[48] VOSS, W. Gregory; CASTETS-RENARD, Céline. Proporsal for an International Taxonomy on the various forms of the "Right to be Forgotten": a study on the convergence of norms. *Colorado Technology Law*. Boulder, v. 14, n. 2, 2016, p. 302.

ousada e original do Tribunal de Justiça da União Europeia, serviu de fundamentação para a aplicabilidade do direito à desindexação em território europeu.[49]

Atualmente, a diretiva referida no parágrafo anterior encontra-se revogada, tendo sido substituída por um regramento de proteção de dados muito mais amplo e atualizado: a *General Data Protection Regulation* (Regulamento Geral sobre a Proteção de Dados), ou simplesmente GDPR.[50] Dentre vários pontos, uma das grandes novidades desse novo regulamento é que, além de tratar das habituais hipóteses de direito ao apagamento, esta vem a tratar, pela primeira vez na legislação europeia, do direito ao apagamento – também chamado de *direito a ser esquecido* –, de forma expressa, em seu artigo 17º.

Fora do continente europeu, nos Estados Unidos, Voss e Castets-Renard[51] destacam o *Children's Online Privacy Protection Act* (Ato de Proteção da Privacidade Online das Crianças),[52] uma lei federal americana de 1998, posteriormente atualizada pela *Children's Online Privacy Rule* (Lei de Privacidade Online das Crianças), que possibilita que os pais ou responsáveis de crianças com idade inferior a treze anos possam requerer o apagamento de informações pessoais recolhidas sobre seus filhos ou menores protegidos aos sites e aplicativos de internet.

Lei em sentido semelhante, a *Erase Law*[53] (literalmente, lei de apagamento), aplicável no estado americano da Califórnia, permite que as pessoas menores de idade possam requisitar aos provedores de internet o apagamento de seus dados compartilhados na rede.

---

[49] CARO, María Álvarez. *Derecho al olvido en internet*: el nuevo paradigma de la privacidad en la era digital. Madrid: Editorial Reus, 2015, p. 75.

[50] EUROPA. Regulamento (UE) 2016/679 do Parlamento Europeu e do Conselho, de 27 de abril de 2016. Relativo à proteção das pessoas singulares no que diz respeito ao tratamento de dados pessoais e à livre circulação desses dados e que revoga a Diretiva 95/46/CE (Regulamento Geral sobre a Proteção de Dados). *Jornal Oficial da União Europeia*, Bruxelas, n. 119, 04 maio 2016. Disponível em: http://eur-lex.europa.eu/legal-content/pt/TXT/PDF/?uri=CELEX:32016R0679&from=EN. Acesso em: 16 nov. 2017.

[51] VOSS, W. Gregory; CASTETS-RENARD, Céline. Proporsal for an International Taxonomy on the various forms of the "Right to be Forgotten": a study on the convergence of norms. *Colorado Technology Law*. Boulder, v. 14, n. 2, 2016, p. 311.

[52] UNITED STATES OF AMERICA. *Children's Online Privacy Protection Act of 1998*. Disponível em: https://www.ftc.gov/enforcement/rules/rulemaking-regulatory-reform-proceedings/childrens-online-privacy-protection-rule. Acesso em: 07 abr. 2017.

[53] CALIFORNIA. *Senate Bill nº 568*, Chapter 336, 23 set. 2013. Disponível em: http://leginfo.legislature.ca.gov/faces/billNavClient.xhtml?bill_id=201320140SB568. Acesso em: 07 abr. 2017.

Enquanto isso, no Brasil, Voss e Castets-Renard[54] reconhecem haver um "direito ao apagamento" previsto no artigo 7º, inciso X, do Marco Civil da Internet, que determina a exclusão de dados cadastrais de um usuário após o termo de sua relação de consumo com o provedor:

> Art. 7º O acesso à internet é essencial ao exercício da cidadania, e ao usuário são assegurados os seguintes direitos:
> [...]
> X – exclusão definitiva dos dados pessoais que tiver fornecido a determinada aplicação de internet, a seu requerimento, ao término da relação entre as partes, ressalvadas as hipóteses de guarda obrigatória de registros previstas nesta Lei.

Apesar de ser relativamente comum que alguns juristas brasileiros limitem o âmbito de aplicação do "direito ao esquecimento" no Brasil à disciplina deste inciso X do artigo 7º do MCI, Ingo Sarlet[55] bem explica que o direito ao esquecimento no ordenamento brasileiro não se limita a este direito de apagar informações tal como expressamente previsto na lei do Marco Civil.

Sérgio Branco,[56] por sua vez, afirma que o direito disciplinado no artigo 7º, inciso X, do MCI não se trata de uma forma de direito ao esquecimento, sendo, segundo ele, uma forma simples de controle de dados pessoais dentro de uma relação de natureza contratual. Não há, neste dispositivo, necessariamente, a cogitação sobre um dano potencial aos direitos da personalidade do usuário – fato extracontratual –, de modo que a tutela ofertada implica "[...] tão somente que este não tem mais interesse nos serviços oferecidos pelo site e pede para seus dados serem excluídos de forma definitiva".

De mesmo modo, Branco afirma que o apagamento de dados pessoais determinados pelo artigo 43, §5º, do Código de Defesa do Consumidor[57] ou pelos institutos penais da reincidência e correlatos –

---

[54] VOSS, W. Gregory; CASTETS-RENARD, Céline. Proporsal for an International Taxonomy on the various forms of the "Right to be Forgotten": a study on the convergence of norms. *Colorado Technology Law.* Boulder, v. 14, n. 2, 2016, p. 317-318.

[55] SARLET, Ingo Wolfgang. Tema da moda, direito ao esquecimento é anterior à internet. *Revista Consultor Jurídico*, São Paulo, 22 maio 2015. Disponível em: http://www.conjur.com.br/2015-mai-22/direitos-fundamentais-tema-moda-direito-esquecimento-anterior-internet. Acesso em: 13 nov. 2017

[56] BRANCO, Sérgio. *Memória e Esquecimento na Internet.* Porto Alegre: Arquipélago Editorial, 2017, p. 179.

[57] "Art. 43. O consumidor, sem prejuízo do disposto no art. 86, terá acesso às informações existentes em cadastros, fichas, registros e dados pessoais e de consumo arquivados sobre ele, bem como sobre as suas respectivas fontes. [...]
§5º Consumada a prescrição relativa à cobrança de débitos do consumidor, não serão

estes últimos os quais também poderiam ser associados à ideia de reabilitação – não se caracterizariam como direito ao esquecimento.

Branco acaba restringindo o conceito jurídico de direito ao esquecimento ao (completo) apagamento de informações de caráter pessoal que se mostram incompletas ou obsoletas, sobretudo no âmbito da internet, existindo ou não relação jurídica contratual anterior da qual decorra o dever de boa fé no uso dos dados.

A partir dessas considerações, Branco chega a não considerar o direito à desindexação, proposto pelo Tribunal da Justiça da União Europeia, como sendo uma forma de direito ao esquecimento.

Segundo Branco,[58] "o pedido relativo ao exercício de direito ao esquecimento deve ter como destinatário o meio de comunicação onde o dado se encontra", de modo que, não sendo os provedores de pesquisa os responsáveis diretos pela publicação do dado na internet, responsabilizá-los pela desindexação de determinada informação não se caracterizaria como exercício do direito ao esquecimento. Nesse sentido, Branco expressa um entendimento contrário àquele sustentado pela doutrina estrangeira majoritária e adotado no presente artigo.

Dito isso, o direito à desindexação de resultados em sites de pesquisa pode parecer, para alguns, um expediente estranho ao que se convencionou chamar de direito ao esquecimento, mas sua origem tem uma razão de ser explicável.

Essa razão, aliás, coloca o direito à desindexação como a forma mais atualíssima e de direito ao esquecimento na contemporaneidade, uma alternativa ao gravame de se apagar dados da internet de forma menos discriminada, uma tentativa de solução mais branda, que implique em menor perda no fluxo (livre) de informações na rede.

c) Direito à desindexação

O *direito à desindexação*, mais uma das expressões contemporâneas do direito ao esquecimento, diz respeito à possibilidade de um indivíduo requisitar dos provedores de pesquisa na internet a retirada de *hyperlinks* que levem os demais usuários a *sites* contendo informações irrelevantes ou desatualizadas sobre sua pessoa.[59]

---

fornecidas, pelos respectivos Sistemas de Proteção ao Crédito, quaisquer informações que possam impedir ou dificultar novo acesso ao crédito junto aos fornecedores."

[58] BRANCO, Sérgio. *Memória e esquecimento na internet*. Porto Alegre: Arquipélago Editorial, 2017, p. 179.

[59] VOSS, W. Gregory; CASTETS-RENARD, Céline. Proporsal for an International Taxonomy on the various forms of the "Right to be Forgotten": a study on the convergence of norms. *Colorado Technology Law*. Boulder, v. 14, n. 2, 2016, p. 325.

Pesquisa científica recente realizada por Robert Epstein e Ronald E. Robertson e publicada pela Academia Nacional de Ciências dos Estados Unidos demonstra que as pessoas são extremamente influenciadas em suas opiniões pelos textos contidos nos *hyperlinks* apresentados entre os primeiros resultados das buscas pelos provedores de pesquisa. Tal efeito foi batizado pelos pesquisados de *Search Engine Manipulation Effect*[60] – em tradução aproximada, "efeito de manipulação dos provedores de busca" – pelo possível efeito altamente influenciador na formação da opinião do usuário de internet que a forma ou a ordem como estes resultados de pesquisa são apresentados ao usuário podem causar.

Apesar de a pesquisa ter como foco de estudo a influência que as manipulações de informação podem ter no resultado de eleições políticas, as conclusões deste estudo podem ser aproveitadas para o debate sobre o direito à desindexação.

Segundo o estudo, pois, os indivíduos tendem a formar suas convicções sobre alguém sob forte influência da maneira como os motores de busca arranjam as informações sobre esta pessoa nos resultados; os algoritmos desses sites de pesquisa são alimentados por uma base de dados construída pelos usuários, porém os próprios algoritmos acabam por influenciar substancialmente a forma como usuários individualmente se relacionam com estes dados.

A razão para o caso *Google Spain*, ademais, parte dessa premissa de que a forma como uma pessoa é identificada pelo arranjo dos resultados de um site de busca pode causar prejuízos para sua vida privada ou reputação pessoal.

O que motivou o cidadão espanhol Mario Corteja Gonzalez a pedir seu "direito ao esquecimento" foi o fato de que os internautas, ao inserirem o nome de Mario Corteja Gonzalez nos motores de busca do Google (Google Seach), eram direcionados pelos *hyperlinks* para duas publicações na internet do jornal *La Vanguardia*, de 19 de janeiro e de 19 de março de 1998, que continham anúncio com seu nome acerca de venda de imóveis em hasta pública em decorrência de arresto que sofrera por dívida com a seguridade social. De acordo com o advogado, ele estava tendo sua vida profissional prejudicada pela exposição na internet desses fatos antigos sobre sua vida.

---

[60] EPSTEIN, Robert; ROBERTSON, Ronald E. The Search Engine Manipulation Effect (SEME) and Its Possible Impact on the Outcome of Elections. *Proceedings of the National Academy of Sciences*, Washington D.C., v. 112, n. 33, ago. 2015. Disponível em: http://www.pnas.org/content/112/33/E4512.full.pdf. Acesso em: 04 jan. 2018.

Ao fim do caso *Google Spain*, o Tribunal de Justiça da União Europeia, em maio de 2014, concedeu ampla permissão para que cidadãos europeus em condições semelhantes a Gonzalez requisitassem, extrajudicialmente, às empresas provedoras de motores de busca, tal como o Google, a remoção de *links* para páginas que exponham seus dados pessoais, quando essas informações possam ser consideradas imprecisas, inadequadas ou irrelevantes. [61]

Essa decisão é tida, em geral, como um grande marco para o debate contemporâneo acerca do direito ao esquecimento, o qual outros juristas preferem por vezes chamar, tão somente, de "direito à desindexação" de dados.

A decisão europeia repercutiu no Direito brasileiro, embora não haja no Brasil legislação *expressa* permitindo o "direito à desindexação". Os tribunais brasileiros vêm aplicando, não aplicando, o artigo 19 do Marco Civil da internet[62] para obrigar os obrigar os sítios provedores de pesquisa a retirarem de suas listas os dados da parte autora,[63] emulando-se a notável decisão proferida no caso *Google Spain*, e aplicando-se no país, por tais vias, o direito ao esquecimento nos domínios *on-line*.

Em bem verdade, o Marco Civil da Internet é deficitário no que diz respeito às ferramentas de controle de dados pessoais por parte dos usuários, razão pela qual é de considerável avanço a edição da Lei Geral de Proteção de Dados Pessoais (Lei nº 13.709, de 14 de agosto de 2018), a qual entrará totalmente em vigor apenas em agosto de 2020, mas que pretende gerar "microrrevoluções" na relação jurídica entre o Direito e a internet, trazendo mudanças substantivas em como atores públicos e privados lidam com o fluxo e o tratamento de dados pessoais em rede.

Nesse sentido, a Lei de Proteção de Dados Pessoais brasileira (LGPD) traz em seu texto significativas influências das leis europeias

---

[61] VOSS, W. Gregory; CASTETS-RENARD, Céline. Proporsal for an International Taxonomy on the various forms of the "Right to be Forgotten": a study on the convergence of norms. *Colorado Technology Law*. Boulder, v. 14, n. 2, 2016, p. 325-327.

[62] "Art. 19. Com o intuito de assegurar a liberdade de expressão e impedir a censura, o provedor de aplicações de internet somente poderá ser responsabilizado civilmente por danos decorrentes de conteúdo gerado por terceiros se, após ordem judicial específica, não tomar as providências para, no âmbito e nos limites técnicos do seu serviço e dentro do prazo assinalado, tornar indisponível o conteúdo apontado como infringente, ressalvadas as disposições legais em contrário."

[63] A Terceira Turma do STJ, no entanto, vem afastando a aplicação do artigo 19 do MCI para fins de desindexação de informações pessoais dos resultados exibidos pelos provedores de pesquisa na internet. Neste sentido, ver: BRASIL. Superior Tribunal de Justiça. *Agravo Interno no Recurso Especial nº 1.593.873/SP*, Relatora: Min. Nancy Andrighi. Órgão Julgador: Terceira Turma. Data de Julgamento: 10 nov. 2016. Disponível em: http://www.internetlab. org.br/wp-content/uploads/2017/02/STJ-REsp-1.593.873.pdf. Acesso em: 4 nov. 2017.

de proteção de dados, prevendo no corpo de seu artigo 18[64] uma série de direitos relacionados à possibilidade de controle informacional pelos usuários de internet, embora não faça menção explícita ao "direito ao esquecimento" ou traga mecanismos ou parâmetros para apagamento ou desindexação de dados disponível na internet, tal como o fez a GDPR europeia, razão pela qual imagina-se que a LGPD deve vir a sofrer algumas modificações no futuro próximo para se adequar a essa demanda.[65]

d) Outras propostas para o futuro: o direito à obscuridade e o "direito ao esquecimento digital"

Além daquelas três subcategorias de direito ao esquecimento facilmente identificáveis e de aplicação e desenvolvimento bem conhecido na doutrina e na jurisprudência estrangeira (direito à reabilitação, direito ao apagamento e direito à desindexação), Voss e Castets-Renard afirmam existir mais outros dois significados possíveis para o direito ao esquecimento: o direito à obscuridade e o "direito ao esquecimento digital", esses dois plenamente ausentes do debate jurídico brasileiro, posto serem muito mais propostas para o futuro de se implantar (novos) mecanismos para se efetivar o "esquecimento" na internet.

Portanto, ambos, o direito à obscuridade e o "direito ao esquecimento digital", assim como batizados pelos referidos juristas, são categorias muito recentes na doutrina, havendo pouquíssimos textos substanciais que desenvolvam, com a solidez necessária, o conteúdo e o alcance destas duas formas de "direito" ao esquecimento.

O "direito ao esquecimento digital" ao quais os juristas de Toulouse[66] se reportam em seu artigo – *right to digital oblivion*, no texto original – diz respeito à proposta de Viktor Mayer-Schönberger no

---

[64] "Art. 18. O titular dos dados pessoais tem direito a obter, em relação aos seus dados: I – confirmação da exigência de tratamento; II – acesso aos dados; III – correção de dados incompletos, inexatos ou desatualizados; IV – anonimização, bloqueio ou eliminação de dados desnecessários, excessivos ou tratados em desconformidade com o disposto nesta Lei; V – portabilidade, mediante requisição, de seus dados pessoais a outro fornecedor de serviço ou produto; VI – eliminação, a qualquer momento, de dados pessoais com cujo tratamento o titular tenha consentido; e VII – aplicação das normas de defesa do consumidor, quando for o caso, na tutela da proteção de dados pessoais."

[65] Para uma leitura complementar que aborde de maneira bastante satisfatória a questão da proteção de dados na legislação brasileira, recomenda-se: BIONI, Bruno Ricardo. *Proteção de dados pessoais*: a função e os limites do consentimento. São Paulo: Forense, 2018.

[66] VOSS, W. Gregory; CASTETS-RENARD, Céline. Proporsal for an International Taxonomy on the various forms of the "Right to be Forgotten": a study on the convergence of norms. *Colorado Technology Law*. Boulder, v. 14, n. 2, 2016, p. 335-337.

último capítulo do livro *Delete,*[67] em que o autor sugere que o problema da memória permanente na internet pode ser amenizado consideravelmente se implantado um sistema de datas de expiração aos principais dados compartilhados na rede.

A propositura feita por Mayer-Schönberger, no entanto, não se trata exatamente de um *direito,* e muito menos de um direito subjetivo, mas uma solução técnica possível para se prevenir os danos à privacidade na rede.

Em que pese o excelente trabalho de classificação proposto por Voss e Castets-Renard, o uso da expressão *right to digital oblivion,* além de indicar um "direito" inexistente, também é um termo potencialmente confuso quando traduzido e adaptado para as línguas latinas. O "direito ao esquecimento digital" de Mayer-Schönberger não deve ser confundido com o direito ao esquecimento aplicável à internet, o qual geralmente se identifica sob o termo de *direito à desindexação.*

Por sua vez, o direito à obscuridade é um direito subjetivo ainda "nascente", proposto por alguns especialistas americanos como uma alternativa aos modelos de direito ao esquecimento aplicados na Europa continental e em outros países de tradição *civil law.* Propõe-se, então, uma solução pela qual as informações não seriam mais apagadas ou desindexadas da rede, porém, por uma combinação outra de fatores técnicos, esses dados se tornariam relativamente difíceis de serem encontrados por métodos mais convencionais de pesquisa.[68]

Pois bem, a rejeição de parte considerável dos juristas americanos à visão europeia de direito ao esquecimento leva-os, necessariamente, a pensar sobre formas alternativas de se implementar o direito ao esquecimento naquele país, embora a ideia de "direito à obscuridade" ainda permanece imatura e bastante confusa na literatura jurídica americana, não havendo ainda desenvolvimento específico sobre este tema que o justifique como uma proposta realmente viável e consideravelmente diferente do direito à desindexação aplicado em território europeu.

Não obstante, embora, repita-se, não haja maior desenvolvimento doutrinário sobre como o direito à obscuridade possa ser diferenciado, de forma objetiva, do direito à desindexação, imagina-se que, ao contrário da desindexação, que implica a retirada de um *link* de internet dos

---

[67] MAYER-SCHÖNBERGER, Viktor. *Delete*: The Virtue of Forgetting in the Digital Age. Nova Jersey: Princenton University Press, 2009.

[68] VOSS, W. Gregory; CASTETS-RENARD, Céline. Proporsal for an International Taxonomy on the various forms of the "Right to be Forgotten": a study on the convergence of norms. *Colorado Technology Law.* Boulder, v. 14, n. 2, 2016, p. 334-336.

resultados apresentados pelo *site* de buscas, a obscuridade apresentaria uma solução diferente: o dado que se deseja ser "esquecido" não seria removido dos resultados, mas, por exemplo, movido para as últimas páginas da lista de resultados da pesquisa.

A real extensão da ideia de "obscuridade" em contraponto ao "esquecimento" é, contudo, sem jogo de palavras, pouca clara e não deve ser considerada, ao menos por hora. O problema maior para qualquer uma dessas soluções inventivas é exatamente o mesmo das soluções jurídicas correntes ou mais tradicionais: a questão da efetividade.

Não raro, decisões jurídicas que almejam a retirada ou não proliferação de determinada informação ou conteúdo são socialmente ineficazes ou, ao contrário, geram um efeito colateral de replicação ainda maior da informação ou do conteúdo que se pretendia ocultar ou expurgar.[69]

Bem verdade, fora a questão mais estritamente dos efeitos sociais das decisões que visam exercitar alguma forma de controle sobre informações, não se pode deixar de comentar, de forma alguma, que o "direito ao esquecimento", quando empregado sem a devida compreensão sistemática, revela-se não só inócuo, mas principalmente uma potencial ameaça grave aos direitos à liberdade de expressão e de informação, de forma que, pelo seu caráter, questões que lidem com o direito ao esquecimento somente poderão ser seguramente dirimidas mediante análise de caso concreto pelo Poder Judiciário, o que inevitavelmente leva a uma discussão necessária sobre os seus limites.

2.2 O ordenamento jurídico brasileiro e os limites ao direito ao esquecimento

Tal como sustentado por Daniel J. Solove,[70] o ideal contemporâneo de direito à privacidade – e, consequentemente, daquilo que se convencionou chamar de direito ao esquecimento – se choca com o direito à liberdade de expressão e de informação com maior frequência

---

[69] Tal fenômeno foi nomeado de "efeito Streisand" pelo jornalista Mike Masnick, em referência à Barbara Streisand, que venceu uma disputa judicial com um site de internet que publicou fotos de sua mansão em uma tomada aérea da praia de Malibu, mas não "venceu" os usuários da internet, que passaram a replicar ativamente pela rede as fotos alvo da polêmica. Para saber mais: MASNICK, Mike. Since when Is It Illegal to Just Mention a Trademark Online?. *Techdirt*. Redwood City, 5 jan. 2005. Disponível em: https://www. techdirt.com/articles/20050105/0132239.shtml. Acesso em: 18 maio 2019.

[70] SOLOVE, Daniel J. *The Future of Reputation*: Gossip, Rumor and Privacy on the Internet. New Haven: Yale University Press, p. 126-127.

do que as antigas leis civis e penais de proteção da pessoa contra a difamação poderiam suportar.

Afinal, juridicamente falando, mesmo o ato de difundir informações verdadeiras sobre alguém pode lhe causar algum dano indenizável. Essa constatação acaba conflitando com a liberdade de expressão e a liberdade de informação com mais intensidade do que a tradicional concepção de privacidade atrelada à sua dimensão espacial. Afinal, como bem anota André Nery Costa "com as novas tecnologias, está cada vez mais difícil conseguir segundas chances, escapar à *scarlett letter* do passado digital".[71]

Um ponto em especial problemático sobre o direito ao esquecimento é que ainda não existem parâmetros sólidos adotados na jurisprudência para a aplicação desse direito no Brasil, tal como destacado por Otávio Luiz Rodrigues Júnior em coluna escrita em 2013,[72] mas que ainda permanece atual. Exceto no julgamento sobre a constitucionalidade das biografias não autorizadas, sobre o qual se irá tecer comentários mais adiante, a jurisprudência brasileira não apresentou avanços muitos significativos nos últimos seis anos no apontamento de parâmetros.

E é nesse quesito, principalmente, que reside a necessidade de limitação do direito ao esquecimento, sobretudo por carregar, sem exageros, em situações mais extremas, um certo risco de abalar noções tradicionais de soberania e territorialidade das legislações nacionais,[73] bem como as próprias instituições democráticas. Por exemplo, políticos investigados por corrupção podem se utilizar das ferramentas do "direito ao esquecimento" para ter informações suas ocultadas ou apagadas de *sites* de notícia, redes sociais e blogs, forma de controle informacional que já se faz juridicamente amparado no Brasil, sobretudo em período eleitoral.

---

[71] COSTA, André Brandão Nery. Direito ao esquecimento na Internet: a scarlet letter digital. In: SCHREIBER, Anderson (Org.). *Direito e mídia*. São Paulo: Atlas, 2013, p. 187-188.

[72] RODRIGUES JUNIOR, Otávio Luiz. Direito Comparado: Não há tendências na proteção do direito ao esquecimento. *Revista Consultor Jurídico*, São Paulo, 25 dez. 2013. Disponível em: https://www.conjur.com.br/2013-dez-25/direito-comparado-nao-tendencias-protecao-direito-esquecimento. Acesso em: 25 nov. 2018.

[73] Thiago Lins menciona que no Tribunal de Justiça de São Paulo, um magistrado já recusou o pedido por remoção global de conteúdo por afirmar que "este juízo não detém jurisdição para determinar que o vídeo indicado na inicial não seja divulgado em território estrangeiro, tal como Colômbia e Alemanha sob pena de transportar o âmbito de sua competência e incidir em violação da soberania dos demais países." (TJSP, Agravo de Instrumento nº 2.059.415-21.2016.8.26.0000) (Cf. LINS, Thiago. Análise da aplicação do direito ao esquecimento no julgamento do REsp nº 1.631.329-RJ. *Revista Brasileira de Direito Civil – RBDCilvil*, Belo Horizonte, v. 15, p. 177-197, jan./mar. 2018).

De outro modo, segundo o argumento liberal-democrático, a liberdade de expressão é um pressuposto político e jurídico fundamental para uma sociedade que se baseia na soberania popular. A liberdade de expressão em uma democracia cumpre pelo menos dois grandes propósitos, explica Frederick Schauer:[74] primeiro, possibilita que o eleitorado tenha acesso às informações necessárias para exercer sua cidadania por meio do voto; segundo, permite que as pessoas possam tecer críticas à atuação dos políticos, dos servidores públicos e dos órgãos e instituições do governo, exercitando uma forma social de controle do poder político.

Esta, é claro, trata-se de uma posição mais usualmente atrelada à visão liberal americana de liberdade de expressão, todavia também serve como fundamento para o Brasil, que vive atualmente o período mais longo de regime democrático, ainda que com suas fragilidades. Os anos de repressão ditatorial tornaram ainda mais significativos a proteção constitucional de direitos como a liberdade de crença, de imprensa, de liberdade e de informação.

Por falar em modelo americano, mesmo que historicamente as cortes dos Estados Unidos tenham sido por vezes "absolutistas" na compreensão do sentido e do alcance da Primeira Emenda do texto fundamental norte-americano, Solove[75] afirma que a Suprema Corte Americana tem firmado recentemente o entendimento de que o direito à liberdade de expressão e de informação precisa ser ponderado caso a caso frente os outros direitos fundamentais envolvidos – sendo o direito à privacidade um deles. No entanto, alerta o referido autor que se deve manter sobre estas liberdades comunicativas, no mínimo, uma "posição preferencial" diante dos demais direitos em conflito.

Devido à recente influência que os juristas e os tribunais superiores brasileiros vêm recebendo da doutrina e jurisprudência americana, muitos constitucionalistas passaram a defender, igualmente, que o direito à liberdade de expressão e de informação no Brasil goza de uma posição preferencial quando ponderado frente a outros direitos.

Nesse sentido, Luís Roberto Barroso[76] argumenta que a restrição prévia, judicial ou legislativa, de publicação ou divulgação de fato ou de

---

[74] SCHAUER, Frederick. *Free Speech*: a Philosophical Enquiry. Cambridge: Cambridge University Press, 1982, p. 35-36.

[75] SOLOVE, Daniel J.. *The Future of Reputation*: Gossip, Rumor and Privacy on the Internet. New Haven: Yale University Press, p. 128.

[76] BARROSO, Luis Roberto. Colisão entre liberdade de expressão e direitos da personalidade. *Revista de Direito Administrativo*. Brasília, v. 235, jan./mar., 2004, p. 25.

opinião deve ser, necessariamente, excepcional, posto que a Constituição Federal não contempla, ao menos explicitamente, essa possibilidade de limitação *a priori* das liberdades comunicativas.

A ideia de que certos direitos possuem uma posição preferencial frente a outros direitos se desenvolveu a partir de decisão da Suprema Corte Americana no caso *United States v. Carolene Products*, julgado em 1938, no qual se debateu sobre os limites da regulação das atividades econômicas pelo Estado. Segundo nota presente nessa decisão, formou-se o entendimento, em linhas gerais, de que o Poder Judiciário deve atuar em rigoroso escrutínio caso uma norma reguladora emanada através do processo legislativo venha a afetar *direitos preferenciais* ou direitos individuais de minorias.[77]

Daniel Sarmento[78] comenta que esse escrutínio judicial rigoroso consiste na verificação de se a norma que se propõe a restringir o direito de posição preferencial "[...] promove um interesse público excepcionalmente importante (*compelling interest*)" e se essa norma "[...] é talhada de modo estreito e preciso (*narrowly tailored*), para favorecer dito interesse". Em resumo, complementa o citado autor,[79] uma norma que implique restrições às liberdades comunicativas deve estar prevista em leis gerais e abstratas, deve estar fundamentada em princípios constitucionais e sua aplicação deve respeitar o princípio de proporcionalidade.

Neste sentido, Ingo Sarlet e Arthur Ferreira Neto destacam que a aplicação do chamado direito ao esquecimento deve se sujeitar à posição preferencial que os direitos de liberdade de expressão e de informação gozam na sistemática jurídico brasileiro, devendo os juízes, portanto, considerarem ao menos a sua posição de preferência *prima facie*.[80]

Corrobora com essa posição preferencial dos direitos de liberdade de expressão e de informação a decisão recente do Supremo Tribunal Federal em análise de Ação Direta de Inconstitucionalidade nº 4.815/DF.[81] No julgado, o STF conferiu interpretação conforme a Constituição

---

[77] LINZER, Peter. The Carolene Products Footnote and the Preferred Position of Individual Rights: Louis Lusky and John Hart Ely vs. Harlan Fiske Stone. *Constitutional Commentary*, Minneapolis, v. 12, n. 2, 1995, p. 278-281.

[78] SARMENTO, Daniel. Liberdades comunicativas e "direito ao esquecimento" na ordem constitucional brasileira. *Revista Brasileira de Direito Civil*. Rio de Janeiro, v. 7, jan.-mar./2016, p. 198.

[79] SARMENTO, Daniel. Liberdades comunicativas e "direito ao esquecimento" na ordem constitucional brasileira. *Revista Brasileira de Direito Civil*. Rio de Janeiro, v. 7, jan./mar. 2016, p. 199.

[80] SARLET, Ingo Wolfgang; FERREIRA NETO, Arthur M. *O direito ao "esquecimento" na sociedade da informação*. Porto Alegre: Livraria do Advogado, 2019, p. 76-78.

[81] BRASIL. Supremo Tribunal Federal. *Ação Direta de Inconstitucionalidade nº 4.815/DF*.

Federal aos artigos 20 e 21 do Código Civil,[82] sem redução de texto, para declarar a inexigibilidade de autorização prévia para a publicação de obras biográficas, seja da pessoa biografada, seja de coadjuvantes ou de seus respectivos familiares, em se tratando de pessoa morta. O STF entendeu que a necessidade de autorização prévia para biografia consistiria em censura prévia particular, assim como, também, a determinação judicial do recolhimento de obras incorre em censura estatal. A Constituição Federal, pois, veda expressamente a censura, não sendo possível que a disciplina de norma de lei infraconstitucional (no caso, o Código Civil) possa vir a impedir o exercício de direito constitucionalmente garantido.

Essa decisão do STF vem, afinal, reafirmar a tese sustentada pelos constitucionalistas de que o direito à liberdade de expressão e de informação goza de posição preferencial no ordenamento jurídico brasileiro quando em choque com outros direitos fundamentais.[83]

De tal modo, Canotilho, Machado e Gaio Júnior[84] afirmam que esse entendimento firmado pelo STF terá por consequência que as pessoas públicas muito dificilmente conseguirão impedir por via judicial a publicação ou divulgação de biografias não autorizadas que tenham uma base factual verdadeira.

Cumpre afirmar que a decisão do STF acerca das biografias não autorizadas não se coloca incompatível com o direito ao esquecimento, apenas vem a afirmar a necessidade de que seja aplicado excepcionalmente nos casos concretos. Assim, como argumentam Sarlet e Ferreira Neto:

Relatora: Min. Carmen Lúcia. Data de julgamento: 10 jun. 2015. Disponível em: http://s.conjur.com.br/dl/acordao-biografias-nao-autorizadas.pdf. Acesso em: 07 out. 2017.

[82] "Art. 20. Salvo se autorizadas, ou se necessárias à administração da justiça ou à manutenção da ordem pública, a divulgação de escritos, a transmissão da palavra, ou a publicação, a exposição ou a utilização da imagem de uma pessoa poderão ser proibidas, a seu requerimento e sem prejuízo da indenização que couber, se lhe atingirem a honra, a boa fama ou a respeitabilidade, ou se se destinarem a fins comerciais.
Parágrafo único. Em se tratando de morto ou de ausente, são partes legítimas para requerer essa proteção o cônjuge, os ascendentes ou os descendentes.
Art. 21. A vida privada da pessoa natural é inviolável, e o juiz, a requerimento do interessado, adotará as providências necessárias para impedir ou fazer cessar ato contrário a esta norma."

[83] BARCELLOS, Ana Paula de. Intimidade e pessoas notórias: liberdade de expressão e de informação e biografias: conflito entre direitos fundamentais: ponderação, caso concreto e acesso à justiça: tutelas específicas e indenizatórias. *Revista Direito Público*, Brasília, v. 11, n. 55, 2004, p. 90.

[84] CANOTILHO, José Joaquim Gomes; MACHADO, Jónatas Eduardo Machado; GAIO JÚNIOR, Antônio Pereira. *Biografia Não Autorizada versus Liberdade de Expressão*. Curitiba: Juruá, 2017, p. 85.

[...] não pode ser qualquer manifestação que exponha aspectos da vida privada que justifique a invocação e proteção do direito ao "esquecimento", de modo que, por ocasião do necessário balanceamento entre os direitos de personalidade e a liberdade de expressão e informação, o ônus argumentativo para se fazer prevalecer os direitos de personalidade deve ser particularmente elevado.[85]

Deve-se registrar, ainda, ponto de vista diverso, apresentado pelo civilista Anderson Schreiber[86] ao comentar a audiência pública no Supremo Tribunal Federal, em 12.06.2017:

> A Constituição brasileira não permite hierarquização prévia e abstrata entre liberdade de informação e privacidade (da qual o direito ao esquecimento seria um desdobramento). Figurando ambos como direitos fundamentais, não haveria outra solução tecnicamente viável que não a aplicação do método de ponderação, com vistas à obtenção do menor sacrifício possível para cada um dos interesses em colisão. Esta foi a posição defendida pelo Instituto Brasileiro de Direito Civil – IBDCivil, que, à luz da hipótese concreta subjacente à audiência ou encenação de crimes reais envolvendo pessoas ainda vivas, chegou a propor parâmetros para a ponderação, como, por exemplo, o parâmetro da fama prévia, que impõe distinguir entre vítimas que possuem outras projeções sobre a esfera pública (retratação do suicídio de Getúlio Vargas ou do assassinato de JFK, em que tende a preponderar a liberdade de informações) e pessoas que somente têm projeção pública como vítima daquele delito (em que tende a preponderar o direito da vítima de não ser reapresentada publicamente à sociedade como vítima de crime pretérito). Independentemente da posição que se adote sobre esse tema tão candente, a audiência pública evidenciou duas grandes dificuldades que terão de ser enfrentadas pelo STF. Primeiro, o termo "direito ao esquecimento" não é o melhor: sugere um controle dos fatos, um apagar da História que, além de ser impossível e indesejável, não se coaduna

---

[85] SARLET, Ingo Wolfgang; FERREIRA NETO, Arthur M. *O direito ao "esquecimento" na sociedade da informação*. Porto Alegre: Livraria do Advogado, 2019, p. 79.

[86] Disponível em: https://www.jota.info/artigos/as-tres-correntes-do-direito-ao-esquecimento-18062017. Acesso em: 16 dez. 2017. Sobre o Direito ao esquecimento Schreiber sustenta que "(...) não atribui a ninguém o direito de apagar fatos ou de reescrever a História (ainda que se trate tão somente da sua própria história). O que o direito ao esquecimento assegura é a possibilidade de se discutir o uso que é dado aos fatos pretéritos, mais especificamente o modo e a finalidade com que são lembrados. E não raro o exercício do direito ao esquecimento impõe ponderação com o exercício de outros direitos, como a liberdade de informação, sendo certo que a ponderação nem sempre se resolverá em favor do direito ao esquecimento. O caso concreto deve ser analisado em suas peculiaridades, sopesando-se a utilidade informativa na continuada divulgação da notícia com os riscos trazidos pela recordação do fato à pessoa envolvida (SCHREIBER, Anderson. Direitos da personalidade. São Paulo: Atlas, p. 165-166).

com o significado técnico por trás da expressão, consubstanciado na tutela da identidade pessoal e do direito de toda pessoa humana de ser corretamente retratada em suas projeções públicas.

De uma forma ou de outra, um entendimento "definitivo" sobre o lugar do "direito ao esquecimento" na colisão com o direito à informação dentro do ordenamento jurídico brasileiro só deverá ser consolidado após o Supremo Tribunal Federal julgar o mérito do Recurso Extraordinário nº 1.010.606,[87] interposto por familiares de Aída Curi, os quais pretendem revisar a decisão proferida pelo STJ que lhes denegou o direito ao esquecimento. Nesta oportunidade, portanto, o STF deve vir a reafirmar a posição preferencial dos direitos de liberdade de imprensa e de informação ou, ainda que menos provável, sustentar o entendimento de que não há critério de ponderação *a priori* que sobreponha as liberdades comunicativas ao direito à privacidade.

Conclusão

O direito à privacidade é um direito complexo e multifacetado. Sua origem na tradição jurídica moderna confunde-se com a própria evolução histórica dos povos ocidentais sob a égide do constitucionalismo e do Estado de Direito. Os vetores constitucionais de liberdade e de dignidade, que dão densidade e individualizam a identidade humana, são o último fundamento normativo que sustenta a privacidade como uma categoria essencial para a proteção dos interesses existenciais dos indivíduos.

Inicialmente identificado sob o signo de um "direito de ser deixado em paz", marcado especialmente – mas não exclusivamente – pela delimitação da dimensão espacial de proteção do indivíduo como objeto jurídico protegido pelo direito positivo, o direito à privacidade foi evoluindo para que a pessoa pudesse questionar juridicamente o uso e o destino que é dado por terceiros às suas informações pessoais. Ascender-se à dimensão informacional da privacidade significa adentrar um campo inevitável de tensões entre direitos de personalidade e os direitos relativos às liberdades comunicativas, sobretudo o direito à liberdade de expressão e de informação.

---

[87] BRASIL. Supremo Tribunal Federal. *Repercussão Geral no Recurso Extraordinário com Agravo nº 833.248/RJ*. Relator: Min. Dias Tofolli, Data do Julgamento: 9 dez. 2014. Disponível em: http://www.internetlab.org.br/wp-content/uploads/2017/02/STF-RG-no-REx-com-Ag-833248.pdf. Acesso em: 15 nov. 2017.

Nessa dimensão informacional e, mais notadamente, na interseção entre as dimensões informacional e decisional, onde se encontra o assim chamado direito ao "esquecimento", repousa uma das mais polêmicas discussões do Direito Privado atual. O contemporâneo direito ao esquecimento, reconhecido pelas legislações comunitárias europeias e recepcionado pela doutrina e jurisprudência de outros países, como o Brasil, conflita fortemente com o direito à informação, sobremodo quando aplicado à internet, na qual o fluxo rápido e quase desimpedido de dados é sua maior característica.

A expansão da memória digital "perfeita" da internet e das outras mídias digitais, contudo, obriga a repensar o âmbito de alcance das normas jurídicas protetoras da privacidade. Mudanças radicais impostas pela legislação precisam ser sempre muito bem avaliadas, a partir da análise do caso concreto e da verificação da existência de exercício regular de um direito reconhecido ou, de outro lado, da eventual ocorrência de abuso de direito que pode ameaçar aquele que se sentiu prejudicado pela divulgação de uma informação ou ainda pela manutenção do acesso a dados ou notícias que, apesar de verdadeiras, estão sendo utilizadas fora de seu contexto temporal, especial ou informacional, com sérios prejuízos para o interessado.

E, nesse paradigma informacional contemporâneo, além da existência física, que termina com a morte natural, vive-se um tempo em que todos apresentam uma persona virtual e grande parte das relações pessoais e negociais ocorre num espaço digital, no qual fronteiras físicas e noções tradicionais de soberania perdem sentido pela ubiquidade, imediatismo e sensação de velocidade de deslocamento trazidas pelo novo fluxo das comunicações. A tecnologia permite que os pensamentos e ações da pessoa fiquem facilmente acessíveis, mesmo após a sua morte e consequente abertura da sucessão. Sem previsão específica para lidar com tal situação, ordenamentos tradicionais não apresentam respostas para demandas contemporâneas desta natureza.

Para completar o quadro de desestabilização dos institutos jurídicos tradicionais, o local de acesso à rede pouco importa, visto que os serviços oferecidos por provedores de aplicação estão disponíveis de qualquer parte do globo terrestre e se baseiam em termos de uso de alcance mundial, extraterritoriais, que por vezes ignoram as peculiaridades de sistemas normativos locais.

É grande também o desafio de buscar mecanismos de maior proteção à privacidade sem ignorar que a economia global em rede usa os dados pessoais de seus usuários como um meio de sustento comercial da própria internet. Ainda que se argumente que o Direito não deve se render à lógica econômica, soluções jurídicas que confrontem em essência com este modelo atual de internet podem acabar por carecer de efetividade ou resultarem em efeitos concretos contraproducentes: o remédio não pode matar o paciente junto com a doença.

Justamente, nesse contexto em que se há necessidade de encontrar um ponto de moderação dos vários interesses legítimos em conflito, emerge a noção de "ética dos dados", expressão do exercício da autonomia privada que, respeitando os princípios jurídicos aplicáveis às relações privadas assim como os direitos fundamentais dos envolvidos, almeja colocar cada pessoa como protagonista da tutela da proteção dos aspectos inerentes à sua privacidade, que, em suas dimensões informacional e decisional, passa a ser tratada como um direito de autodeterminação informativa.

Portanto, a sociedade vivencia mais um novo estágio na evolução tecnológica da era moderna, a qual precisa ser acompanhada por uma compreensão dinâmica de direito à privacidade, assim como de direito ao esquecimento, que possam fazer frente aos desafios contemporâneos que se apresentam e se apresentarão a cada novo avanço tecnológico da sociedade informacional, fazendo da privacidade um conceito jurídico em constante desarranjo, readequação e mudança.

Referências

ANDRADE, Manuel da Costa. *Liberdade de Imprensa e inviolabilidade pessoal:* uma perspectiva jurídico-criminal. Coimbra: Coimbra, 1996.

ARAÚJO, Luiz Alberto David. *A proteção constitucional da própria imagem*: pessoa física, pessoa jurídica e produto. São Paulo: Verbatim, 2013.

BARCELLOS, Ana Paula de. Intimidade e pessoas notórias. Liberdade de expressão e de informação e biografias. Conflito entre direitos fundamentais. Ponderação, caso concreto e acesso à justiça. Tutelas específicas e indenizatórias. *Revista Direito Público*, Brasília, v. 11, n. 55, 2004.

BARROSO, Luis Roberto. Colisão entre liberdade de expressão e direitos da personalidade. *Revista de Direito Administrativo*. Brasília, v. 235, jan./mar. 2004.

BIONI, Bruno Ricardo. *Proteção de dados pessoais*: a função e os limites do consentimento. São Paulo: Forense, 2018.

BRANCO, Sérgio. *Memória e esquecimento na internet*. Porto Alegre: Arquipélago Editorial, 2017.

BRENNAN, T. Cooley. *The Praetorship in the Roman Republic*. Nova York: Oxford University Press, 2000.

BUCAR, Daniel. Controle temporal de dados: o direito ao esquecimento. *Civilistica.com*. Rio de Janeiro, a. 2, n. 3, jul.-set./2013. Disponível: http://civilistica.com/wp-content/uploads/2015/02/Bucar-civilistica.com-a.2.n.3.2013.pdf. Acesso em: 2 jun. 2018.

CANOTILHO, José Joaquim Gomes; MACHADO, Jónatas Eduardo Machado; GAIO JÚNIOR, Antônio Pereira. *Biografia não autorizada versus liberdade de expressão*. Curitiba: Juruá, 2017.

CARO, María Álvarez. *Derecho al olvido en internet*: el nuevo paradigma de la privacidad en la era digital. Madrid: Editorial Reus, 2015.

CASTELLANO, Pére Simon. El régimen constitucional del derecho al olvido digital. *In*: PEÑA-LOPEZ, Ismael *et al*. (Org.). *La neutralidad de la red y outros retos para el futuro de internet*. Barcelona: Hyugens Editorial, 2011, p. 395.

CHOERI, Raul Cleber da Silva. *O direito à identidade na perspectiva civil-constitucional*. Rio de Janeiro: Renovar, 2010.

CORREIA JR., José Barros; GALVÃO, Luís Holanda. Direito Civil: Da memória ao Esquecimento. *In*: CORREIA JR., José Barros; GALVÃO, Vivianny (Org.). *Direito à memória e direito ao esquecimento*. Maceió: Edufal, 2015.

DONEDA, Danilo. *Da privacidade à proteção de dados pessoais*. Rio de Janeiro: Renovar, 2006.

DOTTI, René Ariel. *Proteção da vida privada e liberdade de informação*. São Paulo: Revista dos Tribunais, 1980.

EPSTEIN, Robert; ROBERTSON, Ronald E. The Search Engine Manipulation Effect (SEME) and Its Possible Impact on the Outcome of Elections. *Proceedings of the National Academy of Sciences*, Washington D.C., v. 112, n. 33, ago. 2015.

Disponível em: http://www.pnas.org/content/112/33/E4512.full.pdf. Acesso em: 04 jan. 2018.

FRIEDMAN, Lawrence. *Guarding Life's Dark Secrets*: Legal and Social Controls over Reputation, Property, and Privacy. Palo Alto: Stanford University Press, 2007.

GLANCY, Dorothy J. The Invention of the Right to Privacy. *Arizona Law Review*, Tucson, Arizona, v. 21, n. 1, 1979. Disponível em: https://digitalcommons.law.scu.edu/cgi/viewcontent.cgi?referer=https://www.google.com.br/&httpsredir=1&article=1318&cont ext=facpubs. Acesso em: 20 nov. 2018.

EHRHARDT JR., Marcos; ACIOLI, Bruno de Lima. Uma agenda para o direito ao esquecimento no Brasil. *In*: HIRONAKA, Giselda; SANTOS, Romualdo Baptista dos (coord.). *Direito Civil*: estudos: coletânea do XV Encontro dos Grupos de Pesquisa – IBDCivil. São Paulo: Blucher, 2018.

EHRHARDT JR., Marcos; PEIXOTO, Erick Lucena Campos. Breves notas sobre a ressignificação da privacidade. *Revista Brasileira de Direito Civil*. Belo Horizonte, v. 16, p. 35-56, abr./jun. 2018. Disponível em: https://rbdcivil.ibdcivil.org.br/rbdc/article/view/230. Acesso em: 10 jun. 2018.

EHRHARDT JR., Marcos. *Direito Civil*: LINDB e parte geral. Salvador: Juspodivm, 2011. v. 1.

LINS, Thiago. Análise da aplicação do direito ao esquecimento no julgamento do REsp nº 1.631.329-RJ. *Revista Brasileira de Direito Civil – RBDCilvil*, Belo Horizonte, v. 15, p. 177-197, jan./mar. 2018.

LINZER, Peter. The Carolene Products Footnote and the Preferred Position of Individual Rights: Louis Lusky and John Hart Ely vs. Harlan Fiske Stone. *Constitutional Commentary*, Minneapolis, v. 12, n. 2, 1995.

MANTELERO, Alessandro. The EU Proposal for a General Data Protection Regulation and the Roots of the 'Right to be Forgotten'. *Computer Law and Security Review*, Amsterdã, v. 29, n. 3, 2013. Disponível em: https://papers.ssrn.com/sol3/papers.cfm?abstract_id=2473151. Acesso em: 2 jun. 2018.

MARTINEZ, Pablo Dominguez. *Direito ao esquecimento*: a proteção da memória individual na sociedade de informação. Rio de Janeiro: Lumen Juris, 2014.

MASNICK, Mike. Since when Is It Illegal to Just Mention a Trademark Online?. *Techdirt*. Redwood City, 5 jan. 2005. Disponível em: https://www.techdirt.com/articles/20050105/0132239.shtml. Acesso em: 18 maio 2019

MAYER-SCHÖNBERGER, Viktor. *Delete*: The Virtue of Forgetting in the Digital Age. Nova Jersey: Princenton University Press, 2009.

POSNER, Richard. The Right of Privacy. *Georgian Law Review*. Athens, Geórgia, v. 12, n. 3, 1978. Disponível em: https://chicagounbound.uchicago.edu/cgi/viewcontent.cgi?arti cle=2803&context=journal_articles. Acesso em: 25 nov. 2018.

RODOTÀ, Stefano. *A vida na sociedade de vigilância*: a privacidade hoje. Trad. Maria Celina Bodin de Moraes. Rio de Janeiro: Renovar, 2008.

RODOTÀ, Stefano. *El derecho a tener derechos*. Madrid: Trotta, 2014.

RODRIGUES JUNIOR, Otávio Luiz. Brasil debate direito ao esquecimento desde 1990. *Revista Consultor Jurídico, Coluna de Direito Comparado*. São Paulo, 27 nov. 2013. Disponível em: http://twww.conjur.com.br/2013-nov-27/direito-comparado-brasil-debate-direito-esquecimento-1990. Acesso em: 25 nov. 2018.

RODRIGUES JUNIOR, Otávio Luiz. Direito Comparado: Não há tendências na proteção do direito ao esquecimento. *Revista Consultor Jurídico*, São Paulo, 25 dez. 2013. Disponível em: https://www.conjur.com.br/2013-dez-25/direito-comparado-nao-tendencias-protecao-direito-esquecimento. Acesso em: 25 nov. 2018.

SARLET, Ingo Wolfgang; FERREIRA NETO, Arthur M. *O direito ao "esquecimento" na sociedade da informação*. Porto Alegre: Livraria do Advogado, 2019.

SARMENTO, Daniel. Liberdades comunicativas e "direito ao esquecimento" na ordem constitucional brasileira. *Revista Brasileira de Direito Civil*. Rio de Janeiro, v. 7, jan./mar. 2016.

SCHAUER, Frederick. *Free Speech*: A Philosophical Enquiry. Cambridge: Cambridge University Press, 1982.

SCHREIBER, Anderson. *Direitos da personalidade*. São Paulo: Atlas, 2014.

SCHREIBER, Anderson (Org.). Direito e mídia. São Paulo: Atlas, 2013.

SCHWABE, Jürgen. *Cinquenta anos jurisprudência do Tribunal Constitucional Federal Alemão*. Berlin: Konrad-Adenauer-Stiftung E.V., 2005.

SOLOVE, Daniel J. *The Future of Reputation*: Gossip, Rumor and Privacy on the internet. New Haven: Yale University Press, 2007.

SOLOVE, Daniel J. *Understanding Privacy*. Cambrigde, Massachussets: Havard University Press, 2008.

SZEKELY, Ivan. The Right to be Forgotten and the New Archival Paradigm. *In*: GHEZZI, Alessia *et al* (Org.). *The Ethics of Memory in a Digital Age*: Interrogating the Right to be Forgotten. Basingstoke: Palgrave Macmillan Memory Studies, 2014.

WARREN, Samuel; BRANDEIS, Louis. The Right to Privacy. *Civilistica.com*, Rio de Janeiro, a. 2, n. 3, jul.-set./2013. Disponível em: http://civilistica.com/wp-content/uploads/2015/02/Warren-e-Brandeis-civilistica.com-a.2.n.3.2013.pdf. Acesso em: 2 jun. 2018.

WESTIN, Alan. *Privacy and Freedom*. Nova York: Ig Publishing, 2015.

WERRO, Franz. The Right to Inform v. The Right to be Forgotten: A Transatlantic Clash. *In*: CIACCHI, Aurelia Colombi *et al*. (Org.). *Liability in the Third Millennium*: Liber Amicorum Gert Bruggemeier. Bade-Bade: Nomos Verlagsgesellschaft, 2009.

VOSS, W. Gregory; CASTETS-RENARD, Céline. Proporsal for an International Taxonomy on the various forms of the "Right to be Forgotten": A study on the convergence of norms. *Colorado Technology Law*. Boulder, v. 14, n. 2, 2016. Disponível em: http://ctlj.colorado.edu/wp-content/uploads/2016/06/v.3-final-Voss-and-Renard-5.24.16.pdf. Acesso em: 4 maio 2018.

Legislação e jurisprudência estrangeiras

EUROPA. Diretiva 95/46/CE do Parlamento Europeu e do Conselho, de 24 de outubro de 1995, relativa à proteção das pessoas singulares no que diz respeito ao tratamento de dados pessoais e à livre circulação desses dados. 1995. Disponível em: http://eur-lex.europa.eu/legal-content/PT/TXT/HTML/?uri=CELEX:31995L0046&from=PT. Acesso em: 8 mai. 2018.

EUROPA. Regulamento (EU) 2016/679 do Parlamento Europeu e do Conselho, de 27 de abril de 2016, relativo à proteção das pessoas singulares no que diz respeito ao tratamento de dados pessoais e à livre circulação desses dados e que revoga a Diretiva 95/46/CE (Regulamento Geral sobre a Proteção de Dados). Disponível em: http://eur-lex.europa.eu/legal-content/PT/TXT/PDF/?uri=CELEX:32016R0679&from=PT. Acesso em: 1 jun. 2018.

EUROPA. Tribunal de Justiça da União Europeia. Julgamento C-131/12.

Relator: Marko Ilešič, Data de julgamento: 13 mai. 2014. Disponível em: http://curia.europa.eu/juris/document/document.jsf?text=&docid=152065&pageIndex=0&doclang=PT&mode=lst&dir=&occ=first&part=1&cid=133559. Acesso em: 1 abr. 2017.

UNITED STATES OF AMERICA. *Children's Online Privacy Protection Act of 1998*. Disponível em: https://www.ftc.gov/enforcement/rules/rulemaking-regulatory-reform-proceedings/childrens-online-privacy-protection-rule. Acesso em: 07 abr. 2017.

Informação bibliográfica deste texto, conforme a NBR 6023:2018 da Associação Brasileira de Normas Técnicas (ABNT):

ACIOLI, Bruno de Lima; EHRHARDT JÚNIOR, Marcos. Notas sobre o direito à privacidade e o direito ao esquecimento no ordenamento jurídico brasileiro. *In*: EHRHARDT JÚNIOR, Marcos; LOBO, Fabíola Albuquerque (Coord.). *Privacidade e sua compreensão no direito brasileiro*. Belo Horizonte: Fórum, 2019. p. 127-161. ISBN 978-85-450-0694-7.

PRIVACIDADE E ESQUECIMENTO SOB A PERSPECTIVA DO EMPRESÁRIO QUE VIVENCIOU CRISE ECONÔMICO-FINANCEIRA

PAULA FALCÃO ALBUQUERQUE

JOSÉ BARROS CORREIA JÚNIOR

Introdução

O desenvolvimento da tecnologia cibernética vem ocasionando verdadeiras modificações no comportamento social, especialmente no que se refere à difusão de informações e conhecimentos. Atualmente, não há o que aconteça no mundo que deixe de ser divulgado nas redes sociais, em sítios informativos, em redes de comunicação instantânea.

As notícias que no passado levavam meses para chegar aos rincões do país, hoje se proliferam numa velocidade que não há controle e dimensão de seu alcance, podendo atingir um número indefinido de receptores em fração de segundo. Esse é o reflexo da liberdade de manifestação do pensamento sendo exteriorizado, especialmente, através da internet.

É nesse contexto que se pode afirmar que a sociedade estabeleceu as relações em rede, tendo como características a rapidez na transmissão de notícias e a facilidade de que essas informações possam ser eternizadas. Isso porque as pessoas que as recebem, facilmente, terão acesso aos seus bancos de informações e a sítios de buscas e compartilhamentos, a exemplo do Google, Bing, Yahoo etc.

Assim, as informações uma vez difundidas, em geral, permanecem à disposição e visíveis, admitindo que, a qualquer momento, possam ser revisitadas. Com isso, basta uma simples busca, um comentário ou uma repostagem de uma publicação antiga para fazer com que conteúdos passados retomem ao presente, permitindo que as pessoas rememorem e ressuscitem acontecimentos ocorridos outrora, especialmente quando há um contexto polêmico ou vexatório. Algoritmos trabalham no sentido de facilitar o acesso às informações lançadas na rede e, notadamente, quanto mais procuradas, mais ficam disponíveis para novas procuras.

Nessa perspectiva, pode-se falar do direito ao esquecimento, um direito da personalidade independente e autônomo, que se alicerça no ideário da privacidade. Esse direito, originalmente, foi idealizado diante de situações específicas que envolviam pessoas condenadas por crimes e necessitavam da garantia de ressocialização, através da retirada de informações das mídias sobre seus processos criminais.

Entretanto, nos dias de hoje, esse direito pode ser visualizado de modo a abranger todo meio de informação e comunicação quando da violação à privacidade. Para tanto, porém, é importante se fazer a ponderação entre a privacidade e a liberdade de manifestação de pensamento, outro direito fundamental posto.

No Brasil, apesar de ainda não se pacificar os contornos para aplicação do direito ao esquecimento, a discussão já é latente há algum tempo, encontrando vários adeptos e defensores, especialmente no que se refere à privacidade de pessoas naturais e suas relações particulares e íntimas. O certo é que a definição de direito ao esquecimento formaria verdadeiro guarda-chuva ao prever desde o esquecimento pela retirada de informações da rede até mesmo a sua desindexação por sítios de procura.

Entretanto, não se vê discussão acerca do direito ao esquecimento no espaço da atividade empresarial, especialmente no que se refere a empresários ou sócios de sociedades empresárias que suportaram alguma crise empresarial e se submeteram à falência ou recuperação de empresas.

A difusão de informações acerca de uma quebra ou até mesmo da vivência de uma crise pode dificultar o retorno ao mercado do empresário que teve seu nome atrelado a algum processo falimentar ou recuperacional. Nesse sentido, questiona-se se é possível a aplicação do direito ao esquecimento na atividade empresarial, sobretudo quando se tratar de empresário que vivenciou uma grave crise e pretende retomar a sua atividade.

Sob esse enfoque, o presente ensaio pretende analisar a possibilidade ou não de se apagar ou desindexar informações do passado do empresário ou de sócios de sociedades empresárias que os vinculem a crises empresariais, reversíveis ou irreversíveis, no intento de viabilizar o retorno ou reerguimento da atividade empresarial. Em outras palavras, é possível a aplicação do direito ao esquecimento para empresários falidos ou em processo de recuperação?

Para responder a esse questionamento, inicialmente serão traçados os apontamentos acerca do direito ao esquecimento de modo geral. Em seguida, o presente ensaio traz contornos que justificam a preocupação com a função social que a atividade empresarial desempenha. Ao final, serão apresentados os fundamentos imediatos para responder à problemática acima apresentada.

1 Direito ao esquecimento como proteção à privacidade

O direito ao esquecimento encontra-se implícito no ordenamento jurídico brasileiro, possuindo assento no direito à proteção da intimidade, imagem, vida privada e no princípio da dignidade da pessoa humana. Assim é que a Constituição Federal de 1988, em seu art. 5º, inciso X, prevê ser "invioláveis a intimidade, a vida privada, a honra e a imagem das pessoas (...)".

A despeito de sua larga aplicabilidade como fundamento do direito ao esquecimento, o Código Civil brasileiro também não faz menção expressa ao direito ao esquecimento, embora assegure em seu art. 20 que

> (...) salvo se autorizadas, ou se necessárias à administração da justiça ou à manutenção da ordem pública, a divulgação de escritos, a transmissão da palavra, ou a publicação, a exposição ou a utilização da imagem de uma pessoa poderão ser proibidas, a seu requerimento e sem prejuízo da indenização que couber, se lhe atingirem a honra, a boa fama ou a respeitabilidade, ou se se destinarem a fins comerciais.

Em contraponto ao direito ao esquecimento aqui relatado, normalmente se usa a garantia da liberdade de expressão e a livre imprensa. Argumenta-se que o direito ao esquecimento feriria de morte liberdades de expressão e de imprensa, garantias tão caras à sociedade contemporânea e desrespeitadas nos últimos anos da história brasileira. Para defensores desse ideal, o esquecimento representaria verdadeiro exercício de censura.

Daniel Sarmento,[1] provocado a emitir um parecer sobre a matéria em processo de destaque no Brasil, em várias passagens alude a existência de uma nova forma de censura, agora tocada a frente pelo Judiciário na defesa de um "suposto" direito ao esquecimento. Todavia, a ideia de censura deve ser fracionada e entendida de forma clara. A censura que mancha a história do país é a censura do Estado aos meios de informação, negando à sociedade uma memória coletiva, a fatos de interesse de toda a sociedade. Essa deve ser ferozmente repudiada por cada indivíduo da sociedade atual e especialmente dos juristas brasileiros.

Outra forma que se aduz ser censura seria a proteção contra a ameaça ou lesão a direitos com a negativa de veiculação de informações que seriam de interesse meramente individual, ou que o interesse social já teria se dissociado. Nesta hipótese não há censura alguma, mas mera proteção aos direitos e garantias fundamentais, conforme texto do art. 5º, inciso XXXV, da Carta Constitucional.

Por censura não se pode entender que ao indivíduo seja negado o seu direito mais comezinho da proteção de sua história pessoal, que ele próprio não queira ver jogada ao público. Na mesma medida que a liberdade de expressão e de imprensa caracterizam a sociedade contemporânea, o fazem a proteção à intimidade, à privacidade, à imagem e o direito de ser protegido pelo Estado de uma lesão incorrigível.

Como mencionado, não se pode olvidar de que o direito à liberdade de imprensa também é um direito fundamental, constitucionalmente garantido, um corolário da própria democracia, embora o mesmo encontre limites no princípio da dignidade da pessoa humana e no direito à privacidade, cabendo ao magistrado a ponderação entre a aplicação do direito ao esquecimento e a restrição à liberdade de imprensa, consoante o art. 220, parágrafo primeiro, da Constituição Federal.

Em paradigmática decisão emitida no Recurso Especial nº 1.334.097-RJ, de relatoria do Min. Luis Felipe Salomão, entendeu a Quarta Turma do STJ que em se tratando de conflito aparente entre estes bens jurídicos,

---

[1] SARMENTO, Daniel. Liberdades Comunicativas e "Direito ao Esquecimento" na ordem constitucional brasileira. Disponível em: http://www.migalhas.com.br/arquivos/2015/2/art20150213-09.pdf. Acesso em: 10 mar. 2019.

a explícita contenção constitucional à liberdade de informação, fundada na inviolabilidade da vida privada, intimidade, honra, imagem e, de resto, nos valores da pessoa e da família, prevista no art. 220, §1º, art. 221 e no §3º do art. 222 da Carta de 1988, parece sinalizar que, no conflito aparente entre esses bens jurídicos de especialíssima grandeza, há, de regra, uma inclinação ou predileção constitucional para soluções protetivas da pessoa humana, embora o melhor equacionamento deva sempre observar as particularidades do caso concreto.[2]

Sobre a discussão acerca da divulgação de informações que, ainda que verídicas não sejam contemporâneas e causem transtornos, foi editado o Enunciado nº 531 da VI Jornada de Direito Civil do Conselho da Justiça Federal que trata do assunto ao afirmar que "a tutela da dignidade da pessoa humana na sociedade de informação inclui o direito ao esquecimento".[3]

No entanto, deve-se atentar que o Enunciado não atribui a ninguém o direito de apagar fatos passados ou reescrever a própria história, mas apenas garante a possibilidade de se discutir o uso que é dado a tais fatos nos meios de comunicação social, conforme se depreende da justificativa do Enunciado.[4]

Pode-se afirmar que o Enunciado, bem como a doutrina e jurisprudência majoritárias, atualmente faz, mesmo que de forma implícita, um comparativo entre o direito ao esquecimento e à memória. Enquanto o esquecimento se refere ao direito de não ter lembrados certos fatos de uma vida além da sua própria expectativa de lembrança, outros fatos merecem sempre ser lembrados, especialmente tragédias que tenham atingido e alterado o curso da história humana, sob pena de serem repetidos em outras oportunidades. O direito à memória seria a necessidade e a possibilidade da reconstrução do passado, por outro lado o direito ao esquecimento seria essa reconstrução desnecessária, mesmo que fosse possível.

---

[2] BRASIL. Superior Tribunal de Justiça. *Recurso Especial nº 1.334.097/RJ*. Recorrente Globo Comunicações e Participações S/A e Recorrido Jurandir Gomes de França. Relator Ministro Luis Felipe Salomão. Brasília, 28 de junho de 2013a. Disponível em: http://www.stj.gov.br Acesso em: 18 mar. 2019.

[3] BRASIL. Conselho da Justiça Federal. *Enunciados aprovados na VI Jornada de Direito Civil*. Coordenador Geral do Evento: Ruy Rosado de Aguiar Júnior. Disponível em: http://www. cjf.jus.br/cjf/CEJ-Coedi/jornadas-cej/vijornada.pdf. Acesso em 15 mar. 2019.

[4] SÁ, Débora Nunes de Lima Soares de. Direito ao esquecimento. *Migalhas de Peso*. Publicado: 11/11/2013. Disponível em: http://www.migalhas.com.br/dePeso/16,MI190121,101048-Direito+ao+esquecimento. Acesso em: 29 mar. 2019.

Tome-se por base decisões já integrantes do repositório jurisprudencial brasileiro. Há alguns anos, o Supremo Tribunal Federal brasileiro, ao julgar o Habeas Corpus de nº 82.424-2 RS (2003), considerou a existência de limites à liberdade de expressão quando ofensivas à dignidade humana, notadamente por antissemitismo e racismo. Na oportunidade, julgava-se a liberdade de um autor negar a existência do holocausto judeu e defender ideais nazistas em obra literária.

O editor da obra, Siegfried Ellwanger Castan, acabou sendo acusado de crime de racismo, na condição de escritor e sócio da empresa Revisão Editora Ltda., com o objetivo de incitar o ódio e o desprezo público contra o povo e a cultura judias. A defesa argumentou que sendo os judeus um povo e não uma raça, não existiria crime de racismo.

Ao tomar postura inaceitavelmente racista e negar o holocausto judeu em diversas publicações, a editora negou a memória de um povo, de uma raça e de cada indivíduo do planeta. Sobre isso a Declaração da Conferência de Durban sobre Racismo de 2001 é clara ao afirmar em seu item 58 que o holocausto judeu não pode nunca ser esquecido.

Destarte, entendeu o STF que certos fatos da história humana, notadamente o holocausto judeu, não poderia ser esquecido, fazendo parte da memória de cada indivíduo, judeu ou não, sob pena da repetição de erros imperdoáveis cometidos pelo homem no passado. A negativa da existência dele por si só já constituiria crime de racismo. Daí o fato de não poder ser considerado o direito ao esquecimento um direito absoluto, mesmo que seja um direito da personalidade e fundado na dignidade da pessoa humana.

Contudo, da mesma forma que o direito ao esquecimento não é absoluto, sofrendo restrições claras pelo Direito, o direito à memória também não pode ser visto de forma absoluta. Em verdade, praticamente nenhum direito é absoluto. Na mesma medida, o direito à liberdade de expressão e de imprensa merece um exercício com responsabilidade. Não apenas uma responsabilidade *a posteriori*, mas também *a priori*, uma responsabilidade em sentido muito mais amplo e filosófico do que o atual.

Assim sendo, deve-se efetuar uma verdadeira ponderação de valores para se identificar no caso concreto qual direito a ser aplicado: o direito à memória ou ao esquecimento. Existem duas formas de memória: a memória individual e a memória coletiva.

Por memória individual se tem as lembranças de um sujeito, de um indivíduo, sem a conexão com interesses sociais. Essas memórias correspondem à sua vivência e geralmente fenecem e devem fenecer com o próprio indivíduo, tornando-as desnecessárias e imprópria ao controle social.

Por outro lado, a memória coletiva pode e muitas vezes deve ser transmitida, passando de indivíduo para indivíduo, de geração a geração, enaltecendo ou criticando fatos socialmente importantes. É uma memória que não pode ser esquecida, sob pena de que erros históricos se repitam. A memória coletiva não pertenceria a um indivíduo apenas, mas a toda a sociedade que a controlaria por seus interesses. Repousa justamente aí a ponderação dos valores para a aplicação do direito ao esquecimento ou à memória. Representando memórias individuais, vige o direito ao esquecimento como garantidor de que o sujeito não veja a sua vida privada tornada pública sem que tenha sido do seu interesse. De outra forma, as memórias coletivas devem viver e permanecer na consciência da coletividade, sendo o *locus* para a aplicação do direito à memória.

Por esse motivo é que o Enunciado nº 531 do CJF não considera absoluto o direito ao esquecimento. Ademais, o Enunciado se baseia ainda no art. 11 do Código Civil, que regulamenta que os "direitos da personalidade são intransmissíveis e irrenunciáveis, não podendo seu exercício sofrer limitação voluntária", bem como no já mencionado art. 5º, inciso X. As limitações advêm da ponderação de valores aplicada ao caso concreto, e não de limites voluntários.

A jurisprudência pátria também tratou do tema. Em julgamento do Recurso Especial nº 1.334.097-RJ já mencionado *supra*, o acusado de ter participado da Chacina da Candelária demandou a Rede Globo pleiteando indenização por danos morais decorrentes da exibição de documentário relatando o fato e expondo sua imagem.

Entendeu a Quarta Turma do STJ que a menção ao nome do autor como um dos partícipes do crime, mesmo esclarecendo que o mesmo fora absolvido, causou danos à sua honra, reconhecendo o direito ao esquecimento e condenando a emissora a pagar R$50 mil de indenização a título de danos morais.

No caso concreto, o acusado foi absolvido no processo crime, mas mesmo que tivesse sido condenado teria direito ao esquecimento dos fatos pelo próprio tempo decorrido.

No *leading case* do STJ, argumentou o Ministro Relator que a ausência de contemporaneidade da notícia reabriu feridas já superadas pelo autor, reacendendo a desconfiança da sociedade quanto à sua índole e, em que pese a Chacina da Candelária ser considerada fato histórico, não seria no caso em comento necessário expor sua imagem e nome para que a história fosse contada de forma fidedigna, ou seja, sem prejudicá-lo.

Em sentido diverso decidiu o STJ no também emblemático Recurso Especial nº 1.335.153-RJ,[5] proposto por familiares de Aída Curi, que ficou conhecida por sua trágica morte na década de 50. Ocorre que após quase meio século do brutal assassinato que adquiriu repercussão nacional, fora exibido em rede nacional documentário sobre o caso, citando o nome da vítima e fazendo referências à sua pessoa. Os familiares demandaram a rede televisiva invocando o direito ao esquecimento e pleiteando indenização por danos morais, haja vista que o documentário fora exibido sem a autorização destes.

A Quarta Turma entendeu que, não obstante as vítimas de crimes e seus familiares tenham o direito ao esquecimento, assim como ocorre com os que cumpriram pena ou que foram absolvidos em processo-crime, deve-se ponderar a historicidade do fato e o direito de seu esquecimento.

Deliberou também que após o decorrer do tempo, embora se adquira um direito ao esquecimento, a dor causada pelo fato vai diminuindo, de modo que depois de decorridos 50 anos, torna-se desproporcional a indenização, prevalecendo, portanto, a liberdade de imprensa sobre o desconforto causado pela lembrança do ocorrido.

Particularmente, discorda-se desta última decisão. O caso não faz parte da memória coletiva e muito menos da história do país, como ocorre com o julgamento pelo STF dos casos sobre o holocausto judeu e de crimes ocorrido durante a ditadura militar. A decisão acabou sendo desproporcional, pois certamente os acusados após 50 anos certamente poderiam alegar que teriam o direito ao esquecimento. Os parentes da vítima não poderiam? Certamente a dor diminui com o tempo, mas o direito da personalidade não se vincula com a dor, mas com a sua ofensa. A redução do dor poderia interferir na extensão do dano,[6] mas não com a sua existência. Caberia, assim, também o respeito à memória no caso Aída Curi.

Entretanto, fatos ocorridos com empresários ou sócios de sociedades empresárias no exercício de suas atividades empresariais fazem parte da memória coletiva ou individual? Crises empresariais devem ser esquecidas para facilitar o retorno ao mercado?

---

[5] BRASIL. Superior Tribunal de Justiça. *REsp 1335153/RJ*, 4ª Turma, Rel. Min. Luis Felipe Salomão, DJe 10/09/2013. Disponível em: www.stj.gov.br. Acesso em 15 mar.2019.

[6] Mesmo com julgados divergentes nesse caso, parte considerável da jurisprudência brasileira parte do ponto de vista que com o tempo a gravidade do dano diluiria. Há, como mencionado, decisões divergentes que entendam que a dor não reduz com o passar dos anos, não interferindo nos sentimentos em longo prazo, mas apenas com um período de luto natural.

2 A falência e a recuperação de empresas no Brasil e a ordem econômica

Antes de responder aos questionamentos acima postos, é relevante esclarecer dois pontos: o primeiro, a diferença entre empresa e empresário; o segundo, diz respeito às razões de proteção da Constituição Federal à atividade empresarial.

Conceituar empresa não é uma tarefa fácil e não há positivação acerca desse conceito. O Código Civil de 2002, em seu artigo 966, cuidou de conceituar expressamente a figura do empresário, especificando que é aquele que "exerce profissionalmente atividade econômica organizada para a produção ou a circulação de bens ou de serviços". Desse conceito, depreende-se que a empresa é atividade econômica organizada desenvolvida por um empresário, que a faz através de bens separados e destinados a tais fins, apta a permitir a produção e circulação de produtos e a prestação de serviços.

Assim, a empresa consiste no exercício da atividade economicamente organizada pelos empresários, sem, no entanto, confundir-se com o empresário individual, com a sociedade empresária ou mesmo com o estabelecimento. A relação entre eles deve ser simbiótica, pois não existe empresário sem empresa ou mesmo sem estabelecimento, e vice-versa. O conceito de um depende da caracterização do outro, contudo, não são, nem devem ser, passíveis de confusão.

Empresa é, portanto, atividade. É justamente o fato de ser atividade – e não vista como conjunto de atos isolados – que a difere dos atos jurídicos descritos pelo Código Civil, merecendo um tratamento diferenciado. Tullio Ascarelli afirma que "a atividade não significa ato, mas uma série de atos coordenáveis entre si em função de uma finalidade comum".[7] Ou seja, é justamente a inter-relação entre esses diversos atos praticados que caracteriza a atividade, passando a existir a necessidade de um tratamento diferente entre os atos da vida civil e a atuação do empresário.

A maior preocupação do Direito está exatamente nessa atividade empresarial (na empresa) e não, necessariamente, no empresário. Isso porque, a existência da atividade empresarial, interessa não apenas àqueles que a desenvolvem, mas principalmente a toda a coletividade que dela recebe reflexos.

---

[7] ASCARELLI, Tullio. O empresário. COMPARATO, Fábio Konder (trad.). *Revista de Direito Mercantil*, São Paulo, n.109, ano XXXVI, p. 183-189, jan./mar. de 1998.

O advento do Estado Social permitiu que o Direito Privado fosse, paulatinamente, sendo humanizado. Solidificando tal ideário, a Constituição Federal de 1988, ao elencar um rol de direitos e garantias fundamentais, passou a cuidar, em várias passagens, do direito privado.

Paulo Lôbo afirma que, ao buscar a promoção da justiça social, "além das funções de organização do Estado, delimitando o poder político, e da garantia das liberdades individuais decorrentes, a Constituição do Estado social incorpora outra função, que a identificará: a de reguladora da ordem econômica e social".[8]

A função social da empresa atualmente é latente, sendo relevante esclarecer que sua ideia não está na contramão da lucratividade. Ana Frazão, ao tratar sobre esse entrelaçamento da livre iniciativa com a função social, afirma que

> (...) a livre iniciativa e a função social são aspectos complementares e justificativos da atividade empresarial, motivo pelo qual a função da empresa jamais pode chegar a ponto de publicizar esta última. Os interesses privados dos empresários precisam ser igualmente reconhecidos, até porque é o lucro o principal estímulo ao investimento e ao empreendimento na atividade econômica.[9]

Destaque-se que o princípio da função social – ao ser delimitador das relações privadas – não tem apenas uma face contraproducente que traga desnecessários obstáculos ao proprietário da empresa. Tal freio é importante no intento de afastar a prática de atos abusivos e que causem prejuízos ao seio social. Isso acontece tendo em vista a relevância da empresa ao coletivo.

Com a constitucionalização do Direito Privado[10] e uma repersonalização do Direito Empresarial,[11] pode-se fazer uma leitura da

---

[8] LÔBO, Paulo Luiz Neto. Contrato e mudança social. *Revista dos Tribunais*, São Paulo, v. 722, p. 42, dez. 1995.

[9] FRAZÃO, Ana. A função social da empresa na Constituição de 1988. *In:* VIEGAS, Frederico (Org.). *Direito Civil Contemporâneo.* Brasília: Obcursos, 2009, p. 11-42.

[10] A constitucionalização do Direito Privado é defendida por alguns doutrinadores e objeto de várias discussões. Paulo Lôbo, por exemplo, trabalha a análise do Direito Civil utilizando a Constituição Federal como filtro axiológico, deixando em segundo plano o excessivo ideal de patrimonialismo e coloca como objetivo principal a concretude da função social dos institutos jurídicos, em especial da propriedade. LÔBO, Paulo. Constitucionalização do direito civil: novas perspectivas. *Revista Jus Navigandi*, Teresina, ano 18, nº 3754, 11 out. 2013. Disponível em: https://jus.com.br/artigos/25361. Acesso em: 19 mar. 2019. Apesar de trabalhar de forma direta com o Direito Civil, o entendimento do referido autor pode ser facilmente trazido para os outros ramos do Direito Privado, vez que a função social da empresa já faz parte do rol de princípios norteadores da atividade empresarial e é reflexo da repersonalização do Direito Empresarial.

[11] CORREIA JUNIOR, José Barros. (Re)personalização do Direito Empresarial pela função e atividade social. *Revista Fórum de Direito Civil – RFDC*, Belo Horizonte, ano 1, n. 1, p. 99-122, set./dez. 2012.

empresa como atividade desempenhada no intento de trazer benefícios para o empresário e para todos aqueles inseridos na comunidade, é dizer, função individual e função social.

Assim, dada fundamentalidade da função social da propriedade (que só foi solidificada no hodierno texto constitucional), esta "é apresentada como imposição do dever positivo de uma adequada utilização dos bens, em proveito da coletividade",[12] podendo ser empregada a qualquer espécie de propriedade nos moldes do caso concreto e de acordo com as reais necessidades.

Nessa senda, as crises eventualmente sofridas por empresários não devem ser analisadas sob uma perspectiva individualista, tendo em vista o interesse coletivo que a empresa desperta. O (in)sucesso da empresa, mais do que meramente os empresários, toca a todos os seus *stakeholders*.

Desenvolver empresa é desempenhar algo que pode ou não dar certo. Ou seja: o risco é um substantivo eternamente atrelado à livre iniciativa. E, apesar da vontade que todos os empreendedores têm de prosperar, não há como descartar os momentos de crises – que podem "conduzir empresas idôneas a esse estado de debilidade econômico-financeiro, por razões muitas vezes alheias à administração de seus gestores";[13] afinal, é absolutamente normal o enfrentamento de dificuldades em algum momento da atividade empresarial. Gladston Mamede afirma que o "fracasso é um elemento intrínseco à iniciativa: há, em toda ação humana, uma esperança de sucesso e um risco, mesmo não considerado, de fracasso".[14]

São várias as situações naturais e relacionadas ao exercício regular da empresa que podem justificar o termo inicial e a permanência de uma desventura empresarial. É dizer: as "dificuldades, naturais ao exercício da empresa, podem acabar culminando em crises dos mais diversos tipos, que podem advir de fatores alheios ao empresário (sujeito que exerce a empresa), mas também podem advir de características intrínsecas à sua atuação".[15]

---

[12] COMPARATO, Fábio Konder. Estado, empresa e função social. *In: Doutrinas essenciais de direito empresarial*. v. 2. São Paulo: RT, 2010, p. 69 – 75, p. 71.

[13] NOGUEIRA, Ricardo José Negrão. O papel do judiciário na homologação do plano. *In:* ANDRIGHI, Fátima Nancy; BENETI, Sidnei; ABRÃO, Carlos Henrique (coord.). *10 anos de vigência da lei de recuperação e falência (Lei nº 11.101/2005):* retrospectiva geral contemplando a Lei nº 13.043/2014 e a Lei Complementar nº 147/2014. São Paulo: Saraiva, 2015, p. 94.

[14] MAMEDE, Gladston. *Direito Empresarial brasileiro:* falência e recuperação de empresas. v. 4. 8. ed. São Paulo: Atlas, 2016, p. 2.

[15] TOMAZETTE, Marlon. *Curso de direito empresarial:* falência e recuperação de empresas. v. 3. 5. ed. rev. e atual. São Paulo: Atlas, 2017, p. 01.

Quando surgem situações mais complexas que impossibilitam a reorganização solitária pelo empresário, o direito brasileiro atual idealizou um conjunto de institutos que podem cuidar dos citados abalos, apontando como mecanismos jurídicos a falência, a recuperação judicial e a extrajudicial.[16] A atual Lei Recuperacional e Falimentar, nº 11.101/2005, trouxe uma preocupação voltada à atividade econômica, ao apresentar algumas medidas com condão de estimular a manutenção da empresa.

Como já mencionado, o grande zelo do Direito está na atividade empresarial e não necessariamente no empresário (seja ele individual ou sociedade empresária). Outrossim, é importante esclarecer que a legislação hodierna, ao observar a debilidade empresarial, atém-se ao fenômeno atividade, esta que reflete sobremaneira no interesse coletivo.

Isso porque a atividade empresarial não gera interesse apenas para o empresário ou para os sócios que eventualmente compõem uma sociedade empresária. Além disso, como visto, interessa a "diversos outros atores do palco econômico, como os trabalhadores, investidores, fornecedores, instituições de crédito, ao Estado, e, em suma, aos agentes econômicos em geral".[17] É nesse sentido que a análise de busca pela extinção da crise está entre o interesse particular de cada um dos interessados diretos e, por outro lado, o interesse social.

Diante dos reflexos que a atividade empresarial acarreta na sociedade, especialmente quando desempenha uma função social relevante (ainda que não seja na sua completude), sua extinção pode prejudicar demasiadamente o desenvolvimento socioeconômico-regional. Com isso, falar da função social da empresa é ter em mente que, quando a atividade empresarial desempenha bem sua função, deve ser protegida juridicamente com mecanismos que permitam sua manutenção, em face dos interesses sociais que recaem sobre ela.

Então, pensar na possibilidade de adoção de medidas aptas a permitir o reerguimento de atividades em crises é pensar no bem coletivo. É com esse ideário que o princípio da preservação da empresa

---

[16] A legislação recuperacional demonstrou atenção ao fenômeno da desjudicialização, estabelecendo procedimento extrajudicial para tentativa de solução das crises empresariais. A escolha por parte do empresário entre ambos os institutos, normalmente, é fundada nos créditos que pretende renegociar. Isso porque não são todos os créditos que se submetem à recuperação extrajudicial, especialmente aqueles que tratam de direitos indisponíveis. Nesse caso, apenas o processamento judicial permitiria a renegociação, por exemplo, com credores trabalhistas.

[17] CAMPINHO, Sérgio. *Curso de direito comercial*: falência e recuperação de empresa. 8. ed. rev. e atual. São Paulo: Saraiva, 2017, p. 130.

passou a ser enquadrado no ordenamento jurídico brasileiro e muito defendido atualmente. Assim, ilação do princípio da função social, o princípio da preservação da empresa é posto no intento de estimular a manutenção das inúmeras vantagens que o comércio pode proporcionar à coletividade, uma vez que a conservação da fonte produtora constitui total interesse social. É dizer: o interesse social é aspecto determinante e fundamental, como também requisito da preservação da empresa, tendo em vista o complexo de interesses que incidem na atividade empresarial.[18]

Contudo, não obstante a proposta jurídica de preservação da empresa, a permissão de continuidade de uma atividade empresarial em crise só deve ocorrer na medida em que, a despeito da sua situação, cumpre sua função social, trazendo benefícios para a coletividade com a geração de empregos, circulação de riquezas, fornecimento de bens de consumo de forma adequada, entre outros. Afinal, não há como se admitir a sua permanência de forma desarrazoada, desmedida, abusiva e que vá de encontro à Ordem Econômica constitucional.

Há que se atentar que, em alguns casos, o encerramento da atividade empresarial traz mais benefícios que malefícios. Para Modesto Carvalhosa, apesar da disseminação do princípio da preservação da empresa, "não se pode adotar um mecanismo indiscriminado para manter qualquer atividade econômica. (...) Logo, a afirmação, até hoje tida como verdadeira, de que ninguém ganha com a falência é relativa".[19] Às vezes, a quebra e a extinção da empresa são as melhores maneiras para evitar o aumento da mácula na economia.

Como mencionado, é certo que a extinção de uma atividade empresarial em crise irreversível não é um acontecimento que agrada; afinal, todos saem perdendo: devedor e credores, o crédito público, a economia como um todo. Entretanto, sob a ótica econômica e social, no momento em que o empresário não possui condições de se reerguer, a falência se apresenta como a melhor e mais adequada maneira para salvaguardar a economia e promover a aplicação eficiente dos ativos do devedor, resguardando os interesses dos credores e de toda coletividade.

---

[18] FRAZÃO, Ana. *Função social da empresa*: repercussões sobre a responsabilidade civil de controladores e administradores de S/As. Rio de Janeiro: Renovar, 2011, p. 214-215.

[19] CARVALHOSA, Modesto. Princípios da Nova Lei de Falências. *Gazeta Mercantil*, Recife, 16 jun. 2005, Caderno "A", Opinião, p. 03. Disponível em: http://www.sebrae-sc.com.br/newart/mostrar_materia.asp?cd_noticia=9676. Acesso em: 20 mar. 2019.

Nessa perspectiva, o Estado tem o dever de realizar de maneira eficaz a retirada do mercado do empresário que não consegue se recuperar, obstando a potencialização e o agravamento dos problemas. A falência é, pois, uma forma preventiva de inadimplemento maior das obrigações.[20] Trata-se, de maneira reflexa, da aplicação do princípio da preservação da empresa.

Importa achar um ponto de equilíbrio para cada caso concreto, visto ser inegável o influxo que o mundo econômico desempenha no universo fático-social. No instante em que a atividade empresarial desempenha seu papel de forma adequada, toda a coletividade ganha. Doutra banda, quando há uma crise econômico-financeira no seio empresarial, todos sofrem os reflexos da desventura saboreada pelo empreendedor.

O reconhecimento da crise empresarial gera a inevitável publicização de tal feito, tanto através do Registro Público de Empresas Mercantis, como pelas mídias. Diante dessa proliferação e amplitude de informações, em havendo interesse do empresário em retomar a atividade empresarial falida, é possível se utilizar do direito ao esquecimento para evitar maior propagação de informações ocorridas no passado? E os empresários que se reergueram através da recuperação de empresas e voltaram à crise, também podem se utilizar do mesmo instituto?

3 O empresário que vivenciou crise econômico-financeira e o direito ao esquecimento

Como se pode ver acima, o desenvolvimento da atividade empresarial é considerado uma das bases para o desenvolvimento social e econômico. Isso acontece porque o sistema de produção de bens e serviços, ao permitir a circulação de riquezas, oferta à coletividade o acesso a bens de consumo que melhoram a qualidade de vida e proporcionam um maior bem-estar, vale dizer, vai além de ser um simples fator de produção.

Com isso, não há como negar que a iniciativa privada colabora com o crescimento da Nação e que a atividade empresarial é a mola-mestre para o desenvolvimento socioeconômico de qualquer sociedade. É em atenção a tal assertiva que o fomento à livre iniciativa está inserido no ordenamento jurídico brasileiro, podendo ser expressamente

---

[20] PAJARDI, Piero; PALUCHOWSKI, Alida. *Manuale di diritto fallimentare.* 7. ed. Milano: Giuffrè, 2008, p. 15-16.

visualizado na Constituição Federal de 1988, como também no conjunto de normas infraconstitucionais que formam o ordenamento jurídico nacional.

De tão relevante que é a empresa, o empresário deve se registrar no Registro Público de Empresas Mercantis antes mesmo de iniciar sua atividade, sob pena de estar em situação de irregularidade, como se observa do artigo 967 do Código Civil. Essa determinação legal tem o condão de publicizar a condição de empresário, seus responsáveis e como ela tende a se desenvolver. Assim, tudo o que acontecer na vida do empresário deve ser levado a registro na Junta Comercial, que oficializará o recebimento da informação e dará publicidade às modificações.

Nesse mesmo sentido, em havendo o reconhecimento de crise empresarial através da falência ou recuperação de empresas, a Junta Comercial deverá ser comunicada das decisões proferidas para averbar à margem da inscrição originária do empresário a condição de falido ou recuperando.[21] Essa informação estará posta e ficará à disposição de qualquer pessoa, de modo gratuito e na rede mundial de computadores, que tenha interesse nela.[22]

Ademais, esse trâmite processual poderá gerar inúmeras matérias jornalísticas que eventualmente ofereçam notícias acerca da crise do empresário. É possível se utilizar do direito ao esquecimento para limitar a manutenção ou indexação dessas informações nos sítios de buscas ou de notícias e no Registro Público de Empresas Mercantis?

Ora, o direito ao esquecimento, como visto em linhas anteriores, não tem o condão de apagar as informações acerca dos fatos do passado ou reescrever a história da atividade do empresário, mas apenas pode assegurar a possibilidade de, em algumas situações, se discutir o uso que é dado a tais fatos nos meios de comunicação social.

---

[21] BRASIL. Planalto. Lei nº 11.101/2005 – "Art. 69. (…) Parágrafo único. O juiz determinará ao Registro Público de Empresas a anotação da recuperação judicial no registro correspondente.
(…) Art. 99. A sentença que decretar a falência do devedor, dentre outras determinações:
(…)
VIII – ordenará ao Registro Público de Empresas que proceda à anotação da falência no registro do devedor, para que conste a expressão 'Falido', a data da decretação da falência e a inabilitação de que trata o art. 102 desta Lei". Disponível em: http://www.planalto.gov.br/ccivil_03/_Ato2004-2006/2005/Lei/L11101.htm. Acesso em 15 mar. 2019.

[22] BRASIL. Planalto. Lei nº 11.101/2005. "Art. 196. Os Registros Públicos de Empresas manterão banco de dados público e gratuito, disponível na rede mundial de computadores, contendo a relação de todos os devedores falidos ou em recuperação judicial. Parágrafo único. Os Registros Públicos de Empresas deverão promover a integração de seus bancos de dados em âmbito nacional". Disponível em: http://www.planalto.gov.br/ccivil_03/_Ato2004-2006/2005/Lei/L11101.htm. Acesso em: 15 mar. 2019.

Entretanto, o direito ao esquecimento não é absoluto, submetendo-se a limites hialinos pelo Direito. Ora, o direito à informação, a liberdade de expressão e de imprensa merecem um exercício com responsabilidade. Quando colidentes tais direitos, há que se analisar a situação.

Nessa senda, há que fazer a ponderação de valores para se identificar no caso concreto qual direito a ser aplicado: o direito à memória ou ao esquecimento. Como mencionado, há dois modos de memória: a memória individual e a memória coletiva.

No caso em análise, a atividade empresarial e suas crises dizem respeito ao interesse coletivo, sendo por via de consequência, tentáculo da memória coletiva, afinal esta deve viver e permanecer na consciência da coletividade, sendo o *locus* para a aplicação do direito à memória. Isso porque a atividade empresarial em crise afeta diretamente e indiretamente a coletividade, ao fragilizar empregados, fornecedores, consumidores, fisco, administração pública, outros empresários e até mesmo as gerações futuras.

Ora, a empresa possui uma situação de destaque no ordenamento constitucional, em razão das vantagens – não apenas econômico-financeiras, mas, também, de ordem moral – que propicia quando da circulação de riquezas, geração de empregos, produção e entrega de bens e serviços, fornecimento de recursos para o Estado através da tributação, estímulo ao desenvolvimento tecnológico, entre outros. Desse modo, vários direitos devem ser assegurados no instante em que as pessoas estão inseridas em sociedade comercial.

Assim, a mercancia, que outrora era considerada como atividade vantajosa apenas para empresário (visão extremamente patrimonialista e individualista), hoje contribui sobremaneira para toda a coletividade, sendo indispensável para o desenvolvimento coletivo e econômico, para a consecução do bem-estar social. Não se desconsidera, porém, que a atividade empresarial capitalista almeja o lucro; entretanto, não se pode deixar de lado o fato de que o respeito aos direitos individuais, difusos e coletivos devem ser protegidos e garantidos por todos e a todos, inclusive os empresários.[23]

Ora, a atividade empresarial permite a satisfação moral, emocional e material dos empresários; é natural que aqueles que desenvolvam atividade empresarial se satisfaçam com o sucesso de seu

---

[23] ARNOLDI, Paulo Roberto Colombo. Novos enfoques da função social da empresa numa economia globalizada. *In: Doutrinas essenciais de direito empresarial*. v. 1. São Paulo: RT, 2010, p. 387-395.

empreendimento, com a sua prosperidade. Há também vantagens para os empregados; a atividade laboral agrega os seres humanos, inserindo-os socialmente, e permite que a remuneração percebida os faça adquirir bens necessários a sua manutenção e lazer. Esses empregados e empresários, ao adquirirem produtos e serviços para subsistência e divertimento, acabam fazendo com que a circulação de riquezas aumente e, por via de consequência, haja desenvolvimento na região. De outro lado, existe, também, uma arrecadação maior de tributos, dando suporte financeiro para que o Estado devolva à coletividade serviços públicos necessários.

Vê-se, portanto, sem maiores dificuldades que as informações referentes a crises empresariais dizem respeito não apenas ao empresário, mas a toda coletividade que, direta e indiretamente, recebe reflexo da atividade desenvolvida.

Em 2007, Salvatore Manni reclamava contra a Câmara de Comércio de Lecce sobre a publicação de uma falência ocorrida em 1992 e liquidada em 2005 de uma sociedade que ele administrara. Manni questionava que a informação teria "atrapalhando" a negociação de unidades turísticas por ele construídas após o término da liquidação e que a informação teria sida crucial para o seu insucesso.

Originalmente a Corte de Lecce na Itália teria ordenado o esquecimento dos dados relacionando Manni à falência e fixado indenização sobre os danos sofridos, todavia, após recursos, a Suprema Corte teria reformado a decisão. Sobre o assunto, a Corte Europeia teria se posicionado no sentido de que não se deve aplicar o direito ao esquecimento em sede de registro de empresas, em razão de haver interesse de possíveis clientes no passado de negócios do empresário, sendo, portanto, legítima a consulta e o direito à informação.[24]

Isso ocorre, segundo a decisão, para dar segurança jurídica a toda coletividade que tenha interesse direto na realização de negócios jurídicos com o empresário em crise. Ou seja, a preocupação é justamente com a função social que a empresa representa. Se a empresa é um centro polarizador de múltiplos interesses dos *stakeholders*, o esquecimento poderia prejudicá-los.

Esse raciocínio da Corte Europeia pode ser facilmente ampliado para a mídia e para a rede mundial de computadores. Em razão da

---

[24] UNIÃO EUROPEIA. *CURIA*. Tribunal de Justiça. Processo C-398/15. Disponível em: http://curia.europa.eu/juris/document/document_print.jsf?doclang=PT&text=&pageIndex=0&part=1&mode=req&docid=188750&occ=first&dir=&cid=630918. Acesso em: 18 maio 2019.

relevância da atividade empresarial para a coletividade, que representa os interessados mediatos na empresa, há que se deixar transparente e disponível toda história de prosperidade e crise econômico-financeira dos empresários.

Contudo, a própria Corte Europeia, no julgado nº C-398/15, entendeu que o caso não afastaria de todo a aplicação do direito ao esquecimento. Considerou que "em situações específicas, razões imperiosas e legítimas relativas ao caso específico da pessoa em causa poder justificar, a título excepcional, que o acesso aos dados pessoais que lhe digam respeito seja limitado, no termo de um prazo suficientemente longo".[25]

Nesse sentido, não se pode afastar por completo a aplicação do direito ao esquecimento no Direito Empresarial, mas o seu uso dependeria da apreciação de fatos de forma mais detida, cabendo uma fundamentação maior e o seu uso em períodos longos. A grande questão seria quais constituiriam essas razões e o período a ser esperado.

A Lei de Recuperação e Falências em vigor prevê em seu art. 102 que o empresário falido sofreria os efeitos da falência enquanto não forem extintas as suas obrigações na conformidade do art. 158 do mesmo diploma legal. Destarte, caso o empresário falido venha pedir a sua reabilitação, aplicar-se-á uma versão do direito ao esquecimento, podendo o empresário voltar a empresariar e propor recuperações empresariais caso preencha os demais pressupostos. Encontram-se nesses dispositivos as razões legítimas e prazos para a sua aplicação no direito brasileiro. Se a Constituição Federal garante a criminosos uma inexistência de penas de caráter perpetuo e o direito à reabilitação (art. 5º, inciso XLVII), o mesmo deve se atribuir aos empresários em casos de falência, pois interesses múltiplos e coletivos também aqui repousam.[26]

Nesse sentido, em paralelo à própria ideia de esquecimento adotada para os processos penais, no procedimento de falência seria possível a aplicação da privacidade, esquecimento e seus corolários (todos direitos fundamentais) com o objetivo de proteger os novos negócios do empresário e, por via difusa, atender à função social da empresa por um viés positivo.

---

[25] Idem.

[26] SILVA, Alexandre Antonio Bruno da; MACIEL, Marlea Nobre da Costa. Direito ao esquecimento: na sociedade informacional há espaço para o epílogo da máquina de tortura kafkiana? *Revista Brasileira de Políticas Públicas*. v. 7, n. 03, dez. 2017. Brasília: CEUB, p. 466 (454-483).

Considerações finais

A discussão posta no presente ensaio gira em torno da possibilidade ou não da aplicação do direito ao esquecimento quando da existência de falência ou recuperação de empresas, especialmente no instante em que o empresário ou sócios de sociedades empresárias pretendem expandir seus negócios ocultando as eventuais desventuras vivenciadas no passado.

Em tempos atuais da sociedade de informação rápida e perpetuada pelas redes sociais, é de suma importância traçar um recorte no estudo da proteção da privacidade e do direito ao esquecimento, quando em contraste com o direito à memória relacionado às atividades empresariais.

No instante em que a legislação brasileira exige que todo empresário se registre na Junta Comercial, automaticamente, demonstra a relevância jurídica para publicização da atividade, no intento de dar garantia, autenticidade, segurança e eficácia dos atos, submetidos a registro. Isso porque a atividade empresarial não gera reflexos diretos apenas para os sócios ou empresários individuais.

Toda coletividade tem interesse direto e indireto em conhecer o histórico do empresário. O princípio da função social, ao ser limitador das relações privadas, não tem apenas uma face contraproducente que algeme sobremaneira o proprietário da empresa. Tal refrenamento é necessário nos limites a evitar a prática de atos abusivos e que causem prejuízos à coletividade, evitando, por via de consequência, um prejuízo à unidade social. Isso se dá pela importância da atividade empresarial ao coletivo.

Corolário do princípio da função social da empresa, eis que surge o princípio da preservação da empresa que se apresenta em função dos já citados benefícios que esta pode trazer à coletividade. Dessarte, a manutenção da fonte produtora reflete interesse social. É inegável o influxo que o mundo econômico desempenha no universo fático-social. No momento em que a atividade empresarial desempenha seu papel de forma adequada, toda a coletividade ganha. Doutra banda, quando há uma crise econômico-financeira no seio empresarial, todos sofrem os reflexos da desventura saboreada pelo empreendedor.

Nesse caso, ao se ponderar valores, como regra, o direito à memória tem prevalecido na maioria dos casos; a informação de maior relevância e interesse coletivo, salvo se disser respeito a matéria que envolva dever de sigilo, de razões imperiosas e legítimas com o curso de um prazo razoável, criando-se as condições excepcionais para a sua aplicação nas relações empresariais propiciando novos investimentos, criação de empregos e geração de tributos.

Referências

ARNOLDI, Paulo Roberto Colombo. Novos enfoques da função social da empresa numa economia globalizada. *In: Doutrinas essenciais de direito empresarial*. v. 1. São Paulo: RT, 2010, p. 387 – 395.

ASCARELLI, Tullio. O empresário. COMPARATO, Fábio Konder (trad.). *Revista de Direito Mercantil*, São Paulo, n. 109, ano XXXVI, p. 183-189, jan./ mar. 1998.

BRASIL. Conselho da Justiça Federal. *Enunciados aprovados na VI Jornada de Direito Civil*. Coordenador Geral do Evento: Ruy Rosado de Aguiar Júnior. Disponível em: http://www.cjf.jus.br/cjf/CEJ-Coedi/jornadas-cej/vijornada.pdf. Acesso em 15 março 2019.

BRASIL. Superior Tribunal de Justiça. *Recurso Especial nº 1.334.097/RJ*. Recorrente Globo Comunicações e Participações S/A e Recorrido Jurandir Gomes de França. Relator Ministro Luis Felipe Salomão. Brasília, 28 de junho de 2013a. Disponível em: http://www.stj.gov.br Acesso em: 18 mar. 2019.

BRASIL. Superior Tribunal de Justiça. *REsp 1335153/RJ*, 4ª Turma, Rel. Min. Luis Felipe Salomão, DJe 10/09/2013. Disponível em: www.stj.gov.br. Acesso em 15 mar. 2019.

CAMPINHO, Sérgio. *Curso de direito comercial*: falência e recuperação de empresa. 8. ed. rev. e atual. São Paulo: Saraiva, 2017, p. 130.

CARVALHOSA, Modesto. Princípios da Nova Lei de Falências. *Gazeta Mercantil*, Recife, 16 jun. 2005, Caderno "A", Opinião, p. 03. Disponível em: http://www.sebrae-sc.com.br/newart/mostrar_materia.asp?cd_noticia=9676. Acesso em: 20 mar. 2019.

COMPARATO, Fábio Konder. Estado, empresa e função social. *In: Doutrinas essenciais de direito empresarial*. v. 2. São Paulo: RT, 2010, p. 69-75, p. 71.

CORREIA JUNIOR, José Barros. (Re)personalização do Direito Empresarial pela função e atividade social. *Revista Fórum de Direito Civil – RFDC*, Belo Horizonte, ano 1, n. 1, p. 99-122, set.- dez. 2012.

FRAZÃO, Ana. A função social da empresa na Constituição de 1988. *In:* VIEGAS, Frederico (Org.). *Direito Civil contemporâneo*. Brasília: Obcursos, 2009, p. 11-42.

FRAZÃO, Ana. *Função social da empresa:* repercussões sobre a responsabilidade civil de controladores e administradores de S/As. Rio de Janeiro: Renovar, 2011, p. 214-215.

LÔBO, Paulo Luiz Neto. Contrato e mudança social. *Revista dos Tribunais*, São Paulo, v. 722, p. 42, dez. 1995.

LÔBO, Paulo. Constitucionalização do direito civil: novas perspectivas. *Revista Jus Navigandi*, Teresina, ano 18, nº 3754, 11 out. 2013. Disponível em: https://jus.com.br/artigos/25361. Acesso em: 19 mar. de 2019.

MAMEDE, Gladston. *Direito Empresarial brasileiro:* falência e recuperação de empresas. ed. São Paulo: Atlas, 2016, v. 4. 8, p. 2.

NOGUEIRA, Ricardo José Negrão. O papel do judiciário na homologação do plano. *In:* ANDRIGHI, Fátima Nancy; BENETI, Sidnei; ABRÃO, Carlos Henrique (Coord.). *10 anos de vigência da lei de recuperação e falência (Lei nº 11.101/2005):* retrospectiva geral contemplando a Lei nº 13.043/2014 e a Lei Complementar nº 147/2014. São Paulo: Saraiva, 2015, p. 94.

PAJARDI, Piero; PALUCHOWSKI, Alida. *Manuale di diritto fallimentare.* 7. ed. Milano: Giuffrè, 2008, p. 15-16.

SÁ, Débora Nunes de Lima Soares de. Direito ao esquecimento. *Migalhas de Peso.* Publicado: 11/11/2013. Disponível em: http://www.migalhas.com.br/dePeso/16,MI190121,101048-Direito+ao+esquecimento. Acesso em: 19 março 2019.

SARMENTO, Daniel. Liberdades Comunicativas e "Direito ao Esquecimento" na ordem constitucional brasileira. Disponível em: http://www.migalhas.com.br/arquivos/2015/2/art20150213-09.pdf. Acesso em: 10 mar. 2019.

SILVA, Alexandre Antonio Bruno da e MACIEL, Marlea Nobre da Costa. Direito ao esquecimento: na sociedade informacional há espaço para o epílogo da máquina de tortura kafkiana?. *Revista Brasileira de Políticas Públicas,* v. 7, n. 03, dez. 2017. Brasília: CEUB, p. 466 (454-483).

TOMAZETTE, Marlon. *Curso de direito empresarial:* falência e recuperação de empresas. 5. ed. rev. e atual. São Paulo: Atlas, 2017, v. 3, p. 01.

UNIÃO EUROPEIA, CURIA. Tribunal de Justiça. Processo C-398/15. Disponível em: http://curia.europa.eu/juris/document/document_print.jsf?doclang=PT&text=&pageIndex=0&part=1&mode=req&docid=188750&occ=first&dir=&cid=630918. Acesso em 18 maio 2019.

Informação bibliográfica deste texto, conforme a NBR 6023:2018 da Associação Brasileira de Normas Técnicas (ABNT):

ALBUQUERQUE, Paula Falcão; CORREIA JÚNIOR, José Barros. Privacidade e esquecimento sob a perspectiva do empresário que vivenciou crise econômico-financeira. *In:* EHRHARDT JÚNIOR, Marcos; LOBO, Fabíola Albuquerque (Coord.). *Privacidade e sua compreensão no direito brasileiro.* Belo Horizonte: Fórum, 2019. p. 163-183. ISBN 978-85-450-0694-7.

PRIVACIDADE FAMILIAR E DIREITO DE FAMÍLIA MÍNIMO

DIMITRE BRAGA SOARES DE CARVALHO

O tema da privacidade familiar é dos mais complexos no âmbito do Direito de Família contemporâneo. A questão se insere em dois aspectos de realce: primeiro, a diminuição da aplicação concreta das normas de Direito de Família no Brasil, no contexto do que poderia ser chamado de "crise do Direito de Família codificado"; em segundo, em face da notória expansão das possibilidades de construção de normas e regras intrafamiliares, que são negócios, pactos, acordos e contratos de Direito de Família, constituindo a normatização de cada entidade familiar acerca dos mais variados aspectos, fenômeno que vem sendo tratado pela doutrina como "contratualização do Direito de Família". Ante a convergência de tais perspectivas, provavelmente tenhamos chegado na quadra histórica prevista por Jean Carbonnier, no final da década de 1960, que ficou marcada pela célebre previsão, de que no futuro caberá a cada família construir seu próprio Direito de Família.[1]

O modelo atual de liberdades contratuais na seara familiarista e de amplo exercício da autonomia privada se dá, reafirme-se, à margem da norma codificada e com ela não estabelece qualquer conexão,

---

[1] CARBONNIER, Jean. *Derecho flexible:* para una sociología no rigurosa del derecho. Madrid: Editorial Tecnos, 1974.

na maior parte dos casos. Tal fenômeno se aplica somente aos efeitos patrimoniais das relações familiares, mas também às diretrizes pessoais e seus efeitos.

Faz-se necessário, então, recordar que a noção de privacidade que, ao que parece, vem sendo superada nos tempos atuais, principalmente após o advento das redes sociais, dos smartphones e da Internet das Coisas (*Internet of Things – IoT*). Entendemos necessário registrar que, contemporaneamente, no âmbito do Direito de Família, a noção de privacidade família está ligada ao conceito de "autonomia privada". Rodrigo da Cunha Pereira, discorrendo sobre a noção de autonomia privada aduz que:

> Autonomia significa o direito de se autodeterminar, isto é, se conduzir, ou reger por suas próprias leis. A autonomia da vontade é um elemento ético e instrínseco à dignidade da pessoa humana. É o que sustenta o livre arbítrio e vincula-se diretamente à verdade do sujeito e ao desejo. Autonomia da vontade significa reger a própria vida e ser senhor do próprio desejo e destino.[2]

Dessa precisa interpretação da autonomia privada é cabível demonstrar que, ao passo em que se ampliam os espaços da liberdade de construção de normas particulares, individuais, intrínsecas a cada entidade familiar, paralelamente diminui a força normativa das regras codificadas sobre as famílias pós-modernas. O código deixa, progressivamente, de exercer seu "poder simbólico" de regular a família, e a família, sem amarras, livre e autodeterminada, vira as costas, formalmente, para o Livro de Direito de Família do Código Civil.

Uma das consequências mais marcantes da crise do Direito de Família codificado é a retração do espaço de incidência do Direito nas relações privadas. Tal diminuição pode ser analisada sobre dupla perspectiva: a dos espaços do "*não direito*", que será abordado um pouco mais à frente, e a do "Direito de Família mínimo", do qual passamos a nos ocupar.

Parece ser possível afirmar que o Direito de Família brasileiro foi profundamente transformado por certas opções teóricas e metodológicas adotadas, sobretudo, nas últimas duas décadas. Passou-se à concepção de um Direito de Família pouco afeito às normas legisladas, livre de imposições dogmáticas e cada vez menos ligado a rigores patrimonializantes.

---

[2] PEREIRA, Rodrigo da Cunha. *Dicionário de Direito de Família e Sucessões Ilustrado*. São Paulo: Saraiva, 2015, p. 555.

O surgimento de uma concepção renovada do ramo familiarista, sobretudo sob a égide metodológica do Direito Civil Constitucional, induz ao reconhecimento de que o campo de atuação do próprio Direito de Família diminuiu e continua em acentuado declínio. Um dos aspectos mais simbólicos de tal mudança está na postura do Estado em relação às famílias. Compreender que o Estado deve continuar intervindo diretamente na esfera privada das relações familiares, como o fez durante toda a vigência do Estado Liberal, implica reconhecer, na linha de Leonardo Barreto Moreira Alves, a manutenção do modelo de "Estado-protetor-repressor". Isto é, a atividade estatal que viola certos direitos fundamentais de seus membros, na medida em que desrespeita normas de ampla liberdade acerca do projeto pessoal de vida de cada um dos cidadãos, ocasionando ingerências indevidas na esfera da privacidade.[3]

Em contraposição ao modelo de "Estado-protetor-repressor", tem-se a elaboração do "Estado-protetor-assistencialista". Essa segunda modalidade de atuação estatal ocorreria apenas em hipóteses excepcionais e extremas. Nelas, o Estado estaria autorizado a realizar ingerências no âmago familiar. Ou seja, unicamente com a finalidade de promover e garantir o pleno exercício dos Direitos Fundamentais nas relações privadas, é que caberia a atuação do Poder Público, de modo especial no afã de promover o respeito à dignidade humana dos seus membros, resguardar o direito de liberdade, aplicar as regras de solidariedade, e outras situações desse jaez.[4]

---

[3] "De outro lado, se o Estado intervém no âmago familiar violando os direitos fundamentais dos seus membros, prejudicando o projeto pessoal de cada um deles, acaba agindo em faceta de *Estado protetor-repressor*, deve tal atuação ser rechaçada. Em reforço, ingerências estatais indevidas, típicas da época do Código Civil de 1916, que visavam manter o vínculo matrimonial a qualquer custo, prejudicando o desenvolvimento pleno da personalidade dos componentes do ente familiar, a exemplo da necessidade de se perquirir a culpa para o decreto da separação judicial, merecem ser repudiadas". ALVES, Leonardo Barreto Moreira. *Direito de Família mínimo*. Rio de Janeiro: Lumen Juris, 2010, p. 146.

[4] "No Direito de Família (Mínimo), o Estado igualmente apenas está autorizado a ingerir no seio familiar em hipóteses excepcionais e extremas, daí por que a expressão cai como uma luva para o estudo que ora está sendo feito. Mas quais seriam essas hipóteses? Qual o critério para defini-las? Em verdade, o Estado somente deve interferir no âmbito familiar para efetivar a promoção dos direitos fundamentais dos seus membros – como a dignidade, a igualdade, a liberdade, a solidariedade etc. -, e contornando determinadas distorções, permitir o próprio exercício da autonomia privada dos mesmos, o desenvolvimento da sua personalidade e o alcance da felicidade pessoal de cada um deles, bem como a manutenção do núcleo afetivo. Em outras palavras, o Estado apenas deve utilizar-se do Direito de Família quando essa atividade implicar uma autêntica melhora na situação dos componentes da família. Quando assim atua, o Estado evidencia sua faceta de *estado protetor-provedor-assistencialista*, sendo tal atuação altamente positiva". ALVES, Leonardo Barreto Moreira. *Direito de Família mínimo*. Rio de Janeiro: Lumen Juris, 2010, p. 145.

Para as demais circunstâncias, sobretudo para aquelas em que há contornos de ordem patrimonial ou de opção pela busca da realização pessoal, da felicidade individual, da privacidade familiar e da autodeterminação afetiva, não caberia qualquer intromissão do Estado na esfera das particularidades dos membros do núcleo familiar.

Nesse contexto, a retração do Direito de Família engloba a diminuição do seu espaço de atuação na sociedade, mas também a redução de seus aportes técnicos, na medida em que o ramo familiarista deixaria de funcionar, em grande parte, como conjunto regulador da vida privada da sociedade brasileira.

Há relação importante entre o que está sendo chamado de "Direito de Família Mínimo" e o "Princípio da Intervenção Mínima do Estado na Família". A matéria comporta sérias divagações teóricas e metodológicas.[5] A noção de uma participação cada vez menor do Estado na individualidade dos cidadãos implica o processo de privatização do próprio Estado, e na desinstitucionalização da família. Nesse aspecto, é forçoso reconhecer que a égide da "teoria da afetividade", sobretudo no caso da experiência brasileira, atuou de modo específico na perda do caráter de "instituição" da família contemporânea, na medida em que as liberdades de escolha dos indivíduos não são mais utilizadas como parâmetro por diretrizes de ordem pública.

Em tal cenário, pode-se exemplificar a questão através da liberdade de escolher quando, com quem, em quais circunstâncias, de qual modo, por quanto tempo e sob quais regras deve se constituir um vínculo afetivo. Identicamente, a opção pela escolha do instante de desfazimento de vínculos afetivos de maneira a desconstruir uma entidade familiar, sem que se discuta a oportunidade, as razões, os motivos, o prazo e a existência de culpa.[6] Outros exemplos importantes são: liberdade de aquisição, disposição e administração do patrimônio familiar;

---

[5] Bastante pertinente a opinião em sentido contrário de Francisco Amaral, para quem a aplicação do Princípio da Intervenção Mínima do estado na esfera privada seria possível apenas nas relações de ordem patrimonial, e não de ordem pessoal, como é o caso do Direito de Família. Nesse sentido: "Sua esfera de aplicação é, basicamente, o direito patrimonial, aquela parte do direito civil afeta à disciplina das atividades econômicas da pessoa. Não se aplica, assim, a autonomia, ou aplica-se de modo restritíssimo, em matéria de estado e capacidade das pessoas e família. Seu campo de realização é o direito das obrigações por excelência, onde o contrato é a lei, nas suas diversas espécies de liberdade contratual, nas promessas de contratar, nas cláusulas gerais, nas garantias, etc, etc". AMARAL, Francisco. *Direito Civil*: introdução. Rio de Janeiro: Renovar, 2003, p. 349.

[6] Pela prevalência de um entendimento contrário a qualquer discussão de "culpa" no fim dos relacionamentos, a posição do IBDFAM – Instituto Brasileiro de Direito de Família se consolidou como francamente majoritária.

o planejamento familiar, que diz respeito a ter ou não filhos, quando os ter e quantos filhos advirão de cada casal; a liberdade na educação e criação dos filhos, suas regras, paradigmas, pressupostos, etc.

A questão que diz respeito à aplicação do "Princípio da Intervenção Mínima nas relações de família" tem outro pano de fundo que merece ser destacado: trata-se da própria discussão sobre a inclusão do Direito de Família no âmbito do direito público ou do direito privado. Cumpre mencionar que a perspectiva do "Estado-protetor-repressor" está associada a uma ascendência do Direito Público sobre o Direito de Família. Já o modelo do "Estado-protetor-assistencialista" estaria vinculado a uma preponderância do Direito Privado nesse ramo do Direito Civil, com ênfase na perspectiva teórica da privacidade familiar.[7] Leciona Rodrigo da Cunha Pereira, com lucidez:

> É certo que os interesses da família e dos membros que a compõem não devem sofrer a intervenção direta e ostensiva do Estado, a quem compete apenas tutelá-los. Não se deve confundir, entretanto, esta tutela com poder de fiscalização e controle, de forma a restringir a autonomia privada, limitando a vontade e a liberdade dos indivíduos. Muito menos se pode admitir que esta proteção alce o Direito de Família à categoria de Direito Público, apto a ser regulado por seus critérios técnico-jurídicos. Essa delimitação é de fundamental importância, sobretudo para servir de freio à liberdade do Estado para intervir nas relações familiares.[8]

A ampliação da liberdade de ação dos cônjuges e companheiros, considerados individualmente, mesmo em face da sua conjugalidade/companheirismo, e o crescimento das deliberações de cunho extrapatrimonial denotam a inaplicabilidade de regras de coerção a uma determinada norma jurídica, o que induz a aproximação do Direito Privado em detrimento do Direito Público, nesta quadra histórica, sobre o Direito de Família. Importante aduzir que o conjunto "não patrimonial" de normas sobre a família abrange várias situações que

---

[7] "Considerando que são prevalentes os interesses da sociedade e do Estado na proteção da família, uma das grandes questões com a qual nos deparamos hoje no Direito de Família é sobre o limite entre público e privado, isto é, sobre a inserção, ou não, das regras que disciplinam e regem as relações de família no Direito Civil como ramo do Direito Privado. Alguns autores chegam a defender sua inclusão no âmbito do Direito Público, com maior ingerência do Estado, considerando a tutela de interesses maiores que só pode ser realizada por um poder superior". PEREIRA, Rodrigo da Cunha. *Princípios fundamentais norteadores do Direito de Família*. São Paulo: Saraiva, 2012, p. 177.

[8] PEREIRA, Rodrigo da Cunha. *Princípios fundamentais norteadores do Direito de Família*. São Paulo: Saraiva, 2012, p. 178.

não oferecem resposta satisfatória aos anseios do grupo formado pelos seus membros.

Na doutrina, colhemos os seguintes exemplos de situações que implicam a franca utilização do ideal de "Direito de Família Mínimo": *a) liberdade de constituir família; b) liberdade de não casar; c) a formatação de família através da união estável e sua informalidade essencial; d) a sólida elaboração teórica e jurisprudencial sobre as uniões homoafetivas; e) a possibilidade de dissolução de casamento, realização de inventário e partilha em cartório, sem intervenção judicial, preenchidos determinados requisitos previstos na Lei nº 11.441/2007; f) todo o acervo teórico e jurisprudencial sobre a paternidade socioafetiva; g) a ampla utilização de mecanismos de mediação nas relações familiares, sobretudo aquelas incluídas no sistema brasileiro pelo atual Código de Processo Civil (Lei nº 13.115/2015); h) a mutabilidade no regime de bens de casamentos; i) o fim da discussão da "culpa" na dissolução do casamento/ união estável, para os que adotam a corrente majoritária do IBDFAM; j) a inaplicabilidade de restrição etária para aplicação do regime de separação de bens, em confronto ao Art. 1641, II, do Código Civil brasileiro; k) o "fim" do dever de coabitação entre cônjuges e companheiros; l) o "fim" do "débito conjugal" entre cônjuges e companheiros; m) a ampla possibilidade de intervenção do Ministério Público nas ações relativas ao Direito de Família.*[9]

Além dos exemplos doutrinários, poder-se-ia, ainda, citar outras situações da família contemporânea que estariam caracterizadas sob a égide do "Direito de Família mínimo", quais sejam: *a) a contratualização das relações de família; b) o desenvolvimento de teorias de "poliamor"; c) o registro, no Brasil, dos primeiros "trios afetivos"; c) os negócios relativos a gestação de substituição (comumente chamadas de "barrigas de aluguel"); d) os negócios de utilização de gametas para fins das mais variadas formas de inseminação artificial; e) o desenvolvimento do ideal de "planejamento parental", segundo o qual a todas as pessoas é dado o direito de ser "pai" ou "mãe"; f) a negociação sobre a fidelidade recíproca do casal, seus termos e limites, bem como sua aplicabilidade; g) as hipóteses de multiparentalidade; h) o divórcio liminar; i) a discussão do divórcio pela internet; j) a inclusão do debate sobre "gênero" no âmago do Direito de Família brasileiro; k) a transferência da fundamentação das decisões cada vez mais para o âmbito da jurisprudência; l) a perda valorativa das presunções* "pater is est" *de paternidade; m) a perda valorativa dos deveres conjugais; n) a autonomia cada vez maior dos filhos em detrimento dos seus pais; o) a discussão sobre o encurtamento do rol de parentes na linha colateral; p) a franca disseminação, na sociedade, do chamado "sexo*

---

[9] Nesse sentido: ALVES, Leonardo Barreto Moreira. *Direito de Família* mínimo. Rio de Janeiro: Lumen Juris, 2010.

esportivo", ou seja, a prática sexual sem nenhuma conotação de configuração familiar; q) uma certa tolerabilidade para comportamentos de natureza bissexual; r) a simplificação do processo de adoção; s) a crise do Direito de Família codificado; t) a contratualização sobre o número de relações sexuais que cada casal deve ter em dado período de tempo; v) aplicação de multa para os casos de infidelidade; x) os contornos da privacidade familiar como um objeto de negociação do casal ou da família, entre vários outros exemplos possíveis.

O "Direito de Família Mínimo" fundamenta-se, assim, na associação entre o Princípio da Intervenção Mínima e no decrescimento da incidência das normas de Direito de Família na realidade concreta, no dia a dia das famílias. Nas palavras de Leonardo Barreto Moreira Alves:

> É justamente essa a concepção do princípio da intervenção mínima no âmbito do Direito de Família. Por ele se entende que a intervenção do Estado nas relações familiares só deve ocorrer excepcionalmente, em situações extremas, como ultima ratio, já que, como visto, deve prevalecer a regra geral da liberdade dos membros da família.

E segue o autor tratando da delimitação específica do que chama de "Direito de Família Mínimo":

> Por força do reconhecimento do princípio em tela, identifica-se atualmente um Direito de Família Mínimo, um Direito de Família no qual deve prevalecer, como regra geral, o exercício da autonomia privada dos componentes de uma família, pois somente dessa forma será possível efetivamente lhes garantir o implemento dos seus direitos fundamentais, o desenvolvimento de sua personalidade. A expressão Direito de Família Mínimo é colhida do Direito Penal, seara na qual se presencia fenômeno semelhante, propugnando-se um Direito Penal Mínimo, uma vez que o Estado somente deve utilizar o Direito penal para tutelar os bens mais caros á sociedade (fragmentariedade) e como extrema ou ultima ratio (intervenção mínima propriamente dita), ou seja, quando insuficiente a tutela promovida por outros instrumentos sociais.

Do ponto de vista da legislação, o art. 1.513 do Código Civil brasileiro vem servindo como marco jurídico da posição sobre o Direito de Família mínimo. Segundo esse dispositivo, é proibido a qualquer pessoa de direito público ou direito privado promover intervenção na estrutura e nas escolhas de cada família. Vejamos:

> CC/02: Art. 1.513. É defeso a qualquer pessoa, de direito público ou privado, interferir na comunhão de vida instituída pela família.

Perceba-se que o dispositivo acima impede não apenas a intervenção do Estado na vida privada da família, mas de toda e qualquer pessoa. Trata-se de proteção máxima à privacidade do núcleo familiar, tanto considerado em seu conjunto, quanto na individualidade dos membros que o compõem.[10] Também há substrato desta questão no marco histórico da Declaração Universal dos Direitos do Homem, de 1948, que prevê no seu art. 16.3: "A família é o núcleo natural e fundamental da sociedade e tem direito à proteção da sociedade e do Estado". Nessa linha de raciocínio, o art. 1.513 do CC/02 é de extrema importância, na medida em que serve de balizamento para a resolução de vários casos concretos, bem como de limite interpretativo para outros dispositivos que tratem da possibilidade de qualquer intervenção externa na vida privada da família, seja no espaço do Direito Civil, seja em outros ramos da ciência Jurídica. Esse seria, precisamente, o fundamento legal para justificar a existência de um "Direito de Família Mínimo".

Contraponto ainda necessário e bastante complexo diz respeito ao desafio fundamental para a família e para as normas que a disciplinam é conciliar os interesses de ordem pública que permanecem presentes e ativos na legislação aplicável, com o direito à autonomia, ao autodirecionamento e à ampla liberdade de escolha dos membros do núcleo familiar.[11]

Como reflexos de todo esse conjunto transformativo, o Direito de Família também muda na sua estrutura teórica e funcional. Consequentemente, resta inevitável a confusão – tanto semântica quanto interpretativa – que alguns novos conceitos têm provocado nos especialistas da área. Ao lado da já mencionada *judicialização*, têm-se os fenômenos interdependentes da *desjurisdização*, da *deslegalização* e até mesmo da *inflação legal*.

---

[10] "La amplitud de la libertad de intimidad tal como ha sido definida nos permite incluir en su ámbito de protección muchas situaciones derivadas de las relaciones de familia, tanto aquellas estrictamente intrafamiliares, como aquellas otras proyectadas desde la familia hacia afuera, hacia terceros. (…) El centro de interés es el análisis de la intimidad o privacidad desde una perspectiva familiar, esto es, teniendo en cuenta las relaciones y los vínculos familiares de la persona frente al reconocimiento de su derecho a la intimidad. En estos términos, la intimidad familiar se traduce en un reducto íntimo donde sobresale la noción de inmunidad de sus miembros frente a los terceros ajenos al ámbito familiar. Así definida, la privacidad se refleja en la posibilidad de poner un cerrojo para impedir el ingreso de los demás". DOMINGUEZ, Andres Gil; FAMA, Maria Victoria; HERRERA, Marisa. *Derecho Constitucional de Familia*, Tomo 1. Buenos Aires: EDIAR, 2006, p. 229-230.

[11] Trata-se da relação entre o "Estado mínimo", ou seja, que teve suas atribuições reduzidas ao estritamente necessário, e a família que perdeu suas funções pública , passando, exclusivamente, a ter funções privadas, cada vez mais próxima da informalidade definitiva.

A *desjurisdização* do Direito de Família alude, precisamente, ao retraimento do Direito em matéria matrimonial e familiar produzido tanto pela perda do protagonismo social de um modelo padrão de organização das relações afetivas, como pela ausência de uma mensagem clara da sociedade acerca dessas realidades, que possa ser transmudada em normas jurídicas delimitadoras da esfera privada.[12]

A *deslegalização* decorre da progressiva debilitação das prerrogativas jurídicas do matrimônio, a identificação plena, do ponto de vista fático, entre casamento e união estável, a descaracterização das presunções de paternidade, a paulatina diminuição de sanções jurídicas para casos de descumprimento das obrigações derivadas do casamento (como fidelidade, mútuo auxílio, etc.) promovem uma metamorfose nas relações afetivas e o esvaziamento de vários dos conceitos do Código Civil brasileiro relativos à matéria.[13]

Do mesmo modo, a produção legislativa apresenta números recordes. Trata-se, provavelmente, da última tentativa do sistema tradicional de aprisionar os comportamentos sociais, caracterizando a chamada "inflação legal", que teve como base a legitimidade da dominação do Estado Liberal que se desenvolvia no início do século XX, mas, ao que parece, não prospera nos dias atuais.

Cabe lembrar, ainda, que, desde já algum tempo, vem sendo desenvolvida, no Brasil, pesquisa relacionada ao fenômeno da *"desjurisdização"*, que se configuraria, segundo Marcos Bernardes de Melo, na exclusão de determinada norma do mundo jurídico, fazendo que a mesma retorne ao mundo fático.[14] Esse fenômeno estaria umbilicalmente vinculado à própria ideia de judicialização das relações de família. Segundo o autor alagoano, trata-se de hipótese de investigar a aplicação – ou não – da "fenomenologia da juridicidade" a tais normas. No Direito de Família, a questão é de revelo. Com a concretização da crise do Direito codificado, resta mais evidente a existência de normas que perdem seu conteúdo jurídico, e deixam de ser aplicadas na rotina

---

[12] E que não se confunda, aqui, tal questão com o já amplamente debatido movimento de "descodificação", que teve, entre nós brasileiros, a figura iluminada de Caio Mário da Silva Pereira, já no final da vida, como um de seus entusiastas. PEREIRA, Caio Mário da Silva. *Instituições de Direito Civil:* Direito de Família. Rio de Janeiro: Forense, 2006.

[13] As modernas ideias de liberdade para casar ou constituir outro tipo de família, a autodeterminação individual, a intimidade pessoal e familiar, a igualdade de sexos e a tolerância da diversidade, atuam conjuntamente para promover ou reforçar uma espécie de desregulação do Direito de Família.

[14] MELLO, Marcos Bernardes. *Teoria do fato jurídico:* plano da existência. 12. ed. São Paulo: Saraiva, 2003, p 96.

das Varas de Família ou dos Tribunais. Passa-se, então, ao "Direito de Família Mínimo".

A exclusão da juridicidade do fato se daria em face de o suporte fático de determinadas normas jurídicas passar a ser considerado insuficiente, mesmo se ocorrem as situações nela previstas. A norma perde completude, ante a realidade social em que está inserta e, desse modo, torna impossível a sua incidência.[15]

No Brasil, a construção teórica sobre o tema, elaborada a partir das lições de Pontes de Miranda sobre a Teoria do Fato Jurídico,[16] permite compreender o fenômeno do "afastamento do conteúdo jurídico" de várias normas do Direito de Família. Nas palavras do grande jurista brasileiro, com sua peculiar erudição, temos que:

> Os sistemas jurídicos são sistemas lógicos, compostos de proposições que se referem a situações da vida, criadas pelos interesses mais diversos. Essas proposições, regras jurídicas, prevêem (ou vêem) que tais situações ocorrem, e incidem sobre elas, como se as marcassem. Em verdade, para quem está no mundo em que elas operam, as regras jurídicas marcam, dizem o que se há de considerar jurídico e, por exclusão, o que se não há de considerar jurídico. Donde ser útil pensar-se em termos de topologia: o que entra e o que não entra no mundo jurídico.[17]

Sobre o "afastamento do conteúdo jurídico" do Direito de Família, o caso mais importante, atualmente, no Brasil, é a séria discussão sobre a manutenção (ou não) da "monogamia" como regra jurídica no Direito brasileiro, bem como suas consequências teóricas e práticas: caso a monogamia deixe de ser uma regra juridicamente válida, o "dever de fidelidade recíproca" previsto no Código Civil para casais formalmente casados e o "dever de lealdade" para os casais que vivam em união estável simplesmente deixa de ter relevância para o mundo jurídico,

---

[15] "A primordial função da norma jurídica consiste em incidir sobre os fatos da vida para juridicizar, transformando em fato jurídico a parte relevante do seu suporte fático. Portanto, em princípio e nesse sentido, toda incidência é juridicizante. (...) No caso de norma pré-excludente de juridicização, o suporte fático de determinada norma jurídica passa a ser considerado insuficiente se ocorrem as circunstancias nela previstas" MELLO, Marcos Bernardes de. *Teoria do Fato jurídico:* plano da existência. 12. ed. São Paulo: Saraiva, 2003, p. 94.

[16] MIRANDA, Francisco Cavalcante Pontes de. *Sistema da Ciência Positiva do Direito.* Tomo I. Atualizado por Vilson Rodrigues Alves. Campinas: Bookseller, 2000, p. 120.

[17] MIRANDA, Pontes de. *Tratado de Direito Privado.* Parte Especial. Tomo IX – Direito de Família: direito parental. Atualizado por Rosa Maria Barreto Borriello de Andrade Nery. São Paulo: Editora Revista dos Tribunais, 2012, p. 11.

retornando para o campo da "moral", ou da "religião", caracterizando o que aqui está sendo tratado como *"desjurisdização"*.

Essas mesmas premissas fundamentam a construção de mecanismos alternativos para solução de conflitos através de mediação e arbitragem, tão caros ao Direito de Família contemporâneo, e que estariam voltadas a uma análise "menos jurídica" das questões controvertidas a serem resolvidas.[18] É necessário reconhecer, então, que estamos diante de certo "entusiasmo" com as tendências desjuridicizantes, que são vistas como alternativas para a crescente complexidade implementada no mundo jurídico com a pós-modernidade.[19] O "Direito de Família

---

[18] "A militância jurídica evidencia que os litígios de família têm sido cada vez mais levados à apreciação judicial. A intervenção estatal, contudo, se monstra insuficiente para atender as reais necessidades dos envolvidos em grande parte dos casos. Práticas alternativas como a mediação e a conciliação pressupõem o conflito submetido não à figura de um juiz, mas sim à figura de um terceiro imparcial, que buscará junto aos implicados alcançar as causas subjacentes do desentendimento e possíveis soluções. Vê-se que a adoção de práticas paraestatais conciliatórias em detrimento da judicialização maciça dos vínculos familiares é dependente, contudo, da mudança de condicionantes psíquicos e culturais de toda uma categoria profissional composta por indivíduos talhados pela cultura do conflito judicial. Através de um retorno histórico às origens do estreitamento entre interesse público e privado, analisando a contribuição psicanalítica para a compreensão da cultura e as causas de seu mal-estar, realizando uma incursão nas premissas psicanalíticas de Freud a Lacan e, por fim, com a análise do papel do Poder Judiciário e seus contrapontos com outros mecanismos pacificatórios, constata-se que a interseção entre Direito e Psicanálise se mostra de grande utilidade ao jurista". GUERRA, Juliana Lima Barroso. A judicialização das relações familiares versus práticas alternativas de solução dos conflitos: enfoque psicanalítico. Disponível em: https://www.uva.br/trivium/edicoes/edicao-ii-ano-v/resumo-de-dissertacoes/judicializacao-das-relacoes-familiares.pdf. Acesso em: 03 out. 2016.

[19] "O presente entusiasmo pela desjurisdicização representa um esforço, por parte dos profissionais do direito, de colocar seu sistema novamente nos trilhos. Eles se encontram, no entanto, esmagados pela enormidade (de fato, impossibilidade) da tarefa. Hoje, formas alternativas de resolução de conflitos refletem primordialmente os valores desses profissionais, que muito relutam em renunciar ao controle sobre tais processos. Seus argumentos constantemente se perdem nas mesmas justificativas de eficiência judicial que vêm sendo repetidas desde a virada do século. Consequentemente, justamente quando os processos alternativos parecem estar em seu apogeu, eles se encontram, em verdade, mais longe de seus objetivos e mais contraídos do que nunca. Com um impulso comunitário tão profundamente marcado pela comercialização e pela juridicidade, a situação dificilmente poderia ser outra. O direito nunca poderá ser reduzido a regras e procedimentos, códigos e precedentes, tribunais e advogados. Ele é, muito além disso, uma ideologia, um apanhado de crenças e um sistema de valores integrados que proporcionam elementos de previsibilida58 de, estabilidade e coerência. Instituições jurídicas, a despeito do monopólio estatal, devem constantemente provar a si mesmas. A legitimidade persiste como um problema em nossa sociedade contemporânea, o qual nem mesmo a noção de estado de direito resolve inteiramente". AUERBACH, Jerold S. Justice without Law? (Justiça sem Direito). Disponível em: http://www.arcos.org.br/livros/estudos-de-arbitragem-mediacao-e-negociacao-vol4/parte-ii-doutrina-parte-especial/justica-sem-direito. Acesso em 04 out. 2016.

Mínimo", nesse aspecto, transmuda-se na essência da privacidade familiar, e aponta como uma das perspectivas do próprio de Direito de Família brasileiro, voltado para uma construção legislativa mais coerente com as mudanças na estrutura da família e da sociedade como um todo.

Por fim, antes de encerrar, faz-se necessário refletir sobre as fronteiras, hoje, de atuação dos profissionais que se debruçam sobre a área familiarista. Qual o limite de atuação profissional do "advogado de família", do "juiz de família" ou mesmo do "legislador" que se debruça sobre temas referentes aos arranjos familiares?

A limitação imposta aos profissionais que, direta ou indiretamente, estão envolvidos no Direito de Família é reconhecida, na atualidade, por conta do diminuto espaço de mobilidade legislativa concedido pelo enxugamento das normas do Direito que são, efetivamente, aplicáveis no dia a dia da atividade jurisdicional.

Decerto, cada vez mais, tais profissionais deverão se debruçar prioritariamente sobre as normas próprias, individuais, privadas e particulares, decorrentes da contratualização das relações afetivas e que espelham a verdade de cada entidade familiar; ao invés de continuar buscando respostas genéricas na matéria codificada sobre Direito de Família, que está em franco declínio.

Referências

ALVES, Leonardo Barreto Moreira. *Direito de Família mínimo*. Rio de Janeiro: Lumen Juris, 2010.

AMARAL, Francisco. *Direito Civil: introdução*. Rio de Janeiro: Renovar, 2003.

AUERBACH, Jerold S. Justice without Law? (Justiça sem Direito). 1984. Oxford University Press. Disponível em: http://www.arcos.org.br/livros/estudos-de-arbitragem-mediacao-e-negociacao-vol4/parte-ii-doutrina-parte-especial/justica-sem-direito. Acesso em: 04 fev. 2019.

CARBONNIER, Jean. *Derecho fFlexible*: para una sociología no rigurosa del derecho. Madrid: Editorial Tecnos, 1974.

DOMINGUEZ, Andres Gil; FAMA, Maria Victoria; HERRERA, Marisa. *Derecho Constitucional de Familia*. Tomo I. Buenos Aires: EDIAR, 2006.

GUERRA, Juliana Lima Barroso. A judicialização das relações familiares versus práticas alternativas de solução dos conflitos: enfoque psicanalítico. Disponível em: https://www.uva.br/trivium/edicoes/edicao-ii-ano-v/resumo-de-dissertacoes/judicializacao-das-relacoes-familiares.pdf. Acesso em: 03 mar. 2019.

MELLO, Marcos Bernardes. *Teoria do fato jurídico*: plano da existência. 12. ed. São Paulo: Saraiva, 2003.

MIRANDA, Francisco Cavalcante Pontes de. *Tratado de Direito Privado*: parte especial: Tomo IX – Direito de Família: direito parental. Atualizado por Rosa Maria Barreto Borriello de Andrade Nery. São Paulo: Editora Revista dos Tribunais, 2012

MIRANDA, Francisco Cavalcante Pontes de. *Sistema da ciência positiva do direito*. Tomo I. Atualizado por Vilson Rodrigues Alves. Campinas: Bookseller, 2000.

PEREIRA, Caio Mário da Silva. *Instituições de Direito Civil – Direito de Família*. Rio de Janeiro: Forense, 2006.

PEREIRA, Rodrigo da Cunha. *Princípios fundamentais norteadores do Direito de Família*. São Paulo: Saraiva, 2012.

PEREIRA, Rodrigo da Cunha. *Dicionário de Direito de Família e Sucessões ilustrado*. São Paulo: Saraiva, 2015.

Informação bibliográfica deste texto, conforme a NBR 6023:2018 da Associação Brasileira de Normas Técnicas (ABNT):

CARVALHO, Dimitre Braga Soares de. Privacidade familiar e direito de família mínimo. *In*: EHRHARDT JÚNIOR, Marcos; LOBO, Fabíola Albuquerque (Coord.). *Privacidade e sua compreensão no direito brasileiro*. Belo Horizonte: Fórum, 2019. p. 185-197. ISBN 978-85-450-0694-7.

DIREITO À PRIVACIDADE DA ENTIDADE FAMILIAR E OS LIMITES AO RECONHECIMENTO DA LEGITIMIDADE DE FAMÍLIAS SIMULTÂNEAS

CAMILA BUARQUE CABRAL

KARINA BARBOSA FRANCO

Introdução

Nunca foi tão grande e intensa a busca por liberdade nas relações familiares como tem sido atualmente. É evidente que essa busca não é recente, pois desde tempos remotos a liberdade é um bem desejado e aclamado.

Passado o tempo de muitas limitações e grandes preconceitos, fruto de uma sociedade voltada à importância do matrimônio e concebendo-o como principal instituto de família, tem-se, com a Constituição Federal de 1988, a quebra de um sistema predeterminado e a visão de novas concepções de famílias centradas na liberdade, pluralidade, solidariedade e na dignidade da pessoa humana.

Com o Estado Democrático de Direito, o princípio da liberdade individual passa para uma perspectiva de privacidade, intimidade e livre exercício da vida privada, onde liberdade significa poder realizar o próprio projeto de vida. No entanto, a noção de autonomia privada, na nova ordem constitucional, sofreu uma profunda transformação e como exercício da liberdade, constituindo-se na possibilidade de autorregulamentação do indivíduo, dentro dos limites da lei e da solidariedade.

A privacidade passa a ser vista não mais como um direito de estar só, mas como um direito de autodeterminar-se, sendo necessário reconhecer espaços de autodeterminação reservados às pessoas sem a interferência estatal, incluindo a liberdade na constituição das entidades familiares e a privacidade entre os seus membros.

Nesta perspectiva, a pesquisa se propõe a analisar a possibilidade de legitimarem-se núcleos familiares simultâneos ao casamento com fundamento na privacidade da entidade familiar e no princípio da liberdade que respalda o exercício da ampla autonomia. O objetivo é confrontar o entendimento que vem sendo utilizado pelos tribunais superiores (STJ e STF) para afastar o reconhecimento de legitimidade às entidades familiares havidas simultaneamente ao casamento.

Para tanto, a questão será enfrentada sob a ótica do direito à privacidade das entidades familiares, delimitando as balizas para a intervenção estatal, paralelamente à valorização da autonomia dos indivíduos na realização do projeto familiar.

1 Direito à privacidade das entidades familiares

Com a Constituição Federal de 1988, o conceito de família, até então extremamente fechado, passou a apresentar uma pluralidade, tendo como base o reconhecimento constitucional implícito da afetividade. O afeto passou a ser o vetor na formação das entidades e em todos os segmentos da família, que se caracteriza como o lócus de realização pessoal dos seus membros, o espaço preferencial de realização dos projetos existenciais das pessoas.

Neste sentido, a família assume uma nova função, que, segundo Pamplona e Stolze, "(…) significa o respeito ao seu caráter eudemonista, enquanto ambiência para a realização do projeto de vida e de felicidade de seus membros".[1] O cumprimento dessa função representa, em última análise, o cumprimento efetivo dos direitos fundamentais dos indivíduos que a compõem.[2]

---

[1] PAMPLONA, Rodolfo; STOLZE, Pablo. *Novo Curso de Direito Civil.* 7. ed. São Paulo: Saraiva, 2017, p. 103, v. 6.

[2] LIMA, Ricardo Alves de. *Função social da família.* Curitiba: Juruá, 2013, p. 127-128.

Nessa nova perspectiva, inaugurada pela Constituição Federal e justificada por uma análise do direito civil constitucionalizado, a família, entendida sempre como a primeira célula social, vê-se vocacionada pelo ordenamento jurídico para ser espaço de realização das pessoas que a integram.[3] Nesse redimensionamento dos papéis e das funções da família, aponta-se para um retorno ao privado, para a redescoberta da função primária da entidade família,[4] de realização das necessidades e da dignidade, além da proteção e cuidado dos seus membros. Portanto, não é muito afirmar que "nada é mais privado que a vida familiar".[5]

Assim, preconiza a Declaração Universal dos Direitos Humanos de 1948, em seu artigo XII, que "Ninguém será sujeito à interferência em sua vida privada, em sua família, em seu lar ou em sua correspondência (...)".[6] A Constituição Federal, por sua vez, no artigo 5º, inciso X, dispõe que "são invioláveis a intimidade, a vida privada, a honra e a imagem das pessoas (...)". O Código Civil, da mesma forma, no artigo 21, assegura que "A vida privada da pessoa natural é inviolável (...)".

A legislação civilista protege a vida privada da pessoa natural de forma ampla, sem restrições ou especificações, e ainda estende a proteção à entidade familiar, quando disciplina, em seu artigo 1.513, que "É defeso a qualquer pessoa, de direito público ou privado, interferir na comunhão de vida instituída pela família".

Trata, portanto, a legislação tanto do direito à privacidade da pessoa como da entidade familiar que compõe, direitos oponíveis ao Estado e à sociedade, que são assegurados indistintamente por força da ordem constitucional.

Quanto à conceituação de privacidade, elucida Paulo Lôbo que "Sob a denominação 'privacidade' cabem os direitos da personalidade que resguardam de interferências externas os fatos da intimidade e da reserva da pessoa, que não devem ser levados ao espaço público".[7]

O conceito de privacidade é tratado na legislação também como direito à intimidade. Diz-se que o direito à privacidade é gênero, do qual o direito à intimidade é espécie:

---

[3] MAIA, Renato. *Apud*: LIMA, Ricardo Alves de. *Função social da família*. Curitiba: Juruá, 2013, p. 21.

[4] LÔBO, Paulo. *Direito Civil*: famílias. São Paulo: Saraiva, 2009, p. 29.

[5] LÔBO, Paulo. *Direito Civil*: famílias. São Paulo: Saraiva, 2009, p. 26.

[6] DECLARAÇÃO UNIVERSAL DOS DIREITOS HUMANOS. Disponível em: https://nacoesunidas.org/wp-content/uploads/2018/10/DUDH.pdf. Acesso em: 18 mar. 2019.

[7] LÔBO, Paulo. *Direito Civil*: Parte Geral. São Paulo: Saraiva, 2010, p. 153.

Dentro da expressão "vida privada" estão compreendidas tanto a intimidade, que abarca segredo da vida privada dentro do recesso do lar, aquilo que é íntimo, isolado, o direito de cada um de estar só, de não ser importunado, devassado, visto por olhos estranhos, como também a privacidade, que corresponde ao lado externo da intimidade, o relacionamento de uma pessoa com seus familiares e amigos.[8]

Assim, pode-se dizer que o direito à intimidade refere-se a fatos, situações e acontecimentos que o indivíduo deseja manter sob seu domínio exclusivo, sem compartilhamento; é a parte interior da história de vida de cada um. Já o direito à vida privada diz respeito ao ambiente familiar, ao gosto pessoal e à intimidade do lar.[9]

Apesar do tratamento indistinto dado pela legislação civil, a diferenciação entre intimidade e privacidade é oportuna ao presente estudo para destacar a forma como o direito à privacidade, no seu sentido amplo, está diretamente relacionado ao ambiente familiar. É esse espaço de afetividade o mais privado do indivíduo e, por isso, merece especial proteção a fim de garantir a realização dos interesses da entidade familiar e de seus membros.

Tem-se, de um lado, o direito do indivíduo à intimidade, que deve ser resguardado, até mesmo, dentro do ambiente familiar, porquanto se refere àquilo que lhe é mais íntimo e que pode escolher, ou não, compartilhar. De outro lado, tem-se o direito à privacidade, que se refere à forma como o indivíduo se relaciona com seus familiares e amigos, e que não pode ser alvo de intromissões, seja da sociedade, seja do Estado.

A proteção ao direito à vida privada do indivíduo passa, portanto, necessariamente pela garantia ao direito à privacidade da entidade familiar, direito à não interferência na comunhão de vida e no ambiente familiar, direito a definir as regras e diretrizes quanto ao início, à manutenção e ao fim dessas relações. Direito, frise-se, resguardado pela norma constitucional e infraconstitucional de forma ampla e irrestrita.

Nesse mesmo diapasão é o ensinamento de Celso Bastos, quando define o direito à privacidade interligando-a à vida familiar:

> A faculdade que tem cada indivíduo de obstar a intromissão de estranhos em sua vida privada e familiar, assim como de impedir-lhes o

---

[8] DELGADO, Mário Luiz. Direitos da personalidade nas relações de família. Disponível em: http://www.ibdfam.org.br/_img/congressos/anais/34.pdf. Acesso em: 15 mar. 2019.

[9] LÔBO, Paulo. *Direito Civil*: parte geral. São Paulo: Saraiva, 2010, p. 154.

acesso a informações sobre a privacidade de cada um, e também impedir que sejam divulgadas informações sobre esta área da manifestação existencial do ser humano.[10]

A questão justifica-se também, sob o ponto de vista sociológico, como destaca Recasèns Siches: "no seio da família se desenvolve uma vida social que está saturada de intimidade (...)", sendo o local onde se apercebem as dimensões mais íntimas do individuo, numa espécie de intimidade secreta e que deve permanecer fora dos olhares externos.[11]

Assim, fala-se do direito à privacidade como direito do indivíduo, direito fundamental e formador de sua personalidade, e, intimamente correlato a ele, o direito à privacidade da entidade familiar. A garantia à privacidade familiar respalda-se não apenas na proteção da própria entidade, mas dos seus membros, que urgem por um ambiente livre da intervenção estatal, social, e de outros indivíduos para sua plena realização e a concretização de sua dignidade.

Nesse sentido, importante destacar as três dimensões em que se pode compreender o direito à privacidade e sua tutela. A primeira, a dimensão espacial, refere-se à mais tradicional perspectiva da privacidade, relativa aos lugares físicos, como o ambiente familiar ou um cômodo da casa. A segunda delas, a dimensão decisional, faz menção ao modo de vida do indivíduo, tal como suas escolhas, suas características e suas preferências. A terceira, a dimensão informacional, abrange a propagação e a transferência de dados pessoais, bem como as atividades que envolvem as invasões aos assuntos particulares das pessoas.[12]

No ambiente familiar, sob a expectativa do presente estudo, merecem destaque duas das três mencionadas perspectivas do direito à privacidade. A primeira, que resguarda o próprio lar familiar, o ambiente onde a família se reúne e desenvolve suas atribuições diárias, é ao que faz menção a Constituição Federal no seu artigo 5º, inciso XI, quando diz que a casa é asilo inviolável.

---

[10] BASTOS, Celso Ribeiro; MARTINS, Ives Gandra *apud* MACEIRA, Irma Pereira. *A proteção do direito à privacidade familiar na internet*. 2012. Tese (Doutorado em Ciências Sociais). Pontifícia Universidade Católica de São Paulo. São Paulo, 2012, p. 52.

[11] SICHES, Luis Recasèns *apud* MACEIRA, Irma Pereira. *A proteção do direito à privacidade familiar na internet*. 2012. Tese (Doutorado em Ciências Sociais). Pontifícia Universidade Católica de São Paulo. São Paulo, 2012, p. 75.

[12] ACIOLI, Bruno de Lima; EHRHARDT JR., Marcos Augusto de Albuquerque. Uma Agenda para o Direito ao Esquecimento no Brasil. *Revista Brasileira de Políticas Públicas*. Brasília, v. 7, n. 3, dez. 2017. Disponível em: http://www.publicacoes.uniceub.br/RBPP/article/view/4867. Acesso em: 18 mar. 2019.

Sob essa perspectiva, tem-se que:

A vida privada dentro de espaços protegidos segue uma dinâmica diferente da vida que se leva exposta a olhares de qualquer um que se cruza o caminho. A proteção do lar dá a liberdade necessária para se viver uma vida digna, permitindo que cada um desenvolva sua personalidade como bem lhe aprouver.[13]

E a segunda, que diz respeito, diretamente, ao exercício da autonomia pelos membros da família, as opções que realizam quanto à religião e à educação dos filhos menores, por exemplo. Refere-se à livre comunhão de vida mencionada pelo Código Civil, no artigo 1.513, à liberdade de constituição e manutenção da entidade familiar, bem como aos arranjos que escolherão vivenciar, em face dos quais não é admitida a intervenção do estado ou da sociedade, "muito pelo contrário, deve-se esperar moderação, reserva e indiferença dos outros em relação a tudo aquilo que não lhes disser respeito".[14]

Como também pondera Daniel Sarmento, não cabe ao Estado, a qualquer grupo religioso, à coletividade ou mesmo à Constituição estabelecer os fins que cada pessoa humana deve perseguir, os valores e crenças que deve professar, o modo como deseja orientar sua vida, os caminhos que prefere trilhar. Compete a cada um determinar os rumos de sua existência, de acordo com suas preferências subjetivas.[15] É o aspecto decisional da privacidade.

Tem-se, portanto, que o direito à privacidade da entidade familiar vai muito além da proteção do espaço físico de convivência familiar. Há, na tutela desse direito fundamental, o encontro de duas perspectivas da privacidade, a espacial e a decisional.

O ambiente familiar é asilo inviolável, mas é também o local próprio para a realização dos seus membros, o local primeiro do exercício de suas vidas privadas, que não deve, por essa razão, ser alvo de ingerências desautorizadas.

---

[13] ACIOLI, Bruno de Lima; EHRHARDT JR., Marcos Augusto de Albuquerque. Uma agenda para o direito ao esquecimento no Brasil. *Revista Brasileira de Políticas Públicas*. Brasília, v. 7, n. 3, dez. 2017. Disponível em: http://www.publicacoes.uniceub.br/RBPP/article/view/4867. Acesso em: 18 mar. 2019.

[14] RÖSSLER, Beate *apud* ACIOLI, Bruno de Lima; EHRHARDT JR., Marcos Augusto de Albuquerque. Uma agenda para o direito ao esquecimento no Brasil. *Revista Brasileira de Políticas Públicas*. Brasília, v. 7, n. 3, dez. 2017. Disponível em: http://www.publicacoes.uniceub.br/RBPP/article/view/4867. Acesso em: 18 mar. 2019.

[15] SARMENTO, Daniel. Os princípios constitucionais da liberdade e da autonomia privada. B. Cient. ESMPU, Brasília, a. 4, n. 14, p. 167-217, jan./mar. 2005.

Diante dessas diferentes perspectivas de privacidade, é que ela aparece, muitas das vezes, necessariamente relacionada aos conceitos de exercício de liberdade e autonomia privada, sobretudo no ambiente familiar, como se passa a apreender.

1.1 Privacidade, liberdade e autonomia

Como visto, o direito à privacidade da entidade familiar revela-se também na dimensão decisional da privacidade, no que se refere ao exercício da autodeterminação de seus membros. Entretanto, costuma-se dizer que o direito de família é o ramo do direito privado em que é menor a autonomia e marcante a intervenção legislativa, com a predominância das normas cogentes ou de ordem pública.[16]

Por outro lado, cresce no âmbito desse mesmo direito o fomento para que seus conflitos não sejam sempre solucionados com a intervenção do Estado, mas que, ao revés disso, os indivíduos busquem a solução fora do âmbito do Poder Judiciário, para que exista um maior equilíbrio entre os espaços público e privado.

O princípio da liberdade aplicado ao ambiente familiar diz respeito, exatamente, a esse livre poder de escolha, ao garantir à entidade familiar, sem imposições externas (da sociedade e do Estado, seja ele juiz ou legislador), autonomia para decidir e deliberar sobre sua constituição, sua realização e sua extinção,[17] assegurando-lhe, por via de consequência, a privacidade no exercício de suas escolhas.

Confunde-se o direito à privacidade com o direito à liberdade, com o qual muitas vezes é igualado, como também com o de autonomia. A confusão justifica-se pela fina linha que separa o exercício e a garantia desses direitos nas relações familiares.

A própria ideia de liberdade é, ainda, objeto de ponderações pela teoria constitucional moderna, que busca equilibrar-se entre os conceitos de liberdade como autonomia privada, no sentido equivalente à independência individual para autodeterminar-se, e liberdade como soberania popular, no sentido de liberdade do cidadão para participar na formação da vontade do Estado e do destino da coletividade.[18]

---

[16] LÔBO, Paulo. *Direito Civil*: Famílias. São Paulo: Saraiva, 2009, p. 25.
[17] LÔBO, Paulo. *Direito Civil*: Famílias. São Paulo: Saraiva, 2009, p. 46.
[18] SARMENTO, Daniel. Os princípios constitucionais da liberdade e da autonomia privada. B. Cient. ESMPU, Brasília, a. 4, n. 14, p. 167-217, jan./mar. 2005.

Sem embargo da relevância da discussão acerca dessa díade conceitual para a liberdade e suas implicações teóricas, para o objeto do presente estudo, próprio do direito privado, convém lançar foco no primeiro conceito atribuído à liberdade. Isso já demonstra, por si só, a razão de ser da íntima conexão entre os conceitos de privacidade, liberdade e autonomia.

É, portanto, a autonomia privada um dos componentes primordiais do exercício da liberdade, no sentido de que ao indivíduo, dotado de capacidade para fazer as escolhas do que lhe é bom ou ruim, deve ser assegurada a ampla autonomia de autogovernar-se, de eleger o que lhe convém, sobretudo na sua esfera privada. Estão tais conceitos indissociavelmente relacionados à proteção da dignidade da pessoa humana, já que "(...) negar ao homem o poder de decidir de que modo vai conduzir sua vida privada é frustrar sua possibilidade de realização existencial (...)".[19]

Assim, no âmbito familiar, o princípio da liberdade pode ser denominado também princípio da não intervenção[20] e revela-se em duas diferentes vertentes: a liberdade da entidade familiar diante do Estado e da sociedade e a liberdade de cada membro diante dos demais e da própria família. É nessa primeira vertente que reside o cerne do objeto em estudo.

O direito de família anterior à Constituição Federal, marcado pela sua rigidez, não garantia às famílias a possibilidade de legitimidade para além do modelo matrimonial e patriarcal. A Constituição Federal de 1988 inaugurou um novo modelo, "(...) retirando das sombras da exclusão e dos impedimentos legais as entidades familiares não matrimoniais, os filhos ilegítimos, enfim, a liberdade de escolher o projeto de vida familiar (...)".[21]

Assim, a família, que é base da sociedade, recebe especial proteção do Estado (art. 226 da Constituição Federal), mas deixa-se a critério das partes escolher qual a espécie de entidade familiar que será formada, numa dinâmica que deverá ser, essencialmente, plural e democrática. Da mesma forma, é expressão da liberdade o exercício do direito de permanecer ou de dissolver a entidade familiar, na medida em que as partes livremente fazem suas escolhas afetivas.[22]

---

[19] SARMENTO, Daniel. Os princípios constitucionais da liberdade e da autonomia privada. B. Cient. ESMPU, Brasília, a. 4, n. 14, p. 167-217, jan./mar. 2005.

[20] TARTUCE, Flávio. Direito Civil: direito de família. Rio de Janeiro: Forense, 2018, p. 22.

[21] LÔBO, Paulo. Direito Civil: famílias. São Paulo: Saraiva, 2009, p. 47.

[22] LÔBO, Fabíola Albuquerque. O espaço da liberdade nas relações de família. RJLB, Ano 3 (2017), n. 4, p. 489-514.

O papel do Estado deve ser, portanto, o de promover meios para que os indivíduos, por si mesmos, no exercício da liberdade, façam suas escolhas relativas à forma como irão constituir e conviver em família (exercício da autonomia privada). Assim é que o artigo 1.513 do Código Civil prevê o que se tem denominado de uma cláusula geral de reserva de intimidade, que tem como norte as diretivas gerais constitucionais, com o objetivo de implementar condições para o desenvolvimento das personalidades e da dignidade de cada um dos membros da família.[23]

As intervenções estatais, diante do dever de garantia à privacidade da entidade familiar e do princípio da liberdade, devem ser intervenções mínimas e com vistas apenas à garantia da autodeterminação existencial dos indivíduos que integram aquele núcleo familiar. Isso significa interferir apenas nas situações de vulnerabilidade e desigualdade material que demandem a ação do Estado.

A doutrina ligada ao tema fala, ainda, em um "direito de família mínimo", que comporta a menor intervenção possível do Estado nas relações familiares, ressalvadas apenas algumas hipóteses excepcionais;[24] bem como na possibilidade de o casal decidir pela ordem familiar que deseja, pactuando e recombinando as regras que regerão sua relação conjugal, independentemente de essas disposições coincidirem com as disposições legais.[25]

Similar é a contribuição de Daniel Sarmento, quando analisa o regime constitucional de proteção das liberdades existenciais e das liberdades patrimoniais. Ele afirma que o nível de proteção constitucional conferido à ação do agente vai depender da sua posição dentro da seguinte escala:

> quanto mais se aproximar da esfera das opções e valorações exclusivamente existenciais, maior será o nível de defesa constitucional da autonomia privada; quanto mais ele se afastar desse campo e se aproximar do universo exclusivamente econômico-patrimonial, menor será essa tutela.[26]

---

[23] MULTEDO, Renata Vilela; BODIN DE MORAES, Maria Celina. A privatização do casamento. civilistica.com. a. 5. n. 2. 2016.

[24] ALVES, Leonardo Barreto Moreira *apud* MULTEDO, Renata Vilela; BODIN DE MORAES, Maria Celina. A privatização do casamento. civilistica.com. a. 5. nº 2. 2016.

[25] MULTEDO, Renata Vilela; BODIN DE MORAES, Maria Celina. A privatização do casamento. civilistica.com. a. 5. n. 2. 2016.

[26] SARMENTO, Daniel. Os princípios constitucionais da liberdade e da autonomia privada. B. Cient. ESMPU, Brasília, a. 4, n. 14, p. 167-217, jan./mar. 2005.

Para o autor, em relação às liberdades que garantem a dimensão existencial do indivíduo, como a privacidade, a livre expressão e o exercício da religião, existe uma proteção constitucional reforçada, porque, sob o paradigma constitucional, esses direitos são indispensáveis para o livre desenvolvimento da personalidade humana e da vida humana com dignidade.

Isso não significa que são direitos ou liberdades absolutos, "(...) mas que não cabe ao Estado avaliar se as liberdades existenciais estão ou não sendo exercidas no sentido que ele considerar mais apropriado, já que tal concepção esvaziaria o poder da pessoa humana de se autogovernar, de fazer escolhas existenciais (...)".[27] Em caso de conflito, as liberdades de cunho existencial poderão, à evidência, ser ponderadas com outros direitos e princípios constitucionais, mas não simplesmente subjugadas ao interesse social ou coletivo, porquanto se estaria indo de encontro ao projeto constitucional de centralidade na pessoa humana.

Compreende-se que o exercício de direitos existenciais, como o da privacidade, sobretudo no ambiente familiar, engloba o exercício da liberdade com a mais ampla autonomia possível, como forma de garantir ao indivíduo o efetivo poder de autogovernar-se e de fazer escolhas compatíveis com seus critérios subjetivos. Trata-se de opção decorrente da concepção de pessoa e de sociedade adotadas pelo constituinte, que elegeu as liberdades existenciais como as mais relevantes para a garantia da dignidade humana.

Partindo, portanto, do pressuposto de que existem normas, constitucionais e infraconstitucionais, que preceituam a necessidade de garantia à privacidade familiar para a realização da personalidade e dignidade dos indivíduos que integram aquele núcleo; e que, aliado a isso, o princípio da liberdade justifica a livre decisão pelos indivíduos quanto à forma e ao momento para a constituição e dissolução da entidade familiar, a intervenção estatal deverá limitar-se à garantia da autodeterminação existencial dos indivíduos no seio da vida familiar, dando-se apenas nos limites previstos no próprio texto constitucional.

Isso significa, nas palavras de Renata Multedo e Maria Celina Bodin de Moraes, que:

> Os cônjuges e conviventes, ressalvados os direitos de terceiros, são livres para planejar, deliberar, constituir e desconstituir a forma de se

---

[27] SARMENTO, Daniel. Os princípios constitucionais da liberdade e da autonomia privada. B. Cient. ESMPU, Brasília, a. 4, n. 14, p. 167-217, jan./mar. 2005.

relacionarem e de estruturarem suas relações familiares e suas aspirações para a vida conjugal.[28]

Com esse amparo teórico, centrado na garantia da privacidade da entidade familiar e no princípio da liberdade que respalda o exercício da ampla autonomia nessa seara, é que se passa à análise da temática atinente à possibilidade de legitimarem-se núcleos familiares simultâneos.

2 Família simultânea ao casamento

Famílias simultâneas ou paralelas tem sido a denominação eleita pela doutrina para tratar das situações em que o indivíduo estabelece mais de um núcleo familiar ao mesmo tempo. Para a delimitação do tema, é importante destacar que se trata dos casos em que a pessoa tem núcleos familiares distintos, mas os membros componentes destes núcleos não residem sob o mesmo teto.[29]

Para o presente estudo, o foco concentrar-se-á nas famílias simultâneas ao casamento, diante do tratamento que tem sido dado a esses casos na esfera dos tribunais superiores. São as situações em que uma das relações é reconhecida pela formalidade do casamento e outra, apesar de reconhecida socialmente, não detém o reconhecimento formal, sendo relegada à condição de concubinato, nos termos do artigo 1.727 do Código Civil, em virtude dos impedimentos previstos nos artigos 1.521, inciso VI e 1.723, paragrafo 1º, também do Código Civil.

Os doutrinadores que defendem a possibilidade de existência e reconhecimento de famílias simultâneas, nesses casos, justificam o posicionamento com a aplicação dos princípios constitucionais às relações privadas e com a verificação do preenchimento dos requisitos legais para a caracterização de família, sobretudo o *animus* de constituição de família.

Nesse ponto, destaque-se que é uníssono na doutrina que as entidades familiares se distinguem de outros grupos ou agrupamentos de pessoas com base nas suas características comuns que as definem, quais sejam: a afetividade, finalidade maior das entidades familiares; a estabilidade, afastando as relações casuais ou esporádicas; e a

---

[28] MULTEDO, Renata Vilela; BODIN DE MORAES, Maria Celina. A privatização do casamento. Civilistica.com. a. 5. n. 2. 2016.

[29] SIMÃO, José Fernando. Há limites para o princípio da pluralidade familiar na apreensão de novas formas de conjugalidade e de parentesco? *Revista Brasileira de Direito Civil*, v. 2, p. 61/78, out./dez. 2014.

convivência pública, marcada pelo reconhecimento ostensivo da unidade com a família.

Os que defendem o entendimento da impossibilidade do reconhecimento, fazem-no amparados na ideia de um princípio de monogamia vigente no ordenamento jurídico brasileiro, justificado, inclusive, nas causas impeditivas para o casamento, especificamente o artigo 1.521, inciso VI, do Código Civil, que aponta que não podem casar as pessoas casadas.

É importante destacar que a proibição ao novo casamento, prevista na legislação civil, diz respeito ao impedimento de múltiplo registro, de tal modo que a redação legal não impede a formação de outros tipos familiares, como as uniões estáveis, que não trazem alteração ao registro civil das pessoas.[30]

Apontam, ainda, a previsão do artigo 1.723, paragrafo 1º, do Código Civil, que reconhece a possibilidade de uma união estável simultaneamente ao casamento, apenas se a pessoa se achar separada de fato. Nesse ponto é que reside o esforço teórico do presente trabalho, a fim de analisar os impactos da aplicabilidade de uma norma que impõe restrição para além do previsto no texto constitucional.

A atual ordem constitucional, pautada pelos princípios da privacidade e da liberdade da entidade familiar, orienta que é de livre decisão da família sua constituição, sua permanência e sua extinção. Dessa forma, "tendo a família se desligado de suas funções tradicionais, não faz sentido que ao Estado interesse regular deveres que restringem profundamente a liberdade, a intimidade e a vida privada das pessoas, quando não repercutem no interesse geral".[31]

A eleição dos objetivos e dos planos de vida pelos indivíduos, bem como o exercício das suas escolhas, compõe a esfera de vida privada, que deve manter-se protegida pelo manto do direito à privacidade da pessoa natural e da própria entidade familiar. O papel do Estado, nesse lugar da privacidade e da realização de direitos existenciais, é o de auxiliar na criação das condições necessárias para que cada um realize livremente as suas escolhas e possa agir de acordo com elas, e não o de orientar as vidas individuais para alguma direção, que se repute mais adequada.[32]

---

[30] AUTO, Luciana da Fonseca Lima Brasileiro. Relações conjugais simultâneas. *Revista Fórum de Direito de Civil* – RFDC | Belo Horizonte, ano 5, n. 13, p. 83-94, set./dez. 2016.

[31] LÔBO, Paulo. *Direito Civil: famílias*. São Paulo: Saraiva, 2009, p. 47.

[32] SARMENTO, Daniel. Os princípios constitucionais da liberdade e da autonomia privada. *B. Cient. ESMPU*, Brasília, a. 4, n. 14, p. 167-217, jan./mar. 2005.

No mesmo sentido, eis a lição da doutrina:

> Admite-se a liberdade da pessoa adulta de constituir o tipo de família que melhor corresponda a seus anseios e projetos. Uma vez engajada por ato de autonomia com a finalidade de constituir família, cada pessoa se torna responsável pela manutenção do vínculo de solidariedade familiar com a outra.[33]

Em sentido contrário, destaque-se o posicionamento de José Fernando Simão que, analisando a temática, ponderou que a questão se refere à restrição da autonomia privada e nega efeitos jurídicos às famílias paralelas ou poligâmicas. Explica que "(...) a autonomia privada não pode tudo em um sistema como o concebido no Brasil, em que é alto o grau de intervenção do Estado sobre a liberdade individual (...)". Assim como o Estado intervém no conteúdo e efeito dos contratos, também intervém nas regras aplicáveis às diversas formas de composição de família.[34]

Concorda-se com o autor no que se refere ao argumento de que pode, sim, o Estado intervir na autonomia privada para regulamentar certas e específicas situações. Ocorre que, como enfrentado no item anterior, quando se trata de situações de cunho existencial, a opção do constituinte foi a de uma intervenção mínima na esfera da autodeterminação dos indivíduos. Assim, a pretensão de limitação nas liberdades existenciais, para além do previsto no texto constitucional, vai, por consequência lógica, de encontro ao projeto da própria Constituição, cujo cerne está na garantia da dignidade da pessoa humana.

Como visto, "(...) a proteção à autonomia privada decorrente da Constituição de 1988 é heterogênea: mais forte, quando estão em jogo dimensões existenciais da vida humana; menos intensa, quando se trata de relações de caráter exclusivamente patrimonial (...)".[35] Por essa razão é que se justifica a notória intervenção estatal nas regras aplicáveis aos contratos, como ressaltou o autor, ou às regras consumeristas, por exemplo.

---

[33] MULTEDO, Renata Vilela; BODIN DE MORAES, Maria Celina. A privatização do casamento. Civilistica.com. a. 5. n. 2. 2016.

[34] SIMÃO, José Fernando. Há limites para o princípio da pluralidade familiar na apreensão de novas formas de conjugalidade e de parentesco? *Revista Brasileira de Direito Civil*, out./ dez. 2014, p. 61/78, v. 2.

[35] SARMENTOw, Daniel. Os princípios constitucionais da liberdade e da autonomia privada. B. Cient. ESMPU, Brasília, a. 4, n. 14, p. 167-217, jan./mar. 2005.

Ofende a dignidade humana a imposição de restrições para além do mínimo restritivo previsto no próprio ordenamento constitucional, quando se trata de direitos e liberdades de cunho existencial, porque esse fora o projeto legal eleito pelo constituinte. Da mesma forma, as disposições infraconstitucionais não podem restringir para além do que prevê a Constituição, e essa é inequívoca ao disciplinar um projeto familiar pautado pela pluralidade e diversidade.

Ressalte-se que a doutrina que afirma não ser possível falar do reconhecimento de entidades familiares simultâneas não deixa de reconhecer os direitos dos filhos oriundos dessas entidades, imputando-lhes a proteção do princípio da igualdade e a vedação do tratamento discriminatório em virtude da origem.

Nesse ponto, entretanto, Fabíola Lobo esclarece que há um contrassenso quando se reconhece a igualdade de direitos entre os filhos, independentemente da origem, e o mesmo efeito não se verifica em relação ao núcleo familiar, tido como ilegítimo. Prossegue afirmando que o não reconhecimento de efeitos jurídicos na união estável simultânea atenta contra a dignidade de todos os membros desse núcleo, além dos demais princípios constitucionais, tal como o da solidariedade, da afetividade, da igualdade entre as entidades familiares, da pluralidade familiar e da liberdade.[36]

Nesse caminhar, parece pautada por frágil arcabouço jurídico a ideia de conceder efeitos jurídicos decorrentes do direito das famílias e de sucessões, apenas para uns (filhos) e não para todos (companheiros), quando a relação preenche todos os requisitos para a caracterização como entidade familiar.

Se presente a afetividade, elemento essencial de distinção das relações de família de outros agrupamentos; a estabilidade, que a afasta das relações casuais ou esporádicas e caracteriza a convivência familiar; bem como a publicidade, ausente nas relações secretas ou clandestinas, por que, então, não reconhecer efeitos a essa entidade como família e concretizar o projeto constitucional de garantir aos indivíduos a autodeterminação no ambiente familiar?

O Instituto Brasileiro de Direito de Família – IBDFAM, na mesma linha de entendimento, aprovou o Enunciado de nº 4, no qual reconhece que "A constituição de entidade familiar paralela pode gerar efeito jurídico".[37]

---

[36] LÔBO, Fabíola Albuquerque. O espaço da liberdade nas relações de família. RJLB, Ano 3 (2017), n. 4, p. 489-514.

[37] IBDFAM. Enunciados do IBDFAM. Disponível em: http://www.ibdfam.org.br/conheca-o-ibdfam/enunciados-ibdfam. Acesso em: 19 mar. 2019.

Atestou o referido instituto a legitimidade dessas entidades simultâneas como família e, ainda, os efeitos jurídicos pertinentes ao reconhecimento. Entretanto, nas palavras de Flávio Tartuce, esse ainda não parecer ser o momento das famílias paralelas. Caberá ao tempo mostrar a razão, especialmente pela visão de mundo das gerações mais novas, já que, se a família é plural, essa deveria ser mais uma opção oferecida pelo sistema para quem desejar tal forma de constituição.[38]

2.1 Jurisprudência dos tribunais superiores brasileiros

Optou-se pela análise dos julgados sobre a matéria apenas dos tribunais superiores devido ao fato de que é nesses tribunais que se tem "pacificado" o entendimento quanto às questões em análise. Sobretudo no Superior Tribunal de Justiça, onde tem havido a reforma das decisões dos tribunais estaduais quando em desconformidade com sua jurisprudência, ainda que isso envolva a análise de questões fáticas do caso.

Assim, apesar de os julgados dos tribunais estaduais crescentemente apontarem em sentido diverso, optou-se pelo enfrentamento do entendimento que tem sido adotado nos tribunais superiores, com vistas a debruçar-se, exatamente, sobre essa que tem sido a "palavra final" sobre os casos que envolvem os pleitos de reconhecimento de legitimidade às famílias simultâneas.

Em um dos julgados mais recentes,[39] a Quarta Turma do STJ abordou o pedido de reconhecimento de união estável proposto pela dita companheira, em face do espólio do alegado companheiro, requerendo-se que a entidade familiar mantida por 17 (dezessete) anos fosse reconhecida em todos os seus efeitos, não obstante ter o referido senhor falecido sem se divorciar de sua esposa.

O tribunal de origem manteve a sentença que considerou demonstrada a união estável e determinou a partilha de 50% (cinquenta por cento) dos bens adquiridos durante a convivência, ressalvada a meação da viúva, argumentando que ficou provado, de forma convincente e reiterada, que os companheiros eram reconhecidos no meio social como marido e mulher. Segundo o relator, restou caracterizado o *affectio maritalis*, sobretudo porque o vínculo afetivo entre eles não era clandestino e transbordava o limite do privado.

---

[38] TARTUCE, Flávio. *Direito Civil*: Direito de Família. Rio de Janeiro: Forense, 2018, p. 368.
[39] BRASIL. Superior Tribunal de Justiça. Recurso Especial nº 1.754.008/ RJ. Relator Ministro Luis Felipe Salomão. Órgão Julgador: Quarta Turma. *Diário Oficial*. Brasília, DF, 1 mar. 2019.

O acórdão do tribunal de justiça traçou seus fundamentos no que denominou de

> teoria da primazia da realidade como parâmetro para aferir o *intuito familiae*, uma vez que este elemento subjetivo é identificado não a partir das declarações expressas dos conviventes, mas do tratamento real e concreto dispensado entre as partes. Se elas se tratam como marido e mulher, mesmo que a relação seja denominada de um simples namoro, será enquadrada nas latitudes e longitudes da união estável.[40]

Em esforço argumentativo, entretanto, o acórdão do tribunal de justiça reconheceu a referida relação como união estável, sem reconhecer a teoria das famílias simultâneas, fundamentando-se na aplicação, por analogia, do artigo 1.561 do Código Civil, para reconhecer a existência de uma união estável putativa, diante da boa-fé da companheira.

O acórdão do STJ, por sua vez, aplicando o entendimento consolidado na jurisprudência do tribunal, afastou a possibilidade de reconhecimento de união estável simultânea ao casamento, porquanto não comprovada a separação de fato:

> Portanto, afigura-se impositiva a reforma do acórdão estadual, que manteve a sentença de procedência da pretensão autoral, uma vez que não foi atendido o requisito objetivo para configuração da união estável, consistente na inexistência de relacionamento de fato duradouro concomitante àquele que pretende proteção jurídica.[41]

Para fixar a tese de não ter havido a separação de fato, debruçou-se o relator sobre o caso e as provas informadas no acórdão recorrido, e reconheceu, de um lado, que os "companheiros" mantiveram relacionamento amoroso por 17 (dezessete) anos, de forma contínua e duradoura, e que o fato era de conhecimento ostensivo nos ambientes que frequentavam; por outro, que o falecido dormia apenas eventualmente na casa da dita companheira, o que comprovaria não ter havido a separação de fato da esposa.

---

[40] BRASIL. Superior Tribunal de Justiça. Recurso Especial nº 1.754.008/ RJ. Relator Ministro Luis Felipe Salomão. Órgão Julgador: Quarta Turma. *Diário Oficial*. Brasília, DF, 1 mar. 2019.

[41] BRASIL. Superior Tribunal de Justiça. Recurso Especial nº 1.754.008/ RJ. Relator Ministro Luis Felipe Salomão. Órgão Julgador: Quarta Turma. *Diário Oficial*. Brasília, DF, 1 mar. 2019.

Em caso semelhante,[42] pelo voto condutor da Ministra Maria Isabel Gallotti, a Quarta Turma do STJ também firmou entendimento no sentido da impossibilidade de reconhecer como união estável a relação concubinária não eventual, simultânea ao casamento, quando não estiver provada a separação de fato do parceiro casado.

No referido caso, apesar do parecer do Ministério Público Federal pleiteando proteção à união afetiva simultânea ao casamento e do reconhecimento que os documentos, fotografias e testemunhas do processo davam conta da efetiva união estável entre os companheiros, o entendimento fixou-se na ausência da comprovação da separação de fato.

Destaque-se que algumas das testemunhas alegaram que nem sequer sabiam que o falecido era casado, apenas conhecendo a união havida com a companheira, e que os filhos da esposa do *de cujus* reconheciam a união que este mantinha com a companheira.

Desse modo, o elemento determinante para o reconhecimento da união estável na jurisprudência do Superior Tribunal de Justiça não está na inexistência de vínculo matrimonial, mas na inexistência de relacionamento de fato duradouro, concomitante àquele que pretende a proteção jurídica, ou seja, é apenas a separação de fato que viabiliza a caracterização da união estável de pessoa casada.[43]

Perante o Supremo Tribunal Federal, continua em sede de repercussão geral a "possibilidade de reconhecimento jurídico de união estável e de relação homoafetiva concomitantes, com o consequente rateio de pensão por morte" (Tema 529), e a "possibilidade de concubinato de longa duração gerar efeitos previdenciários" (Tema 526), questões que, quando apreciadas, constituirão a questão atinente à legitimidade de núcleos familiares simultâneos.

Entretanto, a jurisprudência do STF, em outra oportunidade, já se posicionou no sentido de afastar o reconhecimento de legitimidade à união estável simultânea ao casamento, se não comprovada a separação de fato. Assim fora no caso de um indivíduo casado que manteve relação estável simultaneamente, tendo advindo das relações onze e nove filhos, respectivamente. O STF reconheceu, de um lado, a estabilidade

---

[42] BRASIL. Superior Tribunal de Justiça. Agravo Interno no Recurso Especial nº 1.737.291/AL. Relatora Ministra Maria Isabel Gallotti. Órgão Julgador: Quarta Turma. *Diário Oficial*. Brasília, DF, 7 fev. 2019.

[43] No mesmo sentido são os julgados: REsp nº 789.293/RJ, REsp nº 1.104.316/RS, REsp nº 1.157.273/RN, REsp nº 912.926/RS, AgInt no AREsp nº 898.706/SC, AgInt no REsp nº 1.725.214/RS, REsp nº 1.628.701/BA, AgInt no AREsp nº 999.189/MS.

a publicidade e a continuidade da vida dupla, mas, por outro, a necessidade de "respeito às balizas legais":

> Percebe-se que houve um envolvimento forte – de Valdemar do Amor Divino dos Santos e Joana da Paixão Luz –, projetado no tempo – 37 anos –, dele surgindo prole numerosa – nove filhos –, mas que não surte efeitos jurídicos ante a ilegitimidade, ante o fato de haver sido mantido o casamento com quem Valdemar contraíra núpcias e tivera onze filhos.[44]

Tem prevalecido, portanto, nos tribunais superiores o entendimento de não se admitir uma relação de concomitância entre um casamento e uma união estável,[45] apesar de resistências pontuais. Nessa última situação, aponta-se o caso em que o Superior Tribunal de Justiça reconheceu o direito de uma concubina, por mais de 40 anos, continuar a receber pensão alimentícia, diante da sua já avançada idade (mais de 60 anos de idade), fundamentando-se na proteção conferida pelo Estatuto do Idoso e nos princípios constitucionais da dignidade da pessoa humana e solidariedade familiar.[46]

Entretanto, diante desse critério delimitador do reconhecimento das entidades paralelas – a separação de fato –, questiona-se: apenas a coabitação em lares distintos seria prova de separação de fato? E quanto aos casais que escolhem assim viver, sem que isso signifique o fim de suas uniões? Seria necessário provar a ausência de vida íntima, independentemente da relevância que isso tenha para as pessoas envolvidas? Como fazer essa prova sem ferir o direito à privacidade da entidade familiar ou das entidades familiares existentes?

O Código Civil, quando elegeu a separação de fato como critério para o divórcio e para a dissolução da união estável, o fez por ser um critério eminentemente objetivo, para que não precise o Estado interferir na privacidade da entidade familiar ou nos motivos que levaram o casal à sua decisão. Um processo judicial invasivo da privacidade apenas contribui para o acirramento do conflito, colocando as partes diante do binário do tudo ou nada, do certo ou errado, do inocente e do culpado.[47]

---

[44] BRASIL. Supremo Tribunal Federal. Recurso Extraordinário nº 397762, Relator: Min. Marco Aurélio, Primeira Turma, julgado em 3/6/2008.
[45] TARTUCE, Flávio. *Direito Civil*: Direito de Família. Rio de Janeiro: Forense, 2018, p. 357.
[46] BRASIL. Superior Tribunal de Justiça. Recurso Especial nº 1.185.337/RS, Relator: Min. Sebastião Reis Junior, Sexta Turma, julgado em 25/9/2008.
[47] LÔBO, Paulo. *Direito Civil*: Famílias. São Paulo: Saraiva, 2009, p. 29.

A separação de fato, que pode resultar de decisão conjunta do casal ou unilateral de um dos cônjuges, surge, portanto, para ser utilizada como critério menos agressivo da privacidade da vida familiar e sem o cunho de reprovação e aprovação jurídica própria do elemento da culpa, que terminava por reforçar o caráter indissolúvel do casamento. Abandonou a legislação civil o critério da culpa, critério subjetivo e invasivo da privacidade da entidade familiar, em favor de um critério objetivo, que deve ser o da separação de fato.

Ocorre que quando o Estado, na figura do juiz e de todo o corpo técnico auxiliar, investiga questões como a manutenção de vida íntima entre os cônjuges, ou tempo de estadia na casa de um ou de outro e coabitação num mesmo quarto, a fim de verificar se houve a dita "separação de fato", ingressa na intimidade e na vida privada da sociedade conjugal e da entidade familiar, exatamente como ocorria com o malfadado critério da culpa, incompatível com os atuais critérios do direito das famílias.

Nesse mesmo sentido, reconheceu outro julgado do Superior Tribunal de Justiça,[48] mas para, a nosso ver, oferecer conclusão oposta. Diante dos notáveis indícios de que teria havido separação de fato, mas sem que o esposo houvesse se retirado definitivamente do então lar conjugal, por força do estado de saúde da ex-esposa e por razões humanitárias, concluiu o Tribunal Estadual pelo reconhecimento de união estável havida simultaneamente com outra mulher.

Segundo o acórdão do tribunal de justiça, restou demonstrada nos autos "(...) a circunstância de que o falecido, a despeito de pernoitar na casa da esposa, dormia em quarto separado e não mantinha 'relações íntimas' com ela no último ano". As circunstâncias de saúde da esposa fizeram com que o esposo "(...) não abandonasse definitivamente o lar, mantendo uma presença formal/material/afetiva em hora dramática (...)".[49]

Entretanto, concluiu o STJ por não levar em consideração as referidas ponderações de caráter tão íntimo da vida das pessoas, para não invadir, injustificadamente, a esfera da vida privada delas. Assim, afastou os ditos "notáveis indícios de separação de fato" para negar

---

[48] BRASIL. Superior Tribunal de Justiça. Recurso Especial nº 1.096.539/RS. Relator Ministro Luis Felipe Salomão. Órgão Julgador: Quarta Turma. *Diário Oficial*. Brasília, DF, 27 mar. 2012.

[49] BRASIL. Superior Tribunal de Justiça. Recurso Especial nº 1.096.539/RS. Relator Ministro Luis Felipe Salomão. Órgão Julgador: Quarta Turma. *Diário Oficial*. Brasília, DF, 27 mar. 2012.

o reconhecimento à união estável pleiteada, apesar dos elementos essenciais à sua constituição.

Eis o fundamento do julgado:

> Deveras, o casamento não possui um arquétipo bem definido que deva ser obrigatoriamente aceito pelos cônjuges – muito menos imposto pelo Estado –, constituindo manifestação vicejante da liberdade dos consortes o modo pelo qual será conduzida a vida em comum, liberdade que se harmoniza bem com o fato de que a intimidade e a vida privada são invioláveis e exercidas, na generalidade das vezes, em um recôndito espaço privado também erguido pelo ordenamento jurídico à condição de "asilo inviolável".

De fato, não cabe ao Poder Judiciário indagar com que propósito as pessoas mantêm suas vidas conjugais, se por razões humanitárias ou por qualquer outro motivo, ou se mantêm "vida íntima". Da mesma forma, também não deve interessar por qual razão os indivíduos mantêm núcleos familiares simultâneos. Tais ingerências agridem a garantia de inviolabilidade da vida privada e todos os direitos conexos à dignidade da pessoa humana.

A Constituição Federal não admite restrições ou exceções quando define que "são invioláveis a intimidade, a vida privada, a honra e imagem das pessoas" (Art. 5º, X). Como dito, nada é mais íntimo e privado que as relações estabelecidas na convivência familiar. Nesse sentido, não pode a lei ordinária excepcionar (e o julgador ao aplicá-la) de modo tão decisivo a garantia constitucional de inviolabilidade da privacidade, exatamente no ambiente privado e existencial, onde ela mais se realiza[50].

As razões que fazem as pessoas decidirem conviver afetuosamente umas com as outras são matéria de estrito foro íntimo que não cabe ao juiz perquirir. Para isso é que se lança mão de critérios objetivos a fim de verificar se um agrupamento de pessoas constitui, ou não, entidade familiar. São esses critérios a afetividade, a estabilidade e a convivência pública.

A doutrina aponta que a constituição de família é o objetivo da entidade familiar e deverá ser "aferido objetivamente, e não a partir da intenção das pessoas que as integram".[51] O foco deverá ser a aferição dos critérios de afetividade, estabilidade e convivência pública e ostensiva,

---

[50] LÔBO, Paulo. *Direito Civil:* Famílias. São Paulo: Saraiva, 2009, p. 140.
[51] LÔBO, Paulo. *Direito Civil:* Famílias. São Paulo: Saraiva, 2009, p. 58.

interpretando as relações jurídicas de acordo com a realidade fática que as circunda, o que representa a aplicação da ideia de função social da família.[52] Diante disso, não se mostra conveniente, sob o ponto de vista da inviolabilidade da intimidade, da vida privada e da dignidade da pessoa humana, devassar a vida dos indivíduos para verificar o fim da vida íntima ou o fim da vontade de permanecerem casados, com vistas ao reconhecimento de uma efetiva separação de fato. Valer-se de elementos subjetivos, quando os elementos objetivos dão conta da resolução da demanda, é correr o risco de se cometer grave injustiça e de se aderir a novos elementos de "culpa" na vida privada.

Nesse sentido, conveniente é a advertência de João Baptista Villela:

> Os custos da contínua e crescente usurpação de nossa liberdade de auto-regramento por parte do Estado são múltiplos e elevados. Ela começa por nos desqualificar como sujeitos. Depois alimenta a infantilização das pessoas individualmente consideradas e a castração da sociedade civil. É como se umas e a outra fossem incapazes de adotar, por si mesmas, regras de convivência e de composição dos seus interesses. E, portanto, devessem estar sob a permanente tutela de uma superorganização, o Estado, supostamente tão sábio, arguto, sensível e prudente, que lhes devesse ditar até mesmo como viver uma experiência amorosa.[53]

Conclusão

Consoante se observa, a jurisprudência dos tribunais superiores tem se fixado no sentido de afastar o reconhecimento de legitimidade a núcleo familiar simultâneo ao casamento, se não comprovada a separação de fato. Essa comprovação, por sua vez, tem passado pela arguição de aspectos íntimos e privados da vida dos indivíduos, tal como a manutenção de vida íntima ou a intenção real dos conviventes ou dos cônjuges.

---

[52] TARTUCE, Flávio. Separados pelo casamento: um ensaio sobre o concubinato, a separação de fato e a união estável. *Revista Brasileira de Direito das Famílias e Sucessões*, Porto Alegre, Magister, n. 8, p. 58-6, fev./mar. 20097.

[53] VILLELA, João Baptista. Repensando o direito de família. Disponível em: https://www.gontijo-familia.adv.br/2008/artigos_pdf/Joao_Baptista_Villela/RepensandoDireito.pdf. Acesso em 19 mar. 2019.

Ocorre que o objetivo de constituição de família, para as entidades familiares advindas da união estável, não se ampara em características subjetivas, mas, ao revés disso, deve ser aferido de modo objetivo, a partir dos elementos de configuração real e fática da relação afetiva, tal como a publicidade e a estabilidade. Tanto que, se houver divergência entre a vontade dos conviventes e o fato real da convivência com natureza familiar, este prevalece sobre aquela.[54]

A legislação constitucional oferece ao julgador elementos objetivos para nortear o entendimento e a caracterização dos núcleos familiares e, mais ainda, protege a vida privada da entidade familiar de forma ampla, obstando interferências na comunhão de vida instituída pela família. Por ser o espaço de afetividade e de realização pessoal de seus membros, é a família o ambiente mais privado do indivíduo, recebendo, por essa razão, especial proteção.

Como visto, a proteção ao direito à vida privada do indivíduo passa, necessariamente, pela garantia ao direito à privacidade da entidade familiar, que deve ser resguardada nas dimensões espacial e decisional. Nesse sentido, não apenas o local que serve de abrigo à família é inviolável, mas seu direito de fazer escolhas e de decidir a forma como vai constituir-se, manter-se e dissolver-se.

O exercício da privacidade resguarda a dimensão existencial do indivíduo e, pelo projeto constitucional de valorização da pessoa humana, recebe uma proteção constitucional reforçada, sendo considerado indispensável ao livre desenvolvimento da personalidade e da vida humana com dignidade. Pela mesma razão, deve contar com a mais ampla autonomia possível, garantindo-se ao indivíduo a efetiva possibilidade de fazer escolhas compatíveis com seus critérios subjetivos e limitando-se apenas às restrições previstas expressamente no próprio texto constitucional.

A limitação, portanto, do reconhecimento de entidades familiares por não comprovação de uma situação de separação de fato demanda ao julgador que invada a esfera privada da vida das pessoas e da entidade familiar, restringindo direitos constitucionalmente protegidos e indispensáveis à realização do projeto constitucional de dignidade da vida humana.

Mais ainda, a imposição de tal elemento para reconhecimento de legitimidade a núcleo devidamente reconhecido como família

---

[54] LÔBO, Paulo. A concepção da união estável como ato-fato jurídico e suas repercussões processuais. Disponível em: http://www.evocati.com.br/evocati/artigos.wsp?tmp_codartigo=385. Acesso em: 1 abr. 2015.

pelos elementos objetivos configuradores das entidades familiares, não encontra guarida no texto constitucional, que não prevê tal limitação ao exercício da privacidade, da liberdade e da autonomia da entidade familiar.

Diante das tantas variáveis culturais, éticas, políticas, econômicas e religiosas que pressionam e norteiam a família e das tantas imponderáveis aspirações e inspirações da pessoa na situação de família, nenhum modelo preconcebido e fechado atenderá a umas e outras.[55]

Considerando que a família é um espaço de autoconstituição coexistencial, não cabe ao Estado nem à comunidade a definição de como essa autoconstituição será desenvolvida.[56] Ou, nas ponderações do voto-vista e divergente, no emblemático caso de Valdemar do Amor Divino dos Santos e Joana da Paixão Luz, apreciado pelo STF:

> ao Direito não é dado sentir ciúmes pela parte supostamente traída, sabido que esse órgão chamado coração "é terra que ninguém nunca pisou". Ele, coração humano, a se integrar num contexto empírico da mais entranhada privacidade, perante a qual o Ordenamento Jurídico somente pode atuar como instância protetiva. Não censora ou por qualquer modo embaraçante.[57]

Diante do exposto, entende-se que qualquer limitação da autonomia da entidade familiar para decidir e deliberar sobre sua constituição, sua realização e sua extinção, não prevista expressamente no texto constitucional, invade a esfera privada de decisões das entidades familiares e fere o projeto constitucional de realização da dignidade da pessoa humana.

Referências

ACIOLI, Bruno de Lima; EHRHARDT JR., Marcos Augusto de Albuquerque. Uma Agenda para o Direito ao Esquecimento no Brasil. *Revista Brasileira de Políticas Públicas*. Brasília, v. 7, nº 3, dez. 2017. Disponível em: http://www.publicacoes.uniceub.br/RBPP/article/view/4867. Acesso em: 18 mar. 2019.

---

[55] VILLELA, João Baptista *apud* MULTEDO, Renata Vilela; BODIN DE MORAES, Maria Celina. A privatização do casamento. civilistica.com. a. 5, n. 2, 2016.

[56] MULTEDO, Renata Vilela. *Liberdade e família*: limites para a intervenção do Estado nas relações conjugais e parentais. Rio de Janeiro: Processo, 2017, p. 203.

[57] BRASIL. Supremo Tribunal Federal. Recurso Extraordinário nº 397762, Relator: Min. Marco Aurélio, Primeira Turma, julgado em 3/6/2008.

BASTOS, Celso Ribeiro; MARTINS, Ives Gandra *apud* MACEIRA, Irma Pereira. A proteção do direito à privacidade familiar na internet. 2012. Tese (Doutorado em Ciências Sociais). Pontifícia Universidade Católica de São Paulo. São Paulo, 2012.

BRASIL. Superior Tribunal de Justiça. Recurso Especial nº 1.754.008/ RJ. Relator Ministro Luis Felipe Salomão. Órgão Julgador: Quarta Turma. *Diário Oficial*. Brasília, DF, 1 mar. 2019.

BRASIL. Superior Tribunal de Justiça. Agravo Interno no Recurso Especial nº 1.737.291/ AL. Relatora Ministra Maria Isabel Gallotti. Órgão Julgador: Quarta Turma. *Diário Oficial*. Brasília, DF, 7 fev. 2019.

BRASIL. Supremo Tribunal Federal. Recurso Extraordinário nº 397762, Relator: Min. Marco Aurélio, Primeira Turma, julgado em 3/6/2008.

BRASIL. Superior Tribunal de Justiça. Recurso Especial nº 1.185.337/RS, Relator: Min. Sebastião Reis Junior, Sexta Turma, julgado em 25/9/2008.

BRASIL. Superior Tribunal de Justiça. Recurso Especial nº 1.096.539/RS. Relator Ministro Luis Felipe Salomão. Órgão Julgador: Quarta Turma. *Diário Oficial*. Brasília, DF, 27 mar. 2012.

DECLARAÇÃO UNIVERSAL DOS DIREITOS HUMANOS. Disponível em: https://nacoesunidas.org/wp-content/uploads/2018/10/DUDH.pdf. Acesso em: 18 mar. 2019.

DELGADO, Mário Luiz. Direitos da personalidade nas relações de família. Disponível em: http://www.ibdfam.org.br/_img/congressos/anais/34.pdf. Acesso em: 15 mar. 2019.

IBDFAM. Enunciados do IBDFAM. Disponível em: http://www.ibdfam.org.br/conheca-o-ibdfam/enunciados-ibdfam. Acesso em: 19 mar. 2019.

LIMA, Ricardo Alves de. *Função social da família*. Curitiba: Juruá, 2013.

LÔBO, Paulo. *Direito Civil*: famílias. São Paulo: Saraiva, 2009. v. 5.

LÔBO, Paulo. *Direito Civil*: Parte Geral. São Paulo: Saraiva, 2010, v. 1.

LÔBO, Paulo. A concepção da união estável como ato-fato jurídico e suas repercussões processuais. Disponível em: http://www.evocati.com.br/evocati/artigos.wsp?tmp_coda rtigo=385. Acesso em: 1 abr. 2015.

LOBO, Fabíola Albuquerque. O espaço da liberdade nas relações de família. *RJLB*, Ano 3 (2017), n, 4, p. 489-514.

MULTEDO, Renata Vilela; BODIN DE MORAES, Maria Celina. A privatização do casamento. Civilistica.com. a. 5. nº 2. 2016.

MULTEDO, Renata Vilela. *Liberdade e família*: limites para a intervenção do Estado nas relações conjugais e parentais. Rio de Janeiro: Processo, 2017.

PAMPLONA, Rodolfo; STOLZE, Pablo. *Novo curso de Direito Civil*. 7 ed. São Paulo: Saraiva, 2017, v. 6.

SARMENTO, Daniel. Os princípios constitucionais da liberdade e da autonomia privada. B. Cient. ESMPU, Brasília, a. 4, nº 14, p. 167-217, jan./mar. 2005.

SICHES, Luis Recasèns *apud* MACEIRA, Irma Pereira. A proteção do direito à privacidade familiar na internet. 2012. Tese (Doutorado em Ciências Sociais). Pontifícia Universidade Católica de São Paulo. São Paulo, 2012.

SIMÃO, José Fernando. Há limites para o princípio da pluralidade familiar na apreensão de novas formas de conjugalidade e de parentesco? *Revista Brasileira de Direito Civil*, v. 2, p. 61/78, out./dez. 2014.

TARTUCE, Flávio. *Direito Civil*: direito de família. Rio de Janeiro: Forense, 2018.

TARTUCE, Flávio.Separados pelo casamento: um ensaio sobre o concubinato, a separação de fato e a união estável. *Revista Brasileira de Direito das Famílias e Sucessões*, n. 8. Porto Alegre: Magister, fev./mar. 2009, p. 58-67.

VILLELA, João Baptista. Repensando o direito de família. Disponível em: https://www.gontijo-familia.adv.br/2008/artigos_pdf/Joao_Baptista_Villela/RepensandoDireito.pdf. Acesso em 19 mar. 2019.

Informação bibliográfica deste texto, conforme a NBR 6023:2018 da Associação Brasileira de Normas Técnicas (ABNT):

CABRAL, Camila Buarque; FRANCO, Karina Barbosa. Direito à privacidade da entidade familiar e os limites ao reconhecimento da legitimidade de famílias simultâneas. *In*: EHRHARDT JÚNIOR, Marcos; LOBO, Fabíola Albuquerque (Coord.). *Privacidade e sua compreensão no direito brasileiro*. Belo Horizonte: Fórum, 2019. p. 198-223. ISBN 978-85-450-0694-7.

DIREITO À PRIVACIDADE E AS LIMITAÇÕES À MULTIPARENTALIDADE

FABÍOLA ALBUQUERQUE LOBO

1 Introdução

A sofisticação que alcançou os debates doutrinários e jurisprudenciais em torno da filiação socioafetiva instou o STF, em julgamento paradigmático, a decidir acerca da prevalência da paternidade socioafetiva em detrimento da paternidade biológica. O que resultou no entendimento da coexistência de parentalidades simultâneas, com a fixação da seguinte tese de repercussão geral: "A paternidade socioafetiva, declarada ou não em registro público, não impede o reconhecimento do vínculo de filiação concomitante baseado na origem biológica, com os efeitos jurídicos próprios".[1]

Positivamente extrai-se da tese o reconhecimento da igualdade jurídica entre a parentalidade socioafetividade e a parentalidade biológica. A coexistência das duas formas de parentalidade institui a chamada multiparentalidade que se apresenta carreada dos consectários jurídicos existenciais e patrimoniais ínsitos às relações de filiação.

---

[1] STF (Leading Case - RE 898060). Tese 622 aprovada em 22.09.2016.

Por outro lado, a coexistência de parentalidades simultâneas desafia a tradicional estrutura binária da filiação. Antes da decisão do STF, litígio envolvendo a parentalidade biológica e a socioafetiva, com observância ao caso concreto e em atenção ao princípio do melhor interesse da criança, ponderava qual das espécies de parentalidade deveria prevalecer em detrimento da outra. Uma afastava a outra, mas a estrutura binária da filiação permanecia. Esse modelo permaneceu até ser desafiado pela Lei nº 11.924/2009, que alterou a Lei de Registros Públicos (LRP –6015/73), mediante a inclusão do §8º no art. 57 com a seguinte redação: "O enteado ou a enteada, havendo motivo ponderável e na forma dos §§2º e 7º deste artigo, poderá requerer ao juiz competente que, no registro de nascimento, seja averbado o nome de família de seu padrasto ou de sua madrasta, desde que haja expressa concordância destes, sem prejuízo de seus apelidos de família."

Desde esse momento, Christiano Cassettari[2] passou a defender que aquela alteração na LRP representou a fase germinal da multiparentalidade, com todos os efeitos jurídicos correspondentes.

Em sentido oposto, Paulo Lôbo assim se manifestou:

> O acréscimo de sobrenome não altera a relação de parentesco por afinidade como o padrasto ou madrasta, cujo vínculo assim permanece sem repercussão patrimonial, uma vez que tem finalidade simbólica existencial. Consequentemente, não são cabíveis pretensões a alimentos ou sucessão hereditária, em razão desse fato.[3]

Alguns anos depois da alteração na LRP, o tema chegou ao STF e impôs um posicionamento sobre a matéria, o que culminou na tese retrorreferida. Como esperado, a repercussão geral gera expectativas na comunidade jurídica, pois sua finalidade principal é uniformizar a interpretação constitucional, mediante o apaziguamento das divergências nos casos idênticos.

Mas será que a tese cumpriu com a sua função prestante ou continua dando margens a celeumas interpretativas? A multiparentalidade passou a ser regra no direito de família brasileiro? Há limites quanto a sua aplicação? Nas hipóteses em que o direito ao anonimato (privacidade) se faz presente, a exemplo das relações de parentalidade proveniente da adoção e da parentalidade proveniente da utilização

---

[2] CASSETTARI, Christiano. *Multiparentalidade e parentalidade socioafetiva*, 2014.
[3] LÔBO, Paulo. *Direito civil: famílias*. 2017, p. 89.

das técnicas de reprodução assistida heteróloga, ambas as espécies de parentalidades socioafetivas podem ser desafiadas pela multiparentalidade? Há conflito entre direito à privacidade e multiparentalidade? São esses os questionamentos que se procurará responder ao longo do desenvolvimento do trabalho.

2 O direito à privacidade

A Constituição Federal, ao tratar dos direitos e garantias fundamentais (art. 5º), deu tratamento distinto ao direito à liberdade de expressão (art. 5º, IV) e aos direitos da personalidade (art. 5º, X). Àquele foi assegurado e, por extensão, proibiu o anonimato. A premissa inicial é compreender que somente nessa dimensão é possível tal proibição, pois é associada à ideia de "ocultação maliciosa do nome, justamente para o sujeito se esquivar às responsabilidades de seus atos. Abuso de liberdade de pensamento".[4]

No âmbito dos direitos da personalidade, embora o direito ao anonimato não esteja expresso, mas ele é essencial para a compreensão e estruturação do direito à privacidade, ou seja, o núcleo dos direitos da personalidade é exatamente a garantia do anonimato. Este deve ser compreendido como o direito do indivíduo de não querer se identificar, logo "a reserva da pessoa, que não deve ser levada ao espaço público".[5]

Embora privacidade, intimidade, liberdade pessoal, vida privada sejam muito próximas e não raro tratadas como sinônimas, mas, como bem preceitua Paulo Lôbo, não expressam sinonímias. Ao contrário, a privacidade é gênero do qual são espécies todas àquelas situações.

> Sob a denominação "privacidade" cabem os direitos da personalidade que resguardam de interferências externas os fatos da intimidade e da reserva da pessoa, que não devem ser levados ao espaço público (...). Incluem-se nos direitos à privacidade os direitos à intimidade, à vida privada, ao sigilo e à imagem.[6]

Para compreender a temática do direito à privacidade no campo da filiação é fundamental ter como premissa estabelecer a distinção entre estado de filiação e origem genética.

---

[4] SILVA, De Plácido e. *Vocabulário jurídico*, 1987.
[5] LÔBO, Paulo. *Direito civil*: parte geral. 2019, p. 159.
[6] *Idem*.

Infelizmente, nem sempre esta distinção é feita e acaba gerando posicionamentos criticáveis. Como exemplo, um pequeno excerto de um julgado no STJ:[7]

> (...) E, nesse ponto, vale reconhecer, em breve digressão, as dificuldades consideráveis a serem enfrentadas pelo legislador, na futura disciplina da matéria, dada a controvérsia em torno do tema relativo à inviolabilidade do sigilo da identidade de doadores de gametas, entendendo alguns estudiosos de bioética ser imprescindível a regra do anonimato à luz do direito à intimidade e à privacidade, enquanto outros conclamam sua insubsistência em face do direito ao conhecimento da origem genética titularizado pelas crianças concebidas, direito de personalidade indissociável da condição humana (...). De qualquer forma, enquanto pendentes de específica regulamentação legal as questões inerentes à reprodução humana assistida, há de se reconhecer a necessidade de sopesar a aplicabilidade do princípio do anonimato dos doadores de gametas mediante revisão judicial de sua serventia ao caso concreto(...)

Em sentido, diametralmente, oposto as considerações de Paulo Lôbo:

> O estado de filiação, que decorre da estabilidade dos laços afetivos construídos no cotidiano de pai e filho, constitui fundamento essencial da atribuição de paternidade ou maternidade. Nada tem a ver com o direito de cada pessoa ao conhecimento de sua origem genética. São duas situações distintas, tendo a primeira natureza de direito de família e a segunda de direito da personalidade.
>
> Para garantir a tutela do direito da personalidade não há necessidade de investigar a paternidade. O objeto da tutela do direito ao conhecimento da origem genética é assegurar a direito da personalidade, na espécie direito à vida, pois os dados da ciência atual apontam para a necessidade de cada indivíduo saber a história de saúde de seus parentes biológicos próximos para prevenção da própria vida. Não há necessidade de se atribuir a paternidade a alguém para se ter o direito da personalidade de conhecer, por exemplo, os ascendentes biológicos paternos do que foi gerado por dador anônimo de sêmen, ou do que foi adotado.[8]

Nesta quadra é possível afirmar que o direito à privacidade do dador anônimo de sêmen, bem como o direito de sigilo da mãe que

---

[7] AREsp nº 1.042.172 SP. Ministra Relatora ASSUSETE MAGALHÃES, Data de Publ. 11/10/2017.

[8] LÔBO, Paulo. Direito ao estado de filiação e origem genética: uma distinção necessária. *Revista Brasileira de Direito de Família*, n. 19, 2003, p. 151.

manifeste interesse em entregar seu filho para adoção (este direito embora só recentemente tenha sido acolhido pelo ECA, mas desde então já era apontado por Paulo Lôbo) não podem ser desafiados ou flexibilizados pela multiparentalidade. E as razões do porquê da limitação serão expostas a seguir.

3 Relação de parentalidade proveniente da reprodução assistida heteróloga

As técnicas de reprodução assistidas, juntamente com a clonagem, células troncos, transgênicos e o projeto Genoma Humano integram as diversas possibilidades das pesquisas na área de engenharia genética. Esta pode ser compreendida como "técnicas de manipulação e recombinação dos genes, através de um conjunto de conhecimentos científicos (genética, biologia molecular, bioquímica, entre outros), que reformulam, reconstituem, reproduzem e até criam seres vivos".[9]

Diante dos avanços das investigações científicas, inclusive com impactos nos seres humanos e a constatação da insuficiência normativa regulando os variados aspectos das pesquisas genéticas, foi aprovada a Declaração Universal do Genoma Humano e dos Direitos Humanos.[10]

A Declaração elegeu como fio condutor o princípio da dignidade da pessoa humana, como fundamento maior à proteção dos dados genéticos. Há de se estabelecer uma pauta com princípios e valores intangíveis impeditivos de toda e qualquer tentativa de transformar os seres humanos em moeda de troca frente aos interesses econômicos e avanços tecnológicos nas variadas áreas do conhecimento.[11]

Neste sentido é sempre atual a definição de dignidade humana dada por Kant.

> No reino dos fins tudo tem ou um preço ou uma dignidade. Quando uma coisa tem um preço, pode-se pôr em vez dela qualquer outra como equivalente; mas quando uma coisa está acima de todo o preço, e, portanto não permite equivalente, então tem ela dignidade.[12]

---

[9] www.todamateria.com.br/engenharia-genetica.

[10] UNESCO. Conferência Geral. 29º sessão. Disponível em: www. unesdoc.unesco.org. 1997.

[11] Declaração Artigo 4 – O genoma humano em seu estado natural não deve dar lugar a ganhos financeiros.

[12] KANT, Immanuel. *Fundamentação da metafísica dos costumes*, 1997, p. 14.

MARCOS EHRHARDT JÚNIOR, FABÍOLA ALBUQUERQUE LOBO (Coord.)
PRIVACIDADE E SUA COMPREENSÃO NO DIREITO BRASILEIRO

Princípios como o da não discriminação com fundamento nas características genéticas do indivíduo,[13] do sigilo dos dados genéticos,[14] do consentimento das pessoas envolvidas em pesquisas, tratamento ou diagnóstico que afetem o genoma[15] e o da limitação da quebra do sigilo ou do consentimento[16] têm por fito expressar que:

nenhuma pesquisa ou aplicação de pesquisa relativa ao genoma humano, em especial nos campos da biologia, genética e medicina, deve prevalecer sobre o respeito aos direitos humanos, às liberdades fundamentais e à dignidade humana dos indivíduos ou, quando for o caso, de grupos de pessoas.[17]

Em atenção ao princípio do sigilo dos dados genéticos, ou da confidencialidade, como prefere Gisele Echterhoff:

a grande preocupação é com a má utilização das informações genéticas, pois dentro do conceito de privacidade se inclui o de confidencialidade que se traduz no direito do indivíduo a determinar as circunstâncias nas quais deve ser revelada a informação genética e a quem se deve revelar. Outrossim, tais informações genéticas não somente afetam o seu portador como também direta ou indiretamente terceiros (familiares, cônjuge etc.), bem como podem se tornar instrumentos bastante perigosos em mãos erradas, razão pela qual se torna imprescindível a sua proteção. Portanto, analisando detidamente o conceito de direito à privacidade, o âmbito das técnicas de engenharia genética que têm finalidades diagnósticas e as diversas consequências do conhecimento das informações genéticas humanas, constata-se claramente que os dados genéticos, como informações diretamente relacionadas ao ser humano, são integrantes da esfera íntima do homem, devendo ser protegidos.[18]

---

[13] Declaração "Art. 6 – Ninguém será sujeito a discriminação baseada em características genéticas que vise infringir ou exerça o efeito de infringir os direitos humanos, as liberdades fundamentais ou a dignidade humana".

[14] Declaração "Art. 7 – Quaisquer dados genéticos associados a uma pessoa identificável e armazenados ou processados para fins de pesquisa ou para qualquer outra finalidade devem ser mantidos em sigilo, nas condições previstas em lei".

[15] Declaração "Art.5b) Em todos os casos é obrigatório o consentimento prévio, livre e informado da pessoa envolvida. Se esta não se encontrar em condições de consentir, a autorização deve ser obtida na maneira prevista pela lei, orientada pelo melhor interesse da pessoa".

[16] Declaração "Art. 9 – Com o objetivo de proteger os direitos humanos e as liberdades fundamentais, as limitações aos princípios do consentimento e do sigilo só poderão ser prescritas por lei, por razões de força maior, dentro dos limites da legislação pública internacional e da lei internacional dos direitos humanos".

[17] Declaração Art. 10.

[18] ECHTERHOFF Gisele. Os dados genéticos e o direito à privacidade: a declaração universal sobre o genoma humano e os direitos humanos. Disponível em: revistas.ufpr.br/cejur/article/view/14842. 2006, p. 232.

O marco inicial do Código Civil/2002 localiza-se no PL nº 634/ 1975 (Emendas na CD). Portanto, do início até a promulgação do texto final, a trajetória estendeu-se por 27 anos.

A fim de verificar as razões que motivaram o legislador a inserir o tema da reprodução assistida, a história legislativa[19] nos dá conta que a justificativa baseava-se no fato de não se poder continuar entendendo a "procriação de acordo com as categorias tradicionais do direito, em descompasso com a realidade atual das modernas técnicas de reprodução humana medicamente assistida".[20]

Em seguida, veio a emenda do Senador Nelson Carneiro, com o parecer final do Senador Josaphat Marinho, no sentido de incluir a situação dos filhos havidos por inseminação artificial,[21] o que redundou no seguinte artigo:

> Art. 1.603. Presumem-se concebidos na constância do casamento:
> I – Os filhos nascidos cento e oitenta dias, pelo menos, depois de estabelecida a convivência conjugal.
> II – Os nascidos dentro dos trezentos dias subsequentes à dissolução da sociedade conjugal:
> III – Os havidos por inseminação artificial, desde que tenha havido prévia autorização do marido.

O texto aprovado no Senado foi alterado pelo novo texto proposto pela Câmara mediante a subemenda de redação do Relator-Geral Deputado Ricardo Fíuza,[22] com parecer final do Senador José Fogaça, tendo em vista que tal dispositivo era inexistente no projeto de lei original (PL nº 634/1975 – Emendas na CD). Diante disso a justificativa da alteração foi redigida nos seguintes termos:

> Quanto ao inciso III, (...) pode pàrecer polêmico, mas é ele adequado, pois *tal presunção servirá para a hipótese de um marido que autoriza a sua mulher* a fazer inseminação artificial, mas antes de nascer a criança eles venham a romper o casamento e tal marido não querer mais assumir aquela paternidade, por ele antes desejada e autorizada. Resta, considerar, entretanto, a necessidade de se estabelecer a condicionante de

---

[19] PASSOS, Edilenice e LIMA, João Alberto de Oliveira. *Memória Legislativa do Código Civil*, 2012, v. 1.

[20] *Idem*. Emenda nº 224 (Senador José Fragelli). PLC nº 118/1984 (Emendas no SF). 2012, v. 3.

[21] *Idem*. Emenda nº 225. PLC 118/1984 (Emendas no SF). 2012, v. 3.

[22] *Idem*. Subemenda 34. Art. 1.602 (Emenda nº 208 – PL 634-C/1975 [1998] – CD 2º Turno), 2012, v. 4.

autorização à hipótese de se tratar de inseminação artificial heteróloga, a que é feita com sêmen do terceiro e não do marido.

Na Câmara, além da inclusão do termo heteróloga (inciso III) houve a inserção de duas outras espécies de presunções. Nessa ocasião, passando a ser o artigo 1602 e não mais artigo 1603 (numeração no Senado) e atualmente corresponde ao artigo 1597 do Código Civil.

Art. 1.602 – Presumem-se concebidos na constância do casamento os filhos:
I – nascidos cento e oitenta dias, pelo menos, depois de estabelecida a convivência conjugal;
II – nascidos nos trezentos dias subsequentes à dissolução da sociedade conjugal, por morte, separação judicial, nulidade ou anulação do casamento;
III- havidos por fecundação artificial homóloga, mesmo que falecido o marido;
IV – havidos, a qualquer tempo, quando se tratar de embriões excedentários, decorrentes de concepção artificial homóloga;
V – havidos por inseminação artificial heteróloga, desde que tenha prévia autorização do marido.

Embora o legislador tenha dado ares de contemporaneidade, com a inserção das técnicas de reprodução assistida, mas o fez desacompanhado da análise das repercussões práticas do problema. Principalmente por extrapolarem os limites do direito de família e alcançarem o direito sucessório, o qual não contém nenhuma referência ao tema.

Quanto à utilização das técnicas de reprodução assistida, há inúmeros projetos de lei em tramitação.[23] Diante da ausência legislativa, a temática vem sendo tratada através de resoluções, de natureza deontológica, editadas pelo Conselho Federal de Medicina, as quais estão sendo aplicadas equivocadamente às demandas concretas, como se tratassem de normas jurídicas.

A respeito de reprodução assistida, o Conselho Nacional de Justiça editou provimento dispondo acerca do registro de nascimento e emissão da respectiva certidão dos filhos havidos por reprodução assistida,[24] mas incidiu em inconstitucionalidade.

---

[23] BRASIL. Estatuto da Reprodução Assistida. PL 4892/2012 e a ele apensados os PL 115/2015, PL 7591/2017 e PL 9403/2017. Disponível em: www.camara.leg.br/proposicoesWeb.
[24] CNJ. Provimento nº 52 DE 15/03/2016.

O provimento, ao relacionar os documentos necessários para fins de registro e emissão da certidão de nascimento exigia uma "declaração, com firma reconhecida, do diretor técnico da clínica, centro ou serviço de reprodução humana em que foi realizada a reprodução assistida, indicando a técnica adotada, *o nome do doador ou da doadora, com registro de seus dados clínicos de caráter geral e características fenotípicas, assim como o nome dos seus beneficiários"* (art. 2º, II, grifo nosso). Tal exigência causou perplexidade diante da expressa violação do direito de sigilo do doador, em colisão com os dispositivos das Resoluções do CFM e com os projetos de lei em tramitação na Câmara dos Deputados. Não por acaso, o mesmo CNJ, através do Provimento nº 63/2017, revogou o provimento suprarreferido.

Ainda em relação ao Código Civil, interessante observar que o inciso V do art. 1597 apesar de condicionar a utilização da inseminação artificial heteróloga à prévia autorização do marido, não há qualquer alusão a que o casal beneficiado pela técnica possa conhecer ou não o dador de material genético. Isso constitui uma crítica preliminar à atecnia do legislador em relação ao inciso, pois este deveria ter estabelecido expressamente o anonimato do dador.

Ademais, o sigilo das informações genéticas constitui um dos núcleos do princípio fundamental da dignidade da pessoa humana segundo a Declaração Universal do Genoma Humano e dos Direitos Humanos,[25] a qual é anterior ao Código Civil e por este não foi observada.

O anonimato dos doadores é correlato ao direito fundamental à privacidade e, por assim ser identificado, é um direito subjetivo fundamental. Como direito subjetivo fundamental, este possui um objeto e conteúdo próprio. O objeto, o bem protegido, é a liberdade de omitir a sua identificação civil; este, correlato ao da privacidade. O conteúdo é a faculdade de manter o sigilo de seu nome.[26]

Nessa linha, destaque para o enunciado aprovado de nº 405, da V Jornada de Direito Civil.[27]

Art. 21: As informações genéticas são parte da vida privada e não podem ser utilizadas para fins diversos daqueles que motivaram seu armazenamento, registro ou uso, salvo com autorização do titular.

---

[25] UNESCO, Conferência Geral – 29º sessão. Disponível em: www. unesdoc.unesco.org. 1997.

[26] MOREIRA, Fernanda de Souza. O Direito a alimentos do nascido do banco de sêmen e a legitimação passiva do doador na inseminação artificial heteróloga: uma colisão de direitos fundamentais. *Revista Brasileira de Direito das Famílias e Sucessões*, v. 15, p. 36, 2010.

[27] V Jornada de Direito Civil, 2012.

A atual Resolução do CFM nº 2.168/2017, ao tratar da doação de gametas ou embriões, dispõe expressamente sobre a proibição do caráter lucrativo ou comercial da técnica e da obrigatoriedade do sigilo, constando apenas um registro com dados clínicos de caráter geral, características fenotípicas e uma amostra de material celular dos doadores.[28] A partir dos argumentos utilizados acima, com especial destaque à tese que estado de filiação e origem biológica são dimensões distintas e ainda embasada em alguns enunciados,[29] concluímos que o direito à privacidade do dador anônimo (inseminação artificial heteróloga) tem primazia frente à multiparentalidade. E, em homenagem à interpretação sistêmica do ordenamento jurídico brasileiro, aquela hipótese representa uma cláusula de barreira à aplicação da multiparentalidade.

4 Relação de parentalidade proveniente da adoção

O Estatuto da Criança e do Adolescente, ao dispor sobre adoção, enuncia algumas regras condutoras do instituto. São elas: o desligamento dos vínculos entre o adotado com os pais e parentes biológicos, mantendo-os apenas para fins de impedimentos matrimoniais; a adoção é condicionada ao princípio do melhor interesse da criança; o vínculo da adoção dar-se-á por sentença judicial, e a inscrição no registro civil

---

[28] "2. Os doadores não devem conhecer a identidade dos receptores e vice-versa.
4. Será mantido, obrigatoriamente, sigilo sobre a identidade dos doadores de gametas e embriões, bem como dos receptores. Em situações especiais, informações sobre os doadores, por motivação médica, podem ser fornecidas exclusivamente para médicos, resguardando- se a identidade civil do(a) doador(a).
5. As clínicas, centros ou serviços onde são feitas as doações devem manter, de forma permanente, um registro com dados clínicos de caráter geral, características fenotípicas e uma amostra de material celular dos doador, de acordo com a legislação vigente."

[29] I Jornada de Direito Civil. Enunciado 111 – "Art. 1626: A adoção e a reprodução assistida heteróloga atribuem a condição de filho ao adotado e à criança resultante de técnica conceptiva heteróloga; porém, enquanto na adoção haverá o desligamento dos vínculos entre o adotado e seus parentes consangüíneos, na reprodução assistida heteróloga sequer será estabelecido o vínculo de parentesco entre a criança e o doador do material fecundante. 2012".
III Jornada de Direito Civil. Enunciado 258 – "Arts. 1.597 e 1.601: Não cabe a ação prevista no art. 1.601 do Código Civil se a filiação tiver origem em procriação assistida heteróloga, autorizada pelo marido nos termos do inc. V do art. 1.597, cuja paternidade configura presunção absoluta. 2012".
VI Jornada de Direito Civil. Enunciado 570 – "Arts. 1.607 e 1.609: O reconhecimento de filho havido em união estável fruto de técnica de reprodução assistida heteróloga "a patre" consentida expressamente pelo companheiro representa a formalização do vínculo jurídico de paternidade-filiação, cuja constituição se deu no momento do início da gravidez da companheira. 2013".

consignará o nome do adotante como pais e que nenhuma observação sobre a origem do ato poderá constar na certidão de registro e o direito assegurado ao adotado de conhecer sua origem biológica.[30]

> Toda pessoa tem direito fundamental, na espécie direito da personalidade, de vindicar sua origem biológica (...). Esse direito é individual, personalíssimo, não dependendo de ser inserido em relação de família para ser tutelado ou protegido. Uma coisa é vindicar a origem genética, outra a investigação da paternidade.[31]

Recentemente, a Lei nº 13.509/2017 alterou o Estatuto da Criança e do Adolescente e reconheceu expressamente o direito da mãe entregar o filho para adoção, sendo a ela garantido o sigilo, mas sem desconsiderar o direito do adotado de conhecer sua origem biológica.[32]

A respeito da questão, Walter Gomes de Sousa, psicólogo judiciário e supervisor da Seção de Colocação em Família Substituta da Vara da Infância e da Juventude do Distrito Federal – SEFAM/VIJ-DF, assim se manifesta:

> A Lei nº 13.509/17 fixou o fluxo psicossocial para uma entrega voluntária e segura em adoção, garantindo às mães ou gestantes a devida proteção à sua intimidade e à sua privacidade. Incluído pela citada lei, o artigo 19-A, §5º, do ECA preconiza que, "após o nascimento da criança, a vontade da mãe ou de ambos os genitores, se houver pai registral ou

---

[30] "Art. 41. A adoção atribui a condição de filho ao adotado, com os mesmos direitos e deveres, inclusive sucessórios, desligando-o de qualquer vínculo com pais e parentes, salvo os impedimentos matrimoniais;
Art. 49. A morte dos adotantes não restabelece o poder familiar dos pais naturais
Art. 43. A adoção será deferida quando apresentar reais vantagens para o adotando e fundar-se em motivos legítimos.
Art. 47. O vínculo da adoção constitui-se por sentença judicial, que será inscrita no registro civil mediante mandado do qual não se fornecerá certidão (caput e parágrafos).
Art. 48. O adotado tem direito de conhecer sua origem biológica, bem como de obter acesso irrestrito ao processo no qual a medida foi aplicada e seus eventuais incidentes, após completar 18 (dezoito) anos. (Redação dada pela Lei nº 12.010, de 2009) Vigência.
Parágrafo único. O acesso ao processo de adoção poderá ser também deferido ao adotado menor de 18 (dezoito) anos, a seu pedido, assegurada orientação e assistência jurídica e psicológica."

[31] LÔBO, Paulo. Direito ao estado de filiação e origem genética: uma distinção necessária. *Revista Brasileira de Direito de Família*. Porto Alegre: Síntese, n. 19, p. 153, ago./set., 2003.

[32] "Art. 19-A. A gestante ou mãe que manifeste interesse em entregar seu filho para adoção, antes ou logo após o nascimento, será encaminhada à Justiça da Infância e da Juventude. (Incluído pela Lei nº 13.509, de 2017)
§9º É garantido à mãe o direito ao sigilo sobre o nascimento, respeitado o disposto no art. 48 desta Lei. (Incluído pela Lei nº 13.509, de 2017)"

pai indicado, deve ser manifestada na audiência a que se refere o §1º do art. 166 desta Lei, garantido o sigilo sobre a entrega. O artigo 19-A, §9º, do ECA também reforça as garantias legais reservadas às mulheres queentregam em adoção, estatuindo que "é garantido à mãe o direito ao sigilo sobre o nascimento, respeitado o disposto no art. 48 desta Lei" (grifo meu). Por fim, no contexto processual em que ocorre o anúncio do consentimento de entrega de filhos em adoção por parte dos titulares do poder familiar no âmbito de uma audiência judicial, o artigo 166, §3º, do ECA, alterado pela Lei nº 13.509/17, decreta que "são garantidos a livre manifestação de vontade dos detentores do poder familiar e o direito ao sigilo das informações".

A certeza de que o sigilo será garantido no contexto de entrega de uma criança em adoção no âmbito da Justiça Infanto-juvenil motivará muitas mulheres a romperem o medo ou acanhamento, possibilitando que se reportem com toda segurança ao Poder Judiciário para a obtenção de informações e orientações a respeito da mencionada entrega em adoção sem correrem o risco de serem expostas a prejulgamentos ou quaisquer constrangimentos, seja em nível familiar, seja em nível social.

Em relação a isso especificamente, convém ressaltar que a literatura especializada moderna retrata que de fato a reação social diante de uma mulher que decide entregar um filho em adoção é de total reprovação, e isso se deve ao fato de que na sociedade ocidental predominam construções socioculturais que concebem a maternidade como algo sagrado, inato à natureza feminina e irrenunciável. De acordo com esse viés, a mãe que por alguma razão opta pela abdicação do ato de criar um filho é retratada como uma pessoa perversa, desprovida de sentimentos e possivelmente com algum traço psíquico desviante. Tal realidade nos força a compreender melhor o porquê de tantas mulheres desejosas de proceder à entrega de um filho em adoção à Justiça Infanto-juvenil estarem a exigir de forma veemente a garantia de aplicação do sigilo judicial.[33]

Em pesquisa jurisprudencial, identificamos alguns julgados, nos quais a multiparentalidade foi aplicada em processos de adoção, sem observância das regras legais previstas no ECA.

Vejamos as decisões:

---

[33] SOUSA, Walter Gomes. A garantia do sigilo na entrega em adoção. Disponível em: www.tjdft.jus.br/informacoes/infancia-e-juventude/textos-e-artigos/a-garantia-do-sigilo-na-entrega-em-adocao. *2017.*

PROCESSO CIVIL E CIVIL. RECURSO ESPECIAL. DIREITO DE FAMÍLIA. AÇÃO DE INVESTIGAÇÃO DE PATERNIDADE DE FILHO QUE JÁ FORA ADOTADO PELOS TIOS MATERNOS. POSSIBILIDADE JURÍDICA RELATIVAMENTE À INVESTIGAÇÃO DE PATERNIDADE RECONHECIDA POR ESTA CORTE. INVIABILIDADE DE ANÁLISE DA SUPOSTA VIOLAÇÃO A DISPOSITIVOS CONSTITUCIONAIS. ACÓRDÃO FUNDAMENTADO. INVESTIGAÇÃO DE PATERNIDADE JULGADA PROCEDENTE. MULTIPARENTALIDADE. POSSIBI-LIDADE. ALIMENTOS. TERMO INICIAL. SÚMULA 277/STJ. MAJORAÇÃO. INOVAÇÃO DA LIDE. (...) 4. Quanto ao pedido de cancelamento do registro de nascimento decorrente da adoção, trata-se de tema precluso, em virtude do que decidido no REsp 220.623/SP. 5. O fato de ter havido a adoção plena do autor não o impede de forma alguma de ter reconhecida a verdade biológica quanto a sua filiação. Isso porque "o art. 27 do ECA não deve alcançar apenas aqueles que não foram adotados, porque jamais a interpretação da lei pode dar ensanchas a decisões discriminatórias, excludentes de direitos, de cunho marcadamente indisponível e de caráter personalíssimo, sobre cujo exercício não pode recair nenhuma restrição, como ocorre com o Direito ao reconhecimento do estado de filiação" (REsp 813.604/SC, Rel. Min. NANCY ANDRIGHI, Terceira Turma, DJ de 17.09.2007). 6. A procedência do pedido de investigação de paternidade – o que não é objeto de insurgência por ambas as partes –, de filho que fora adotado pelos tios maternos, com o pedido de novo assento, constando o nome do pai verdadeiro, implica o reconhecimento de todas as consequências patrimoniais e extrapatrimoniais daí advindas, sob pena de admitir-se discriminação em relação à condição de adotado. 7. Esse entendimento está em consonância com a orientação dada pelo Supremo Tribunal Federal, que reconheceu a repercussão geral do tema no RE 898.060/SC, Relator Ministro Luiz Fux, DJe de 24/8/2017, preconizando que "a paternidade socioafetiva, declarada ou não em registro público, não impede o reconhecimento do vínculo de filiação concomitante baseado na origem biológica, com todas as suas consequências patrimoniais e extrapatrimoniais". Com efeito, a multiparentalidade é admitida tanto por esta Corte, como pelo Supremo Tribunal Federal. (...)[34]

DIREITO DE FAMÍLIA E CONSTITUCIONAL. AÇÃO DE ADOÇÃO. MULTIPARENTALIDADE. RECONHECIMENTO DO VÍNCULO BIOLOGICO PREEXISTENTE. PATERNIDADE SOCIOAFETIVA. DUPLA PARENTALIDADE. POSSIBILIDADE. DECISÃO DO STF COM REPERCUSSÃO GERAL. 1. A paternidade biológica declarada em registro público não impede o reconhecimento do vínculo de

---

[34] STJ –REsp nº 1607056. Ministro LUIS FELIPE SALOMÃO. Data da publ. 05/12/2018.

filiação concomitante baseado na origem socioafetiva, com os efeitos jurídicos próprios, como desdobramento do sobreprincípio da dignidade humana, na sua dimensão de tutela da felicidade e realização pessoal dos indivíduos a partir de suas próprias configurações existenciais. 2. "A omissão do legislador brasileiro quanto ao reconhecimento dos mais diversos arranjos familiares não pode servir de escusa para a negativa de proteção a situações de pluriparentalidade." Tese fixada com repercussão geral no julgamento do RE 898060/SC – STF. 3. Recurso conhecido e provido.[35]

Muito curioso foi o julgado da 5ª Câmara de Direito Privado do Tribunal de Justiça de São Paulo (TJSP), que autorizou adoção de uma mulher de 21 anos pelo padrasto, mesmo sem o consentimento do pai biológico e aplicou a multiparentalidade.[36]

Conforme os autos, a filha alegou que desde os dois anos seu pai é ausente e, por isso, iniciou o processo de adoção quando atingiu a maioridade, por reconhecer o vínculo com seu padrasto. Entretanto, o pai biológico entrou com ação para restringir a adoção, afirmando que nunca esteve distante da filha. Para o relator do recurso, mesmo com a comprovação nos autos de que o pai biológico, ao longo desse período não desempenhou a função paternal e entender que o autor da ação não pode interromper a adoção, o magistrado afirmou que ele possui o direito de continuar sendo reconhecido como pai e que não há obstáculo legal para o reconhecimento de duas paternidades/maternidades, quando observada a existência de vínculos, consequentemente constarão no registro civil da adotada o nome do pai biológico e do pai socioafetivo.[37]

Christiano Cassettari, comentando esta decisão, destaca alguns pontos peculiares, do caso concreto. Segundo ele:

> o interessante deste caso é que a ação proposta foi uma ação de adoção e foi deferida a multiparentalidade sem anuência do pai registral. Essas hipóteses são mais restritas porque geralmente a multiparentalidade termina em acordo, e neste caso ela foi imposta em razão do abandono do pai biológico registral, que abriu a possibilidade da pessoa conviver com o seu pai socioafetivo, que era o seu padrasto. Então, nós temos uma

---

[35] TJDF, 20161410019827 – Rel Des. Getúlio de Moraes Oliveira, 7ª Turma cível, pub. 2401/2017.

[36] TJSP. Quinta Câmara de Direito Privado. Disponível em: www.ibdfam.org.br/assessoria de comunicação. 18/11/2015.

[37] Idem.

decisão diferente. O que chama a atenção nessa decisão foi a propositura de uma ação de adoção. A ação de adoção tem por objetivo romper o vínculo biológico com os pais existentes no registro e, além disso, incluir uma nova pessoa, mas como substituta. Então, tira o existente e inclui o novo. E na verdade, o objetivo da ação foi completamente diferente. Me parece que o correto seria uma ação declaratória de socioafetividade. E aí sim, nessa ação o juiz daria então uma decisão para mandar incluir o socioafetivo no registro. A adoção é um processo que exige primeiramente ou previamente, eu diria, um procedimento chamado 'destituição do poder familiar'. E neste caso não houve destituição do poder familiar previamente. Que é uma diferença de questões processuais. Quem tem legitimidade para entrar com essa ação é a pessoa que quer adotar; seria o adotante. Se o pai socioafetivo quer adotar, ele teria que destituir o poder familiar da criança anteriormente e depois entrar com a ação de adoção para romper o vínculo biológico e formar um novo vínculo, que seria o adotivo. Agora, neste caso, a adoção envolve uma pessoa maior. E como envolve uma pessoa maior, não tem mais poder familiar. Então é por isso que nesta ação acabou não tendo a destituição do poder familiar", completa[38]

Além da conformidade com o direito à privacidade (direito ao sigilo), quando for o caso, mas independentemente deste, entendemos que a aplicação da multiparentalidade em casos de adoção regular constitui uma afronta às regras e aos efeitos da adoção previstos no Estatuto da Criança e do Adolescente.

E, ainda que houvesse compatibilidade entre os dois institutos, a multiparentalidade não poderia ser imposta judicialmente, mas condicionada a manifestação expressa de vontade dos adotantes e do adotado (dependendo da idade) quanto à inserção no registro dos pais biológicos.

A adoção é a filiação socioafetiva por excelência, logo, o estado de filiação é estabelecido com os pais socioafetivos, e não com os biológicos. A entrega do filho para adoção é permitida por lei, se é permitida, não há de se falar em violação aos deveres inerentes ao poder familiar pelos pais biológicos, até porque este se extingue em razão da adoção. Nessa hipótese, não há de se cogitar a multiparentalidade.

Outra circunstância que também não cabe a multiparentalidade é quando um pai biológico deliberadamente abandona o filho e este vem a ser adotado *intuito personae* pelo padrasto.

Neste sentido concordamos com a decisão:

---

[38] *Idem.*

APELAÇÃO CÍVEL. AÇÃO DE ADOÇÃO. PADRASTO E ENTEADOS. PEDIDO FORMULADO PELO MINISTÉRIO PÚBLICO DE MANU-TENÇÃO, NA SEARA REGISTRAL, DO VÍNCULO BIOLÓGICO. MULTIPARENTALIDADE. DESCABIMENTO, NO CASO.

Caso em que se mostra descabido o acolhimento da pretensão formulada pelo Ministério Público, na condição de custos legis, atinente à manutenção na seara registral do vínculo biológico, na figura da multiparentalidade, visto que os adotandos sequer manifestaram se há interesse a esse respeito, observando-se, ademais, que eles no meio social utilizam apenas o patronímico do adotante como forma de identificação e não mantêm qualquer convívio com a família biológica paterna. APELAÇÃO DESPROVIDA.[39]

Dando um passo adiante, quando restar configurada a violação dos deveres decorrentes do poder familiar pelo pai biológico, este deve ser responsabilizado civilmente por danos materiais e morais em favor do filho, mas sem nenhuma repercussão na relação de parentalidade, que já se encontra consolidada com o pai socioafetivo. Por outro lado, a multiparentalidade pode fomentar demandas vis, com intuito meramente patrimonial, em desfavor ao que é mais caro ao direito de família na atualidade, que é o afeto genuíno e desinteressado.

Logo, em nenhuma hipótese de adoção cabe a multiparentalidade, no máximo uma indenização dos pais biológicos ao filho.

5 Autolimitação da privacidade e a multiparentalidade

Em passado recente, foi divulgada na internet a seguinte matéria jornalística: "Venda e doação ilegais de esperma crescem no Brasil e Facebook é o grande mercado".[40] Segundo o autor da matéria há um "mercado negro em pleno funcionamento", cuja "ofertas aparecem nas redes sociais, principalmente no Facebook, com preços que chegam a R$6 mil".

Estamos diante da chamada doação informal, que redunda na chamada fertilização caseira, que em nada se assemelha com a técnica de fertilização realizada em clínicas, que são fiscalizadas pelo Conselho Federal de Medicina e respectivos Conselhos Regionais.

---

[39] TJRN. RMLP. nº 70066532680 (Nº CNJ: 0338646-74.2015.8.21.7000) 2015/Cível, Data de Julgamento: 12/11/2015.

[40] REINA, Eduardo. Venda e doação ilegais de esperma crescem no Brasil e Facebook é o grande mercado. Disponível em: www.diariodocentrodomundo.com.br, nov. 2017.

As clínicas estão obrigadas ao cumprimento de rígidos procedimentos para garantir a eficácia e saúde da futura gravidez, além da adoção de uma série de medidas voltadas a regular a atividade dos profissionais da área médica.

Logo, diante da informalidade da doação, o doador assume todos os riscos da multiparentalidade, decorrente da quebra do sigilo e, por conseguinte da autolimitação voluntária da sua privacidade.

Paulo Lôbo, no texto publicado nesta obra, sobre a autolimitação, assim se posiciona:

> Na atualidade, verificam-se constantes exemplos de autolimitação, especialmente no que concerne à intimidade, à vida privada e aos dados pessoais, com ampla divulgação e estímulo pelas mídias tradicionais e sociais. A banalização da autolimitação da privacidade está provocando a própria desconsideração social ou ruína desta, pois as pessoas passam a encarar como normal sua violação, inclusive quando afeta frontalmente o núcleo essencial da dignidade humana.

Como exemplo de autolimitação, vejam-se dois anúncios contidos na matéria acima referida:

> De São José do Rio Preto, um homem que se chama... passa sua descrição física e fornece o endereço de e-mail para contato. Sou doador. Sou do interior de São Paulo. Sou casado e tenho duas filhas... e quero ajudar você que quer ser mãe... sou saudável, moreno claro, 1,85... Quem quiser entre em contato no meu e-mail... que eu entro em contato. Espero ajudar as futuras mamães a realizarem esse sonho.

> (...) que diz ser do Mato Grosso do Sul, da cidade de Ponta Porá, conta que já doou sêmen por quatro vezes com sucesso de fertilização e está com os exames em dia. Diz ser homossexual e utiliza o método da seringa. Ele fornece o número do WhatsApp para contato (067...).[41]

Outra possibilidade de incidência da multiparentalidade proveniente da autolimitação da privacidade diz respeito à chamada cooparentalidade. Esse arranjo tem por finalidade "aproximar parceiros que desejam ser pais sem manter um vínculo amoroso entre eles, o objetivo é cuidar, educar e dar amor a criança de maneira compartilhada".[42]

---

[41] Os dados omitidos no texto estão expressos na matéria. REINA, Eduardo. Venda e doação ilegais de esperma crescem no Brasil e Facebook é o grande mercado. Disponível em: www.diariodocentrodomundo.com.br. Nov. 2017.

[42] Disponível em: https://oestadorj.com.br/coparentalidade-responsavel-o-novo-conceito. Postado em 12/07/2016.

A internet é a principal forma de promoção de encontros. As pessoas que entram no grupo do facebook podem ou não fazer sua apresentação, dizendo nome, cidade, idade, profissão... Além de dizer por que busca a cooparentalidade e o que espera do possível parceiro. Já no grupo do whatsapp, os interessados devem fazer essa apresentação obrigatoriamente para a administração do grupo antes de ser incluído. Mas a pessoa só será incluída se estiver a par das regras que lhe são enviadas, entre as principais regras estão a proibição de doadores de sêmen, não promover encontros destinados para fins sexuais e não ofender os membros (...).

Uma situação muito interessante que trouxe à tona a colisão entre a autolimitação de privacidade e o direito ao anonimato do doador de gametas ou embriões à luz do direito à intimidade e à privacidade foi a enfrentada pelo Agravo em Recurso Especial[43] interposto pelo Conselho Regional de Medicina do Estado de São Paulo, contra decisão do TRF – 3ª Região. O STJ conheceu do Agravo, para não conhecer do Recurso Especial, pelo óbice da Súmula nº 7.

Originalmente trata-se de pedido de autorização, dirigido ao Conselho Regional de Medicina/SP, para realização de procedimento de fertilização *in vitro* mediante utilização de óvulos de doadora conhecida, no caso de A. A. de S. L. à sua irmã, A. A. da S. L. de S.

O Conselho Regional denegou o pedido com fundamento no seguinte argumento: na doação de gametas ou embriões os doadores não devem conhecer a identidade dos receptores e vice-versa (item 2, IV, da Resolução nº 2013/2013),[44] emanada do Conselho Federal de Medicina, ou seja, a permissão para o procedimento colidiria com o direito ao anonimato do doador.

Inconformados com a decisão, o casal beneficiário e a doadora interpuseram ação ordinária, em face do Conselho Regional de Medicina do Estado de São Paulo. O Juízo de 1º Grau julgou o processo extinto, sem resolução do mérito, e o TRF – 3ª Região, por sua vez, deu provimento ao apelo dos autores, para julgar procedente a ação. O Conselho recorreu da decisão, mas o Tribunal inadmitiu o Recurso Especial, com acórdão assim ementado:

---

[43] AREsp nº 1.042.172 SP. Ministra Relatora ASSUSETE MAGALHÃES, Data de Publ. 11/10/2017

[44] Revogada pela Resolução CFM nº 2121/2015, que por sua vez também foi revogada pela Resolução CFM nº 2.168/2017.

CONSTITUCIONAL E PROCESSUAL CIVIL. REPRODUÇÃO ASSISTI-DA – FERTILIZAÇÃO IN VITRO – ILEGITIMIDADE ATIVA E PASSIVA AD CAUSAM –INOCORRÊNCIA – DOADORA E RECEPTORA DE ÓVULOS – DOAÇÃO ENTRE IRMÃS –REGRA DO ANONIMATO – RESOLUÇÃO/CFM Nº 2121/2015 – INAPLICABILIDADE – PLANEJA-MENTO FAMILIAR – SAÚDE – DIREITO FUNDAMENTAL.

Nas razões da decisão, a Ministra Relatora ratifica os fundamentos da decisão do TRF e destaca:

a intenção de resguardar a identidade de doadores(as) e receptores(as) encontra fundamento, principalmente, nos riscos de futuro questionamento da filiação biológica da criança gerada, desestabilizando as relações familiares e pondo em cheque o bem estar emocional de todos os envolvidos (...)Por outro lado, se o sigilo é importante para garantir aos doadores de gametas isenção de responsabilidade em face dos deveres inerentes às relações de filiação, sob esse aspecto também não se mostra consentâneo com o caso concreto, no qual a relação de parentesco verificada entre doadora, casal e futura criança caracteriza vínculo do qual decorrem obrigações preexistentes de cuidado e assistência mútua. Outrossim, conforme salientado pelos interessados, em seu apelo, o laço afetivo e a cumplicidade entre as irmãs, somados ao fato de que a irmã já possui a sua própria família, torna claro que a razão de ser da norma federal não se aplica a esse caso, no qual não existem chances de haver uma posterior disputa pela maternidade da criança. Impõe-se reconhecer o direito do casal de se submeterem ao procedimento de fertilização in vitro a partir de óvulos doados pela irmã da autora. A par do exposto, outra razão nos leva a flexibilizar a regra em testilha diante do caso concreto: a ausência de lei, em sentido estrito, a disciplinar, no Brasil, os procedimentos de concepção artificial, ou seja, o adequado emprego das técnicas de reprodução humana assistida.

Como se percebe, a partir das circunstâncias subjacentes a esse caso concreto, em princípio afastaria a incidência da multiparentalidade. O que ratifica o fundamento que a multiparentalidade não pode ser a regra no direito de família brasileiro. Nessa mesma linha destaque para o fragmento de julgado referente ao tema:

O reconhecimento de vínculos concomitante de parentalidade é uma casuística, e não uma regra, pois, como bem salientado pelo STF naquele julgado, deve-se observar o princípio da paternidade responsável e primar pela busca do melhor interesse da criança, principalmente em um processo em que se discute, de um lado, o direito ao estabelecimento da verdade biológica e, de outro, o direito à manutenção dos vínculos que se estabeleceram, cotidianamente, a partir de uma relação de cuidado e afeto, representada pela posse do estado de filho.[45]

6 Conclusão

A repercussão geral da multiparentalidade continua uma tese aberta, e seus efeitos modeladores continuam sendo construídos, por extensão, não há uniformidade na doutrina e na jurisprudência quanto à interpretação e aplicação da multiparentalidade. Diante de tantas incertezas, não é razoável entender o instituto como regra. Sua aplicação deve ser restrita e condicionada a uma detida análise da situação fática subjacente ao caso concreto. Sendo exceção, a multiparentalidade sofre limites quanto a sua aplicação diante das cláusulas de barreira previstas na lei. Nesse sentido e, por opção metodológica, foi estabelecida apenas duas hipóteses de investigação. Quais sejam: relações de parentalidade proveniente da utilização das técnicas de reprodução assistida heteróloga e parentalidade proveniente da adoção. Consequentemente, em atenção à estrutura sistêmica do ordenamento jurídico, as singularidades das hipóteses analisadas não podem ser superadas pela multiparentalidade. Apesar do conflito aparente entre o direito à privacidade (sigilo) e a multiparentalidade, não há nenhum conflito entre eles. Quem enxerga o conflito parte de uma interpretação turva, no sentido de não compreender que estado de filiação e origem genética constituem dimensões distintas, ou seja, o estado de filiação não necessariamente guarda relação com a origem biológica. Outrossim, aquele localiza-se no direito de família, enquanto este encontra-se no terreno dos direitos da personalidade.

A compreensão adequada é que o direito ao estado de filiação integra a seara do direito de família, enquanto a origem genética localiza-se no campo dos direitos da personalidade, portanto a aplicação da multiparentalidade não pode ser feita atecnicamente.

O direito de privacidade (sigilo) do doador anônimo de gametas e o direito da mãe de entregar seu filho para adoção estão garantidos, o que afasta a incidência da multiparentalidade.

---

[45] STJ REsp nº 1674849 / RS. Ministro MARCO AURÉLIO BELLIZZE, 3ª T, Data do julg. 17/04/2018.

Referências

BRASIL. Estatuto da Reprodução Assistida. PL 4892/2012 e a ele apensados os PL 115/2015; PL 7591/2017 e PL 9403/2017. www.camara.leg.br/proposicoesWeb.

CASSETTARI, Christiano. *Multiparentalidade e parentalidade socioafetiva*. São Paulo: Atlas, 2014.

CONSELHO NACIONAL DE JUSTIÇA. Provimentos nº 52 /2016 e 63/2017.

ECHTERHOFF, Gisele. Os dados genéticos e o direito à privacidade: a declaração universal sobre o genoma humano e os direitos humanos. Disponível em: revistas.ufpr.br/cejur/article/view/14842. v. 1, n. 1, ago./dez. 2006, p. 232.

JORNADAS DE DIREITO CIVIL I, III, IV E V: enunciados aprovados / coordenador científico Ministro Ruy Rosado de Aguiar Júnior. Brasília: Conselho da Justiça Federal, Centro de Estudos Judiciários, 2012.

VI JORNADAS DE DIREITO CIVIL: enunciados aprovados / coordenador científico Ministro Ruy Rosado de Aguiar Júnior. Brasília: Conselho da Justiça Federal, Centro de Estudos Judiciários, 2013.

KANT, Immanuel. *Fundamentação da metafísica dos costumes*. Trad. Paulo Quintela. Lisboa, Edições 70, 1997.

LÔBO, Paulo. *Direito civil*: parte geral. 8. ed. São Paulo: Saraiva Educação, 2019,.

LÔBO, Paulo. *Direito civil*: famílias. 7. ed. São Paulo: Saraiva, 2017.

LÔBO, Paulo. Direito ao estado de filiação e origem genética: uma distinção necessária. *Revista Brasileira de Direito de Família*. Porto Alegre: Síntese, n. 19, ago./set., 2003.

MOREIRA, Fernanda de Souza. O Direito a alimentos do nascido do banco de sêmen e a legitimação passiva do doador na inseminação artificial heteróloga: uma colisão de direitos fundamentais. *Revista Brasileira de Direito das Famílias e Sucessões*. Porto Alegre:Magister; Belo Horizonte: IBDFAM, v.15 (abr./maio, 2010), p. 36

PASSOS, Edilenice; LIMA, João Alberto de Oliveira. *Memória legislativa do Código Civil*. Brasília: Senado Federal, 2012, v.1, v.3 e v. 4.

REINA, Eduardo. Venda e doação ilegais de esperma crescem no Brasil e Facebook é o grande mercado. Disponível em: www.diariodocentrodomundo.com.br. nov 2017.

SILVA, De Plácido e. *Vocabulário jurídico*. Rio de Janeiro: Forense, 1987.

SOUSA, Walter Gomes. A garantia do sigilo na entrega em adoção. Disponível em: www.tjdft.jus.br/informacoes/infancia-e-juventude/textos-e-artigos/a-garantia-do-sigilo-na-entrega-em-adocao. 2017.

STF (Leading Case- RE 898060), tese 622 aprovada em 22.09.2016.

STJ. REsp 1607056. Ministro Relator LUIS FELIPE SALOMÃO. Data da publ. 05/12/2018.

STJ. AREsp 1042172. Ministra Relatora. ASSUSETE MAGALHÃES. Data da Publ. 11/10/2017

TJDF. 20161410019827 – Rel Des. Getúlio de Moraes Oliveira, 7ª Turma cível. Data da Publ. 24/01/2017.

TJSP. Quinta Câmara de Direito Privado. Disponível em: www.ibdfam.org.br/assessoriadecomunicação. 18 nov. 2015.

UNESCO. Conferência Geral – 29º sessão. Disponível em: www.unesdoc.unesco.org. 1997.

www.oestadorj.com.br/coparentalidade-responsavel-o-novo-conceito. Postado em 12/07/2016.

www.todamateria.com.br/engenharia-genetica

Informação bibliográfica deste texto, conforme a NBR 6023:2018 da Associação Brasileira de Normas Técnicas (ABNT):

LOBO, Fabíola Albuquerque. Direito à privacidade e as limitações à multiparentalidade. *In*: EHRHARDT JÚNIOR, Marcos; LOBO, Fabíola Albuquerque (Coord.). *Privacidade e sua compreensão no direito brasileiro*. Belo Horizonte: Fórum, 2019. p. 225-246. ISBN 978-85-450-0694-7.

AS FAMÍLIAS POLIAFETIVAS SOB A ÓTICA DO DIREITO À RESERVA DA PRIVACIDADE FAMILIAR

PATRICIA FERREIRA ROCHA

Introdução

Em seu *Curso de Direito Civil*, Pablo Stolze e Rodolfo Pamplona Filho questionam: "Você seria capaz de amar duas pessoas ao mesmo tempo?".[1] Sem buscar fomentar quaisquer discussões filosóficas ou antropológicas sobre a complexidade das relações afetivas humanas ou definir estandartes de relacionamentos, este artigo se propôs a analisar juridicamente as famílias poliafetivas, especificamente sob a ótica do direito à privacidade familiar.

Diante do despontamento de novos arranjos familiares a partir da promulgação da Constituição Federal de 1988, pela qual saímos de um paradigma de unicidade familiar (família matrimonial) para um perfil democrático e aberto, no qual as relações dentro do núcleo doméstico se tornaram mais igualitárias e flexíveis, desponta a controversa possibilidade de reconhecimento jurídico dos relacionamentos

---

[1] GAGLIANO, Pablo Stolze; FILHO, Rodolfo Pamplona. *Novo curso de direito civil*. v. 6: Direito de família. 7. ed. SP: Saraiva, 2017, p. 466.

afetivos constituídos por mais de duas pessoas, em que seus componentes partilham de um projeto de vida comum em uma convivência plural consentida.

Com o escopo de abordar a temática proposta, o primeiro capítulo deste artigo buscou delimitar conceitualmente a família poliafetiva, distinguindo-a das meras relações sexuais esporádicas, da troca de casais, do relacionamento aberto, dos relacionamentos poligâmicos e do concubinato, dando-lhe os precisos contornos para a sua caracterização como entidade familiar. A partir desse balizamento, no segundo tópico foi analisado o pluralismo familiar instalado pela Constituição Federal de 1988 e os possíveis limites para apreensão de entidades não previstas expressamente no ordenamento jurídico, com ênfase na inclusão da poliafetividade. Por fim, no terceiro tópico, discutiu-se o reconhecimento da família poliafetiva como corolário do direito à reserva da privacidade e suas repercussões sobre os princípios da dignidade da pessoa humana, autonomia privada e intervenção mínima do Estado.

Para tanto, a metodologia adotada será, quanto à natureza, básica, pois objetiva gerar conhecimentos novos e úteis para o avanço da ciência jurídica. Quanto à abordagem do problema, será qualitativa, já que preocupada com aspectos da realidade que não podem ser quantificados. Com relação ao procedimento técnico, a pesquisa será bibliográfica, utilizando livros e artigos jurídicos publicados em meios convencionais e eletrônicos, além dos dispositivos legais em vigor sobre a matéria.

1 Delimitação conceitual da família poliafetiva

A expressão poliamor foi usada pela primeira vez no ano de 1990, no glossário de terminologia relacional de um evento realizado nos Estados Unidos, tendo ganhado grande visibilidade a partir de 1997, com a obra *Amor sem limites*, de Deborah Anapol.[2]

Em sua acepção gramatical, poliamor significa simplesmente "muitos amores", o que acaba por gerar muitas dúvidas quanto ao alcance da expressão, especialmente no sentido jurídico que se pretende dar neste artigo, como expressão de uma realidade familiar.

Inicialmente, cumpre destacar que o relacionamento poliafetivo é aquele em que mais de duas pessoas mantêm relações íntimas, sexuais

---

[2] FARIAS, Cristiano Chaves de. O valor e a eficácia jurídica das escrituras de uniões poliafetivas. In: PEREIRA Rodrigo da Cunha (Coord.). *Família e sucessões*: polêmicas, tendências e inovações. Belo Horizonte: IBDFAM, 2018, p. 691.

e/ou amorosas que coexistem entre si, mediante prévio conhecimento e mútua aceitação. Em outras palavras, como explica Ricardo Calderón:[3]

> Os relacionamentos poliafetivos (também chamados de poliamorísticos) envolvem três ou mais pessoas que vivem uma relação típica de conjugalidade, de forma harmoniosa e consensual, com anuência e participação afetiva de todos. Nessas relações há um núcleo único de conjugalidade, que é compartilhado pelos envolvidos.

Nas relações poliafetivas, portanto, há a constituição de um núcleo de conjugalidade único, mas múltiplo na quantidade de parceiros, no qual há interação afetiva e/ou sexual entre todos os seus integrantes. Nesse tipo de relacionamento há, então, uma vivência coexistencial íntima entre os seus vários membros, sendo fundamental a ciência inequívoca dessa situação por todas as pessoas envolvidas.

Rafael da Silva Santiago procura identificar, em sua obra *Poliamor e direito das famílias: reconhecimento e consequências jurídicas*, alguns modelos relacionais de relacionamento poliafetivo, deixando claro que estes referenciais não esgotam as possibilidades de sua configuração. Explica o autor que

> Esses modelos são: (i) polifdelidade, (ii) poliamorismo aberto, (iii) poliamorismo com redes de relacionamentos íntimos hierarquizados e (iv) poliamorismo individual. A polifidelidade, também chamada de casamento entre um grupo fechado, vez que se assemelha a um casamento com mais de duas pessoas, existindo, portanto, relações amorosas, íntimas e/ou sexuais entre um grupo fechado de pessoas. Em geral, os integrantes da relação moram juntos na mesma casa e convivem uns com os outros. Seus praticantes não costumam manter relações sexuais com pessoas fora do grupo. O poliamorismo aberto permite que os parceiros mantenham relações sexuais com pessoas de fora da constituição originária. No poliamor com redes de relacionamentos há a presença de grupos de indivíduos com variados níveis de compromisso e de interligação pessoal, eu compartilham a crença no poliamorismo. Fala-se em relações primárias, relações secundárias, relações terciárias, etc. o poliamorismo individual ocorre quando um indivíduo vive diversos relacionamentos sem um compromisso principal com qualquer dessas pessoas, de modo a não buscar um parceiro para viver um relacionamento de longo prazo.[4]

---

[3]   CALDERÓN, Ricardo. *Princípio da afetividade no direito de família*. 2 ed. Rio de Janeiro: Forense, 2017, p. 341.

[4]   SANTIAGO, Rafael da Silva. *Poliamor e direito das famílias*: reconhecimento e consequências jurídicas. Curitiba: Juruá, 2015, p. 153, 154.

Para os fins deste artigo, tomaremos como paradigma familiar a polifidelidade, justificando, desde já, nossa opção. Como bem delineou Rafael da Silva Santiago, na polifidelidade todos os integrantes do relacionamento poliafetivo mantêm uma recíproca e íntima relação de afeto e/ou sexual, no mesmo nível de importância, no qual partilham de uma vida em comum plural, permitindo-se, com isso, que seja reconhecido o projeto de relacionamento familiar entre todos os parceiros.

Já no modelo de poliamorismo aberto, em que é permitido que os parceiros mantenham relações sexuais com pessoas de fora da constituição originária do núcleo afetivo, a relação familiar estaria adstrita a esse núcleo e não necessariamente aos diversos parceiros sexuais, na medida em que não se pode confundir o conceito de família com mera relação sexual casual ou, ainda, com o intercâmbio de casais, o chamado *swing*. O enfoque do relacionamento familiar poliafetivo não é tão somente a ausência de exclusividade sexual, mas o compartilhamento da intimidade e uma mútua colaboração afetiva. Neste sentido, aduzem Pablo Stolze e Rodolfo Pamplona Filho que uma relação "fugaz, motivada pela adrenalina ou simplesmente pela química sexual, não poderia, em princípio, conduzir a nenhum tipo de tutela jurídica".[5] Não obstante, deixemos claro que entre aqueles que constituem um núcleo de afeto e mútua colaboração, independente da ausência de exclusividade sexual, deverá ser reconhecida a constituição de família.

O poliamor com redes de relacionamentos, por sua vez, parte do pressuposto de certa hierarquização dos compromissos no grupo de indivíduos, o que não condiz com a concepção democrática e igualitária da família a partir da Constituição Federal de 1988. Não pode se admitir que existam papéis subalternos nos arranjos familiares, razão pela qual não haveria famílias primárias, secundárias, terciárias, etc. Sendo vedado qualquer tipo de tratamento discriminatório ou excludente, ainda que os envolvidos gozem de intimidade, afetividade e/ou sexualidade entre si, se não houver plena comunhão de vidas entre eles não há que se falar em constituição de um núcleo familiar plural.

E, por fim, o poliamorismo individual não deve ser considerado como um arranjo familiar na medida em que é de sua própria essência a ausência de compromisso entre seus integrantes, de modo que cada um dos parceiros não busca nos demais o compartilhamento e efetiva integração de seus interesses pessoais e coexistenciais.

---

[5] GAGLIANO, Pablo Stolze; FILHO, Rodolfo Pamplona. *Novo curso de direito civil*. v. 6: Direito de família. 7. ed. SP: Saraiva, 2017, p. 468.

A estrutura familiar poliafetiva, por conseguinte, deve ser composta por três ou mais pessoas, na qual haja intenção recíproca de constituir família, para que seus efeitos se irradiem sobre todos os seus componentes, aplicando-se no que couber os regramentos da união estável, salvo a possibilidade da conversão em casamento prevista no art. 1.726 do Código Civil brasileiro de 2002,[6] haja vista a adoção do modelo monogâmico estabelecido na vedação de novo casamento para pessoa casada antes de dissolvido o primeiro matrimônio.[7]

Nesse ponto, é preciso distinguir a poliafetividade dos relacionamentos poligâmicos, na medida em que estes pressupõem a multiplicidade de matrimônios, subdividindo-se em poliginia, em que a união conjugal se dá entre um homem e várias mulheres, e em poliandria, na qual uma mulher é casada com vários homens. Dessa forma, uma única pessoa polígama possui vários relacionamentos com pessoas do sexo oposto. Já no relacionamento poliafetivo não há qualquer distinção de sexo e/ou de gênero, razão pela qual tanto os homens quanto as mulheres podem ter acesso a parceiros múltiplos, não havendo, ainda, centralização afetiva na figura de um único membro do relacionamento plural.

Tampouco deve se confundir a relação poliafetiva com o concubinato, conceituado no art. 1.727 do Código Civil brasileiro de 2002 como a relação não eventual entre o homem e a mulher, impedidos de casar.[8] Nesse modelo de relacionamento há a formação de dois ou mais núcleos familiares estáveis, contínuos e duradouros, que não convivem afetivamente entre si, mas que são interligados pela presença concomitante de um membro em comum. Ou seja, essas relações familiares concubinárias, ainda que simultâneas, constituem distintos núcleos de afeto, ao contrário da família poliafetiva, em que os diversos parceiros compartilham o mesmo ambiente familiar, exercendo direitos e deveres recíprocos entre si.

Encerrando essas primeiras linhas conceituais e em resposta à pergunta formulada na introdução deste artigo, defende Rafael da Silva Santiago que "da mesma forma que uma criança pode dividir o amor entre sua mãe e seu pai na infância, o adulto também pode dividir o

---

6   ROSA, Conrado Paulino da. *Curso de direito de família contemporâneo*. 4. ed. rev. e atual. Ssalvador: Juspodivm, 2018, p. 186.

7   Código Civil Brasileiro de 2002. Disponível em: http://www.planalto.gov.br/ccivil_03/leis/2002/L10406.htm. Acesso em: 01 abr. 2019.

8   Código Civil Brasileiro de 2002. Disponível em: http://www.planalto.gov.br/ccivil_03/leis/2002/L10406.htm. Acesso em: 01 abr. 2019.

amor entre vários seres humanos, não se justificando a exigência de um amor unidimensional".[9] Será, todavia, que o nosso ordenamento jurídico tem espaço para tal reconhecimento?

2 O pluralismo familiar constitucional é capaz de incluir a poliafetividade?

Antes do advento da Constituição Federal de 1988, o ordenamento jurídico brasileiro estava centrado num modelo familiar exclusivamente matrimonializado, fazendo com que qualquer outro arranjo afetivo existente entre pessoas não casadas fosse social e juridicamente marginalizado, salvo por eventuais e escassos efeitos jurídicos examinados sob o âmbito do Direito das Obrigações.[10]

A invisibilidade a que foram condenados esses relacionamentos afetivos somente cessou com a promulgação da Carta Política, que abriu o leque de padrões familiares, para reconhecer juridicidade, além do casamento, à união estável e à família monoparental.

Ao legislador ordinário coube a missão de definir os contornos da entidade familiar constituída por meio de união estável, que, nos termos do art. 1.723 do Código Civil brasileiro de 2002, resta caracterizada pela união "entre o homem e a mulher, configurada na convivência pública, contínua e duradoura e estabelecida com o objetivo de constituição de família".[11]

Diante de um conceito tão aberto, caberá ao aplicador do direito analisar as circunstâncias do caso concreto para apontar a sua existência ou não. O requisito da publicidade deve ser entendido no sentido de notoriedade, razão pela qual o relacionamento familiar não pode ser oculto ou clandestino, ao contrário, deve gozar de reconhecimento no meio social em que os conviventes vivem. Quanto à continuidade e durabilidade, a união deve se prolongar ao longo do tempo, em que pese não exigir o legislador tempo mínimo para sua configuração. Por fim, cabe aos companheiros estabelecerem o objetivo atual de constituir uma verdadeira família (*animus familiae*), traduzido, segundo Flávio

---

[9] SANTIAGO, Rafael da Silva. *Poliamor e direito das famílias*: reconhecimento e consequências jurídicas. Curitiba: Juruá, 2015, p. 152.

[10] MADALENO, Rolf. *Curso de direito de família*. 5. ed. rev., atual. e ampl. RJ: Forense, 2013, p. 33.

[11] Código Civil Brasileiro de 2002. Disponível em: http://www.planalto.gov.br/ccivil_03/leis/2002/L10406.htm. Acesso em: 01 abr. 2019.

Tartuce, pelo tratamento dos companheiros (*tractatus*), bem como o reconhecimento social de seu estado (*reputatio*).[12]

A família monoparental, por seu turno, pode ser compreendida como a "comunidade formada por qualquer dos pais e seus descendentes".[13] Embora indefinida quanto à definição de sua estrutura e limites pela legislação ordinária, a família monoparental é uma realidade social cada dia mais crescente. Com intuito de esclarecer a sua estrutura, ensina Eduardo de Oliveira Leite que esse novo esquema de vida familiar pode ser "ditado pela separação, pelo abandono, pela morte ou pela vontade de uma das partes",[14] ou seja, a monoparentalidade pode ser constituída a partir da derivação de um outro arranjo familiar, que se desconstitui para se reorganizar a partir do vínculo exclusivo de um dos pais com seu(s) filho(s), como também pode ser originária, a exemplo da parentalidade celibatária, voluntária ou involuntária, na qual, desde o início, o vínculo familiar se constitui apenas entre um dos pais e seus filhos. A despeito de seu reconhecimento, entretanto, é preciso ressaltar que o ordenamento jurídico deve sempre primar pela manutenção dos vínculos parentais entre pais e filhos, com vistas a salvaguardar as relações afetivas entre ambos e minorar eventuais efeitos nocivos de ordem material e imaterial da monoparentalidade.[15]

Esclarece Paulo Lôbo, contudo, que os modelos familiares explicitados nos parágrafos do art. 226 da Constituição Federal de 1988 "são meramente exemplificativos, sem embargo de serem os mais comuns, por isso mesmo merecendo referência expressa", razão pela qual outras entidades familiares podem ser reconhecidas como implicitamente incluídas no amplo e indeterminado conceito de família, indicado no *caput* do dispositivo citado.[16]

A Constituição, portanto, contempla a família, sem limitar, *a priori*, seu alcance, o que permite que o Estado possa reconhecer a existência de várias possibilidades de arranjos familiares.[17] Dessa forma,

---

[12] TARTUCE, Flávio. *Direito civil*. v. 5: Direito de família. 14. ed. rev., atual. e ampl. Rio de Janeiro: Forense, 2019, p. 353.

[13] CF 226, §4º.

[14] LEITE, Eduardo de Oliveira. *Famílias monoparentais*: a situação jurídica de pais e mães separados e dos filhos na ruptura da vida conjugal. 2. ed. rev., atual. e ampl. São Paulo: Revista dos Tribunais, 2003, p. 08.

[15] LEITE, Eduardo de Oliveira. *Famílias monoparentais:* a situação jurídica de pais e mães separados e dos filhos na ruptura da vida conjugal. 2. ed. rev., atual. e ampl. São Paulo: Revista dos Tribunais, 2003, p. 09.

[16] LÔBO, Paulo Luiz Netto. *Direito civil*. v. 5: Famílias. 9. ed. SP: Saraiva Educação, 2019, p. 85.

[17] DIAS, Maria Berenice. *Manual de direito das famílias*. 11. ed. rev., atual., e ampl. SP: Revista dos Tribunais, 2016, p. 52.

há um aumento no leque de escolhas existenciais individuais na esfera familiar, sem que essa liberdade se configure, por seu turno, absoluta.

Não é demais salientar que nesse novo perfil constitucionalizado da família a proteção não é conferida ao ente em si, mas ao indivíduo enquanto seu componente. Por tal razão, não é relevante que as entidades familiares estejam arroladas expressamente na Constituição Federal de 1988, mas sim o fato de as pessoas integrarem-nas enquanto unidade de afeto qualificada pelo ânimo de constituir família, em que o respeito mútuo às suas dignidades já torna imperativa a proteção do Estado.[18] Os componentes da família, então, passam a ser vistos não mais como representantes de papéis sociais ou peças de uma engrenagem familiar, mas como atores de sua própria vida, formando seu núcleo doméstico a partir de seus desejos e valores.[19] Ou seja, deixam de ser meros objetos para se tornarem sujeitos de direitos dentro da esfera familiar.

Nessa concepção contemporânea da família, afirmam Pablo Stolze e Rodolfo Pamplona Filho que

> Ao legislador incumbe apenas o reconhecimento do ente familiar, mas não a sua conceituação técnica delimitativa, excludente de outros agrupamentos não estandardizados, pois se assim o fosse, estar-se-ia consagrando uma odiosa discriminação normativa, em franco desrespeito à superior principiologia constitucional.[20]

Na esteira desse conceito plural, a Lei nº 11.340/2006 (Lei Maria da Penha) compreende a família como a comunidade formada por indivíduos que são ou se consideram aparentados, unidos por laços naturais, por afinidade ou por vontade expressa.[21]

Adverte, contudo, Anderson Schreiber que, embora os juristas reconheçam o caráter aberto do fenômeno familiar, têm eles procurado apontar traços conceituais distintivos, que permitiriam diferenciar as entidades familiares de outras formas de convívio afetivo estranhos à noção (ou às noções) de família. Nesse sentido, aponta o mencionado

---

[18] SANTIAGO, Rafael da Silva. *Poliamor e direito das famílias*: reconhecimento e consequências jurídicas. Curitiba: Juruá, 2015, p. 189.

[19] FERRARINI, Letícia. *Famílias simultâneas e seus efeitos jurídicos*: pedaços da realidade em busca da dignidade. Porto Alegre: Livraria do Advogado, Editora, 2010, p. 78.

[20] GAGLIANO, Pablo Stolze; FILHO, Rodolfo Pamplona. *Novo curso de direito civil*. v. 6: Direito de família. 7. ed. SP: Saraiva, 2017, p. 95.

[21] Lei nº 11.340/2006. Disponível em: http://www.planalto.gov.br/ccivil_03/_Ato2004-2006/2006/Lei/L11340.htm. Acesso em: 01 abr. 2019.

autor como requisitos imprescindíveis à configuração de uma entidade familiar: a afetividade, a estabilidade e a ostentabilidade.[22] De início, é a afetividade que forma e justifica o vínculo entre os integrantes da família, constituindo-a como um núcleo de coexistência compartilhada e solidária. Dito de outra forma, a afetividade passou a ser o vetor dos relacionamentos familiares. Sobre o assunto, preciosa a lição de Giselda Hironaka:

> O afeto, reafirme-se, está na base de constituição da relação familiar, seja ela uma relação de conjugalidade, seja de parentalidade. O afeto está também, certamente, na origem e na causa dos descaminhos desses relacionamentos. Bem por isso, o afeto deve permanecer presente, no trato dos conflitos, dos desenlaces, dos desamores, justamente porque ele perpassa e transpassa a serenidade e o conflito, os laços e os desenlaces; perpassa e transpassa, também, o amor e os desamores. Porque o afeto tem um quê de respeito ancestral, tem um quê de pacificador temporal, tem um quê de dignidade essencial. Este é o afeto de que se fala. O afeto-ternura; o afeto-dignidade. Positivo ou negativo. O imorredouro do afeto.[23]

Sobre a estabilidade, Rafael da Silva Santiago esclarece que esta "tem o condão de diferenciar as famílias dos relacionamentos episódicos e ocasionais, em que, apesar de existir afeto, faltaria a consolidação no tempo, imprescindível à caracterização de uma entidade familiar".[24] Por esta razão, relacionamentos casuais ou descomprometidos, em que não ocorre efetiva comunhão de vidas, não poderão levar à constituição de uma família.

Já em relação à ostentabilidade, Carlos Eduardo Pianovski Ruzik afirma que esta diz respeito a uma organização familiar que se apresente assim publicamente, na medida em que "a família é realidade social e não se identifica no âmbito da clandestinidade".[25] Em que pese estarmos vivendo em tempos de exagerada exposição da vida privada em redes sociais, não se pretende excluir da proteção jurídica casais que buscam preservar sua intimidade familiar, desde que tal atitude não se revista

---

[22] SCHREIBER, Anderson. *Direito civil e constituição*. São Paulo: Atlas, 2013, p. 299.

[23] HIRONAKA, Giselda Maria Fernandes Novaes. Sobre peixes e afetos um devaneio acerca da ética no direito. *In*: PEREIRA, Rodrigo da Cunha (Org.). *Anais do V Congresso Brasileiro de Direito de Família*. São Paulo: IOB Thompson, 2006. p. 436.

[24] SANTIAGO, Rafael da Silva. *Poliamor e direito das famílias*: reconhecimento e consequências jurídicas. Curitiba: Juruá, 2015, p. 50.

[25] RUZYK, Carlos Eduardo Pianovski. *Famílias simultâneas*: da unidade codificada à pluralidade constitucional. Rio de Janeiro: Renovar, 2005, p. 09.

de intenção de ocultação do relacionamento afetivo. Assim, como já salientado, a ostensibilidade deve ser entendida como o reconhecimento social dessa relação afetiva como uma família.

A partir da percepção desses requisitos, então, cremos ser possível o reconhecimento da família poliafetiva como estrutura familiar, posto que presente a afetividade na manutenção de relacionamentos íntimos de mútua integração e comunhão de vidas entre os múltiplos parceiros, desde que constituído um núcleo estável, público e duradouro.

Está arraigada, contudo, a concepção de que "cada pessoa deve ser inserida em apenas um esquema pré-moldado de família (ainda que o rol dos esquemas não seja mais considerado taxativo)", razão pela qual deve ser rejeitada, implicitamente, a construção e o desenvolvimento de relações familiares compartilhadas por mais de duas pessoas.[26] Sob esse prisma, afirma Anderson Schreiber que "a proteção à pessoa humana fica em segundo plano, tutelando-se, de modo abstrato, a entidade familiar em si mesma (...), enquanto o ordenamento constitucional exige justamente o oposto".[27]

É preciso reconhecer, não obstante, que vivenciamos um processo de transição paradigmática, pelo qual, segundo Ricardo Calderón, "se percebe um paulatino decréscimo de influências externas (da religião, do Estado, dos interesses do grupo social) e um crescente espaço destinado à realização existencial afetiva dos seus integrantes".[28] Na esteira desse entendimento, passaremos a fundamentar o reconhecimento da família poliafetiva sob a ótica da reserva da intimidade e seus desdobramentos.

3 O reconhecimento da família poliafetiva como corolário da reserva da privacidade

Dentro dessa perspectiva constitucional que funcionalizou diversos institutos do Direito, inclusive a família, é preciso observar as novas balizas de sua ressignificação em respeito ao caráter eudemonista que lhe foi atribuído, enquanto local de realização existencial de cada um

---

[26] SCHREIBER, Anderson. *Manual de direito civil contemporâneo*. São Paulo: Saraiva Educação, 2018, p. 834.

[27] SCHREIBER, Anderson. *Manual de direito civil contemporâneo*. São Paulo: Saraiva Educação, 2018, p. 834.

[28] CALDERÓN, Ricardo. *Princípio da afetividade no direito de família*. 2 ed. Rio de Janeiro: Forense, 2017, p. 01.

dos seus integrantes e de afirmação de suas dignidades[29] e seus projetos de felicidade, um espaço de mútua colaboração e solidariedade. Assim, a poliafetividade deve ser pautada, acima de tudo, "na pessoa em sua relação de coexistencialidade e não propriamente na família vista como instituição".[30]

Nesse sentido, é preciso esclarecer que toda pessoa possui duas dimensões: a privada e a social, e que a família situa-se em sua esfera pessoal, ainda que por meio dela se estabeleça simultaneamente uma vida pública, na medida em que é considerada uma célula social básica.

Sobre o conceito de vida privada, segundo Daniel Art, esta deve ser entendida para além do simples "direito de viver como se quer, livre de publicidade, para incluir também o direito de estabelecer e desenvolver relações com outros seres humanos, especialmente no campo emocional, para o desenvolvimento da personalidade".[31] Em outras palavras, o mesmo autor ensina que "a busca pela promoção da personalidade nada mais é do que a luta pela materialização de um projeto de vida",[32] que também perpassa pela constituição da família.

Importante consignar, desde logo, a diferença conceitual entre privacidade e intimidade, distinção presente no próprio texto legal ao estabelecer como direito fundamental a inviolabilidade da intimidade e da vida privada, conforme previsão legal no art. 5º, inciso X, da Constituição Federal.[33] Enquanto intimidade deriva do *latim intimus*, a significar íntimo, interior, sigiloso, induza, de toda sorte, em sua raiz, a perspectiva relacional, intersubjetiva, o exame a partir da convivência com outrem, posto que excluídos do conhecimento desses dados íntimo, a privacidade deriva do latim *privatus*, a designar algo particular, próprio, pessoal, até a indicar o isolamento, a distância.[34]

Segundo lição de Felix Ruix Alonso, a intimidade "é o âmbito interior da pessoa mais profundo, mais recôndito, secreto ou escondido

---

[29] LÔBO, Paulo Luiz Netto. *Direito civil*. v. 5: Famílias. 9. ed. SP: Saraiva Educação, 2019, p. 58.

[30] FERRARINI, Letícia. *Famílias simultâneas e seus efeitos jurídicos*: pedaços da realidade em busca da dignidade. Porto Alegre: Livraria do Advogado, Editora, 2010, p. 88.

[31] SILVA, Daniel Art. *Família simultânea*: uma abordagem à luz da autonomia privada. 1 ed. Rio de Janeiro: Lumen Juris, 2016, p. 106.

[32] SILVA, Daniel Art. *Família simultânea*: uma abordagem à luz da autonomia privada. 1 ed. Rio de Janeiro: Lumen Juris, 2016, p. 91.

[33] Constituição da República Federativa do Brasil de 1988. Disponível em: http://www.planalto.gov.br/ccivil_03/constituicao/ConstituicaoCompilado.htm. Acesso em: 01 abr. 2019.

[34] GODOY, Claudio Luiz Bueno de. Privacidade familiar entre cônjuges, pais e filhos. *In*: MARTINS, Ives Gandra da Silva; PEREIRA JUNIOR, Antonio Jorge (Coord.). *Direito à privacidade*. Aparecida, SP: Ideias & Letras, 2005, p. 128/129.

dentro dela. É, assim, algo inacessível, invisível, que só ela conhece, onde só ela elabora ou constrói livremente seu próprio agir e onde se processa sua vida interior". Por outro lado, o citado autor esclarece que "alguns atos externos, aqueles que a própria natureza reserva ou a pessoa quer reservar e pode reservar para si, por não prejudicarem terceiros, pertencem à privacidade".[35]

Dessa forma, enquanto internos e sem repercussão social, os atos humanos pertencem à intimidade e, quando externos, dizendo respeito a aspectos que a pessoa deseja manter sob seu exclusivo controle, mas de forçosa convivência com outras pessoas e direitos, ao universo da privacidade.

Nesse sentido, Cláudio Godoy, identifica como objeto do direto à privacidade "a tutela de dados da pessoa que digam com suas crenças, confidências, pensamentos, hábitos, vida afetiva, familiar, negócios particulares, porém necessariamente numa exemplificação não exaustiva" (grifo nosso).[36] Dessa forma, a privacidade implica o reconhecimento de um espaço particular do indivíduo, onde ele elege suas escolhas segundo seus valores, através do exercício de sua autonomia privada, no qual estão incluídas as opções afetivas, sexuais e familiares.

É a família o palco primário das relações pessoais e de afeto, fundamentais ao desenvolvimento da personalidade de cada um de seus integrantes, onde deve se preservar a prerrogativa de autodeterminação atinente às eleições pessoais, sem descuidar da responsabilidade e respeito ao outro nestas escolhas, construídas a partir da ideia de solidariedade familiar.[37]

Defendem Cristiano Chaves de Farias e Nelson Rosenval que a "família é o mais privado de todos os espaços do Direito Civil",[38] razão pela qual a forma como as pessoas organizam as suas relações familiares é questão de foro íntimo dos indivíduos, atinente à reserva de sua privacidade. Não é questão afeta ao Estado, portanto, delimitar

---

[35] ALONSO, Felix Ruix. Conceitual: privacidade e antropologia. In: MARTINS, Ives Gandra da Silva; PEREIRA JUNIOR, Antonio Jorge (Coord.). *Direito à privacidade*. Aparecida, SP: Ideias & Letras, 2005, p. 17

[36] GODOY, Claudio Luiz Bueno de. Privacidade familiar entre cônjuges, pais e filhos. *In:* MARTINS, Ives Gandra da Silva; PEREIRA JUNIOR, Antonio Jorge (Coord.). *Direito à privacidade*. Aparecida, SP: Ideias & Letras, 2005, p. 126.

[37] GODOY, Claudio Luiz Bueno de. Privacidade familiar entre cônjuges, pais e filhos. *In:* MARTINS, Ives Gandra da Silva; PEREIRA JUNIOR, Antonio Jorge (Coord.). *Direito à privacidade*. Aparecida, SP: Ideias & Letras, 2005, p. 145/146.

[38] FARIAS, Cristiano Chaves de; ROSENVALD, Nelson. *Curso de direito civil*. v. 6: Famílias. 10. ed. rev. e atual. Salvador: Ed. JUsPodivm, 2018, p 50.

a quantidade de partícipes de um núcleo familiar, na medida em que, como já consignou o Min. Carlos Ayres Britto, "não é dado ao Direito sentir ciúmes alheios".[39] Na concretização do livre exercício da vida privada é indissociável o respeito à liberdade e a autonomia individual, no sentido de permitir à pessoa "poder realizar, sem interferências de qualquer gênero, as próprias escolhas individuais – mais: o próprio projeto de vida, exercendo-o como melhor convier".[40] Dessa forma, a toda pessoa deve ser reconhecida a liberdade de escolher o seu par ou pares, independentemente de sexo ou gênero, para com este(s) constituir sua família.

Nesse ponto, leciona Paulo Lôbo, que, sob a ótica do melhor interesse da pessoa, "não podem ser protegidas algumas entidades familiares e desprotegidas outras, pois a exclusão refletiria nas pessoas que as integram por opção ou por circunstâncias da vida, comprometendo a realização do princípio da dignidade da pessoa humana".[41] E complementa, explanando que é inerente à dignidade do indivíduo "a liberdade de escolher e constituir a entidade familiar que melhor corresponda à sua realização existencial, não podendo o legislador definir qual a melhor e mais adequada".

Sobre a dignidade da pessoa humana, fundamental colacionar o ensinamento de Pablo Stolze e Rodolfo Pamplona Filho:

> Princípio solar em nosso ordenamento, a sua definição é missão das mais árduas, muito embora arrisquemo-nos a dizer que a noção jurídica de dignidade traduz um valor fundamental de respeito à existência humana, segundo as suas possibilidades e expectativas, patrimoniais e afetivas, indispensáveis à sua realização pessoal e à busca da felicidade. Mais do que garantir a simples sobrevivência, esse princípio assegura o direito de se viver plenamente, sem quaisquer intervenções espúrias – estatais ou particulares – na realização dessa finalidade. (…) podemos concluir que a dignidade humana somente é preservada na medida em que se garante o respeito à dimensão existencial do indivíduo, não apenas em sua esfera pessoal, mas, principalmente, no âmbito das suas relações sociais. E, nessa última, avulta a perspectiva familiar em que cada pessoa se projeta ou está inserida. Assim, é forçoso concluir que o respeito ao princípio constitucional da dignidade da pessoa humana

---

[39] RE 397.762/BA. Voto Ministro Carlos Ayres Britto. Disponível em: http://www.stf.jus.br/arquivo/cms/noticiaNoticiaStf/anexo/RE397762CB.pdf. Acesso 01 abr. 2019.

[40] MORAES, Maria Celina Bodin de. *Na medida da pessoa humana*: estudos de direito civil-constitucional. Rio de Janeiro: Renovar, 2010, p. 108.

[41] LÔBO, Paulo Luiz Netto. *Direito civil*. v. 5: Famílias. 9. ed. SP: Saraiva Educação, 2019, p. 83/86.

somente será pleno e efetivo quando observado também no seio das relações de família.[42]

É necessário anotar que "a tutela jurídica da busca da felicidade por meio da família diz respeito a uma felicidade coexistencial, e não puramente individual", por isso, ainda que a família possa ser vista como instrumento, os seus membros não são objetos uns dos outros.[43] A dignidade da pessoa por meio da convivência familiar somente se concretiza através do respeito a cada um de seus entes em sua singularidade.

Imperioso, portanto, que o ordenamento jurídico tutele a vontade de formar uma relação íntima e estável de união familiar, em que as vidas de seus integrantes são conectadas em uma mútua parceria, mesmo que esse núcleo seja composto por mais de duas pessoas ao mesmo tempo.

Em que pese tenhamos aduzido no primeiro tópico deste artigo que à estrutura familiar poliafetiva devem ser aplicados, no que couber, os regramentos da união estável, com a ressalva da possibilidade da conversão em casamento, tal interpretação não poderia ser usada como argumento legal contrário ao seu reconhecimento jurídico, na medida em que na regulamentação daquela entidade no Código Civil de 2002 não há qualquer exigência quanto à exclusividade afetiva e/ou sexual no relacionamento.

Perceba-se que o §1º do art. 1.723 do Diploma Civil estabelece os impedimentos à configuração da união estável, aludindo expressamente às causas arroladas no art. 1.521, excluindo de sua incidência a constituição de união estável por pessoa casada separada de fato ou judicialmente. Alerta Anderson Schreiber, contudo, que nesse dispositivo ou em qualquer outro não há qualquer menção à prévia existência de união estável como impedimento para a constituição de uma nova e que, por esta razão, não resta nenhuma dúvida de que convivências públicas, contínuas e duradouras podem ser estabelecidas simultaneamente em uma mesma comunidade familiar.[44]

---

[42] GAGLIANO, Pablo Stolze; FILHO, Rodolfo Pamplona. *Novo curso de direito civil*. v. 6: Direito de família. 7. ed. SP: Saraiva, 2017, p. 80/82.

[43] RUZYK, Carlos Eduardo Pianovski. *Famílias simultâneas*: da unidade codificada à pluralidade constitucional. Rio de Janeiro: Renovar, 2005, p. 28.

[44] SCHREIBER, Anderson. *Manual de direito civil contemporâneo*. São Paulo: Saraiva Educação, 2018, p. 835/836.

Instrui Flávio Tartuce que a exclusividade, apesar de não constar expressamente no art. 1.723 do Código Civil brasileiro, constituiria, para parte da doutrina, "um dos requisitos para a caracterização da união estável, relacionada com a intenção de constituição de família e decorrente dos seus deveres, constantes do art. 1.724 da atual codificação",[45] dentre os quais se destaca o dever de lealdade.

Sobre a delimitação da abrangência deste dever, advoga Rolf Madaleno no sentido de que

> a expressão fidelidade é utilizada para identificar os deveres do casamento e lealdade tem sido a palavra utilizada para as relações de união estável, embora seja incontroverso o seu sentido único de ressaltar um comportamento moral e fático dos amantes casados ou conviventes, que têm o dever de preservar a exclusividade das suas relações como casal.[46]

Para Paulo Lôbo, por outro lado, "o conceito de lealdade não se confunde com o de fidelidade, restrito aos cônjuges. A lealdade é respeito aos compromissos assumidos, radicando nos deveres morais de conduta".[47] Nesta mesma linha de raciocínio, para Rodrigo da Cunha Pereira, ser fiel ou leal é corresponder à confiança do parceiro, razão pela qual "a lealdade vai além do compromisso de fidelidade afetiva, abrange um amplo dever de respeito e de consideração devida mutuamente entre os companheiros, no propósito de perpetuarem a sua relação afetiva".[48]

E é esse o sentido que empregaremos aqui neste artigo: a lealdade enquanto compromisso de transparência quanto aos ideais comuns do núcleo familiar, o que não implica, por conseguinte, exclusividade afetiva e/ou sexual entre os seus integrantes. Nesse aspecto, pois, a família poliafetiva não implica ofensa ao dever de lealdade, na medida em que o livre desejo de criar um núcleo familiar composto por mais de duas pessoas decorre justamente do mútuo conhecimento e aceitação dessa estrutura plural, atendendo a legítima expectativa de todos os envolvidos. Na família poliafetiva os seus membros constroem um projeto de vida em comum, a partir dos qual se reconhece um compartilhamento

---

[45] TARTUCE, Flávio. *Direito civil*. v. 5: Direito de família. 14. ed. rev., atual. e ampl. Rio de Janeiro: Forense, 2019, p. 375.

[46] MADALENO, Rolf. *Curso de direito de família*. 5. ed. rev., atual. e ampl. RJ: Forense, 2013, p. 93.

[47] LÔBO, Paulo Luiz Netto. *Direito civil*. v. 5: Famílias. 9. ed. SP: Saraiva Educação, 2019, p. 175.

[48] MADALENO, Rolf. *Curso de direito de família*. 5. ed. rev., atual. e ampl. RJ: Forense, 2013, p. 1149.

de vidas e solidariedade recíproca. Em outras palavras, os envolvidos no relacionamento poliafetivo sabem da existência dos múltiplos integrantes, se aceitam e comungam afeto entre si. Corroborando esses argumentos, explana Maria Berenice Dias que

> Há que se reconhecer como transparente e honesta a instrumentalização levada a efeito, que traz livre manifestação de vontade de todos, quanto aos efeitos da relação mantida a três. Lealdade não lhes faltou ao formalizarem o desejo de ver partilhado, de forma igualitária, direitos e deveres mútuos, aos moldes da união estável, a evidenciar postura ética dos firmatários.[49]

É imperativo o reconhecimento jurídico dessas entidades familiares que se compõem a partir de um elo de afetividade e que geram comprometimento mútuo e envolvimento pessoal e patrimonial entre seus integrantes,[50] mesmo que formado por mais de duas pessoas em uma convivência plural consentida.

Ademais, conforme alertam Pablo Stolze e Rodolfo Pamplona Filho, ainda que "a fidelidade (e a monogamia, por consequência) seja consagrada como um valor juridicamente tutelado, não se trata de um aspecto comportamental absoluto e inalterável pela vontade das partes".[51]

Saliente-se, ainda, que o nosso ordenamento jurídico, ao garantir a inviolabilidade da vida privada, atribui à pessoa um espaço de liberdade, onde além de poder realizar tudo que não é proibido ainda é reconhecida a possibilidade de sua autodeterminação,[52] no qual se inclui a liberdade de escolher o projeto de vida familiar, ainda que plural. O indivíduo pode, assim, deliberar sobre seus relacionamentos e optar pela forma de viver em família que melhor lhe aprouver.

A simples ausência de previsão legal, portanto, não pode justificar a manutenção da invisibilidade jurídica a que foram condenadas essas relações sociais e afetivas formadoras de núcleo familiar com estrutura múltipla de parceiros que vivem em comunhão plena de

---

[49] DIAS, Maria Berenice. *Manual de direito das famílias*. 11. ed. rev., atual., e ampl. SP: Revista dos Tribunais, 2016, p. 285.

[50] DIAS, Maria Berenice. *Manual de direito das famílias*. 11. ed. rev., atual., e ampl. SP: Revista dos Tribunais, 2016, p. 52.

[51] GAGLIANO, Pablo Stolze; FILHO, Rodolfo Pamplona. *Novo curso de direito civil*. v. 6: Direito de família. 7. ed. SP: Saraiva, 2017, p. 112.

[52] SILVA, Daniel Art. *Família simultânea*: uma abordagem à luz da autonomia privada. Rio de Janeiro: Lumen Juris, 2016, p. 105.

vidas. A construção de seu significado e seu acolhimento no universo do Direito pode, sim, ser fundamentada a partir da leitura de diversos princípios constitucionais, sendo aqui destacado o da privacidade na esfera familiar e suas repercussões.

Fala-se, inclusive, em um "Direito de Família Mínimo" ou "Direito Interno de Família" como forma de prestigiar o direito fundamental de inviolabilidade da vida privada, representado pela atribuição a cada família da faculdade de instituir o "seu próprio direito", mediante o estabelecimento de suas regras de convivência, afastando do Estado a competência para estabelecer, *a priori*, o que é ou não família.

Sobre o assunto, José de Oliveira Ascensão ensina que "as pessoas têm de ser autônomas na realização dos seus fins. O Estado não pode lhes substituir, mesmo para impor o que se afigura aos seus órgãos ser o próprio bem dessas pessoas, ou para perseguir finalidades sociais".[53] Isso não significa, contudo, uma irrestrita liberdade de atuação do indivíduo, até porque nenhum direito é absoluto e ninguém age com completa autonomia. Nesse sentido, o citado autor é categórico ao afirmar: "a autonomia privada não exclui as regras – não escapa ao direito".[54]

Em consonância com essa nova leitura do Direito das Famílias, o art. 1.513 do Código Civil brasileiro prescreve ser "defeso a qualquer pessoa de direito público ou direito privado interferir na comunhão de vida instituída pela família",[55] o que seria, segundo Silvana Maria Carbonera, uma cláusula geral de reserva de intimidade,[56] cuja tentativa de violação importa grave atentado contra a pessoa. Sobre esse dispositivo, oportuno reproduzir as palavras do relator-geral do Projeto de Lei nº 634, na Câmara dos Deputados, que deu origem ao Código Civil que vigora desde 2003:

> Proibimos o Estado de intervir na família, salvo para sua proteção e para propiciar recursos educacionais e científicos (...). Mesmo porque – continua dizendo –, o Estado não tem o direito de tutelar os sentimentos e as relações íntimas dos indivíduos. A abordagem legislativa da família tem que ser clara no estabelecimento de princípios e na definição de

---

[53] ASCENSÃO, José de Oliveira. *Direito civil*: Teoria geral. v. 1: Introdução. As pessoas. Os bens. 3. ed. São Paulo: Saraiva, 2010, p. 12.

[54] ASCENSÃO, José de Oliveira. *Direito civil*: Teoria geral. v. 1: Introdução. As pessoas. Os bens. 3. ed. São Paulo: Saraiva, 2010, p. 12/13.

[55] Código Civil Brasileiro de 2002. Disponível em: http://www.planalto.gov.br/ccivil_03/leis/2002/L10406.htm. Acesso em: 01 abr. 2019.

[56] CARBONERA, Silvana Maria. *Reserva da intimidade*: uma possível tutela da dignidade no espaço relacional da conjugalidade. Rio de Janeiro: Renovar, 2008, p. 268.

institutos e seus conteúdos, sem, contudo, apresentar fórmulas herméticas que desconheçam a dinâmica social (…). Existe uma barreira ética à qual o legislador deve estar atento. Ultrapassá-la pode representar constrangimentos e desagregação do mais importante organismo social.[57]

A respeito do tema, Rodrigo da Cunha Pereira defende que "a intervenção do Estado deve apenas e tão somente ter o condão de tutelar a família e dar-lhe garantias, inclusive de ampla manifestação de vontade e de que seus membros vivam em condições propícias à manutenção do núcleo afetivo".[58] Dessa forma, espera-se do Estado "unicamente tutela, o que não implica necessariamente intervenção e nem com ela se confunde".[59]

O Estado não pode, por conseguinte, impor um (ou apenas alguns) modelo(s) de família ou negar reconhecimento a uma forma de organização familiar simplesmente pelo fato de esta não refletir um padrão social, na medida em que vai de encontro ao que a própria família representa na atualidade: um espaço próprio de múltiplas possibilidades.[60]

Na esteira desse sentido, aduz Giselda Hironaka:

> Biológica ou não, decorrente do casamento ou não, matrilinear ou patrilinear, monogâmica ou poligâmica, monoparental ou poliparental, enfim, a estrutura não importa. Tampouco importa o lugar que o indivíduo ocupe na organização, se de pai, de mãe ou de filho. O importante é pertencer ao seu âmago, estando naquele espaço idealizado em que é possível integrar sentimentos, esperanças, valores e se sentir, por isso, a caminho de seu projeto de felicidade pessoal.[61]

A pessoa deve ter a possibilidade de conduzir-se de acordo com as suas próprias opções, inclusive quanto à organização de sua estrutura familiar, desde que não contrarie ou viole direitos de terceiros. Por esse motivo, defende Flávio Tartuce que "o reconhecimento de um afeto espontâneo entre duas ou mais pessoas não parece ser o caso de dano à

---

[57] *Código civil, confrontado com o CC/1916*. 2. ed. Método, 2002.

[58] PEREIRA, Rodrigo da Cunha. *Princípios fundamentais norteadores do direito de família*. Belo Horizonte: Del Rey, 2006, p. 109.

[59] CARBONERA, Silvana Maria. *Reserva da intimidade*: uma possível tutela da dignidade no espaço relacional da conjugalidade. Rio de Janeiro: Renovar, 2008, p. 242)

[60] SANTIAGO, Rafael da Silva. *Poliamor e direito das famílias*: reconhecimento e consequências jurídicas. Curitiba: Juruá, 2015, p. 191.

[61] HIRONAKA, Giselda Maria Fernandes Novaes. Família e casamento em evolução. *Revista Brasileira de Direito de Família*. Porto Alegre: Síntese, n. 1, abr./maio/jun. 1999, p. 08.

coletividade, mas muito ao contrário, de reafirmação de solidariedade entre as partes, algo que deve ser incentivado perante a sociedade".[62]

Não há interesse público que justifique a intervenção do Estado na vida privada da pessoa para impor-lhe limite ao exercício da sua afetividade e sexualidade no que diz respeito à constituição das famílias poliafetivas, pois, como ensina Silvana Maria Carbonera, "não interessa ao sistema jurídico o que de ordinário acontece por detrás da porta do quarto do casal",[63] falando-se até em uma "privatização do amor".

Por fim, compactuamos com o pensamento de Samir Namur, para quem o indivíduo deve ser

> livre para escolher família sem a imposição de modelos legais ou de interferência pela sociedade para escolher determinado modelo. Nesse sentido, é coerente a ideia que deve o legislador enfrentar a conduta pessoal dos indivíduos com poucas normas, não invadindo a sua esfera privada de decisão, removendo obstáculos para permitir condições ideais de exercer responsavelmente a própria liberdade.[64]

Caso essa não seja a postura adotada, ao excluir as relações jurídicas que não se amoldam aos padrões da "família tradicional", estar-se-á negando "muito mais do que simples modelos: importa, verdadeiramente, em olvidar a própria condição existencial de sujeitos concretos, que vivencialmente buscam a felicidade e a si próprios no afeto para com outrem",[65] anulando sua liberdade, igualdade, dignidade e reserva da privacidade do indivíduo.

Conclusão

A família, como fato cultural que é, vem se reinventando e reconstruindo seus paradigmas, ampliando seu conceito, assim como democratizando e flexibilizando suas estruturas e as relações entre seus membros, mas sempre apresentando um aspecto em comum: a de agrupamento de pessoas unidas por laços afetivos.

---

[62] TARTUCE, Flávio. *Direito civil*. v. 5: Direito de família. 14. ed. rev., atual. e ampl. Rio de Janeiro: Forense, 2019, p. 383.

[63] CARBONERA, Silvana Maria. *Reserva da intimidade*: uma possível tutela da dignidade no espaço relacional da conjugalidade. Rio de Janeiro: Renovar, 2008, p. 285.

[64] NAMUR, Samir. *Autonomia privada para a constituição da família*. Rio de Janeiro: Lumen Juris, 2014, p. 117.

[65] FACHIN, Luiz Edson. *Direito civil*: sentidos, transformações e fim. Rio de Janeiro: Renovar, 2015, p. 163.

Espaço por excelência de realização pessoal e solidariedade recíproca, a família é construída a partir de um projeto de vida comum entre seus membros, a partir de suas escolhas pessoais, sem modelos pré-definidos como outrora. A pluralidade familiar trazida com a Constituição Federal de 1988 permite, inclusive, a apreensão de arranjos familiares sem expressa previsão legal.

O Direito acaba por reconhecer, portanto, uma autonomia privada afetiva em que cada pessoa pode fazer suas escolhas quanto às formas de convivência familiar com os outros, desde que não haja ofensa a direito de qualquer dos envolvidos. Após o reconhecimento desse espaço de liberdade familiar no que diz respeito às questões de sexo e gênero, compete questionar sua incidência também quanto ao número de parceiros.

Nesse sentido, defendemos neste artigo que a comunhão de vida constituída pela família pode ter origem igualmente em um relacionamento íntimo afetivo do qual participam mais de duas pessoas, onde seus membros mantêm relação estável e ostensiva, baseada no respeito mútuo e convivência consentida, a chamada família poliafetiva.

O reconhecimento jurídico do núcleo familiar poliafetivo como corolário do direito à privacidade familiar busca tão somente preservar a prerrogativa de autodeterminação atinente às eleições pessoais, sem descuidar da responsabilidade e respeito ao outro nestas escolhas, na medida em que é inerente à dignidade do indivíduo a liberdade de escolher e constituir a entidade familiar que melhor corresponda à sua realização coexistencial. A ausência de exclusividade afetiva e/ou sexual entre os seus integrantes, por si só, não deve constituir óbice à atribuição de efeitos na esfera familiar à poliafetividade, na medida em que diz respeito a uma decisão de foro íntimo sobre a qual não cabe ao Estado se imiscuir, além do fato de que o mútuo conhecimento e aceitação dessa estrutura plural atende a legítima expectativa de todos os envolvidos.

Referências

ALONSO, Felix Ruix. Conceitual: privacidade e antropologia. *In*: MARTINS, Ives Gandra da Silva; PEREIRA JUNIOR, Antonio Jorge (Coord.). *Direito à privacidade*. Aparecida, SP: Ideias & Letras, 2005.

ASCENSÃO, José de Oliveira. *Direito civil*: Teoria geral, vol. 1: Introdução. As pessoas. Os bens. 3. ed. São Paulo: Saraiva, 2010.

BRASIL. Código Civil Brasileiro de 2002. Disponível em: http://www.planalto.gov.br/ccivil_03/leis/2002/L10406.htm. Acesso: 01/ abr. 2019.

BRASIL. Constituição da República Federativa do Brasil de 1988. Disponível em: http://www.planalto.gov.br/ccivil_03/constituicao/ConstituicaoCompilado.htm. Acesso: 01 abr. 2019.

BRASIL. Lei nº 11.340/2006. Disponível em: http://www.planalto.gov.br/ccivil_03/_Ato2004-2006/2006/Lei/L11340.htm. Acesso: 01 abr. 2019.

BRASIL. RE 397.762/BA. Voto Ministro Carlos Ayres Britto. Disponível em: http://www.stf.jus.br/arquivo/cms/noticiaNoticiaStf/anexo/RE397762CB.pdf. Acesso 01 abr. 2019.

CALDERÓN, Ricardo. Princípio da afetividade no direito de família. 2 ed. Rio de Janeiro: Forense, 2017.

CARBONERA, Silvana Maria. *Reserva da intimidade*: uma possível tutela da dignidade no espaço relacional da conjugalidade. Rio de Janeiro: Renovar, 2008.

CÓDIGO CIVIL, confrontado com o CC/1916. 2. ed. Método, 2002.

DIAS, Maria Berenice. *Manual de direito das famílias*. 11. ed. rev., atual., e ampl. SP: Revista dos Tribunais, 2016.

FACHIN, Luiz Edson. *Direito Civil*: sentidos, transformações e fim. Rio de Janeiro: Renovar, 2015.

FARIAS, Cristiano Chaves de. O valor e a eficácia jurídica das escrituras de uniões poliafetivas. In: PEREIRA, Rodrigo da Cunha (Coord.). *Família e sucessões*: polêmicas, tendências e inovações. Belo Horizonte: IBDFAM, 2018.

FARIAS, Cristiano Chaves de; ROSENVALD, Nelson. *Curso de direito civil*: volume 6: famílias. 10. ed. rev. e atual. Salvador: Ed. Juspodivm, 2018.

FERRARINI, Letícia. *Famílias simultâneas e seus efeitos jurídicos*: pedaços da realidade em busca da dignidade. Porto Alegre: Livraria do Advogado, Editora, 2010.

GAGLIANO, Pablo Stolze; FILHO, Rodolfo Pamplona. *Novo curso de direito civil*. v. 6: direito de família. 7. ed. SP: Saraiva, 2017.

GODOY, Claudio Luiz Bueno de. Privacidade familiar entre cônjuges, pais e filhos. In: *Direito à privacidade*. MARTINS, Ives Gandra da Silva; PEREIRA JUNIOR, Antonio Jorge (Coord.). Aparecida, SP: Ideias & Letras, 2005.

HIRONAKA, Giselda Maria Fernandes Novaes. Sobre peixes e afetos um devaneio acerca da ética no direito. In: PEREIRA, Rodrigo da Cunha (Org.). *Anais do V Congresso Brasileiro de Direito de Família*. São Paulo: IOB Thompson, 2006.

HIRONAKA, Giselda Maria Fernandes Novaes. Família e casamento em evolução. *Revista Brasileira de Direito de Família*. Porto Alegre: Síntese, nº 1, abr./maio/jun. 1999.

LEITE, Eduardo de Oliveira. *Famílias monoparentais*: a situação jurídica de pais e mães separados e dos filhos na ruptura da vida conjugal. 2. ed. rev., atual. e ampl. São Paulo: Revista dos Tribunais, 2003.

LÔBO, Paulo Luiz Netto. *Direito civil*: volume 5: famílias. 9. ed. SP: Saraiva Educação, 2019.

MADALENO, Rolf. *Curso de direito de família*. 5. ed. rev., atual. e ampl. RJ: Forense, 2013.

MORAES, Maria Celina Bodin de. *Na medida da pessoa humana*: estudos de direito civil-constitucional. Rio de Janeiro: Renovar, 2010.

NAMUR, Samir. *Autonomia privada para a constituição da família*. Rio de Janeiro: Lumen Juris, 2014.

PEREIRA, Rodrigo da Cunha. *Princípios fundamentais norteadores do direito de família*. Belo Horizonte: Del Rey, 2006.

ROSA, Conrado Paulino da. *Curso de direito de família contemporâneo*. 4. ed. rev. e atual. Salvador: Juspodivm, 2018.

RUZYK, Carlos Eduardo Pianovski. *Famílias simultâneas*: da unidade codificada à pluralidade constitucional. Rio de Janeiro: Renovar, 2005.

SANTIAGO, Rafael da Silva. *Poliamor e direito das famílias*: reconhecimento e consequências jurídicas. Curitiba: Juruá, 2015.

SCHREIBER, Anderson. *Direito civil e constituição*. São Paulo: Atlas, 2013.

SCHREIBER, Anderson. *Manual de direito civil contemporâneo*. São Paulo: Saraiva Educação, 2018.

SILVA, Daniel Art. *Família simultânea*: uma abordagem à luz da autonomia privada. Rio de Janeiro: Lumen Juris, 2016.

TARTUCE, Flávio. *Direito civil*. v. 5: Direito de família. 14. ed. rev., atual. e ampl. Rio de Janeiro: Forense, 2019.

Informação bibliográfica deste texto, conforme a NBR 6023:2018 da Associação Brasileira de Normas Técnicas (ABNT):

ROCHA, Patricia Ferreira. As famílias poliafetivas sob a ótica do direito à reserva da privacidade familiar. *In*: EHRHARDT JÚNIOR, Marcos; LOBO, Fabíola Albuquerque (Coord.). *Privacidade e sua compreensão no direito brasileiro*. Belo Horizonte: Fórum, 2019. p. 247-268. ISBN 978-85-450-0694-7.

A PROTEÇÃO DE DADOS PESSOAIS NA INFÂNCIA E O DEVER PARENTAL DE PRESERVAÇÃO DA PRIVACIDADE

LUCIANA BRASILEIRO

MARIA RITA HOLANDA

1 Introdução

Entrará em vigor em 2020 a Lei Geral de Proteção de Dados Pessoais, Lei nº 13.709/2018, que altera o Marco Civil da Internet e tem como objetivo, previsto de forma expressa em seu art. 1º, a proteção de *direitos fundamentais de liberdade e privacidade e o livre desenvolvimento da personalidade da pessoa natural.*

A lei traz para o Brasil a proteção de dados para os cidadãos que são, inevitavelmente, usuários da tecnologia, estabelecendo conceitos, requisitos e responsabilidades daqueles que se denominam operadores e controladores. Proporciona ainda o reconhecimento da necessidade, mais que atual, de proteger as pessoas do contexto hodierno, que envolve notícias diárias de vazamentos e vendas de informações privadas por grandes empresas, com alcance mundial, a exemplo das redes sociais.

Pode-se dizer que a proteção de dados, mais que um direito, representa um dever estatal, para garantia, como bem observa a lei, do livre desenvolvimento das pessoas. Entre os fundamentos da disciplina, portanto, encontram-se o respeito à privacidade e a inviolabilidade da intimidade, da honra e da imagem, além dos direitos humanos, o livre desenvolvimento da personalidade, a dignidade e o exercício da cidadania pelas pessoas naturais.

Com muita prudência, Stefano Rodotà enumerou pontos que considerou fundamentais para combater a máxima da prevalência de interesses de segurança dentro da lógica de mercado. Entre eles, a assertiva de que a proteção de dados *é uma expressão de liberdade e dignidade pessoais e, como tal, não se deve tolerar que um dado seja usado de modo a transformar um indivíduo em objeto de vigilância constante.*[1]

A lei traz também uma seção destinada ao tratamento de dados pessoais de crianças e adolescentes, regulamentando no art. 14 esse tratamento em observância ao melhor interesse, e com consentimento específico e em destaque dado por pelo menos um dos pais ou responsável legal, mas admite a coleta sem tal consentimento, excepcionalmente quando for necessária para contatar os pais ou o responsável legal, sem possibilidade de armazenamento e ou repasse das informações a terceiros.

Ponto que chama bastante atenção é o §1º do art. 14, que restringe o consentimento específico para as crianças, excluindo dele os adolescentes e tem sido objeto de muitas críticas.

Para fins do presente estudo, contudo, destaque-se que a lei excetua a sua aplicação, quando os dados pessoais forem realizados por pessoa natural para fins exclusivamente particulares, e não econômicos.

Uma questão que surge, a partir dessa previsão, diz respeito à exposição da imagem de crianças e adolescentes nas redes sociais, especialmente aquelas que fazem uso da tecnologia para auferir lucros.

Apesar de se referir à legislação pertinente, peca a lei na possibilidade de utilização inadequada de dados da criança ou adolescente por um ou ambos os representantes legais, que embora aparente um fim tão somente pessoal, em verdade traz resultados extremamente lucrativos e condiciona a criança a uma atividade e exposição que passam a fazer parte inerente à sua personalidade.

A monetização da imagem infantil em plataformas como YouTube é frequente alvo de notícias e preocupam aquelas que dão conta de acusações de redes de pedofilia, por exemplo, assim como as questões relacionadas a publicidade infantil, entre tantas outras.

---

[1] RODOTÀ, Stefano. *A vida na sociedade da vigilância*: a privacidade hoje. Rio de Janeiro: Renovar, 2008, p. 19.

Uma questão que chama atenção, contudo, é o papel dos pais na exposição de seus filhos nas redes sociais, com fins comerciais. Isso porque é crescente o número de crianças influenciadoras digitais, em especial os filhos de artistas famosos, como numa espécie de "extensão da fama", com toda a rotina divulgada em redes sociais, bem como fazendo divulgação de produtos e serviços que lhes geram rendimentos. Lucram, portanto, pais, ou representantes legais, empresas detentoras dos produtos e serviços e os proprietários do grande império das redes sociais.

Sabe-se que o mundo digital não possui barreiras de entrada, sendo, portanto, de fácil acesso a qualquer pessoa, independentemente de sua formação, por exemplo. A lei que entrará em vigor, ao permitir o quase inevitável uso de dados de crianças, se destina muito mais a regulamentar a função dos controladores de mídias, sendo certo que caberá à norma específica destinada a crianças e adolescentes verificar a sua proteção no uso dessas redes.

Embora não tenha como objetivo esgotar as problemáticas decorrentes da sanção do texto da Lei Geral de Proteção de Dados Pessoais no que tange à criança e adolescente, este ensaio busca lançar luz na sensível questão da privacidade, especialmente considerando-se se tratar de direito de personalidade, questionando, portanto, a validade do consentimento previsto na norma.

2 A doutrina da proteção integral – Limites ao exercício da autoridade parental

A importância da configuração da parentalidade pela filiação visa primordialmente, na esfera jurídica, à regulação de responsabilidades entre os seus membros, priorizando-se sempre a busca de uma igualdade material, considerando-se a vulnerabilidade do incapaz. A expressão "melhor interesse" consigna-se na ideia de que as condições a serem conferidas à criança e ao adolescente devem ser funcionais, no sentido de lhe garantir o pleno desenvolvimento da personalidade.

Durante séculos, esse "interesse" deixou de ser buscado, pelas prioridades de vários e diversos contextos históricos, segundo o gradual processo de civilização. O menor era invisível perante a lei. Cumpria com um papel coadjuvante na sociedade, na ideia de propagação da família e de seus costumes.

Philippe Ariès,[2] fazendo uma análise da criança e adolescente desde a idade média, ressalta que a transmissão de valores e de conhecimento se dava no campo da experiência com os adultos (aprendizagem). Em sua tenra idade, a atenção dos adultos era voltada aos seus gracejos, mas ao mesmo tempo, se viesse a falecer, o desolamento era passageiro, por haver a concepção de que logo outra viria ocupar o seu lugar.

O comportamento ilustrado, na visão do autor, reflete certo anonimato desse ser (criança e adolescente), que praticamente não tinha passagem pela família e pela sociedade.

No final do século XVII, o contexto começa a se modificar, na medida em que a escola substitui o meio de aprendizagem da criança, surgindo a partir daí um afastamento desta com relação à sua família, tendo em vista que o processo de educação escolar se dá por meio de longos períodos, inclusive de enclausuramento.

A importância que se passou a atribuir à educação escolar revela uma nova família, agora como espaço afetivo. Começando a organizar-se em torno da criança, esta passa a se revestir de maior importância, saindo do anonimato, de forma que a sua perda seria capaz de gerar imensa dor. Nesse século, de um infanticídio secretamente admitido, passou-se a um respeito cada vez mais exigente pela vida da criança.

No início do século XVIII, situou-se o recolhimento da família, longe da rua, da praça, da vida coletiva, e sua retratação dentro de uma casa melhor defendida contra os intrusos e mais bem preparada para a intimidade. Tratou-se da organização do espaço privado, que favoreceu principalmente o surgimento de um sentimento novo entre os membros da família, e mais particularmente entre a mãe e a criança. O chamado "sentimento de família", cultura que se assentava nas mulheres e nas crianças, com um interesse renovado pela educação das crianças e uma notável elevação do Estatuto da Mulher.

Com o tempo, regras de convivência e comportamento passaram a ser necessárias entre adultos e crianças, como descrições de boas maneiras em tratados denominados de "tratados de civilidade". Muito mais que regras de convivência, serviam para instruir a própria família sobre os seus deveres e responsabilidade e aconselhá-la na sua conduta para com a criança.

Entre o fim da Idade Média e os séculos XVI e XVII, a criança havia conquistado um lugar junto de seus pais, e embora ainda não fosse o pivô de todo o sistema, tornara-se personagem muito mais consistente.

---

[2] ARIÈS, Philippe. *História social da criança e da família*. 2. ed. Tradução Dora Flaksman, Rio de Janeiro: Guanabara, 1986, p. 12.

Em nosso país, desde o século XIX, três correntes jurídico-doutrinárias surgiram em relação à proteção da infância: a doutrina do direito penal do menor; a doutrina da situação irregular e, por fim, a doutrina jurídica de proteção integral. A primeira era concentrada nos códigos penais (1830 e 1890), preocupou-se com a delinquência e com a imputação na pesquisa do discernimento – responsabilização do menor em função do seu entendimento quanto ao delito; a segunda passou a vigorar com o código de menores (1979), período marcado por uma política assistencialista fundada na proteção do menor abandonado ou infrator; e a terceira passou a vigorar no Brasil a partir da Constituição Federal de 1988, segundo a qual a população infanto-juvenil, em qualquer situação, deve ser protegida e seus direitos garantidos, além do reconhecimento de prerrogativas idênticas aos adultos.[3]

Tânia Pereira[4] ressalta três peculiaridades dos destinatários da proteção, quais sejam: *sua incapacidade para os atos da vida jurídica, sua condição peculiar de pessoa em desenvolvimento e sua titularidade de direitos fundamentais.* Pontua ainda a autora:

> Perceber a criança como "sujeito" e não como objeto dos direitos dos adultos reflete, talvez, o maior desafio para a própria sociedade e para o Sistema de Justiça. Ser sujeito de direitos é ser titular de uma identidade social que lhe permita buscar proteção especial, já que se trata de uma pessoa em condição peculiar de desenvolvimento.[5]

O princípio do melhor interesse da criança reflete essa prioridade que o menor possui no âmbito do direito legislado e aplicado. Houve, em verdade, um giro de 180º no que diz respeito ao conteúdo do Poder Familiar, que, antes sendo Pátrio Poder, marcava uma desigualdade não apenas com relação ao gênero em face da mãe, como e principalmente com relação ao menor, já que este estaria subordinado à vontade paterna também com relação aos seus direitos fundamentais. De direito sobre os filhos, os pais passaram a ter muito mais deveres e, em caso de inobservância, qualquer pessoa e também o Ministério

---

[3] PEREIRA, Tânia da Silva. O princípio do "melhor interesse da criança": da teoria à prática. *Revista Brasileira de Direito de Família,* Porto Alegre, n.6., p. 31-49.

[4] PEREIRA, Tânia da Silva. O princípio do "melhor interesse da criança": da teoria à prática. *Revista Brasileira de Direito de Família,* p. 37.

[5] PEREIRA, Tânia da Silva. O princípio do "melhor interesse da criança": da teoria à prática, p. 31-49.

Público têm legitimidade para intervir e denunciar na apuração de violação, para fins de suspensão ou perda do poder familiar delegado pelo Estado aos pais.

Hodiernamente, o Brasil resguarda a inviolabilidade da intimidade, vida privada e imagem, no inciso X do art. 5º da Constituição Federal, e o art. 227 impõe à família, sociedade e Estado assegurar às crianças, jovens e adolescentes, com prioridade absoluta, a proteção, de sorte que tenham acesso a um desenvolvimento, em ambiente público e privado, seguro e pleno.

Para tanto, o Estatuto da Criança e do Adolescente prevê medidas de proteção, seja em relação ao Estado, seja em relação à família, ou até mesmo quanto a suas próprias condutas, e é no art. 100 da lei que é possível identificar a doutrina de proteção integral, que no inciso II estabelece a intepretação e aplicação da norma em benefício das crianças e adolescentes. Além disso, o mesmo art. 100 prevê como regra de proteção, em seu inciso V, a privacidade, de forma expressa, se opondo a regras que violem intimidade, respeito à imagem e vida privada.

Dessa forma, a divulgação de imagem de crianças usando produtos ou serviços, por meio das redes sociais, expondo, inclusive, seus dados pessoais, parece ser uma afronta à doutrina de proteção integral, que se opõe ao próprio Estado, enquanto legislador, ou ao exercício do poder familiar.

Isso porque o uso da internet é obrigatoriamente vinculado ao fornecimento de informações que violam a privacidade, só podendo ser aquiescido por quem detém autonomia. Não obstante essa informação, dados da *AVG Technologies* dão conta que 97% das crianças entre 6 e 9 anos do mundo usam a internet e 54% delas possuem seu próprio perfil no Facebook, apesar de a empresa exigir a idade mínima de 18 anos para a contratação de uma página.[6]

Além de chamar atenção, o dado acima, pelo qual se constata que mais da metade da população infantil entre 6 e 9 anos possui perfil na principal rede social do mundo, é importante refletir sobre os limites do poder familiar exercido pelos pais que autorizam e fomentam a exposição da imagem de seus filhos. Isso porque a doutrina de proteção integral, como já mencionado, veda o exercício na parentalidade quando ela se choca com norma de preservação dos menores.

---

[6] SALEH, Naíma. Privacidade das crianças na internet: quem deixou você postar isso? Disponível em: https://revistacrescer.globo.com/Criancas/Comportamento/noticia/2018/06/quem-deixou-voce-postar-isso.html. Acesso em 12 abr. 2019.

Sendo assim, em rigor, nem os pais poderiam estar na condição de operadores dos dados de seus filhos, nem o Estado deveria regulamentar norma que autoriza o fornecimento de dados pessoais de crianças. Mais do que isso, deve o Estado, através do Ministério Público, fiscalizar e impedir o fornecimento desses dados ou, porque não dizer, questionar a constitucionalidade da norma recém-sancionada, haja vista que afronta a doutrina de proteção integral.

É importante registrar ainda que há doutrina prudentemente posicionada quanto à necessidade de respeitar o espaço de realização de crianças e adolescentes, inclusive quanto à autodeterminação existencial, no que não se deve discordar,[7] mas é fundamental que se observe que a privacidade se constitui como direito de personalidade, sendo importante indagar se existe, ou não possibilidade de intervenção estatal nesse contexto.

3 A privacidade infantil e a sua violação durante a formação da personalidade – Dano irreparável

Questionamento que se faz obrigatório, portanto, é se o poder familiar prevê espaço para os pais autorizarem, ou melhor, fornecerem os dados pessoais de seus filhos nas redes sociais. A lei de proteção de dados pessoais parte da premissa de que sim, na medida em que prevê, como já mencionado, que ao menos um dos pais ou responsáveis atue na condição de operadores. Mas, se considerarmos que esse fornecimento se contrapõe à privacidade, sendo esta um direito de personalidade, é inviolável e indisponível.

Assim, o fornecimento de dados pessoais na infância e, ainda, o uso indiscriminado da imagem infantil em redes sociais, especialmente com fins comerciais, com base na representação conferida à autoridade parental, pode se caracterizar como hipótese de abuso, capaz até mesmo de ensejar a suspensão do poder familiar, conforme prevê o art. 1.637 do Código Civil.

Então, a indagação termina sendo anterior, ou seja, poderia a norma prever a possibilidade do fornecimento de dados pessoais de crianças, independentemente de quem autoriza? Estaria o Estado, através da norma, regulando o fornecimento de dados de crianças,

---

[7] MULTEDO, Renata Vilela. *Liberdade e família*: limites para a intervenção do Estado nas relações conjugais e parentais. Rio de Janeiro: Processo, 2017, p. 116.

numa clara ampliação do exercício do poder familiar e, mais grave, em violação ao direito de privacidade?

Se tomarmos como exemplo situações já existentes, como a pequena Valentina Muniz, filha do humorista Welllington Muniz e da modelo Mirella Santos, teremos concretamente uma criança que aos quatro anos de idade soma 2,8 milhões de seguidores no Instagram, em perfil comercial, aberto, fazendo ampla publicidade de marcas de produtos infantis, além de contar com mais de 1,4 mil vídeos seus publicados no YouTube. Os vídeos são divulgados diariamente com seu cotidiano, monetizados e rendendo lucros para a família, colocando-a na condição de provedora.

Os perigos da exposição na internet trazem novos problemas que devem ser refletidos, como bem observa Liliana Paesani:

> A utilização dos computadores determinou uma transformação qualitativa nos efeitos decorrentes da coleta de informações. A tecnologia, com a inserção de mecanismos cada vez mais sofisticados de difusão de informações, tem contribuído para um estreitamento crescente do circuito privado, na medida em que possibilita, até a longa distância, a penetração na intimidade da pessoa. Hoje, não é o governo que ameaça a privacidade – é o comércio pela Internet. A web transformou-se num mercado e, nesse processo, fez a privacidade passar de um direito a uma commodity. O poder informático indica não só a possibilidade de acumular informações em quantidade ilimitada sobre a vida de cada indivíduo, isto é, suas condições físicas, mentais, econômicas ou suas opiniões religiosas e políticas, mas também de confrontar, agregar, rejeitar e comunicar as informações assim obtidas. As inúmeras e generosas leis que protegem a privacidade ficam esvaziadas perante a agressividade das práticas comerciais ou não provenientes da circulação dos dados informáticos. Em decorrência desses fatos, surge a necessidade de proteção legislativa específica do direito ao controle sobre as próprias informações.[8]

O uso da internet é realmente um caminho sem volta, e a regulamentação do uso de dados é mais que necessária, porque representa um controle ao que parece ser ilimitado. Contudo, por mais que o uso dos recursos proporcionados pela grande rede seja inevitável, é necessário estabelecer limites aos acessos de dados fornecidos. O Código Civil

---

[8] PAESANI, Liliana Minardi. *Direito e Internet*: liberdade de informação, privacidade e responsabilidade civil, 7. ed., São Paulo: Atlas, 2014, p. 34. Disponível em: https://integrada. minhabiblioteca.com.br/#/books/9788522493623/cfi/59!/4/4@0.00:31.3. Acesso em 12 abr. 2019.

brasileiro regulamenta a competência dos pais para exercício do poder familiar, em seu art. 1.634, que prevê, entre outros, a representação até os 16 (dezesseis) anos e a assistência até os 18 (dezoito).

Diante disto, já há uma aparente contradição com a norma recém-sancionada, porque ao mencionar a condição de autorização dos pais para o fornecimento de dados pessoais de crianças, a regra estaria limitada aos 12 (doze) anos.

Ao colocar a regra que autoriza o fornecimento de dados pessoais, ainda que condicionada, em contraponto com a norma que prevê a proteção integral, constata-se a violação do direito de personalidade, haja vista a impossibilidade de consentimento da criança na violação de sua privacidade pela exposição de sua imagem e fornecimento de dados e mais, porque não dizer, na crescente comunidade de pessoas que estão reféns de uma vida virtual. Essa formação criada da personalidade virtual vai interferir no desenvolvimento da personalidade real, gerando potencial dano existencial, inclusive.

Não é demais lembrar os lamentáveis episódios ocorridos e veiculados com a boneca conhecida como MOMO, consistindo em boneca virtual que colhe dados pessoais, lançando desafios que levaram vários jovens a cometer suicídio. A vulnerabilidade de viabilizar o uso de dados, ainda que autorizada pelos pais é grande e questionável, pois, sendo os dados pessoais, como já mencionado, verdadeiro direito de personalidade, sua inalienabilidade e intransmissibilidade vedam a sua utilização por qualquer pessoa que não seja seu detentor. O caráter de indisponibilidade do direito de personalidade afasta a representação no exercício da autoridade parental, fato que não foi observado pela norma.

Como já mencionado, a lei que regulamenta o uso de dados pessoais era urgente, mas falha em sua previsão do art. 14, talvez o mais sensível deles, haja vista que trata do uso de informações indisponíveis de quem não poderia jamais anuir.

A privacidade das crianças que têm suas rotinas expostas na internet é violada frontalmente e não há como imaginar um mecanismo de proteção que envolva a possibilidade de seu fornecimento, a partir do momento em que se constatam o risco e a vulnerabilidade de exposição de um direito de personalidade.

4 Conclusão

A lei de proteção de dados pessoais é absolutamente necessária para a tentativa de regulação mínima de proteção de direitos fundamentais da pessoa, dada a característica de exposição decorrente das redes sociais na realidade social.

A previsão na referida lei com relação à criança e ao adolescente nasce inconstitucional, em razão de características inarredáveis do instituto do poder familiar.

A garantia dos direitos fundamentais da criança e do adolescente passa pela doutrina da proteção integral, retirando dos pais, ainda que no exercício do poder familiar, a possibilidade de utilização e sua imagem e dados, ainda que sob o suposto argumento da arte.

Dessa forma, a irrenunciabilidade do poder familiar implica sua incessibilidade, indelegabilidade e, por fim, limites e deveres que os pais têm, na garantia e nos deveres de proteção aos direitos de personalidade de seus filhos.

Tais deveres implicam não autorizar o uso da imagem de seus filhos de forma monetarizada, ainda que as disposições não exponham o corpo e a intimidade destes.

Dessa forma, os pais não detêm o direito de autorização, de acordo com o previsto na lei de proteção de dados, sendo tal dispositivo um contraditório dos limites estabelecidos pelo direito civil no exercício do poder familiar.

Há, portanto, em tais exposições, uma presunção de violação dos direitos fundamentais de crianças e adolescentes, que sujeita os seus responsáveis legais a uma responsabilidade civil de danos que podem vir a ser irreparáveis.

Referências

ARIÈS, Philippe. *História social da criança e da família*. 2. ed. Tradução Dora Flaksman. Rio de Janeiro: Guanabara, 1986.

MULTEDO, Renata Vilela. *Liberdade e família*: limites para a intervenção do Estado nas relações conjugais e parentais. Rio de Janeiro: Processo, 2017, p. 116.

PAESANI, Liliana Minardi. Direito e Internet: liberdade de informação, privacidade e responsabilidade civil, 7. ed. São Paulo: Atlas, 2014, p. 34. Disponível em: https://integrada.minhabiblioteca.com.br/#/books/9788522493623/cfi/59!/4/4@0.00:31.3. Acesso em 12 abr. 2019.

PEREIRA, Tânia da Silva. O princípio do "melhor interesse da criança": da teoria à prática. *Revista Brasileira de Direito de Família*, Porto Alegre, n. 6.

RODOTÀ, Stefano. *A vida na sociedade da vigilância*: a privacidade hoje. Rio de Janeiro: Renovar, 2008.

SALEH, Naíma. Privacidade das crianças na internet: quem deixou você postar isso? Disponível em: https://revistacrescer.globo.com/Criancas/Comportamento/noticia/2018/06/quem-deixou-voce-postar-isso.html. Acesso em: 12 abr. 2019.

Informação bibliográfica deste texto, conforme a NBR 6023:2018 da Associação Brasileira de Normas Técnicas (ABNT):

BRASILEIRO, Luciana; HOLANDA, Maria Rita. A proteção de dados pessoais na infância e o dever parental de preservação da privacidade. *In*: EHRHARDT JÚNIOR, Marcos; LOBO, Fabíola Albuquerque (Coord.). *Privacidade e sua compreensão no direito brasileiro*. Belo Horizonte: Fórum, 2019. p. 269-279. ISBN 978-85-450-0694-7.

A TUTELA JURÍDICA DAS PESSOAS TRANS SOB O VIÉS DA PERSONALIDADE: DEBATES ACERCA DOS DIREITOS À IDENTIDADE, AO NOME, À INTEGRIDADE PSICOFÍSICA E À PRIVACIDADE

MANUEL CAMELO FERREIRA DA SILVA NETTO

> *O trans de transexualidade é de transcendência,*
> *é de transformação. É o sentimento de se sentir,*
> *finalmente, si mesmo.*
> (ARAÚJO, Maria Clara.
> *Despatologizando identidades trans, 2015)[1]*

---

[1] O verso escolhido para a epígrafe deste trabalho não o foi sem motivo. Ele é de autoria de Maria Clara Araújo, mulher trans, estudante de pedagogia na Universidade Federal de Pernambuco (UFPE), pesquisadora e ativista afrotransfeminista que dá voz à luta pelo empoderamento das pessoas trans enquanto agentes políticas transformadoras dos seus próprios destinos e donas das suas narrativas pessoais. Em um de seus textos, denominado "Brasileiros possuem uma dívida histórica com as travestis" (2016), ela chama atenção para o fato dos(as) brasileiros(as), na construção da sua identidade nacional, serem ensinados(as) a sentir ojeriza pela população trans, enxergando tais indivíduos enquanto seres inferiores e estigmatizados. No entanto, ela vai além e, com base nos pensamentos de Grada Kilomba, desvela que, da mesma forma que os estereótipos em torno dos negros são uma criação dos brancos, os estereótipos em torno das pessoas trans são uma criação das pessoas cisgêneras, que transformam tais existências, transgressoras dos padrões sociais

Introdução

Ser uma pessoa trans, no mundo, especialmente no Brasil, é ter de lidar diuturnamente com violações a seus direitos mais básicos e fundamentais. Afinal, a abjeção das vidas trans, nas palavras da filósofa Judith Butler, torna-as totalmente prescindíveis e invisíveis aos olhos do Estado e da sociedade. Sendo assim, não é de surpreender, ainda que seja abismante, o fato de o Brasil, segundo dados da organização não governamental *Transgender Europe*, ser o país em que mais se mata pessoas transexuais e travestis no mundo.

Entre outras razões para índices alarmantes, como os anteriormente mencionados, estão a heterocisnormatividade social – em que está pautada a construção da sociedade brasileira –, bem como a inércia do Legislativo em desenvolver leis que resguardem os Direitos basilares dessa parcela populacional, e do Executivo, no investimento em políticas públicas de conscientização e de combate a esse tipo de discriminação. Esse contexto, por sua vez, contribui para a construção, como diria Pierre Bourdieu, de um ambiente de dominação estrutural que invisibiliza e nega as existências públicas e legítimas dessas pessoas, obstando a efetivação de seus direitos fundamentais.

No âmbito do Direito Civil, não é diferente, a legislação não possui dispositivos expressos que tutelem plenamente o direito ao reconhecimento das identidades de gênero dessas pessoas. Diante disso, empreendem-se esforços, na doutrina e na jurisprudência, para que tais pessoas possam ter seus direitos fundamentais protegidos em suas relações interprivadas.

---

de gênero, em seres indesejados. Diante disso, Maria Clara faz a seguinte provocação: "Se você, pessoa cis, deseja demonstrar empatia por nós, assuma uma posição de reparação e comece, desde já, a mudar sua omissão em relação às violências a que somos submetidas: crie possibilidades para nossa existência, lute pela garantia dos nossos direitos(...)" (Cf. ARAÚJO, Maria Clara. Brasileiros possuem uma dívida histórica com as travestis, 2016. Disponível em: http://blogueirasnegras.org/2016/12/08/brasileiros-possuem-uma-divida-historica-com-as-travestis/. Acesso em: 10 mar. 2019). Diante de tal estímulo, pode-se dizer que o presente trabalho foi construído a partir do local de fala de um pesquisador branco, *gay* e cisgênero, não com o intuito de desrespeitar a representatividade trans na construção do saber jurídico, mas sim de dar visibilidade as temáticas que circundam a tutela jurídico-social das transgeneridades no contexto brasileiro. Ademais, cabe esclarecer que o local de fala, anteriormente referido, diz respeito à posição de um grupo de indivíduos numa relação de poder e dominação, sendo que cada um desses grupos irá expressar-se a partir da localização que ocupam nessa hierarquia social, estando os integrantes de um mesmo grupo sujeitos a experimentarem vivências semelhantes; sem ignorar, contudo, as vivências pessoais diferenciadas (Cf. RIBEIRO, Djamila. *O que é*: lugar de fala?. Belo Horizonte: Letramento: Justificando, 2017).

No entanto, apesar de inúmeros avanços, como, por exemplo, a possibilidade de retificação de registro, quanto ao nome e ao sexo, independentemente de prévia submissão a cirurgias de transgenitalização, inclusive, diretamente na via administrativa, sem necessidade de anterior autorização do Judiciário, ou a regulamentação do processo transexualizador pelo Sistema Único de Saúde (SUS), é de se notar que a pecha da patologização desses corpos e dessas identidades ainda paira sob alguns aspectos das suas existências. Assim, torna-se imperiosa uma abordagem jurídica que acolha tais indivíduos na inteireza de suas identidades, através do respeito ao livre desenvolvimento da personalidade dessas pessoas. Diante disso, o presente trabalho parte da seguinte problematização: quais repercussões jurídicas podem advir do reconhecimento do direito à identidade de gênero como um direito da personalidade?

Sendo assim, buscar-se-á analisar quais as consequências do citado reconhecimento, notadamente no que diz respeito à identidade, ao nome civil, à integridade psicofísica e à privacidade. Para tanto, a pesquisa visará: a) identificar quais as diversas expressões das identidades trans (transexualidade, travestilidade e transgeneridade) no contexto social brasileiro; b) investigar se existe alguma relação entre a estigmatização social das pessoas trans com a ausência de efetividade dos seus direitos; c) estudar o regime jurídico dos direitos da personalidade no ordenamento jurídico brasileiro; d) compreender o papel do reconhecimento do direito à identidade de gênero como um direito da personalidade para a promoção da despatologização das identidades trans; e, e) analisar as repercussões jurídicas do reconhecimento do direito à identidade de gênero no tocante aos direitos à identidade, ao nome, à integridade psicofísica e à privacidade.

Dessa forma, o desenvolvimento do tema pautou-se em uma pesquisa teórica acerca das questões jurídicas que envolvem a tutela da personalidade no Direito brasileiro, com um enfoque na possibilidade de reconhecimento do direito à identidade de gênero dentro desse rol. Por isso, foi utilizada a técnica da documentação indireta, por meio de pesquisa bibliográfica, aplicando-se o método de raciocínio analítico-dedutivo e uma avaliação qualitativa, no intuito de traçar um aporte jurídico-teórico que compreenda o respeito aos direitos personalíssimos que cabem às pessoas trans no contexto pátrio.

1 Transcendendo conceitos: um aporte teórico do contexto sociojurídico no qual estão inseridas as pessoas trans

Falar das transgeneridades, numa perspectiva jurídico-social, não é uma tarefa simples, seja pela essencial interlocução de conceitos oriundos de outras áreas do conhecimento – reunindo elementos da filosofia, da sociologia, da psicologia, da medicina etc. –, seja pela latente necessidade de reestruturação da ordem jurídica, a fim de melhor acolher e proteger tais categorias identitárias.

Diante disso, antes de adentrar na discussão jurídica específica a respeito da tutela das identidades trans sob uma ótica dos direitos da personalidade, faz-se mister estabelecer alguns parâmetros apriorísticos de discussão, de forma a melhor situar o leitor com relação à temática a ser abordada neste artigo. Sendo assim, nesse primeiro momento, o presente tópico preocupar-se-á em: a) promover uma compreensão de alguns conceitos basilares para a correta percepção do tema; e, b) estabelecer uma relação entre a estigmatização social dessa parcela da população e a consequente restrição de seus direitos.

1.1 O movimento LGBTQI e as pessoas trans: além do arco-íris existem múltiplas identidades

É imperioso, para a presente discussão, iniciar a partir de uma breve distinção entre as ideias de *Expressão de Sexualidade*[2] e de *Identidade de Gênero*. Tem-se, então, que a *Expressão de Sexualidade* diz respeito à atração afetivo-sexual de um indivíduo por outro, seja essa pessoa homem ou mulher, o que difere totalmente da ideia de *Identidade de Gênero*, a qual traduz a forma como uma pessoa se percebe no mundo,

---

[2] Em que pese não haver qualquer erro na utilização da ideia de orientação sexual, a qual inclusive encontra-se bem definida na Carta de Princípios de Yogyakarta como "(...) uma referência à capacidade de cada pessoa de ter uma profunda atração emocional, afetiva ou sexual por indivíduos de gênero diferente, do mesmo gênero ou de mais de um gênero, assim como ter relações íntimas e sexuais com essas pessoas" (Cf. PRINCÍPIOS DE YOGYAKARTA. Princípios sobre a aplicação da legislação internacional de direitos humanos em relação à orientação sexual e identidade de gênero. Disponível em: http://www.dhnet.org.br/direitos/sos/gays/principios_de_yogyakarta.pdf Acesso em: 12 de jul. de 2017), o presente artigo trabalhará preferencialmente com a ideia de Expressão de Sexualidade, por entender que a conotação da palavra "expressão" traduz melhor o fenômeno da atração afetivo-sexual, visto que dá a ideia de um sentimento que parte de dentro do indivíduo e expressa-se, consequentemente, para o meio social.

a sua identidade, ou seja, o seu modo de sentir e de experimentar as noções de masculino e/ou feminino no meio social em que habita.[3] A partir daí, tem-se que, quanto a *Expressão de Sexualidade*, podem existir *pessoas Heterossexuais* (aquelas que possuem uma atração afetivo-sexual por pessoas de gênero oposto), *pessoas Homossexuais* (que são aqueles indivíduos que têm uma atração afetivo-sexual por pessoas do mesmo gênero), *pessoas Bissexuais* (que são aquelas pessoas que possuem uma atração afetivo-sexual por pessoas de ambos os gêneros, ainda que em níveis de atração diferentes, quer ao mesmo tempo, quer alternando essa atração, por um ou por outro, em fases distintas da vida)[4] e *pessoas Assexuais* (que são aqueles indivíduos que não experimentam atração sexual; podendo, no entanto, despertar interesses do tipo romântico por outras pessoas, dissociados das experiências sexuais).[5]

Por outro lado, com relação à *Identidade de Gênero*, tem-se que as pessoas podem ser *Cisgêneras* (que seriam aquelas que, independentemente da expressão afetivo-sexual, têm uma identidade de gênero compatível com aquela que lhes é atribuída com o seu nascimento, em razão do sexo biológico), *Transgêneras* (que seriam aquelas que, independentemente da expressão afetivo-sexual, divergem do padrão de gênero que lhe fora convencionado a partir do seu sexo de nascimento, construindo sua forma singular de sentirem-se homens ou mulheres)[6] ou, também, *Não Binárias ou Queers* (que seriam aquelas que, independentemente da expressão afetivo-sexual, não se identificam, necessariamente, com nenhum dos gêneros ou se identificam com ambos ao mesmo tempo, ou seja, são um grupo identitário que pretende quebrar com os estereótipos binaristas[7] de gênero socialmente impostos a toda

---

[3]   SILVA JÚNIOR, Enézio de Deus. Diversidade sexual e suas nomenclaturas. *In*: DIAS, Maria Berenice (coord.). *Diversidade sexual e direito homoafetivo*. São Paulo: Revista dos Tribunais, 2011, p. 97.

[4]   SILVA JÚNIOR, Enézio de Deus. Diversidade sexual e suas nomenclaturas. *In*: DIAS, Maria Berenice (coord.). *Diversidade sexual e direito homoafetivo*. São Paulo: Revista dos Tribunais, 2011, p. 98.

[5]   BRIGEIRO, Mauro. A emergência da assexualidade: notas sobre política sexual, *ethos* científico e o desinteresse pelo sexo. *Sexualidad, Salud y Sociedad – Revista Latinoamericana*, Rio de Janeiro, n. 14, p. 253-283, 2013. Disponível em: http://www.scielo.br/pdf/sess/n14/a12n14.pdf. Acesso em: 09 jul. de 2018.

[6]   SILVA JÚNIOR, Enézio de Deus. Diversidade sexual e suas nomenclaturas. *In*: DIAS, Maria Berenice (Coord.). *Diversidade sexual e direito homoafetivo*. São Paulo: Editora Revista dos Tribunais, 2011, p. 98.

[7]   Tem-se que o gênero, enquanto construção sociocultural, é produzido de forma binária, ou seja, possuindo como duas únicas possibilidades as ideias de masculino e de feminino, enquanto papéis sociais. Tal compreensão advém, por sua vez, de um determinismo biológico do sexo, segundo o qual os corpos são percebidos, com base nas genitálias,

e qualquer pessoa, permeando "em diferentes formas de neutralidade, ambiguidade, multiplicidade, parcialidade, ageneridade, outrogeneridade, fluidez em suas identificações"[8].

Ademais, fala-se também nas pessoas *Intersexuais, Intersex ou Intergêneras*, que seriam aqueles indivíduos que nascem com órgãos reprodutivos e características anatômicas sexuais, as quais não se encaixam nas definições típicas de masculino ou feminino.[9] Tais corpos são, assim, tidos como "anormais" por destoarem anátomo-morfologicamente do padrão binarista imposto pela sociedade, o que acaba acarretando em intervenções médicas, ainda na tenra infância, no intuito de adequá-los ao binômio macho-fêmea. É comum que sejam confundidos com hermafroditas, associação que, segundo Mauro Cabral, pesquisador e ativista *intersex*, é oriunda das artes e da mitologia, mas que não condiz com a experiência *intersex*, a qual é dotada de diversas corporalidades possíveis.[10]

Compreendidas tais distinções, as quais circunscrevem e definem os agentes políticos integrantes do movimento LGBTQI (lésbicas, gays, bissexuais, travestis, transexuais, transgêneros, *queers* e *intersex*), impende, a partir de agora, adentrar, mais especificamente, nas discussões que circundam as identidades trans (T). Segundo Enézio de Deus, a ideia de pessoa transgênera, anteriormente mencionada, compreende um termo guarda-chuva, no qual se encontram diversas categorias identitárias, quais sejam: a) de realidades identitárias perenes, como nos casos das travestis ou das(os) transexuais; e, b) de realidades identitárias que se manifestam em atos de transgeneridade eventuais, como nos casos

---

segundo a lógica macho e fêmea. (Cf. REIS, Neilton; PINHO, Raquel. Gêneros não-binários: identidades, expressões e educação. *Revista Reflexão e Ação*, Santa Cruz do Sul, v. 24, n. 1, p. 7-25, 2016. Disponível em: https://online.unisc.br/seer/index.php/reflex/article/view/7045/pdf. Acesso em: 10 mar. 2019).

[8] REIS, Neilton; PINHO, Raquel. Gêneros não-binários: identidades, expressões e educação. *Revista Reflexão e Ação*, Santa Cruz do Sul, v. 24, n. 1, p. 7-25, 2016, p. 8. Disponível em: https://online.unisc.br/seer/index.php/reflex/article/view/7045/pdf. Acesso em: 10 mar. 2019

[9] PINO, Nádia. A teoria *queer* e os *intersex*: experiências invisíveis de corpos desfeitos. *Cadernos Pagu*, Campinas, v. 28, p. 149-174, 2007, p. 5. Disponível em: http://www.scielo.br/pdf/cpa/n28/08.pdf. Acesso em: 10 mar. 2019.

[10] CABRAL, Mauro; BENZUR, Gabriel. Cuando digo *intersex*. Um dialogo introductorio a la intersexualidad. *Cadernos pagu*, Campinas, v. 24, p. 283-304, 2005. apud PINO, Nádia. A teoria *queer* e os *intersex*: experiências invisíveis de corpos desfeitos. *Cadernos Pagu*, Campinas, v. 28, p. 149-174, 2007, p. 5. Disponível em: http://www.scielo.br/pdf/cpa/n28/08.pdf. Acesso em: 10 mar. 2019.

das *drag queens*[11] e dos *drag kings*,[12] que dizem respeito a personagens construídos para performances artísticas.[13]

Para fins do presente trabalho, serão consideradas as travestis e as(os) transexuais, enquanto pessoas que merecem uma devida tutela jurídica segundo os direitos da personalidade, em respeito a sua busca pelo reconhecimento jurídico de uma identidade sociojurídica condizente com a sua identidade sociopsíquica.[14] Note-se, por outro lado, que tais termos não configuram sinônimos, visto que se têm, geralmente, que: a) Travestis – ligadas a figuras identitárias femininas,[15] são pessoas, que, via de regra, aceitam, do ponto de vista psicológico, o seu sexo biológico de nascimento, não perseguindo, necessariamente, uma redesignação genital, mas que se identificam enquanto indivíduos do gênero oposto, pleiteando também o reconhecimento sociojurídico enquanto mulheres; e, b) Transexuais – são pessoas que, via de regra,

---

[11] Compreende a expressão artística em que um indivíduo, geralmente um homem, monta-se de um personagem feminino para desempenhar algum papel artístico, seja de canto, de dança, de comédia *stand-up*. A exemplo, temos algumas *drag queens* famosas como as cantoras brasileiras Pablo Vittar, Gloria Groove, Lia Clarck, ou a cantora e apresentadora norte-americana RuPaul.

[12] Assim como no caso das *drag queens*, compreende uma forma de expressão artística em que mulheres montam-se de um personagem masculino para desempenhar algum papel artístico. Um famoso exemplo é o caso da cantora norte-americana Lady Gaga quando interpreta o seu personagem Jo Calderone, que aparece no vídeo clipe de sua música *You and I*.

[13] SILVA JÚNIOR, Enézio de Deus. Diversidade sexual e suas nomenclaturas. *In*: DIAS, Maria Berenice (coord.). *Diversidade sexual e direito homoafetivo*. São Paulo: Editora Revista dos Tribunais, 2011, p. 98.

[14] Afinal, não é bastante apenas sentir-se mulher ou homem, mas também que, nas suas relações sociais, tais indivíduos sejam assim reconhecidos como tais por terceiros, sejam eles particulares ou o próprio Estado. (Cf. FERRAZ, Carolina Valneça; LEITE, Glauber Salomão. A pessoa transgênera e o reconhecimento do direito de ser mulher: promoção da dignidade humana e garantia de desenvolvimento pessoal. *In:* FERRAZ, Carolina Valença; LEITE, George Salomão; LEITE, Glauber Salomão; LEITE, Glauco Salomão (Coord.). *Manual dos direitos da mulher*. São Paulo: Saraiva, 2013).

[15] Impende destacar que tal grupo identitário é um dos mais estigmatizados dentre aqueles que integram às identidades trans, sendo que os termos pejorativos "traveco" e "trava", ou até mesmo o termo "travesti" estão corriqueiramente associados à atividade da prostituição, na figura "do homem que se veste de mulher para se prostituir". Importa, no entanto, esclarecer algumas questões quanto a essas ideias errôneas: a) que, primeiramente, as travestis não são "homens que se vestem de mulher", mas sim mulheres, visto que sua identidade de gênero é feminina, pelo que devem ser tratadas no feminino (sendo o correto dizer "a travesti" e não "o travesti"), sob pena de estar-se desrespeitando suas identidades; e, b) que o fato de muitas travestis sujeitarem-se a prostituição dá-se pelas ausências de oportunidades de inserção no mercado de trabalho. (Cf. FONTES, Gustavo Rosa. *Bioética e transexualidade*: o sistema jurídico brasileiro e fundamentos para uma bioética *queer*. 2014. 178 f. Dissertação (Mestrado em Direito) – Programa de Pós Graduação em Direito Ambiental, Universidade do Estado do Amazonas, Manaus, p. 27-28. Disponível em: http://www.pos.uea.edu.br/data/area/titulado/download/60-8.pdf. Acesso em: 10 mar. 2019).

desde a tenra infância, sentem-se em desconexão com os seus sexos biológicos de nascença, por identificarem-se com o gênero oposto e, consequentemente, visam uma redesignação genital em conjunto com um reconhecimento sociojurídico de suas identidades.[16]

Essa distinção, no entanto, não é totalmente pacífica. Afinal, pode levar a equivocada interpretação de que travestis são, exclusivamente, aquelas pessoas trans que não se submetem a cirurgia de redesignação genital e que transexuais são, exclusivamente, aquelas pessoas trans que se submetem a essa espécie de intervenção cirúrgica. Afinal, muitas pessoas transexuais não almejam a cirurgia – seja pela invasividade do procedimento,[17] seja por receio de perdas de sensibilidade na prática sexual, etc. –, sendo que tais indivíduos já se sentem satisfeitos, do ponto de vista psicológico, com os tratamentos hormonais, com a aplicação de próteses de silicone (no caso das mulheres trans) ou com a mastectomia (no caso dos homens trans).[18]

Sendo assim, pode-se dizer que essas perspectivas dão ensejo a maiores reflexões a respeito de repensar essa "taxonomia", visto que, na realidade, a principal diferença entre transexuais e travestis reside, na verdade, numa questão de autorreconhecimento e autoidentificação, para além de perspectivas biologizantes ou conceituais. Nesse sentido, defendem Heloisa Bezerra Lima e Raul Victor Nascimento que "A questão do gênero é, sobretudo, uma questão pessoal, quando não personalíssima que não se deve impor (...) por uma classificação estrita (...)".[19] Ademais, corroborando com tal ponto de vista, William Siqueira aponta para a necessidade de utilizar a referência ao TTT (travestis, transexuais e transgêneros), de forma a combater os estereótipos e de respeitar as individualidades.

Tais circunstâncias, portanto, denotam que não existe uma única forma de se ser uma pessoa trans, mas sim uma pluralidade de possibilidades, as quais merecem ser visibilizadas e respeitadas. Diante disso,

---

[16] SILVA JÚNIOR, Enézio de Deus. Diversidade sexual e suas nomenclaturas. *In*: DIAS, Maria Berenice (coord.). *Diversidade sexual e direito homoafetivo*. São Paulo: Revista dos Tribunais, 2011, p. 99.

[17] FACHIN, Luiz Edson. O corpo do registro e o registro do corpo: mudança de nome e sexo sem cirurgia de redesignação. *Revista Brasileira de Direito Civil*, Belo Horizonte, v. 1, p. 36-60, 2014, p. 55. Disponível em: https://rbdcivil.ibdcivil.org.br/rbdc/article/view/130/126. Acesso em: 12 mar. 2019.

[18] GONÇALVES, Camila de Jesus Mello. *Transexualidade e direitos humanos*: o reconhecimento da identidade de gênero nos direitos da personalidade. Curitiba: Juruá, 2016, p. 76-77.

[19] LIMA, Heloisa Bezerra; NASCIMENTO, Raul Victor Rodrigues do. Transgeneridade e cárcere: diálogos sobre uma criminologia transfeminista. *Revista Transgressões*: ciências criminais em debate, Natal, v. 2, n. 2, p. 75-89, 2014, p. 84 Disponível em: https://periodicos. ufrn.br/transgressoes/article/view/6444/5256. Acesso em: 10 dez 2017.

para os fins do presente artigo, far-se-á referência à ideia de "pessoas trans", de modo mais genérico, a fim de englobar todas as suas expressões identitárias, seja ela travesti, transexual ou transgênera.

1.2 As repercussões da estigmatização da população trans frente ao direito

Entendidas as questões atinentes à identidade de gênero e, mais precisamente, referentes às identidades trans, cumpre agora refletir acerca da estigmatização sofrida por essa parcela da população no contexto sociojurídico pátrio. É imperioso destacar, *a priori*, que as sociedades ocidentais, dentre as quais se encontra a brasileira, foram construídas a partir do ideal de uma heterocisnormatividade compulsória, significando que o meio social impele seus membros a seguirem o padrão da heterossexualidade e da cisgeneridade.[20] Tal contexto, por sua vez, acabou por deixar às margens da proteção sociolegal aqueles indivíduos que não se encaixassem nos padrões de expressão de sexualidade e de identidade de gênero hegemonicamente impostos.

Essa marginalização específica sofrida por essa população, explicam Fábio Pereira e Jordhana Costa, foi chamada pela filósofa Judith Butler de abjeção, a qual se caracteriza pela negação da existência e da *Dignidade* dessas pessoas. Isso, pois, as suas violações dos padrões sexo-gênero socialmente impostos corrobora para que tais corpos, tidos como abjetos, sejam vistos a partir da ótica do "não merecer existir".[21]

Ante tal panorama, inúmeros atentados e abusos à *Dignidade* das pessoas trans podem ser constatados ainda hoje na realidade brasileira. Dentre tais violações, podem ser citadas:

a) a falta do acesso ao mercado de trabalho, tendo em vista que, segundo dados da Associação de Travestis e Transexuais – ANTRA, 90% dessa parcela populacional sobrevivem de trabalhos informais e marginalizados;[22]

---

[20] ANGONESE, Mônica; LAGO, Mara Coelho de Souza. Direitos e saúde reprodutiva para a população de travestis e transexuais: abjeção e esterilidade simbólica. *Saúde e Sociedade*, v. 26, p. 256-270, 2017. Disponível em: http://www.scielo.br/pdf/sausoc/v26n1/1984-0470-sausoc-26-01-00256.pdf Acesso em: 27 out. 2017.

[21] PEREIRA, Fabio Queiroz; GOMES, Jordhana Maria Costa. Pobreza e gênero: a marginalização de travestis e transexuais pelo direito. *Revista Direitos Fundamentais e Democracia*, Curitiba, v. 22, n. 2, p. 210-224, 2017, p. 215. Disponível em: http://revistaeletronicardfd. unibrasil.com.br/index.php/rdfd/article/view/800. Acesso em: 03 dez 2017.

[22] PEREIRA, Fabio Queiroz; GOMES, Jordhana Maria Costa. Pobreza e gênero: a marginalização de travestis e transexuais pelo direito. *Revista Direitos Fundamentais e*

b) a falta de acesso à educação, tendo em vista a taxa de 82% de evasão escolar dessas pessoas, segundo pesquisa da Comissão de Diversidade Sexual e Gênero da Ordem dos Advogados do Brasil;[23]

c) a falta de apoio da família, manifestada, muitas vezes, através de violência intrafamiliar, considerando que, em 2014, entre as agressões denunciadas no disque 100, canal para denúncia de violações contra direitos humanos, uma em cada seis agressões contra LGBTs foram cometidas por parentes das vítimas;[24]

d) a grande exposição à violência e aos atentados contra suas vidas, tendo em vista que o Brasil é o país que mais mata pessoas transexuais e travestis no mundo, com praticamente o quádruplo de mortes do segundo colocado, o México, segundo dados da Organização não Governamental *Transgender Europe;*[25]

e) o direito de envelhecer e desfrutar de uma vida longeva e sadia, tendo em vista que a expectativa de vida de uma pessoa trans, no Brasil, é de cerca de 35 anos, o que representa menos da metade da média nacional, equivalente a 75,5 anos.[26]

Nessa toada, tendo em vista todos esses fatores acima expostos, os quais instituem às pessoas trans um lugar subalterno e secundário na sociedade, pode-se dizer que tal realidade corrobora para uma vulnerabilização desses indivíduos na esfera social, enquadrando-os, inclusive, segundo uma condição de "seres patológicos" ou "doentes".[27] Essa perspectiva, por sua vez, reverbera, no Direito, pois, conforme sustenta Pierre Bourdieu, a forma específica de dominação simbólica a

---

Democracia, Curitiba, v. 22, n. 2, p. 210-224, 2017. Disponível em: http://revistaeletronicardfd. unibrasil.com.br/index.php/rdfd/article/view/800. Acesso em: 03 dez 2017.

[23] ALMEIDA, Aline. Evasão escolar entre travestis é bem maior. *Flacso na mídia,* Cuiabá, 23 maio 2016. Disponível em: http://flacso.org.br/?p=15833 Acesso em: 04 dez 2017.

[24] IKEMOTO, Luisa. Transexuais e travestis sofrem violência dentro de casa. *Correio braziliense,* Brasília. Disponível em: http://especiais.correiobraziliense.com.br/transexuais-e-travestis-sofrem-violencia-dentro-de-casa. Acesso em: 04 dez. 2017.

[25] TRANSGENDER EUROPE. *30 de março de 2016:* nota de imprensa, dia internacional da visibilidade trans. Disponível em: http://transrespect.org/wp-content/uploads/2016/03/TvT_TMM_TDoV2016_PR_PT.pdf. Acesso em: 03 dez. 2017.

[26] BORTONI, Larissa. Expectativa de vida de transexuais é de 35 anos, metade da média nacional, *Senado Notícias,* Brasília, 2017. Disponível em: https://www12.senado.leg.br/noticias/especiais/especial-cidadania/expectativa-de-vida-de-transexuais-e-de-35-anos-metade-da-media-nacional/expectativa-de-vida-de-transexuais-e-de-35-anos-metade-da-media-nacional. Acesso em: 11 mar. 2019.

[27] Tal perspectiva será melhor destrinchada no tópico subsequente.

qual estão sujeitos tais indivíduos é caracterizada por uma invisibilização das suas existências públicas e legítimas, o que acaba repercutindo, inclusive, no reconhecimento legislativo de seus direitos.[28]

Nesse sentido, tem-se, por conseguinte, que a inércia do Legislativo contribui também para uma atmosfera de insegurança jurídica no tocante à efetividade dos direitos da população trans, restando à doutrina e à jurisprudência a tentativa de solucionar tais conflitos, de forma a atender os preceitos e garantias constitucionalmente assegurados. Entre tais direitos, estão àqueles atinentes à tutela da personalidade, nos quais se inserem o direito à identidade, ao nome, à integridade psicofísica e à privacidade, os quais representam o ponto central desta pesquisa e serão melhor trabalhados em tópicos próprios mais adiante.

2 O reconhecimento da identidade de gênero como um direito da personalidade e sua contribuição para uma despatologização das identidades trans

Os direitos da personalidade, segundo lições de Paulo Lôbo, são aquelas estruturas jurídicas extrapatrimoniais intrínsecas a toda e qualquer pessoa, as quais emanam do cerne das suas *Dignidades*; representando, portanto, a concretização da *Dignidade da Pessoa Humana* na seara jusprivatista.[29] Nesse sentido, tem-se, ainda, que tais direitos, por representarem o que há de mais essencial nos sujeitos, dado o seu cunho jusnaturalista, configuram decorrência lógica do chamado Estado Democrático de Direito, merecendo especial proteção do ordenamento jurídico; resvalando, inclusive, na seara constitucional.[30]

Por esse motivo, diz-se, ainda, que os direitos da personalidade estão umbilicalmente ligados à noção de direitos fundamentais. Esses, por sua vez, dizem respeito a situações jurídicas dos indivíduos perante os poderes públicos, encontrando-se consagrados na Constituição Federal, e têm por fim resguardá-los das ingerências estatais nas suas esferas

---

[28] "A opressão como forma de 'invisibilização' traduz uma recusa à existência legítima, pública, isto é, conhecida e reconhecida, sobretudo pelo Direito, e por uma estigmatização que só aparece de forma realmente declarada quando o movimento reivindica a visibilidade" (BOURDIEU, Pierre. *A dominação masculina*. Tradução Maria Helana Kühner. 11. ed. Rio de Janeiro: Bertland Brasil, 2012, p. 143-144).

[29] LÔBO, Paulo. *Direito civil*: parte geral. 7. ed. São Paulo, Saraiva, 2018, p. 139.

[30] FACHIN, Luiz Edson. O corpo do registro e o registro do corpo: mudança de nome e sexo sem cirurgia de redesignação. *Revista Brasileira de Direito Civil*, Belo Horizonte, v. 1, p. 36-60, 2014, p. 5. Disponível em: https://rbdcivil.ibdcivil.org.br/rbdc/article/view/130/126. Acesso em: 12 mar. 2019.

de pessoalidade.[31] Tal relação de aproximação[32] enseja, a seu turno, um vínculo de complementariedade entre essas duas espécies jurídicas, a fim de realizar melhor os objetivos da tutela da personalidade.

Ademais, pode-se dizer também que o fenômeno da Constitucionalização do Direito Privado contribui com esse processo, visto que alça a *Dignidade da Pessoa Humana* ao ideal de princípio norteador das relações jurídicas, sobretudo em razão do advento da Constituição Federal de 1988. Ante tal panorama, imputa-se, assim, uma observância dos preceitos e garantias fundamentais constitucionalmente protegidos por parte da legislação infraconstitucional, com a finalidade de propiciar os ideais de solidariedade, de justiça social e de liberdade e igualdade materiais contidos na Carta Política.[33]

Diante disso, tem-se que os direitos da personalidade não configuram um *rol* taxativo, sendo dotados de uma tipicidade aberta, de modo que aqueles direitos previstos no Código Civil e na Constituição não encerram as possibilidades de tutela jurídica da personalidade.[34] Por isso, vislumbra-se a possibilidade de enquadramento do direito à identidade de gênero enquanto uma categoria dos direitos da personalidade, na qual se compreende a ideia de gênero para além das concepções deterministas que se baseiam no sexo biológico, mas sim enquanto uma construção social;[35] respeitando-se, portanto, o autorreconhecimento de cada indivíduo enquanto entes do gênero masculino ou feminino.

---

[31] MANZUR, Maurício. A dicotomia entre os direitos da personalidade e os direitos fundamentais. *In*: MIRANDA, Jorge; RODRIGUES JÚNIOR, Otávio Luiz; FRUET, Gustavo Bonato (Org.). *Direitos da personalidade*. São Paulo: Atlas, 2012, p. 31.

[32] Importa frisar, como ensina Paulo Lôbo, que a similitude entre os direitos da personalidade e os direitos fundamentais não é uma relação de total equivalência, visto que em que pese os primeiros consistirem em espécies do gênero direitos fundamentais, nem todos os direitos fundamentais, positivados no texto constitucional, compreendem direitos da personalidade. Afinal, o legislador constituinte atribui natureza de fundamentalidade a direitos de natureza social, cultural e econômica, bem como estabelece direitos para organizações que não são pessoas. (C.f. LÔBO, Paulo. *Direito civil*: parte geral. 7. ed. São Paulo, Saraiva, 2018, p. 139).

[33] LÔBO, Paulo. A constitucionalização do Direito Civil brasileiro. *In*: TEPEDINO, Gustavo (Org.). *Direito Civil contemporâneo*: novos problemas à luz da legalidade constitucional: anais do Congresso Internacional de Direito Civil-Constitucional da Cidade do Rio de Janeiro. São Paulo, Atlas 2008, p. 20.

[34] Cf. LÔBO, Paulo. *Direito civil*: parte geral. 7. ed. São Paulo, Saraiva, 2018, p. 145.

[35] Explica a filósofa Judith Butler que o gênero não se trata meramente de um determinismo biológico que se constrói a partir da observância das genitálias dos indivíduos, mas sim de um fenômeno contextual constituído a partir da convergência de fatores relacionais, culturais, históricos e linguísticos. (Cf. BUTLER, Judith. *Problema de gênero*: feminismo e subversão da identidade. 6. Ed. Rio de Janeiro: Civilização Brasileira, 2013).

Nesse caso, estar-se-ia dando às pessoas trans uma tutela jurídica que reconhece as suas individualidades, afastando-as do tenebroso estigma da patologia e da "anormalidade".[36] Isso, pois, atribuir à identidade de gênero a mesma proteção legal que é conferida aos direitos da personalidade lança um olhar mais humanizado por parte do Direito com relação às pessoas trans e, consequentemente, melhor concretiza a *Dignidade Humana* para essas pessoas.

Sobre isso, inclusive, alguns acontecimentos, em nível internacional e também nacional, em que pese a inércia do Legislativo pátrio, apontam para transformações no tratamento jurídico e também médico com relação às pessoas trans, que corroboram com a tutela da identidade de gênero como um direito da personalidade. Dentre eles, citam-se os seguintes:

(A) a retirada do *"Transexualismo"*[37] da Classificação Internacional de Doenças na sua revisão de número 11 (CID-11) pela Organização Mundial de Saúde (OMS) – a transexualidade encontrava-se elencada dentro do Capítulo V – *Transtornos Mentais e Comportamentais* (F00-99), na parte de *"Transtornos de Identidade Sexual"* (F64), da Classificação Internacional de Doenças nº 10 (CID-10) da OMS, sob o código F64.0, denominado *"Transexualismo"*,[38] sob uma perspectiva totalmente

---

[36] Sobre o mencionado estigma, inclusive, faz-se pertinente – em razão do respeito ao local de fala – a transcrição do posicionamento de Leilane Assunção da Silva, uma das primeiras mulheres trans doutora e professora universitária no Brasil, e Emilly Mel Fernandes de Souza, a respeito da patologização das identidades trans: "Por isso, lançamos a campanha 'Stop Patologização das identidades trans', porque não fomos consultadas sobre nossa suposta condição de doentes, não conversaram conosco sobre isso, apenas nos observaram (…) e sem diálogo algum, definem-nos como loucas, perturbadas mentais, portadoras de um 'transtorno comportamental de gênero'" (Cf. SILVA, Leilane Assunção da; SOUZA, Emilly Mel Fernandes de. A epistemologia do barraco: uma breve história do movimento LGBTI em geral. *Inter-Legere – Revista de Pós-Graduação em Ciências Sociais da UFRN*, n. 21, 106-121, 2017, p. 119. Disponível em: https://periodicos.ufrn.br/interlegere/article/view/13539/9261. Acesso 12 mar. 2019).

[37] Importante constatação faz-se necessária com relação ao termo *"Transexualismo"*, tendo em vista que o sufixo *"-ismo"* possui uma conotação de patologia, tendo tal termo sido utilizado pela OMS quando da patologização das identidades trans. No entanto, a terminologia correta e, portanto, mais adequada aos fins deste trabalho é o termo *"Transexualidade"*, visto que o sufixo *"-dade"* denota o sentido de "modo de ser".

[38] Classificação Internacional de Doenças nº 10: "F64.0 Transexualismo – Trata-se de um desejo de viver e ser aceito enquanto pessoa do sexo oposto. Este desejo se acompanha em geral de um sentimento de mal estar ou de inadaptação por referência a seu próprio sexo anatômico e do desejo de submeter-se a uma intervenção cirúrgica ou a um tratamento hormonal a fim de tornar seu corpo tão conforme quanto possível ao sexo desejado". (Cf. ORGANIZAÇÃO MUNDIAL DE SAÚDE. *CID-10*. Disponível em: http://www.datasus.gov.br/cid10/V2008/WebHelp/f60_f69.htm#F64. Acesso em: 12 mar. 2019).

estigmatizante que enxergava tais identidades enquanto dotados de patologias. Ocorre que, no ano de 2018, a OMS divulgou que o "Transexualismo" seria retirado, na sua Revisão de nº 11, da parte relativa aos *Transtornos Mentais*, passando a integrar o Capítulo 17, intitulado *"Condições ligadas* à *Saúde Sexual"*, sob o nome de "Incongruência de Gênero".[39] Importante notar que a manutenção, de certa forma, na CID-11, segundo justificativa da própria OMS, dá-se ao fato de subsistirem cuidados necessários a serem tomados com relação à saúde das pessoas trans – como as terapias hormonais, ou mesmo a cirurgia de redesignação genital etc. – os quais podem ser melhor observados com a codificação dessa condição na CID-11. No entanto, a retirada do *rol* de *Transtornos Mentais* definitivamente é tida como necessária e pertinente, em razão de todo o estigma que essa patologização atribui às pessoas trans.[40] Ademais, em que pese tal normativa ainda não estar em vigor, a CID-11 foi apresentada, em maio de 2019, na Assembleia Mundial de Saúde,[41] e ficou determinada a sua adoção pelos Estados-Membros da Organização das Nações Unidas (ONU), a partir de janeiro de 2022.[42] Sendo assim, o Brasil, como Estado-Membro da ONU, adotará a CID-11 a partir de 2022.

(B) O Julgamento da Ação Direta de Inconstitucionalidade nº 4.275/DF pelo Supremo Tribunal Federal (STF) – a referida

---

[39] Classificação Internacional de Doenças nº 11: "A incongruência de gênero é caracterizada por uma incongruência acentuada e persistente entre o sexo experimentado por um indivíduo e o sexo atribuído. Comportamento variante de gênero e preferências, por si só, não são uma base para atribuir os diagnósticos neste grupo" (Cf. ORGANIZAÇÃO MUNDIAL DE SAÚDE. *ICD-11*. Disponível em: https://icd.who.int/browse11/l-m/en#/http%3a%2f%2fid.who.int%2ficd%2fentity%2f577470983. Acesso em: 12 mar. 2019, tradução nossa).

[40] ORGANIZAÇÃO MUNDIAL DE SAÚDE. *ICD-11*: classifying disease to map the way we live and die, 2018. Disponível em: https://www.who.int/health-topics/international-classification-of-diseases. Acesso 12 mar. 2019.

[41] BRASIL. Conselho Nacional de Justiça. *Provimento nº 73 de 28 de junho de 2018*. Dispõe sobre a averbação da alteração do prenome e do gênero nos assentos de nascimento e casamento de pessoa transgênero no Registro Civil das Pessoas Naturais (RCPN). Disponível em: http://www.cnj.jus.br/files/atos_administrativos/provimento-n73-28-06-2018-corregedoria.pdf. Acesso em: 12 mar. 2019.

[42] ORGANIZAÇÃO PANAMERICANA DE SAÚDE. *Aprueban resoluciones sobre seguridad del paciente, atención de emergencias y traumatismos, agua y saneamiento, y la CIE-11*. Disponível em: https://www.paho.org/hq/index.php?option=com_content&view=article&id=15214:delegations-adopted-resolutions-on-patient-safety-emergency-and-trauma-care-water-and-sanitation-and-on-the-icd-11&Itemid=1926&lang=es. Acesso em 28 jul. 2019.

ação proposta pela Procuradoria-Geral da República pleiteava a atribuição de interpretação conforme a Constituição ao art. 58 da Lei nº 6.015/1973 (Lei de Registros Públicos),[43] reconhecendo-se às pessoas trans, independentemente da realização de cirurgia de redesignação genital, o direito à mudança de prenome e sexo[44] no registro civil e, em caso de não optar pela cirurgia, que sejam cumpridos os seguintes requisitos, a fim de possibilitar-se tal retificação: a) idade superior a 18 anos; b) convicção, há pelo menos 3 anos, de pertencer ao gênero oposto ao biológico; e, c) baixa probabilidade, de acordo com pronunciamento de grupo de especialistas, de modificação da identidade de gênero. Diante disso, em suma, a ação foi julgada procedente, de forma unânime, quanto à possibilidade de alteração do registro civil das pessoas trans sem necessidade de prévia submissão à intervenção cirúrgica. No entanto, os ministros divergiram com relação à indispensabilidade de apreciação judicial prévia para fins de efetivação dessa modificação registral, tendo ficado estabelecido, por maioria dos votos (em razão do posicionamento dos ministros Luiz Edson Fachin, Luis Roberto Barrosos, Rosa Weber, Luiz Fux, Celso de Mello e Carmem Lúcia), que a retificação poderia ser feita tanto pela via administrativa quanto judicial – ficando a critério da pessoa interessada eleger o caminho mais apropriado, segundo seus interesses – restando vencidos os ministros Marco Aurélio (Relator), Alexandre de Morais, Ricardo Lewandowski e Gilmar Mendes.[45] [46]

(C) A edição do Provimento nº 73/2018 pelo Conselho Nacional de Justiça (CNJ) – essa normativa foi editada pelo CNJ, em conformidade com o que foi decidido pelo STF na ADI nº 4.275/DF, a fim de regulamentar o procedimento de retificação de registro civil de pessoas trans diretamente nos

---

[43] Lei de Registros Públicos: "Art. 58. O prenome será definitivo, admitindo-se, todavia, a sua substituição por apelidos públicos notórios".

[44] Aqui se utiliza a terminologia usada na citada ação.

[45] BRASIL. Supremo Tribunal Federal. *Ação direta de inconstitucionalidade nº 4.275/DF*. Relator: Ministro Marco Aurélio Mello. Data do Julgamento: 01-03-2018. Disponível em: https://portal.stf.jus.br/processos/downloadPeca.asp?id=15339649246&ext=.pdf. Acesso 12 mar. 2019.

[46] Importante destacar que o Ministro Dias Toffoli não participou da votação em razão de impedimento.

Cartórios, sendo desnecessárias quaisquer comprovações de realização de cirurgia de redesignação sexual e/ou de tratamento hormonal ou patologizante, assim como de apresentação de laudo médico ou psicológico.[47] Nesse documento ficam elencados como critérios para o procedimento administrativo de retificação: a) a maioridade de 18 anos; b) a declaração autônoma, tomada a termo e assinada, da(o) requerente, perante o oficial de registros, com relação ao desejo da alteração; c) declaração de inexistência de processo judicial, em curso, que tenha por objeto tal retificação registral, visto que, em tal caso, a opção pela via administrativa está condicionada ao arquivamento do feito judicial; e, d) a apresentação dos documentos listados no §6º do art. 4º do provimento.[48]

Com tais mudanças de perspectiva, por conseguinte, pode-se perceber, ao menos do ponto de vista jurídico, uma mudança de paradigmas com relação à tutela das identidades trans, aproximando-a da proteção conferida aos direitos da personalidade. Diante disso, é imperioso que se teçam algumas considerações com relação às repercussões dessas transformações em relação a alguns direitos em particular, quais sejam: a) o direito à identidade; b) o direito ao nome; c) o direito à integridade psicofísica; e, d) o direito à privacidade.

---

[47] O provimento estabelece em seu §7º do art. 4º que fica facultado à(ao) requerente a apresentação de laudo médico ou parecer psicológico que ateste a transexualidade/travestilidade ou laudo médico que ateste a realização de cirurgia de transgenitalização. Pertinente crítica a esse dispositivo é feita por Céu Silva e Henrique da Fonte, visto que a *ratio decidendi* utilizada pelo STF segue a linha da autodeclaração; sendo, portanto, desnecessários quaisquer laudos ou pareceres de profissionais da saúde. Diante disso, ainda que a normativa disponha a possibilidade de apresentação facultativa desses documentos, dispositivo nesse sentido perpetua o entendimento de que as identidades trans são patológicas. Ademais, sustentam os autores que, na prática, a faculdade pode tornar-se obrigatoriedade caso haja leituras equivocadas do dispositivo tanto por parte das(os) requerentes ou mesmo pelos oficiais de registro (Cf. CAVALCANTI, Céu Silva; SOUZA, Henrique da Fonte Araújo de. Transforma-se o direito, permanecem os estigmas: a transgeneridade e o provimento nº 73/2018 do Conselho Nacional de Justiça. *Revista da Defensoria Pública do Rio Grande do Sul*, Porto Alegre, v. 21, p. 13-31, 2018. Disponível em: https://issuu.com/defensoriapublicadoriograndedosul/docs/revista_21. Acesso 13 mar. 2019).

[48] BRASIL. Conselho Nacional de Justiça. *Provimento nº 73 de 28 de junho de 2018.* Dispõe sobre a averbação da alteração do prenome e do gênero nos assentos de nascimento e casamento de pessoa transgênero no Registro Civil das Pessoas Naturais (RCPN). Disponível em: http://www.cnj.jus.br/files/atos_administrativos/provimento-n73-28-06-2018-corregedoria.pdf. Acesso em: 12 mar. 2019.

2.1 Direito à identidade, ao nome e à integridade psicofísica das pessoas trans: retificação de registro, nome social e cirurgia de transgenitalização

Reconhecer a tutela jurídica das identidades de gênero das pessoas trans a partir dos direitos da personalidade, sem dúvidas, impõe discussões a respeito da efetividade dos direitos personalíssimos em espécie. Entre esses, pode-se dizer que, com relação à temática proposta, três deles merecem ser analisados em conjunto, de modo a proporcionar uma melhor apreensão das suas finalidades com relação ao grupo social em destaque. São eles os direitos à identidade, ao nome e à integridade psicofísica.

Com relação à *Identidade*, enquanto um direito personalíssimo próprio, pode-se dizer que ela representa a exteriorização da personalidade no plano social. Sendo assim, tem-se que cada indivíduo atua de forma autônoma na construção das suas subjetividades, mas a identidade não se basta nos indivíduos em si, tendo em vista que ela pressupõe também um reconhecimento, por parte de terceiros, daquela individualidade. Por isso, fala-se que a identidade tem, igualmente, um caráter relacional.[49]

À vista disso, é imperioso notar que a manifestação da identidade pessoal encontra-se diretamente atrelada ao processo de autoconhecimento de uma determinada pessoa e, portanto, também à sua dimensão de autonomia. Nessa sequência, decorre logicamente o fato da pessoa em questão almejar também um reconhecimento dessa sua individualidade por parte daqueles que o cercam. Por esse motivo, em se tratando de pessoas trans, sabendo-se que a elas foi imposta, com o nascimento, uma condição que não se harmoniza com a construção das suas subjetividades, elas demandam um reconhecimento sociojurídico que se ajuste às suas identidades.

Dessa maneira, tem-se a indispensabilidade do papel do Estado nesse processo de recognição. Afinal, para que se garanta o direito ao livre desenvolvimento da personalidade dessas pessoas, é necessário que suas identidades sejam acolhidas em todas as esferas da sua vida, não só a pessoal, mas também a vida pública. Daí surgem as necessidades de promoção de alterações no seu registro civil, bem como, em alguns casos, a vontade de submissão a tratamentos hormonais ou, ainda, a procedimentos cirúrgicos de redesignação sexual. Tais modificações,

---

[49] GONÇALVES, Camila de Jesus Mello. *Transexualidade e direitos humanos:* o reconhecimento da identidade de gênero entre os direitos da personalidade. Curitiba: Juruá, 2016, p. 199-200.

que decorrem da livre construção da identidade, por sua vez, denotam na aproximação com outros dois direitos de personalidade, o direito ao *Nome* e o direito à *Integridade Psicofísica*.

Com relação ao *Nome*, ele representa um direito/dever de identificação que assiste a toda e qualquer pessoa e, com base nisso, sabe-se que o registro civil, como bem explica Paulo Lôbo, é uma imposição legal.[50] Note-se, portanto, que, em razão dessa natureza dúplice e em nome da segurança jurídica, dentre as características as quais lhe são atribuídas, está a ideia de sua imutabilidade, que, a seu turno, não é absoluta, existindo previsões legais de alteração desse nome.

Entre tais hipóteses de alteração, em que pese uma ausência de previsão expressa com relação às identidades trans, está a questão da aposição de apelidos públicos notórios, constante do art. 58 da Lei de Registros Públicos, a qual foi dada interpretação conforme a constituição pelo STF, como fora anteriormente suscitado. Ademais, como a retificação do nome, por si só, não é suficiente para indicar corretamente a identidade de gênero da pessoa trans, tal modificação implica também na mudança do sexo no registro civil, pois como bem explica o professor Luiz Edson Fachin "(...) a mudança do nome sem a mudança do sexo é incompleta, ainda não dirime os constrangimentos pelos quais a pessoa transexual é exposta, configurando ainda inconteste violência simbólica".[51]

Por outro lado, note-se que, apesar das facilidades trazidas ao procedimento de retificação de registro das pessoas trans, tanto pelo STF, quanto pelo CNJ, tal mudança importa no cumprimento de determinados requisitos, entre os quais, o perfazimento da maioridade civil. Por isso, de forma a melhor atender a *Dignidade* dessas pessoas – durante o tempo em que ainda não obtiverem a retificação pretendida – torna-se mister a proteção também do *Nome Social*,[52] a qual, no Brasil, ainda não encontra qualquer legislação nesse sentido.

---

[50] LÔBO, Paulo. *Direito civil:* parte geral. 7. ed. São Paulo, Saraiva, 2018, p. 164.

[51] FACHIN, Luiz Edson. O corpo do registro e o registro do corpo: mudança de nome e sexo sem cirurgia de redesignação. *Revista Brasileira de Direito Civil*, Belo Horizonte, v. 1, p. 36-60, 2014. Disponível em: https://rbdcivil.ibdcivil.org.br/rbdc/article/view/130/126. Acesso em: 12 mar. 2019.

[52] O nome social, aqui disposto, nada mais é do que o nome através do qual a pessoa trans se vê reconhecida no âmbito social; traduzindo, portanto, a realidade da sua identidade de gênero. Importa notar, no entanto, que esse nome social nem sempre equivale ao nome civil, tendo em vista a necessidade de retificação registral, para que o prenome da pessoa trans seja alterado para que conste, em seu lugar, o nome social. Sendo assim, esse nome social irá coincidir com o nome civil apenas quando finalizado o procedimento da retificação do registro.

Não obstante, alguns estados e órgãos públicos têm adotado medidas para assegurar o respeito ao nome social, sendo que, na esfera federal, tal proteção é possibilitada pelo Decreto nº 8.727/2016. Ante tal medida, esses indivíduos poderão requerer aos órgãos e entidades da administração pública federal direta, autárquica e fundacional que seja utilizado seu nome social nos registros dos sistemas de informação, de cadastros, de programas, de serviços, de fichas, de formulários, de prontuários e documentos afins, devendo constar o campo *"nome social"* em destaque, acompanhado do nome civil, o qual será usado apenas para questões administrativas internas.[53] De toda forma, em relação a esse aspecto, tais indivíduos ainda estão submetidos à discricionariedade, visto que nem todos os órgãos públicos e privados dão-lhes essa alternativa, pelo que a edição de uma legislação específica na matéria atenderia melhor a essa questão.[54]

Por fim, mas não menos importante, o direito à *Integridade Psicofísica* desvela o objetivo de preservar a intocabilidade do corpo e da mente de um indivíduo. Dessa forma, para as pessoas trans, o perfazimento da concretização de tal direito desponta em dois *fronts*: a) o da preservação da integridade psíquica, por meio do respeito às suas identidades de gênero, a qual se dá tanto no aspecto social-relacional, quanto no reconhecimento jurídico dessa condição, acarretando nas modificações necessárias nos seus registros, como dantes mencionado; e, b) o do direito à autonomia sobre o próprio corpo, para qual se tem a possibilidade de submissão ou não a intervenções cirúrgicas e a tratamentos hormonais.

Fala-se, então, no chamado processo transexualizador, regulamentado, no âmbito do Sistema único de Saúde (SUS), pela Portaria nº 2.803/2013 do Ministério da Saúde (MS) e pela Resolução nº 1.955/2010, do Conselho Federal de Medicina (CFM). Em que pesem possíveis críticas que decorrem da análise dessas duas normativas – em razão de

---

[53] BRASIL. *Decreto nº 8.727, de 28 de abril de 2016.* Dispõe sobre o uso do nome social e o reconhecimento da identidade de gênero de pessoas travestis e transexuais no âmbito da administração pública federal direta, autárquica e fundacional. Disponível em: http://www.in.gov.br/materia/-/asset_publisher/Kujrw0TZC2Mb/content/id/21174536/do1-2016-04-29-decreto-n-8-727-de-28-de-abril-de-2016-21174484. Acesso em: 13 mar. 2019.

[54] SÁ, Mariana Oliveira de; CARDOSO, Fernanda Carolina Lopes; COELHO, Henri Cláudio de Almeida. A criação de uma lei de identidade de gênero no Brasil como ferramenta para a efetivação de direitos das pessoas LGBT. *In*: IV Congresso Internacional Constitucionalismo e Democracia: o novo constitucionalismo latino-americano, 4, 2017, Rio de Janeiro. *Anais Direito, Gênero, Sexualidades e Racialidade.* Florianópolis: CONPEDI, 2017, 260-279. Disponível em: https://www.conpedi.org.br/publicacoes/qu1qisf8/g86d5443/yeAm75X2o1uYly21.pdf. Acesso 13 mar. 2019.

MARCOS EHRHARDT JÚNIOR, FABÍOLA ALBUQUERQUE LOBO (Coord.)
PRIVACIDADE E SUA COMPREENSÃO NO DIREITO BRASILEIRO

tratarem a transexualidade ainda numa visão patologizante –, é certo que tais dispositivos garantem às pessoas trans a possibilidade de submissão a procedimentos que auxiliam na construção de suas identidades pessoais, repercutindo diretamente no livre desenvolvimento de suas personalidades.

Não obstante, não custa lembrar que a sujeição a esse processo depende do exercício da autonomia desses indivíduos, aos quais deve ser dada a liberdade de escolha com relação aos recursos que lhes serão disponibilizados. Isto é, a submissão à cirurgia de redesignação sexual,[55] a sujeição à hormonioterapia, a realização de mastectomia (para o homem trans), a aplicação de próteses mamárias de silicone (para as mulheres trans), etc.

2.2 Direito à privacidade das pessoas trans sob a ótica do direito ao esquecimento: o respeito à intimidade e à vida privada como formas de superar as estigmatizações

O direito à *Privacidade*, enquanto uma modalidade de direito personalíssimo, segundo explica Paulo Lôbo, revela um constante embate entre o âmbito privado e a esfera pública; resultando, assim, num intento de proteger a reserva pessoal de cada indivíduo com relação àqueles aspectos de sua vida os quais não devem ser compartilhados com o seu entorno.[56] Por esse ângulo, o regime legal da privacidade alcança múltiplas dimensões da existência de uma pessoa, entre as quais se chama atenção para: a) a *Intimidade* – caracterizada pelo domínio exclusivo dos fatos e acontecimentos que a pessoa não deseja dividir com qualquer outra; e, b) a *Vida Privada* – que diz respeito à convivência no âmbito familiar e o compartilhamento de experiências por seus integrantes.[57]

---

[55] Segundo a resolução do CFM e a portaria do MS, estão à disposição as cirurgias de neocolpovulvoplastia, consistindo no processo de amputação peniana, com a consequente construção da neovagina, e, a título experimental, de neofaloplastia, consistindo na vaginectomia, clitoroplastia e o implante de próteses penianas e testiculares. (Cf. BRASIL. Ministério da Saúde. *Portaria nº 2.803, de 19 de novembro de 2013.* Redefine e amplia o Processo Transexualizador no Sistema Único de Saúde (SUS). Disponível em: http://bvsms.saude.gov.br/bvs/saudelegis/gm/2013/prt2803_19_11_2013.html. Acesso em: 13 mar. 2019; CONSELHO FEDERAL DE MEDICINA. *Resolução nº 1.955, de 3 de setembro de 2010.* Dispõe sobre a cirurgia de transgenitalismo e revoga a Resolução CFM nº 1.652/02. Disponível em: http://www.portalmedico.org.br/resolucoes/cFm/2010/1955_2010.htm. Acesso em: 13 mar. 2019).

[56] LÔBO, Paulo. *Direito civil:* parte geral. 7. ed. São Paulo, Saraiva, 2018, p. 150-151.

[57] LÔBO, Paulo. *Direito civil:* parte geral. 7. ed. São Paulo, Saraiva, 2018, p. 152.

Nessa toada, alguns debates são travados, na doutrina, com relação às identidades trans e que dizem respeito às repercussões das alterações registrais por parte desses indivíduos. Alguns defendem, segundo lembra Gustavo Rosa Fontes, que a retificação deve ser procedida de forma a que conste, no registro de nascimento, no local reservado para o sexo, a indicação do termo "transexual", por se tratar de condição pessoal do indivíduo.[58] Tal opção é tida, no entanto, enquanto vexatória e atentatória da *Dignidade Humana*, visto que perpetua uma concepção de que as pessoas trans são uma casta à parte da sociedade, merecendo terem suas identidades reveladas, de modo a que não induzam terceiros a "erro". Sobre isso, inclusive, note-se que, em se tratando de pessoas cisgêneras, tal condição não é aposta no registro, pelo que a condição de pessoa trans também não o deve ser.

Outros autores, dentre os quais Flávio Tartuce, filiam-se ao posicionamento de que a aposição da qualificação de "transexual" no registro representa uma perpetuação de discriminações contra esses indivíduos. Por isso, defende o autor que o argumento pelo qual terceiros de boa-fé podem ser enganados pela pessoa trans, sobretudo aquela que se submeteu a cirurgia, não pode prosperar, tendo em vista que incumbe à própria pessoa revelar ao seu parceiro a sua condição, ficando sujeita à responsabilização civil, prevista no art. 187[59] do Código Civil (CC), por incorrência em abuso de direito.[60]

Não obstante, discorda-se parcialmente de tal posicionamento, no sentido de que não se vislumbra a existência de abuso de direito por parte da pessoa trans que omite tal condição de um parceiro, mas sim o exercício do direito à intimidade e também o que Gustavo Rosa Fontes chama de exercício regular do direito ao esquecimento. Interessante notar que o direito ao esquecimento, apesar de ausência de previsão legal expressa, já fora consolidado na jurisprudência, com base nos direitos à privacidade, à intimidade, à vida privada e à honra e representa o direito que uma pessoa tem de administração das suas lembranças

---

[58] FONTES, Gustavo Rosa. *Bioética e transexualidade*: o sistema jurídico brasileiro e fundamentos para uma bioética *queer*. 2014. 178 f. Dissertação (Mestrado em Direito) – Programa de Pós Graduação em Direito Ambiental, Universidade do Estado do Amazonas, Manaus, p. 63. Disponível em: http://www.pos.uea.edu.br/data/area/titulado/download/60-8.pdf. Acesso em: 10 mar. 2019.

[59] Código Civil de 2002: "Art. 187. Também comete ato ilícito o titular de um direito que, ao exercê-lo, excede manifestamente os limites impostos pelo seu fim econômico ou social, pela boa-fé ou pelos bons costumes".

[60] TARTUCE, Flávio. *Mudança do nome do transexual*. Disponível em: http://www.egov.ufsc.br/portal/sites/default/files/anexos/31506-35738-1-PB.pdf. Acesso 14 mar. 2019.

pessoais.[61] Por isso, não há de se falar em abuso do direito por parte das pessoas trans, visto que fazem *jus* ao direito ao esquecimento sobre suas condições jurídico-registrais pretéritas, cumprindo a sua esfera de autonomia pessoal a revelação da sua condição enquanto travesti, transexual ou transgênero. Ademais, como bem sustenta Gustavo Rosa Fontes, a admissão de entendimento contrário a esse apenas serve para perpetuar os estigmas de que pessoas trans não são "mulheres de verdade" ou "homens de verdade", revelando-se completamente atentatório à identidade de gênero desses indivíduos.[62]

Outrossim, importante notar que tais discussões, relativas à privacidade e à vida privada da pessoa trans, também reverberam no campo do Direito das Famílias, em especial no que concerne à possibilidade de anulação do casamento por erro essencial quanto a pessoa do outro cônjuge. Isso, pois, a doutrina tende a enquadrar, mediante a interpretação conjunta dos arts. 1.550, III,[63] e 1.557, I,[64] ambos do CC, a hipótese de pessoas trans que contraem matrimônio, mediante omissão de sua condição ao seu cônjuge, nas causas que dão ensejo à anulação desse casamento.

No entanto, perceba-se que tal entendimento não merece prosperar, visto que contraria a ordem jurídica em diversos aspectos: a) por não resguardar o direito à intimidade da pessoa trans que não deseje compartilhar a sua condição com o seu parceiro, seja por temor de sofrer discriminação, seja por que tal condição não lhe parece relevante de ser compartilhada, tendo em vista que sua percepção enquanto mulher ou homem vai muito além de aspectos biológicos e/ou registrais; e, b) por desvelar interpretação que desrespeita a concretização dos Princípios da *Dignidade Humana* e da *Vedação de Qualquer forma de Discriminação,*

---

[61] FONTES, Gustavo Rosa. *Bioética e transexualidade*: o sistema jurídico brasileiro e fundamentos para uma bioética *queer*. 2014. 178 f. Dissertação (Mestrado em Direito) – Programa de Pós Graduação em Direito Ambiental, Universidade do Estado do Amazonas, Manaus, p. 64. Disponível em: http://www.pos.uea.edu.br/data/area/titulado/download/60-8.pdf. Acesso em: 10 mar. 2019.

[62] FONTES, Gustavo Rosa. *Bioética e transexualidade*: o sistema jurídico brasileiro e fundamentos para uma bioética *queer*. 2014. 178 f. Dissertação (Mestrado em Direito) – Programa de Pós Graduação em Direito Ambiental, Universidade do Estado do Amazonas, Manaus, p. 65. Disponível em: http://www.pos.uea.edu.br/data/area/titulado/download/60-8.pdf. Acesso em: 10 mar. 2019.

[63] Código Civil de 2002: "Art. 1.550. É anulável o casamento: (…) III – por vício da vontade, nos termos dos arts. 1.556 a 1.558".

[64] Código Civil de 2002: "Art. 1.557. Considera-se erro essencial sobre a pessoa do outro cônjuge: (…) I – o que diz respeito à sua identidade, sua honra e boa fama, sendo esse erro tal que o seu conhecimento ulterior torne insuportável a vida em comum ao cônjuge enganado".

visto que protege a manifestação do preconceito daqueles que não reconhecem as pessoas trans enquanto mulheres ou homens "de verdade".

Sendo assim, tem-se por mais acertada que, em casos como esse, em que a revelação da identidade torne insuportável a convivência do casal, a opção de dissolução do casamento que melhor respeita a *Dignidade* de ambos é a do divórcio. Afinal, sabe-se que, desde a Emenda Constitucional nº 66/2010 (EC nº 66/10), o divórcio tornou-se direito potestativo, pelo que ninguém pode ser obrigado a estar casado contra a sua vontade. No entanto, os efeitos do divórcio, diferentemente da anulação do casamento, respeitam, no mínimo, a história e a convivência daquele casal enquanto integrante de um relacionamento que, por algum tempo, foi permeado pelo respeito e pela consideração. Já a anulação teria por fito "apagar", de certa forma, uma história afetiva que fora construída antes de prevalecerem os preconceitos, colocando, ainda por cima, a pessoa trans na qualidade de cônjuge de "má-fé" ao qual os efeitos matrimoniais não poderiam ser aproveitados.

Considerações finais

Sem dúvidas, as pessoas trans, enquanto membros da população LGBTQI, enfrentam diversos entraves sociais, políticos e jurídicos para obterem uma tutela jurídica protetiva e emancipadora das suas identidades. Afinal, configuram um grupo social que se caracteriza pelo não enquadramento e, consequentemente, pela transgressão dos padrões de gênero socialmente impostos por um modelo heterocisnormativo compulsório.

Importa notar, ainda, que é uma comunidade não monolítica, em que os indivíduos vivenciam suas experiências pessoais na construção de suas identidades de gênero de forma plural e diferenciada. Por isso, fala-se que não existe uma única forma de se ser transgênero, mas sim que existem múltiplas transgeneridades, as quais se expressam através de vários grupos identitários, a exemplo das travestis e das(os) transexuais.

A natureza plural e não hegemônica dessas pessoas, por sua vez, importa na violação de alguns dos seus direito mais básicos, como o direito à vida, à educação, à inserção no mercado de trabalho, à convivência familiar, tudo em razão da negação, por parte da sociedade, da vivência de suas identidades na diversidade. Diante disso, o reconhecimento das identidades de gênero enquanto uma categoria dos direitos da personalidade é um passo fundamental para proporcionar a esses indivíduos uma tutela jurídica *Digna* e respeitadora das suas subjetividades. Nesse processo, o Estado tem papel crucial no combate à perpetuação das violações de direitos dessas pessoas, devendo promover a proteção jurídica das suas identidades de gênero, nas seguintes esferas: a) na autorização das retificações de registro civil, com relação ao nome e ao sexo, sem a imposição de submissão obrigatória a qualquer procedimento cirúrgico; b) na garantia do respeito ao nome social, para aquelas pessoas que ainda não obtiveram as modificações registrais; c) na promoção de um processo transexualizador que respeite as suas autonomias com relação aos procedimentos aos quais se submeterão; e, d) na preservação do seu direito à intimidade e à vida privada, deixando sob seu domínio a vontade e a necessidade de expor para terceiros a sua condição enquanto pessoa trans, sem que lhe sejam imputadas quaisquer sanções pelo fato de não a revelar.

Tais medidas, por sua vez, representam um ponto crucial na concretização dos direitos fundamentais da população trans, mas não podem e nem devem ser obtidas de forma meramente isolada, como tem sido feito até então. Sendo assim, é imperioso que o Estado-Legislador seja sensibilizado com relação a tais questões, para que seja editada legislação específica que garanta, de forma integral e coerente, a salvaguarda do reconhecimento das identidades de gênero das pessoas trans.

Referências

ALMEIDA, Aline. Evasão escolar entre travestis é bem maior. *Flacso na Mídia*, Cuiabá, 23 maio 2016. Disponível em: http://flacso.org.br/?p=15833. Acesso em: 04 dez 2017.

ANGONESE, Mônica; LAGO, Mara Coelho de Souza. Direitos e saúde reprodutiva para a população de travestis e transexuais: abjeção e esterilidade simbólica. *Saúde e Sociedade*, v. 26, p. 256-270, 2017. Disponível em: http://www.scielo.br/pdf/sausoc/v26n1/1984-0470-sausoc-26-01-00256.pdf. Acesso em: 27 out 2017.

ARAÚJO, Maria Clara. *Brasileiros possuem uma dívida histórica com as travestis*, 2016. Disponível em: http://blogueirasnegras.org/2016/12/08/brasileiros-possuem-uma-divida-historica-com-as-travestis/. Acesso em: 10 mar. 2019.

BORTONI, Larissa. Expectativa de vida de transexuais é de 35 anos, metade da média nacional, *Senado Notícias*, Brasília, 2017. Disponível em: https://www12.senado.leg.br/noticias/especiais/especial-cidadania/expectativa-de-vida-de-transexuais-e-de-35-anos-metade-da-media-nacional/expectativa-de-vida-de-transexuais-e-de-35-anos-metade-da-media-nacional. Acesso em: 11 mar. 2019.

BOURDIEU, Pierre. *A dominação masculina*. Tradução Maria Helana Kühner. 11. ed. Rio de Janeiro: Bertland Brasil, 2012.

BRASIL. Código Civil. *Lei nº 10.406, de 10 de janeiro de 2002*. Disponível em: http://www. planalto.gov.br/ccivil_03/Leis/2002/L10406.htm. Acesso 14 mar. 2019.

BRASIL. Conselho Nacional de Justiça. *Provimento nº 73 de 28 de junho de 2018*. Dispõe sobre a averbação da alteração do prenome e do gênero nos assentos de nascimento e casamento de pessoa transgênero no Registro Civil das Pessoas Naturais (RCPN). Disponível em: http://www.cnj.jus.br/files/atos_administrativos/provimento-n73-28-06-2018-corregedoria.pdf. Acesso em: 12 mar. 2019.

BRASIL. *Decreto nº 8.727, de 28 de abril de 2016*. Dispõe sobre o uso do nome social e o reconhecimento da identidade de gênero de pessoas travestis e transexuais no âmbito da administração pública federal direta, autárquica e fundacional. Disponível em: http:// www.in.gov.br/materia/-/asset_publisher/Kujrw0TZC2Mb/content/id/21174536/do1-2016-04-29-decreto-n-8-727-de-28-de-abril-de-2016-21174484. Acesso em: 13 mar. 2019.

BRASIL. *Lei nº 6.015 de 31 de dezembro de 1973*. Dispõe sobre os registros públicos, e dá outras providências. Disponível em: http://www.planalto.gov.br/ccivil_03/leis/ L6015compilada.htm. Acesso 12 mar. 2019.

BRASIL. Ministério da Saúde. *Portaria nº 2.803, de 19 de novembro de 2013*. Redefine e amplia o Processo Transexualizador no Sistema **Único** de Saúde (SUS). Disponível em: http://bvsms.saude.gov.br/bvs/saudelegis/gm/2013/prt2803_19_11_2013.html. Acesso em: 13 mar. 2019.

BRASIL. Supremo Tribunal Federal. *Ação direta de inconstitucionalidade nº 4.275/DF*. Relator: Ministro Marco Aurélio Mello. Data do Julgamento: 01-03-2018. Disponível em: https://portal.stf.jus.br/processos/downloadPeca.asp?id=15339649246&ext=.pdf. Acesso 12 mar. 2019.

BRIGEIRO, Mauro. A emergência da assexualidade: notas sobre política sexual, *ethos* científico e o desinteresse pelo sexo. *Sexualidad, Salud y Sociedad – Revista Latinoamericana*, Rio de Janeiro, n. 14, p. 253-283, 2013. Disponível em: http://www.scielo.br/pdf/sess/n14/ a12n14.pdf. Acesso em: 09 jul. de 2018.

BUTLER, Judith. *Problema de gênero*: feminismo e subversão da identidade. 6. ed. Rio de Janeiro: Civilização Brasileira, 2013.

CAVALCANTI, Céu Silva; SOUZA, Henrique da Fonte Araújo de. Transforma-se o direito, permanecem os estigmas: a transgeneridade e o provimento nº 73/2018 do Conselho Nacional de Justiça. *Revista da Defensoria Pública do Rio Grande do Sul*, Porto Alegre, v. 21, p. 13-31, 2018. Disponível em: https://issuu.com/defensoriapublicadoriograndedosul/ docs/revista_21. Acesso 13 mar. 2019.

CONSELHO FEDERAL DE MEDICINA. *Resolução nº 1.955, de 3 de setembro de 2010*. Dispõe sobre a cirurgia de transgenitalismo e revoga a Resolução CFM nº 1.652/02. Disponível em: http://www.portalmedico.org.br/resolucoes/cFm/2010/1955_2010.htm. Acesso em: 13 mar. 2019.

FACHIN, Luiz Edson. O corpo do registro e o registro do corpo: mudança de nome e sexo sem cirurgia de redesignação. *Revista Brasileira de Direito Civil*, Belo Horizonte, v. 1, p. 36-60, 2014. Disponível em: https://rbdcivil.ibdcivil.org.br/rbdc/article/view/130/126. Acesso em: 12 mar. 2019.

FERRAZ, Carolina Valneça; LEITE, Glauber Salomão. A pessoa transgênera e o reconhecimento do direito de ser mulher: promoção da dignidade humana e garantia de desenvolvimento pessoal. *In*: FERRAZ, Carolina Valença; LEITE, George Salomão; LEITE, Glauber Salomão; LEITE, Glauco Salomão (Coord.). *Manual dos direitos da mulher*. São Paulo: Saraiva, 2013.

FONTES, Gustavo Rosa. *Bioética e transexualidade*: o sistema jurídico brasileiro e fundamentos para uma bioética *queer*. 2014. 178 f. Dissertação (Mestrado em Direito) – Programa de Pós Graduação em Direito Ambiental, Universidade do Estado do Amazonas, Manaus. Disponível em: http://www.pos.uea.edu.br/data/area/titulado/download/60-8. pdf. Acesso em: 10 mar. 2019.

GONÇALVES, Camila de Jesus Mello. *Transexualidade e direitos humanos*: o reconhecimento da identidade de gênero entre os direitos da personalidade. Curitiba: Juruá, 2016.

IKEMOTO, Luisa. Transexuais e travestis sofrem violência dentro de casa. *Correio braziliense*, Brasília. Disponível em: http://especiais.correiobraziliense.com.br/transexuais-e-travestis-sofrem-violencia-dentro-de-casa. Acesso em: 04 dez 2017.

LIMA, Heloisa Bezerra; NASCIMENTO, Raul Victor Rodrigues do. Transgeneridade e cárcere: diálogos sobre uma criminologia transfeminista. *Revista Transgressões*: ciências criminais em debate, Natal, v. 2, n. 2, p. 75-89, 2014. Disponível em: https://periodicos. ufrn.br/transgressoes/article/view/6444/5256. Acesso em: 10 dez 2017.

LÔBO, Paulo. A constitucionalização do direito civil brasileiro. *In*: TEPEDINO, Gustavo (Org.). *Direito civil contemporâneo*: novos problemas à luz da legalidade constitucional: anais do Congresso Internacional de Direito Civil-Constitucional da Cidade do Rio de Janeiro. São Paulo, Atlas 2008.

LÔBO, Paulo. *Direito civil*: parte geral. 7. ed. São Paulo, Saraiva, 2018.

MANZUR, Maurício. A dicotomia entre os direitos da personalidade e os direitos fundamentais. *In*: MIRANDA, Jorge; RODRIGUES JÚNIOR, Otávio Luiz; FRUET, Gustavo Bonato (Orgs.). *Direitos da personalidade*. São Paulo: Atlas, 2012.

ORGANIZAÇÃO MUNDIAL DE SAÚDE. *CID-10*. Disponível em: http://www.datasus. gov.br/cid10/V2008/WebHelp/f60_f69.htm#F64. Acesso em: 12 mar. 2019.

ORGANIZAÇÃO MUNDIAL DE SAÚDE. *ICD-11*. Disponível em: https://icd.who.int/ browse11/l-m/en#/http%3a%2f%2fid.who.int%2ficd%2fentity%2f577470983. Acesso em: 12 mar. 2019.

ORGANIZAÇÃO MUNDIAL DE SAÚDE. *ICD-11*: classifying disease to map the way we live and die, 2018. Disponível em: https://www.who.int/health-topics/international-classification-of-diseases. Acesso 12 mar. 2019.

ORGANIZAÇÃO PANAMERICANA DE SAÚDE. *Aprueban resoluciones sobre seguridad del paciente, atención de emergencias y traumatismos, agua y saneamiento, y la CIE-11*. Disponível em: https://www.paho.org/hq/index.php?option=com_content&view=article&id=15214 :delegations-adopted-resolutions-on-patient-safety-emergency-and-trauma-care-water-and-sanitation-and-on-the-icd-11&Itemid=1926&lang=es. Acesso em 28 jul. 2019.

PEREIRA, Fabio Queiroz; GOMES, Jordhana Maria Costa. Pobreza e gênero: a marginalização de travestis e transexuais pelo direito. *Revista Direitos Fundamentais e Democracia*, Curitiba, v. 22, n. 2, p. 210-224, 2017. Disponível em: http://revistaeletronicardfd.unibrasil. com.br/index.php/rdfd/article/view/800. Acesso em: 03 dez. 2017.

PINO, Nádia. A teoria *queer* e os *intersex*: experiências invisíveis de corpos desfeitos. *Cadernos Pagu*, Campinas, v. 28, p. 149-174, 2007. Disponível em: http://www.scielo.br/ pdf/cpa/n28/08.pdf. Acesso em: 10 mar. 2019.

PRINCÍPIOS DE YOGYAKARTA. Princípios sobre a aplicação da legislação internacional de direitos humanos em relação à orientação sexual e identidade de gênero. Disponível em: http://www.dhnet.org.br/direitos/sos/gays/principios_de_yogyakarta.pdf Acesso em: 12 de jul. de 2017.

REIS, Neilton; PINHO, Raquel. Gêneros não-binários: identidades, expressões e educação. *Revista Reflexão e Ação*, Santa Cruz do Sul, v. 24, n. 1, p. 7-25, 2016. Disponível em: https://online.unisc.br/seer/index.php/reflex/article/view/7045/pdf. Acesso em: 10 mar. 2019.

RIBEIRO, Djamila. *O que é*: lugar de fala?. Belo Horizonte: Letramento: Justificando, 2017.

SÁ, Mariana Oliveira de; CARDOSO, Fernanda Carolina Lopes; COELHO, Henri Cláudio de Almeida. A criação de uma lei de identidade de gênero no Brasil como ferramenta para a efetivação de direitos das pessoas LGBT. *In*: IV Congresso Internacional Constitucionalismo e Democracia: o novo constitucionalismo latino-americano, 4, 2017, Rio de Janeiro. *Anais Direito, Gênero, Sexualidades e Racialidade*. Florianópolis: CONPEDI, 2017, 260-279. Disponível em: https://www.conpedi.org.br/publicacoes/qu1qisf8/g86d5443/yeAm75X2o1uYly21.pdf. Acesso 13 mar. 2019.

SILVA, Leilane Assunção da; SOUZA, Emilly Mel Fernandes de. A epistemologia do barraco: uma breve história do movimento LGBTI em geral. *Inter-Legere – Revista de Pós-Graduação em Ciências Sociais da UFRN*, n. 21, 106-121, 2017. Disponível em: https://periodicos.ufrn.br/interlegere/article/view/13539/9261. Acesso 12 mar. 2019.

SILVA JÚNIOR, Enézio de Deus. Diversidade sexual e suas nomenclaturas. *In*: DIAS, Maria Berenice (Coord.). *Diversidade sexual e direito homoafetivo*. São Paulo: Editora Revista dos Tribunais, 2011.

TARTUCE, Flávio. *Mudança do nome do transexual*. Disponível em: http://www.egov.ufsc.br/portal/sites/default/files/anexos/31506-35738-1-PB.pdf Acesso 14 mar. 2019.

TRANSGENDER EUROPE. *30 de março de 2016*: nota de imprensa, dia internacional da visibilidade trans. Disponível em: http://transrespect.org/wp-content/uploads/2016/03/TvT_TMM_TDoV2016_PR_PT.pdf. Acesso em: 03 dez 2017.

Informação bibliográfica deste texto, conforme a NBR 6023:2018 da Associação Brasileira de Normas Técnicas (ABNT):

SILVA NETTO, Manuel Camelo Ferreira da. A tutela jurídica das pessoas trans sob o viés da personalidade: debates acerca dos direitos à identidade, ao nome, à integridade psicofísica e à privacidade. *In*: EHRHARDT JÚNIOR, Marcos; LOBO, Fabíola Albuquerque (Coord.). *Privacidade e sua compreensão no direito brasileiro*. Belo Horizonte: Fórum, 2019. p. 281-307. ISBN 978-85-450-0694-7.

A LONGEVA PRIVACIDADE DO TESTAMENTO CERRADO E SUA UTILIZAÇÃO NA ERA DIGITAL

GUSTAVO HENRIQUE BAPTISTA ANDRADE

Introdução

O direito e a tecnologia não trilham seus caminhos em uma mesma velocidade. A evolução da tecnologia, aliás, está, de modo geral, um passo à frente das Ciências Sociais e estas, por razões óbvias, é que se adaptam aos avanços tecnológicos. No Brasil, podem ser vistos alguns abismos entre direito e tecnologia, a exemplo do direito do consumidor de crédito, o qual se vê diante de máquinas inteligentes e complexas e, no apertar de uma tecla ou no tocar de uma tela, celebram negócios jurídicos também complexos, porém sem a devida informação. A questão está envolvida em uma perspectiva muito mais ampla, especialmente em um país onde a educação é relegada e o nível de desinformação é alarmante, havendo, inclusive, quem defenda a educação sem uma visão questionadora dos problemas sociais ou o desenvolvimento de um raciocínio crítico.

No direito das sucessões, o problema se destaca, pelo fato de ser essa a disciplina jurídica que menos obteve mudanças no decorrer dos últimos cem anos. A própria ordem jurídica se transformou sob o influxo de valores e princípios que retiraram do patrimônio a centralidade do sistema, deslocando-a para a pessoa. Mudou principalmente a família, que, em conjunto com a propriedade, formam o alicerce e os próprios fins das normas que regulamentam a sucessão *mortis causa* no Direito Civil contemporâneo. O direito sucessório, entretanto, pouco mudou. Erigido ao *status* de direito fundamental por força do inciso XXX do artigo 5º da Constituição da República, o direito de herança no Código Civil não reverberou muitos dos princípios que esteiam o Estado social brasileiro.

O presente artigo tem por objetivo analisar a relação entre tecnologia e direito, com ênfase na sucessão testamentária e sob a ótica do direito à privacidade. A problemática proposta gira em torno da convivência entre o formalismo imposto ao testamento cerrado e as novas ferramentas tecnológicas, a exemplo de arquivos criptografados e assinaturas eletrônicas, e a possibilidade de se adequar a preservação da longeva privacidade dessa espécie de disposições de última vontade à era digital, mantendo-se suas características essenciais.

Dividido em três partes, o trabalho apresentará inicialmente um panorama acerca da sucessão testamentária, com ênfase no tipo em análise e suas peculiaridades. Em um segundo momento, discorrer-se-á sobre a privacidade no contexto jurídico-normativo vigente. E por fim, será analisado como a tecnologia pode colaborar com a sucessão testamentária, diante das espécies de testamentos propostas pelo Código Civil, mais precisamente o testamento cerrado e uma hipótese de resposta à questão formulada acerca de sua adequação à era digital.

Forte na contingencialidade própria da pesquisa acerca de institutos onde a historicidade é um elemento essencial, como é o caso do testamento, o presente trabalho não deixará de considerar aspectos desse jaez, embora dentro dos limites escassos de um texto jurídico.

A análise do núcleo temático é realizada através da metodologia civil-constitucional, trazendo-se como hipótese a viabilidade da utilização do testamento cerrado como instrumento de preservação da privacidade do autor da herança e de sua adequação à era digital, interpretando-se dispositivos do Código Civil e da legislação esparsa pertinente à luz da legalidade constitucional.

O testamento no direito brasileiro

A palavra testamento, cujo sentido jurídico se fixou na ideia de um ato solene de declaração de última vontade, tem sua origem no século XIII[1] e deriva do verbo latino *testor*,[2] o qual por sua vez tem seu significado ligado a testemunho, prova, certificado. O termo perpassou a história com significados diversos, ora como diplomas e estatutos, ora como manifestação de autoridade pública escolar ou eclesiástica, mas sempre trazendo consigo a relação entre a vontade de quem morre e a aliança com quem vive.[3]

No dizer de Orozimbo Nonato, "no testamento, domina, solitária, a vontade do testador, sancionada pela lei". São declarações imperativas, desde que não restrinjam direitos e salvo se tratar de ônus e encargos. Mas é sobre a seara jurídica do herdeiro instituído que seus efeitos serão produzidos.[4]

O instituto tem sua origem em data remota, tendo seu uso sido consolidado pelos hebreus, antes da Lei Mosaica. Das Sagradas Escrituras há registro de que Abraão, antes de ter um filho, quis fazer um testamento para fazer-lhe herdeiro o filho de Eliezer, seu servo. O desenvolvimento do testamento se deu em Roma, onde existiram várias espécies, à medida que avançava o Império, sendo seus princípios e regras inspirados no que regulamentou a Grécia antiga. Em Roma, a família correspondia a um Estado em miniatura, onde o *pater* era o chefe doméstico, político e religioso. Impunha-se mais uma instituição forçosa, ou seja, a continuidade do cargo e do encargo por um dos herdeiros, do que propriamente uma sucessão forçada.

No direito luso-brasileiro, curioso é observar que o prestígio do testamento à época das Ordenações do Reino de Portugal, as quais por sua vez sofreram forte influência do direito romano, foi abalado por duas leis editadas no governo do Marquês de Pombal (Lei de 25.01.1766 e Lei de 09.09.1769). A justificativa seria o fato de o clero aproveitar-se do favor do testamento para receber vultosas quantias dos enfermos a que assistia, em prejuízo dos parentes dos testadores. A Lei de 1766 decretou a nulidade dos legados deixados em favor dos próprios escritores, diretores ou sugestores dos testamentos e de seus parentes e corporações e a Lei de 1769, afastando a liberdade de testar, promoveu, então, a sucessão legítima dos parentes. E já em 1907, antes mesmo da promulgação do Código Civil de 1916, a Lei nº 1.839, de

---

[1] HOUAISS, Antônio. *Dicionário Houaiss da língua portuguesa.* Rio de Janeiro: Objetiva, 2009, p. 1837.

[2] Disponível em: https://pt.glosbe.com/la/pt/testor. Acesso em: abr. 2019.

[3] SILVA, Orozimbo Nonato da. *Do testamento*: conceito e características: direito e liberdade de testar. Minas Gerais: Imprensa Diocesana, 1932, p. 5.

[4] SILVA, Orozimbo Nonato da. *Do testamento*: conceito e características: direito e liberdade de testar. Minas Gerais: Imprensa Diocesana, 1932, p. 41.

31 de dezembro, fixou a legítima na proporção de metade dos bens do autor da herança, reduzindo a reserva que antes era de 2/3.[5] Dentro da construção teórica desenvolvida por Pontes de Miranda acerca do fato jurídico – constante dos primeiros volumes do seu Tratado de Direito Privado, sendo o Tomo III dedicado aos negócios jurídicos[6] – até hoje seguida por grande parte da doutrina, que a aperfeiçoou,[7] o testamento é classificado como negócio jurídico unilateral, dado que para sua existência e validade é suficiente que alguém com mais de dezesseis anos preste suas declarações de última vontade, obedecidas, por óbvio, as formalidades previstas na lei. Desnecessária a declaração de vontade de qualquer outra pessoa. A eficácia desse negócio jurídico ocorrerá com a morte do autor da herança, no caso, o testador.[8]

Paulo Lôbo conceitua o testamento como sendo o "negócio jurídico unilateral, formal e pessoal, cujos efeitos ficam suspensos até que ocorra o evento futuro e indeterminado no tempo, que é a morte do próprio testador".[9]

Para Orlando Gomes, o testamento é "negócio jurídico pelo qual uma pessoa dispõe sobre a própria sucessão", perfectibilizando-se no "momento em que o testador declara sua vontade pela forma autorizada na lei".[10] Instrumento da sucessão testamentária, sua regulamentação se dá nos exatos termos da expressão da vontade do morto.[11]

Sem a preocupação de destacar de imediato as características do testamento, Caio Mário da Silva Pereira o conceitua através de sua ideia central, a disposição de vontade apta a produzir efeitos em momento posterior à morte.[12]

---

[5] ANDRADE, Gustavo Henrique Baptista. *O direito de herança e a liberdade de testar*: um estudo comparativo entre os sistemas jurídicos brasileiro e inglês. Dissertação (Pós-Doutorado) – Programa de Pós-Graduação em Direito da UERJ. Rio de Janeiro: UERJ, 2018, p. 27.

[6] MIRANDA, Pontes de. *Tratado de direito privado*. Parte Especial. Tomo III. Negócios jurídicos. Representação. Conteúdo. Forma. Prova. São Paulo: RT, 2012.

[7] LÔBO, Paulo. *Direito civil*: parte geral. São Paulo: Saraiva, 2019, p. 259. Paulo Lôbo referencia expressamente as transformações sofridas pelo negócio jurídico e que impuseram reformulação em seus pressupostos para a continuidade de sua função prestante. Chama a atenção para categoria que não se amolda com perfeição ao modelo tradicional fundado na "manifestação livre, consciente e juridicamente igual", com a inserção no tráfico jurídico de condições gerais de contratos predispostos de forma unilateral pelos agentes econômicos e que são "aplicadas de modo inalterável ao universo de utentes e adquirentes de produtos e serviços, que não são juridicamente iguais nem manifestam livremente suas vontades".

[8] LÔBO, Paulo. *Direito civil*: parte geral. São Paulo: Saraiva, 2019, p. 273.

[9] LÔBO, Paulo. *Direito civil*: sucessões. São Paulo: Saraiva, 2019, p. 209.

[10] GOMES, Orlando: sucessões. Rio de Janeiro: Forense, 1995, p. 100.

[11] GOMES, Orlando: sucessões. Rio de Janeiro: Forense, 1995, p. 91.

[12] PEREIRA, Caio Mário da Silva. *Instituições de direito civil*: direito das sucessões. Rio de Janeiro: Forense, 2017, p. 183.

Já Orozimbo Nonato destaca o caráter sigiloso do testamento cerrado, aduzindo que este, também chamado de secreto ou místico, é uma carta sigilada, escrita pelo testador de próprio punho ou por outra pessoa, a seu rogo, que se completa por instrumento de aprovação lavrado pelo oficial público na presença de testemunhas.[13] O testamento é ato pessoal, não podendo ser realizado por intermédio de representante. Negócio gratuito, pertence à categoria das liberalidades, sendo também substancialmente formal, uma vez que a lei exige solenidades de estrita observância sob pena de nulidade.[14] Na qualidade de ato jurídico a título gratuito, a disposição testamentária representa uma liberalidade "que não admite correspectivo em compensação". Por suas próprias características, não permite o testamento imposição ao herdeiro beneficiado de qualquer reciprocidade, elemento típico do contrato.[15]

O Código Civil brasileiro prevê formas ordinárias e extraordinárias de testamento. Estas estão consubstanciadas nos testamentos especiais a que se refere o art. 1886, em *numerus clausus:*[16] o marítimo, o aeronáutico e o militar. Ditas modalidades, como a própria categoria aponta, são negócios celebrados em situações excepcionais, as quais, por sua natureza, têm efeito prático bastante limitado e uso efetivamente restrito.

O testamento marítimo será celebrado a bordo de navio nacional de guerra ou mercante; o aeronáutico a bordo de aeronave militar ou comercial; e o militar para quem estiver a serviço das forças armadas em campanha dentro ou fora do Brasil, bem como em praça sitiada ou sem comunicação (arts. 1888 a 1896, CC).

As formas ordinárias de testamento, de acordo com o disposto no art. 1862 do Código Civil, contemplam o público (arts. 1864 a 1867, CC), o cerrado (arts. 1868 a 1875, CC) e o particular (arts. 1876 a 1880, CC), além do simplificado (art. 1879, CC), uma inovação do Código de 2002 com relação à tipicidade prevista na legislação de 1916. A propósito de inovação legislativa em matéria sucessória, ainda que passado mais de um século entre a promulgação dos Códigos de 1916

---

[13] SILVA, Orozimbo Nonato da. *Estudos sobre sucessão testamentária.* Rio de Janeiro: Forense, 1957, p. 279. v. I.

[14] GOMES, Orlando: sucessões. Rio de Janeiro: Forense, 1995, p. 101.

[15] SILVA, Orozimbo Nonato da. *Do testamento*: conceito e características: direito e liberdade de testar. Minas Gerais: Imprensa Diocesana, 1932, p. 86.

[16] "Art. 1887. Não se admitem outros testamentos especiais além dos contemplados neste Código".

e 2002, não foram muitas as modificações levadas a efeito no título da sucessão testamentária.

O que diferencia os testamentos ordinários entre si são os seus requisitos essenciais, todos de ordem formal. A forma é elemento da substância do testamento, imputando a lei a nulidade do ato em caso de inobservância (art. 166, IV, CC). O rigor formal está ligado à segurança do negócio jurídico que, por suas características – em especial a repercussão na seara jurídica de outras pessoas –, busca promover o equilíbrio entre a autonomia privada do testador e o interesse público consubstanciado na proibição do abuso ou arbítrio.[17] Perceba-se que dito equilíbrio deve existir independentemente do regime jurídico adotado pelo ordenamento no que diz respeito à liberdade de testar. Mesmo em países onde essa liberdade é exercida de forma ampla, como é o caso da Inglaterra, existe controle estatal sobre o testamento.[18]

O testamento público é a forma mais utilizada no Brasil. Lavrado em cartório de notas, se torna mais seguro à medida que pode ser extraída certidão com o mesmo teor a qualquer tempo. Às formalidades previstas no art. 1864 do Código Civil, somam-se aquelas gerais estabelecidas no §1º do art. 215 do mesmo diploma para a lavratura da escritura pública.

Já a celebração do testamento particular, também denominado hológrafo, dispensa a presença de tabelião ou notário, exigindo menor número de requisitos formais. Essa modalidade, por tal razão, ao tempo em que aparenta tornar o testamento mais acessível, dele suprime a certeza e a segurança típicas, necessitando de maior discricionariedade judicial, em especial no que diz respeito à presença de testemunhas na celebração do ato e quando de sua publicação em juízo.

De acordo com as disposições do art. 1868 do Código Civil, o testamento cerrado deve ser escrito pelo testador ou por outra pessoa a seu rogo – em língua nacional ou estrangeira (art. 1871, CC) –,

---

[17] LÔBO, Paulo. *Direito civil*: sucessões. São Paulo: Saraiva, 2019, p. 238.

[18] No direito inglês, que abrange também o País de Gales, o controle é exercido pelo Poder Judiciário, através do sistema conhecido por *judicial discretion*, o qual permite uma espécie de proteção aos dependentes do falecido. Nesse sistema, em vigor desde 1938, o juiz tem discricionariedade para reformar testamentos que não tenham contemplado determinadas pessoas, outorgando-lhes provisão suficiente para a sua subsistência. Atualmente rege a matéria o Ato legislativo referenciado como Ato de Herança de 1975 – *Inheritance (Provision for Family and Dependants) Act 1975*. ANDRADE, Gustavo Henrique Baptista. *O direito de herança e a liberdade de testar*: um estudo comparativo entre os sistemas jurídicos brasileiro e inglês. Dissertação (Pós-Doutorado) – Programa de Pós-Graduação em Direito da UERJ. Rio de Janeiro: UERJ, 2018, p. 11.

porém assinado por ele testador, restando condicionada a validade[19] desse tipo testamentário à aprovação pelo tabelião ou seu substituto legal. O instrumento deve ser entregue ao tabelião pelo testador, na presença de duas testemunhas, declarando ser aquele o seu testamento e que quer que o mesmo seja aprovado, sendo também necessária a imediata lavratura pelo tabelião do auto de aprovação na presença das duas testemunhas – no regime do Código de 1916, o número de testemunhas presentes ao ato era de no mínimo cinco (art. 1638, V) –, lendo o tabelião, em seguida, ao testador e testemunhas, o referido auto de aprovação, sendo este finalmente assinado pelo tabelião, pelas testemunhas e pelo testador. Essas são as formalidades que devem ser observadas, estabelecendo o parágrafo único do mesmo art. 1868 que "o testamento cerrado pode ser escrito mecanicamente, desde que seu subscritor numere e autentique, com a sua assinatura, todas as páginas".

O auto de aprovação deve ser iniciado imediatamente após a última palavra aposta pelo testador, com a declaração pelo tabelião de que o testamento lhe foi entregue pelo testador na presença das testemunhas para ser aprovado. Se não houver espaço para o início da aprovação, o tabelião deve apor o seu sinal público e mencionar a circunstância no auto. Após a leitura e assinatura do auto de aprovação, o tabelião deverá cerrar e coser o testamento. É o que determina o art. 1869, e nesse aspecto reside uma exigência formal de difícil aceitação prática em um momento em que o mundo ultrapassa a própria barreira da era das telecomunicações, aguardando-se com a chegada da nova tecnologia de dados 5G expansão de fronteiras equivalente a uma nova revolução industrial.[20]

Uma primeira leitura das formalidades demonstra a preocupação do legislador com a segurança do negócio jurídico, mas o formalismo exigido, em especial pelos arts. 1868 e 1869, não parece intransponível a adaptações que atendam à segurança de documentos produzidos na era digital, igualmente protegidos e legalmente respaldados.

---

[19] Embora a lei se refira a validade, a precisa lição de Paulo Lôbo aponta para a própria inexistência do negócio jurídico: "(....) A inexistência, e não apenas a eficácia ou a invalidade, decorre de sua natureza de ato complexo, formado pela interdependência de sua escrita pelo testador e pelo auto de aprovação. Aquela sem este não traz o testamento ao mundo jurídico. O testamento cerrado apenas ingressa no mundo jurídico a partir da data do auto de aprovação notarial e não da data em que foi escrito pelo testador. Enquanto não houver auto de aprovação não haverá ato jurídico perfeito". LÔBO, Paulo. *Direito civil*: sucessões. São Paulo: Saraiva, 2019, p. 244.

[20] Disponível em: https://www1.folha.uol.com.br/tec/2017/09/1918660-o-que-e-5g-e-por-que-ele-deve-mudar-o-modo-como-usamos-a-internet.shtml. Acesso em: 12 abr. 2019.

Outras formalidades devem ser observadas na celebração do testamento cerrado, a exemplo do lançamento em livro próprio pelo tabelião, de nota com o lugar, dia, mês e ano em que o testamento foi aprovado e entregue ao testador, o que deve ocorrer imediatamente depois que o instrumento for cerrado (art. 1874, CC). Não há impedimento ao tabelião para escrever o testamento, a rogo do testador (art. 1870, CC).

Aquele que não saiba ou não possa ler, não pode dispor de seus bens através de testamento cerrado (art. 1872, CC), não sendo vedado, entretanto, ao surdo-mudo fazer uso desse tipo testamentário, desde que o escreva em sua totalidade, assine e entregue o instrumento ao tabelião na presença das duas testemunhas, escrevendo na face externa do papel ou do envoltório a declaração de que trata o inciso II do art. 1868 de que aquele é seu testamento e quer que seja aprovado (art. 1873, CC).

Embora haja, ao menos a princípio, impossibilidade do testador cego fazer uso dessa espécie de testamento por não poder ler, dita vedação pode ser amenizada se a linguagem utilizada for o *Braille*, dado que o conteúdo poderá ser lido por qualquer pessoa que conheça esse sistema de escrita, após a morte do autor da herança. Esse entendimento vem sendo aceito por parte da doutrina[21] e também pela jurisprudência.[22]

O entendimento expressado pelo Superior Tribunal de Justiça, ao mitigar a exigência de uma das formalidades inerentes ao testamento cerrado, é o de que, sendo possível depreender a real vontade do testador e inexistindo fato que possa invalidar o negócio – o que deve

---

[21] Entre outros: LÔBO, Paulo. *Direito civil*: sucessões. São Paulo: Saraiva, 2019, p. 245; e TARTUCE, Flávio. *Direito civil*. Direito das sucessões. Rio de Janeiro: Forense, 2017, p. 393. A favor do impedimento para o cego celebrar testamento cerrado, ver por todos: PEREIRA, Caio Mário da Silva. *Instituições de direito civil*. Rio de Janeiro: Forense, 2017, v. VI, p. 230.

[22] O Superior Tribunal de Justiça, ao julgar caso em que a testadora era praticamente cega, assim decidiu: AGRAVO INTERNO. AÇÃO DE ANULAÇÃO DE TESTAMENTO CERRADO. INOBSERVÂNCIA DE FORMALIDADES LEGAIS. REEXAME DE PROVA. SÚMULA 7/STJ. I – A questão da nulidade do testamento pela não observância dos requisitos legais à sua validade, no caso, não prescinde do reexame do acervo fático-probatório carreado aos autos, o que é vedado em âmbito de especial, em consonância com o enunciado 7 da Súmula desta Corte. II – Em matéria testamentária, a interpretação deve ter por fim o intuito de fazer prevalecer a vontade do testador, a qual deverá orientar, inclusive, o magistrado quanto à aplicação do sistema de nulidades, que apenas não poderá ser mitigado diante da existência de fato concreto, passível de colocar em dúvida a própria faculdade que tem o testador de livremente dispor de seus bens, o que não se faz presente nos autos. Agravo provido. (AgRg no Ag nº 570.748/SC, Rel. Ministro CASTRO FILHO, TERCEIRA TURMA, julgado em 10/04/2007, DJ 04/06/2007, p. 340). Disponível em: http://www.stj.jus.br/SCON/jurisprudencia/toc.jsp?livre=cego+e+testamento+e+cerrado&&tipo_visualizacao=RESUMO&b=ACOR. Acesso em: 15 abr. 2019.

estar relacionado mais à própria faculdade de disposição de bens que detém o autor da herança do que com irregularidades que podem vir a prejudicá-la – esta vontade deve prevalecer quando da apreciação do conjunto probatório.

Com o falecimento do testador, nos termos do art. 1875 do Código Civil, o testamento será apresentado ao juiz. Este o abrirá e o fará registrar, ordenando o seu cumprimento caso não vislumbre vício externo que torne o negócio eivado de nulidade ou suspeito de falsidade. O procedimento está previsto no artigo 735 do Código de Processo Civil, o qual estabelece, entre outras determinações, a participação do Ministério Público e a nomeação de testamenteiro dativo, no caso de não haver outro nomeado ou este estiver ausente ou não aceitar o encargo.

O que se pode observar é que, mesmo com a previsão de maiores exigências formais do que as demais espécies de testamento, a necessidade de manter em sigilo o conteúdo do testamento cerrado provoca a diminuição de sua segurança. É forçoso reconhecer que, à época em que foi concebido e até o início do século XXI, as dificuldades existentes para que fossem implementadas ferramentas para a preservação do sigilo das declarações constantes do testamento cerrado eram de difícil solução.

A possibilidade de extravio ou destruição até mesmo dolosa do instrumento impunha, para preservar o conteúdo e, por consequência, o sigilo, a lavratura em livro do tabelionato de notas. Acontece, porém, que a anotação em livros pode contrariar a própria natureza de documento sigiloso, já que livros cartorários são manuseados ao menos pelo tabelião. Em Parecer, no qual respondem a consulta do Instituto dos Advogados de São Paulo (IASP) acerca da elaboração de anteprojeto de lei prevendo novas regras legais para instrumentalização e guarda do testamento cerrado, José Fernando Simão e Julia Martins Gomes acrescentam às dificuldades de utilização de livros, a necessidade de sua guarda em cofres.[23]

Interessante observar, entretanto, que a evolução da tecnologia pode proporcionar atualmente não somente a preservação do sigilo, mas, por consequência da privacidade do testador, a própria difusão da utilização do testamento cerrado. É o que se pretende demonstrar ao final da exposição contida no presente trabalho.

---

[23] SIMÃO, José Fernando; GOMES, Julia Martins. Do testamento cerrado e sua regulamentação. *Revista Nacional de Direito de Família e Sucessões*. São Paulo: Magister, p. 87-99, jan./fev., 2015. Disponível em: https://bdjur.stj.jus.br/jspui/bitstream/2011/101395/testamento_cerrado_regulamentacao_simao.pdf. Acesso em: 12 abr. 2019.

A privacidade no direito brasileiro

Em ensaio sobre o "jardim e a praça", obra clássica onde o autor discorre sobre o que chama dois "momentos" ou duas dimensões do viver, a pública e a privada, numa abordagem histórico-sociológica sobre a utilização dos espaços – representando o jardim, o privado, e a praça, o público – Nelson Saldanha referencia que tais dimensões se apresentam de uma maneira geral demarcadas e hierarquizadas. São planos em que se encontra inserida a "distinção essencial entre a vida consigo mesmo, e com a família, e com pessoas mais ligadas, e a vida com 'todos' e com 'os outros' em sentido mais amplo".[24]

No âmbito da privacidade, a autonomia privada se revela como a faculdade de decidir sobre questões íntimas ou existenciais, correlacionando-se com a inviolabilidade da pessoa, de sua casa, de suas correspondências. O conceito de vida privada se interliga com o de intimidade, sendo, porém, mais amplo que este, já que tem uma dimensão mais ampla e se funda na ideia de um espaço de autodeterminação em que é delimitada a individualidade da pessoa diante dos outros e do Estado, seja para introspecção, seja para relações familiares ou mesmo para o intercâmbio social. Já a intimidade tem uma menor amplitude, mais restrita do que a privacidade, referindo-se ao que a pessoa guarda para si, sem alcance social ou mesmo na vida privada, onde se insere a vivência na família ou no ambiente de trabalho.[25]

Anderson Schreiber afirma que, sendo a evolução do direito à privacidade algo recente se comparado a outros direitos da personalidade, a exemplo da honra, a concepção atual desprende-se daquela formulação inicial em que a tutela da privacidade se identificava com a proteção da vida íntima, familiar, pessoal de cada ser humano, essencialmente um direito à intimidade, o qual, por sua vez, assumia, tal como o direito de propriedade, uma conotação exclusivamente negativa, ligada ao dever geral de abstenção. E forte na influência desse modelo proprietário, a privacidade era uma "aspiração excluída do horizonte das classes operárias e dos marginalizados", limitando-se ao âmbito da elite preocupada em salvaguardar sua vida da indiscrição e intromissão alheias. Na opinião do mesmo autor, a privacidade, além da vida íntima, protege também os dados pessoais do seu titular:

---

[24] SALDANHA, Nelson. O jardim e a praça: ensaio sobre o lado 'privado' e o lado 'público' da vida social e histórica. *Ciência & Trópico*. Recife: FUNDAJ, jan./jun., 1983, p. 106.

[25] MARTINS, Luciana Mabilia. O direito à privacidade e à intimidade. *In*: MARTINS-COSTA, Judith (Org.). *A reconstrução do direito privado*. São Paulo: RT, 2002, p. 345.

Em outras palavras: o direito à privacidade hoje é mais amplo que o simples direito à intimidade. Não se limita ao direito de cada um de ser 'deixado só' ou de impedir a intromissão alheia na sua vida íntima e particular. Transcende essa esfera doméstica para alcançar qualquer ambiente onde circulem dados pessoais do seu titular, aí incluídos suas características físicas, código genético, estado de saúde, crença religiosa e qualquer outra informação pertinente à pessoa. Nesse sentido, a privacidade pode ser definida sinteticamente como o direito ao controle da coleta e utilização dos próprios dados pessoais.[26]

Na Constituição de 1988, variada é a tipificação dos direitos da personalidade, expressados em diversos dispositivos, compreendendo o direito à privacidade as referências aos direitos à intimidade (art. 5º, X e LX), à vida privada (art. 5º, X), à imagem (art. 5º, V e X) e ao sigilo (art. 5º, XII). De acordo com Paulo Lôbo, para quem o núcleo essencial da privacidade se ancora no "âmbito irredutível da dignidade da pessoa humana", no conteúdo da privacidade se incluem os direitos da personalidade, que não permitem interferência externa nos fatos relativos à intimidade e à reserva da pessoa, os quais não devem ser levados ao espaço público.[27]

A vedação à interferência na vida privada da pessoa humana figura na Declaração Universal dos Direitos Humanos, enunciados pela Organização das Nações Unidas (ONU), já desde 10 de dezembro de 1948, conforme seu artigo XII: "Ninguém será sujeito à interferência em sua vida privada, em sua família, em seu lar ou em sua correspondência, nem ataque à sua honra e reputação. Todo ser humano tem direito à proteção da lei contra tais interferências ou ataques".[28]

Se há dificuldade para demonstrar com nitidez a delimitação entre os conceitos de privacidade e intimidade, não é menor a possibilidade de fixar na contemporaneidade o que integra a esfera da vida pública e da vida privada, mesmo sendo cambiantes as suas fronteiras.[29]

Quanto à distinção entre intimidade e vida privada, a propósito da maior dificuldade em virtude de sua contingencialidade e as

---

[26] SCHREIBER, Anderson. *Direitos da personalidade*. São Paulo: Atlas, 2011.

[27] LÔBO, Paulo. *Direito civil*: parte geral. São Paulo: Saraiva, 2019, p. 159 e 179.

[28] Disponível em: https://nacoesunidas.org/wp-content/uploads/2018/10/DUDH.pdf. Acesso em: 03 abr. 2019.

[29] MARTINS-COSTA, Judith. Prefácio a CACHAPUZ, Maria Cláudia. Intimidade e vida privada no novo Código Civil brasileiro: uma leitura orientada no discurso jurídico. *In*: MARTINS-COSTA, Judith (Org.). *Modelos de direito privado*. São Paulo: Marcial Pons, 2014, p. 43.

mudanças ocorridas no tempo, a opção tem sido utilizá-las de forma a compreender uma como parte da outra, o que deve ser considerado pelo intérprete quando a norma fizer referência a uma delas.[30] No julgamento do caso Elfes (6 BVerfGE 32),[31] ocorrido em janeiro de 1957, o Tribunal Constitucional alemão consolidou a teoria das esferas, a qual vinha sendo desenvolvida em outras decisões da Corte à época. O pano de fundo do julgamento é a discussão acerca da liberdade de ir e vir de um parlamentar eleito em 1947 para North Rhine-Westphalia (Renânia do Norte-Vestfália), um dos Estados da Alemanha, cuja capital é Düsseldorf. O referido parlamentar era também porta-voz de uma organização radical de extrema direita que fazia severa oposição às políticas de defesa militar da República Federal alemã e à reunificação do país e teve negado pedido de liberação de seu passaporte, retido pelas autoridades administrativas.

Ao construir a teoria das esferas, o Tribunal Constitucional alemão firmou entendimento no sentido de que, ao tratar do livre desenvolvimento da personalidade, a Lei Fundamental não quis somente designar dito desenvolvimento no âmbito central da personalidade, sendo possível distinguir três planos com diferente intensidade de proteção. Tal intensidade se apresenta de maneira decrescente, consubstanciando-se em uma esfera mais interna – aqui a Corte se refere a "último âmbito intangível da liberdade humana", "âmbito mais interno ou íntimo", "esfera íntima intangível" e "âmbito nuclear absolutamente protegido da organização da vida privada" –, outra esfera privada mais ampla, que compreenderia que o espaço privado não pertencente à esfera mais interna, e a esfera social ou pública, a que se atribui tudo o que estiver fora do âmbito da esfera privada ampla.[32]

Ainda sobre as dimensões ou esferas da privacidade, a escola norte-americana desenvolveu a questão sob a perspectiva da tutela da liberdade, apresentando uma estrutura tridimensional baseada em um aspecto decisional, que diz respeito a escolhas e decisões pessoais ligadas ao modo de vida do indivíduo e permite sua atuação dentro de uma esfera de liberdade sem interferência alheia; uma vertente informacional, em que a tutela está ligada à proteção da pessoa contra a coleta e disseminação de informações ou dados pessoais que devem estar

---

[30] LÔBO, Paulo. *Direito civil*: parte geral. São Paulo: Saraiva, 2019, p. 162.

[31] Disponível em: http://germanlawarchive.iuscomp.org/?page_id=20. Acesso em: 31 mar. 2019.

[32] ALEXY, Robert. *Teoría de los derechos fundamentales*. Madri: Centro de Estudos Políticos y Constitucionales, 2007, p. 317.

sempre sob seu controle; e uma dimensão espacial, relativa ao espaço físico de convivência da pessoa, a exemplo da casa, que no Brasil tem sua inviolabilidade garantida por disposição constitucional (art. 5º, XI).[33] Acerca da teoria alemã das três esferas, entende Ricardo Lorenzetti que o seu desenvolvimento se deve ao fato de ela prescindir da ideia de patrimônio, superando o risco de um individualismo excessivo.[34] Ainda que se leve em conta o conteúdo patrimonial do testamento, quando for o caso, a escolha pela revelação da vontade retratada nas declarações constantes do instrumento faz parte da esfera íntima do autor da herança, no que a modalidade cerrada surge como forma de proteção.

A opção pelo testamento cerrado é uma escolha que possibilita ao testador melhor realizar a sua autonomia privada. Na perspectiva existencial dessa autonomia, as escolhas e decisões referentes à própria pessoa têm sua fonte na tutela da privacidade. Para Ana Carolina Brochado Teixeira, o exercício dessa liberdade seria ilimitado apenas quando versar sobre aspectos existenciais do próprio titular e não afetar a esfera jurídica de terceiros. No que concerne ao testamento cerrado, é a escolha por revelar algo da intimidade de uma pessoa após a morte que o situa também como meio de exercício da autonomia existencial. O aspecto patrimonial, que eventualmente poderá ter repercussão na seara jurídica do beneficiário ou de outras pessoas, operará limitando a mesma liberdade relativa à autonomia privada, porém em uma perspectiva relacional e sob fundamento diverso:

> A nós interessa pensar nos limites colocados pelo ordenamento à autonomia privada e, pelo que entendemos, devemos dividir esse raciocínio em duas partes, de acordo com a natureza existencial ou patrimonial da situação jurídica: se estiver em questão uma relação patrimonial, o limite interno colocado pelo ordenamento é a solidariedade, exteriorizada pela função social; mas se a situação for extra-patrimonial, referente à personalidade, o limite é estabelecido pelos aspectos existenciais da solidariedade, como a alteridade, ou seja, se a circunstância, por qualquer hipótese, interferir em espaços de intersubjetividade, ali está a barreira para sua eficácia. Se houver apenas referências subjetivas interindividuais, o espaço é pleno para uma decisão autônoma. Contudo, é imperativo que o "o outro", consubstanciado pelo Estado ou pelos

---

[33] Sobre o assunto, conferir a contribuição de: PEIXOTO, Erick Lucena Campos; EHRHARDT JÚNIOR, Marcos. Breves notas sobre a ressignificação da privacidade. *Revista Brasileira de Direito Civil – RBDCivil*. Belo Horizonte: IBDCivil, v. 16, p. 35-56, abr./jun. 2018.

[34] LORENZETTI, Ricardo Luis. *Fundamentos do direito privado*. São Paulo: RT, 1998, p. 462.

particulares, em razão da ampla efetividade da solidariedade social, não deve apenas respeitar as escolhas pessoais, deve promovê-las e salvaguardá-las.[35]

Como a delimitação do alcance de cada uma das esferas (intimidade, privacidade, pública) não pode ser calculada com precisão, dadas as interseções próprias das relações humanas, que se apresentam em uma infinidade de possibilidades, entre a privacidade e a esfera mais íntima da pessoa reside o núcleo familiar.

Pietro Perlingieri atribui ao núcleo familiar a condição de "lugar-comunidade dos afetos", onde a tutela da intimidade dos seus componentes assume um papel independente junto à problemática da privacidade, dela advindo a própria condição para o livre desenvolvimento da pessoa.[36]

Forçoso é reconhecer, assim, que sempre haverá uma camada mais profunda da esfera íntima, em que a pessoa opta por resguardar parte dos elementos que formam a sua personalidade, representada por segredos, desejos, receios, objetivos, sobre os quais pende uma cortina que os separa daquilo que compartilha com aqueles que lhe são mais próximos e a quem dispensa parcela maior do seu afeto. Nessa ambiência podem se encontrar as declarações contidas em um testamento cerrado.

Tecnologia e privacidade

Quanto à relação entre o uso da tecnologia e privacidade, opinião da mais abalizada doutrina entende que a vida privada se encontra bastante vulnerável em face dos avanços tecnológicos, podendo ser violada por intermédio de sofisticados equipamentos, que sequer necessitam invadir fisicamente a casa da pessoa.[37]

Há que se ponderar, entretanto, hipóteses em que o uso da tecnologia pode, por outro lado, trazer segurança ao exercício do próprio direito à privacidade. É certo que, de uma maneira geral, o uso da tecnologia da informação, na forma como vem ocorrendo nas últimas duas décadas, evoluiu sem um efetivo controle ou regulamentação.

---

[35] TEIXEIRA, Ana Carolina Brochado. Autonomia existencial. *In*: TEPEDINO, Gustavo; OLIVA, Milena Donato (Coord.). *Teoria geral do direito civil*: questões controvertidas. Belo Horizonte: Fórum, 2019, p. 181.

[36] PERLINGIERI, Pietro. *Perfis do direito civil*: introdução ao direito civil constitucional. Rio de Janeiro: Renovar, 2002, p. 183.

[37] LÔBO, Paulo. *Direito civil*: parte geral. São Paulo: Saraiva, 2019, p. 161.

Na verdade, trata-se de pouco tempo para uma acomodação do ponto de vista sociojurídico, mas uma eternidade para o potencial de crescimento desse uso, o que por certo gerou abusos. Isso se deve também à forma como a pessoa, os grupos sociais, as autoridades públicas e os agentes econômicos, entre outros atores, acompanham essa evolução tecnológica. Em paralelo, houve igualmente o desenvolvimento de tecnologia para a proteção de dados em sistemas governamentais e de grandes grupos econômicos, o que, ao tempo em que permite a esses agentes o controle dos dados pessoais, tem possibilitado relativa segurança nas transações bancárias e permitido que o país seja um modelo nas eleições de seus representantes para os mais diversos cargos políticos.[38] Outras importantes ferramentas surgiram com a difusão da criptografia e da utilização de assinaturas eletrônicas.

A segurança dos dados que circulam na rede mundial de computadores é uma preocupação constante da sociedade civil e vem gerando toda sorte de debates e iniciativas.

No que diz respeito ao uso da tecnologia, em especial a chamada tecnologia da informação, é preciso reconhecer que se vive hoje um paradoxo quando o tema é segurança e privacidade. Isso porque, sob a justificativa da necessidade de segurança, muitos governos e organizações privadas, estas auxiliando na coleta e guarda de dados ou mesmo no seu compartilhamento, possuem um catálogo de informações que vão desde o número de documentos até dados que podem pertencer à esfera íntima ou privada das pessoas, não sendo improvável o consumidor, por exemplo, ser abordado através de sites de *internet* ou aplicativos de fornecedores, oferecendo produtos ou serviços baseados na rotina de compras ou gosto pessoal demonstrado em determinada aquisição. Como se sabe, até mesmo o lixo de uma casa pode dizer muito acerca daqueles que nela habitam ou frequentam.

Essa tensão entre segurança e privacidade pode ser representada figurativamente por um cabo de guerra invisível, que, não se tenha dúvida, à míngua de um controle maior por parte do Estado, a vida privada perde cada vez mais espaço. Para se ter uma ideia, nos Estados Unidos da América, onde é desenvolvida grande parte dos avanços tecnológicos, há movimento crescente no sentido de tornar ilícito o uso da criptografia, um dos pilares da segurança de documentos e dados que circulam na rede mundial de computadores.

---

[38] Disponível em https://cs.stanford.edu/people/eroberts/cs201/projects/2006-07/electronic-voting/index_files/page0006.html. Acesso em: 04 abr. 2019.

A criptografia, técnica de alterar os símbolos contidos em uma mensagem sem modificar o seu conteúdo,[39] teve seu uso sempre ligado à confidencialidade nas comunicações. Sua utilização remonta ao Egito antigo e uma versão primária foi desenvolvida a partir da criação de códigos e cifras inventados para ocultar o conteúdo de mensagens. A criptografia serve tanto à criação desses códigos quanto ao seu desvendamento. Nos últimos duzentos anos, em especial no século XX, teve seu uso propagado pela evolução das telecomunicações, chegando a sua configuração atual com o advento da rede mundial de computadores, a internet, e seus avanços.

Na atualidade, a utilização da criptografia automatizada é definida como uma "técnica de transformação de dados, segundo um código, ou algoritmo, para que eles se tornem ininteligíveis, a não ser para quem possui a chave do código".[40]

Há dois tipos principais para o uso da técnica, a assimétrica e a simétrica. Nesta, o algoritmo e a chave são iguais, o que significa que o remetente e o destinatário usam a mesma chave. Na assimétrica, de uso mais comum na internet, é utilizada uma chave pública – aberta para que todos possam ver – para encriptar e outra privada – mantida em sigilo – para desencriptar. Assim, a chave privada do destinatário abre a mensagem criptografada pela chave pública do remetente. O uso da técnica assimétrica é mais frequente, porque evita eventual uso indevido da chave, já que a difusão totalmente pública poderia fazer com que a chave chegasse mais facilmente a pessoas não autorizadas.

Acredita-se que o melhor aproveitamento das vantagens de cada um dos métodos ou técnicas é o uso combinado de ambos, sendo a criptografia de chave simétrica usada para a codificação da informação e a de chaves assimétricas utilizada para o compartilhamento da chave secreta.[41]

De acordo com Elias Yoshida, a utilização da criptografia, para além de misturar e desembaralhar informações, serve também à codificação de dados antes do seu envio à rede. Dessa forma, ainda que interceptados, esses dados dificilmente poderão ser decodificados. A privacidade é garantida pela ferramenta denominada autenticação.[42]

---

[39] Disponível em https://www1.planalto.gov.br/semsicpr/apresentacoes/7-criptografia.pdf. Acesso em: 15 abr. 2019.

[40] YOSHIDA, Elias Yoshiaki. *Informação, comunicação e a sociedade do conhecimento*. Disponível em: www.ime.usp.br/~is/mac339/projetos/2001/demais/elias/. Acesso em: 05 abr. 2019.

[41] Disponível em: www.cartilha.cert.br/criptografia/. Acesso em: 06 abr. 2019.

[42] YOSHIDA, Elias Yoshiaki. *Informação, comunicação e a sociedade do conhecimento*. Disponível em: www.ime.usp.br/~is/mac339/projetos/2001/demais/elias/. Acesso em: 05 abr. 2019.

Esta é efetuada por intermédio da certificação digital, um registro eletrônico composto por um conjunto de dados que distingue uma entidade e associa a ela uma chave pública. O certificado digital corresponde a um documento de identidade em que constam os dados pessoais e a identificação de quem o emitiu. A assinatura digital, uma das maneiras de utilizar o certificado, permite, por sua vez, a comprovação, autenticidade e integridade da informação. O certificado e a assinatura podem ser homologados para diferentes usos, incluindo a confidencialidade de documentos.[43]

No Brasil, a regulamentação do sistema de infraestrutura de chaves públicas é regida pela Medida Provisória nº 2.200-2, de 24 de agosto de 2001. O objetivo da instituição do sistema é o de justamente garantir a autenticidade, integridade e validade jurídica de documentos em forma eletrônica, além das aplicações de suporte e das que utilizem certificados digitais, assim como a segurança da realização de transações eletrônicas.[44]

Tecnologia, privacidade e testamento cerrado

É possível perceber que não se mostra razoável a regulamentação de determinados institutos de direito civil aos moldes das formalidades exigidas no início do século passado, tomando-se como parâmetro o que dispunha o Código Civil de 1916.

No caso específico do testamento cerrado, ao menos no que concerne aos meios ou instrumentos (físicos e eletrônicos) para sua celebração, as mudanças operadas não contemplam o potencial de possibilidades que a transmissão e guarda de dados pessoais passou a permitir com o passar do tempo.

O Colégio Notarial do Brasil e outros organismos vêm debatendo a questão da segurança da informação em cartórios.[45]

O Conselho Nacional de Justiça, através da Corregedoria Nacional de Justiça, editou o Provimento nº 74, de 31.07.2018. Nele são fixados padrões mínimos de tecnologia da informação para a segurança, integridade e disponibilidade de dados para serviços notariais e de registro no país.

---

[43] Disponível em: www.cartilha.cert.br/criptografia/. Acesso em: 06 abr. 2019.

[44] Disponível em: http://www.planalto.gov.br/ccivil_03/MPV/Antigas_2001/2200-2.htm. Acesso em: 12 abr. 2019.

[45] SELL, Joelson. *Segurança da informação em cartórios ganha novas regras.* Disponível em: www.blog.notariado.or.br/notarial/seguranca-da-informacao-em-cartorios-ganha-novas-regras#. Acesso em: 06 abr. 2019.

De acordo com o art. 3º do referido ato normativo, "Todos os livros e atos eletrônicos praticados pelos serviços notariais e de registro deverão ser arquivados de forma a garantir a segurança e a integridade de seu conteúdo". Merece destaque igualmente o disposto no art. 4º do Provimento, segundo o qual o titular, escreventes e demais colaboradores do serviço devem possuir formas de autenticação por certificação digital própria ou por biometria, associando-se o uso de senhas aos perfis pessoais de cada qual, que devem ter permissões distintas, de acordo com a função exercida.[46]

Evidente que, sendo a forma elemento da própria essência do negócio jurídico, dela não se pode descurar aquele que faz uso do testamento como instrumento para as declarações de última vontade. E nem mesmo o legislador deve amenizar determinadas exigências formais em detrimento da segurança jurídica.

A questão que deve ser discutida, no caso específico do testamento cerrado, é se as formalidades a ele inerentes – as quais indubitavelmente têm na privacidade do testador a sua maior característica – podem ou não ser adequadas às novas formas e métodos introduzidos pelos avanços tecnológicos obtidos nas últimas décadas, que se apresentam cada vez mais sofisticados e seguros.

Também não subsiste dúvida quanto ao fato de que o desuso do testamento, de uma maneira geral, o que vem paulatinamente sendo modificado,[47] está ligado a questões de ordem histórico-cultural e socioeconômicas. No caso do testamento cerrado, porém, acaso nenhuma alteração legislativa seja promovida com vistas a tal adaptação, o seu uso está fadado ao fim.

Como indica Lisieux Borges, para quem o termo "readequação ou morte" traduz a atual situação do testamento cerrado, o Código Civil de 2002 perdeu a oportunidade de tratar do testamento com um olhar voltado para o presente e o futuro, permanecendo preso aos tipos e formas testamentários presentes na codificação de 1916, a qual, por sua vez, refletiu tardiamente no Brasil o modo de vida da sociedade do século XIX.[48]

---

[46] CONSELHO NACIONAL DE JUSTIÇA. *Provimento nº 74*, de 31 de julho de 2018. Disponível em: http://www.cnj.jus.br/busca-atos-adm?documento=3517. Acesso em: 05 abr. 2019.

[47] De acordo com o Colégio Notarial do Brasil – Seção São Paulo, o número de testamentos lavrados no país aumentou 42% entre 2011 e 2016. Disponível em: https://www.terra.com.br/noticias/dino/cresce-42-o-numero-de-testamentos-lavrados-no-brasil-nos-ultimos-cinco-anos,9ae26094c2b6289fa086d216a2729889w2jflhfd.html. Acesso em: 10 abr. 2019.

[48] BORGES, Lisieux Nidimar Dias. Testamento cerrado: readaptado, refletido e redemocratizado na era digital. *Revista IBDFAM Famílias e Sucessões*. Belo Horizonte, IBDFAM, v. 14, mar./abr. 2016, p. 118.

O formalismo do testamento cerrado, onde estão inseridos os atos materiais a que devem se submeter o testador e o tabelião, além da fragilidade de sua eficácia em caso de rompimento do lacre, são os maiores obstáculos para a permanência da utilização desse tipo testamentário. Como, então, promover a necessária adequação, mantendo-se o testamento cerrado em compatibilidade com o nosso sistema jurídico?

De acordo com o pensamento de Miguel Reale, mais do que os defeitos de forma, que nas declarações de última vontade não podem ser reparados em virtude da morte de quem as realizou, o que efetivamente tem importância no testamento "é a certeza quanto a ser ele expressão pessoal e exclusiva da última vontade do testador", devendo considerar-se superado em definitivo o rigorismo formal que o cerca.[49]

A Constituição da República garante o direito de herança (art. 5º, XXX), entre outros direitos e garantias fundamentais, que a exemplo da propriedade (art. 5º, XXII), condicionada ao atendimento de sua função social (art. 5º, XXIII), devem ser harmonizados com a inviolabilidade da intimidade e da vida privada da pessoa humana (art. 5º, X) e, em rigor, com todo o conjunto de direitos e deveres constantes do rol do mesmo art. 5º, além de outros expressos no texto constitucional. O destaque dado aos direitos e garantias mencionados no período anterior objetiva demonstrar que os institutos jurídicos devem estar inseridos e submetidos à complexidade do sistema como um todo, extraindo-se das normas constitucionais a conformação de tais institutos com os vetores que dirigem esse mesmo sistema.

A metodologia civil constitucional tem representado uma preciosa contribuição para a compreensão e harmonização das normas que compõem o sistema jurídico brasileiro, inaugurado com a Constituição de 1988.

Nesse aspecto é possível depreender que o testamento cerrado se encontra hoje, mais do que na codificação anterior, em perfeita compatibilidade com o ordenamento. A autonomia privada é exercida atualmente sob o manto da dignidade da pessoa humana e, em várias circunstâncias, o testamento cerrado as contempla.

O que se faz necessário é adequar os atos materiais aos tempos atuais, preservando-lhe a segurança.

Durante muito tempo, dada a possibilidade de resguardar e revelar segredos, o testamento cerrado servia, entre outras finalidades, ao reconhecimento de filhos havidos fora do casamento pelos cônjuges.

---

[49] REALE, Miguel. *Questões de direito privado*. São Paulo: Saraiva, 1997, p. 142.

A Lei nº 833/1949 permitia o reconhecimento por meio do testamento cerrado, se já dissolvida a sociedade conjugal (art. 1º, §1º), o que foi modificado pela Lei do Divórcio (Lei nº 6.515/1977, art. 51).[50]

O grande entrave para a difusão do uso do testamento cerrado no Brasil – o instituto nunca foi usual em outras culturas – é a sua fragilidade pela potencial possibilidade de perda da validade com o rompimento do lacre. Para tanto, como é consabido, suficiente é que, em detrimento da certeza que o testador quer impor ao instrumento para que sua vontade seja respeitada e produza os efeitos desejados após a morte, alguém com receio de ser excluído do testamento ou que tenha algum interesse em invalidá-lo, possa romper o lacre, fazendo com que a sucessão se opere na forma da lei (sucessão legítima).

Conclusão

O processo de adaptação do direito aos novos costumes sociais deve ser permanente, mas as mudanças não são acompanhadas no mesmo espaço de tempo em que elas acontecem. Assim é que o intérprete e, de resto, os operadores do direito devem exercitar contínua reflexão sobre as situações jurídicas, levando também em consideração as mudanças ocorridas na sociedade, a exemplo dos avanços tecnológicos.

Dessa maneira, é possível abstrair se as transformações podem ser imediatamente incorporadas à realidade prática, quando o sistema permite a adaptação dentro dos parâmetros legais vigentes ou se será necessária mudança legislativa para essa readequação.

No que diz respeito ao testamento cerrado, o ambiente digital parece permitir a necessária segurança de que carece esse tipo testamentário nos moldes hoje vigentes, em especial aos atos materiais a serem praticados:

> (...) Portanto, se os meios de produção dos atos jurídicos se afastam da realidade social, muito provavelmente, mais cedo ou mais tarde, estes atos acabam não sendo praticados e até mesmo substituídos por outros. Eis, o porquê é de extrema relevância que o hermeneuta e demais operadores do Direito devam fazer uma profunda reflexão sobre o nosso Direito e a necessidade de adaptá-lo aos novos costumes sociais.[51]

---

[50] BORGES, Lisieux Nidimar Dias. Testamento cerrado: readaptado, refletido e redemocratizado na era digital. *Revista IBDFAM Famílias e Sucessões*, Belo Horizonte, IBDFAM, v. 14, mar./abr. 2016, p. 123.

[51] BORGES, Lisieux Nidimar Dias. Testamento cerrado: readaptado, refletido e redemocratizado na era digital. *Revista IBDFAM Famílias e Sucessões*, Belo Horizonte, IBDFAM, v. 14, mar./abr. 2016, p. 127.

De fato, como já referenciado, empresas privadas e o próprio Estado vêm investindo pesadamente na segurança dos dados que circulam pela internet. Com isso, passa-se a contar com um ambiente propício ao atingimento dos fins a que se propõe o testamento cerrado, com a supressão do entrave existente relativo à segurança, à medida que alguns atos podem ser dispensados ou aperfeiçoados para a preservação da validade do instrumento e garantia de sua eficácia.

Não se justifica mais a regulamentação do testamento cerrado como prevê o Código Civil, que optou por repetir já no século XXI formalidades que o aproximam de tempos remotos, onde um documento secreto era escrito e depois lacrado e selado por um agente do Estado.[52]

Se o testamento cerrado contém declarações sigilosas cuja revelação não deve ocorrer antes da morte do testador e que sequer devem ser conhecidas pelo oficial do serviço cartorário onde for lavrado, outras maneiras existem na contemporaneidade de fazer valer a privacidade inerente ao instrumento.

O próprio documento elaborado digitalmente poderia ser transmitido diretamente para o tabelião, que teria ou não acesso ao seu conteúdo, a depender da vontade do testador e somente se aquele possuísse chave para decodificar o documento criptografado, garantindo o sigilo do testamento cerrado. A assinatura do testador se daria de forma eletrônica, assim como das testemunhas, se for o caso.

No que concerne à guarda e armazenamento do testamento, conta-se hoje com tecnologia suficiente para a preservação do conteúdo de documentos digitais, que o imunizam de violações e adulterações. A guarda em bancos de dados criados para essa exclusiva finalidade também se mostra perfeitamente viável e segura.

Quanto ao testamento cerrado, dadas suas especificidades formais, que vão além da forma escrita, da assinatura e do armazenamento, necessária se faz a substituição do cerramento e do lacre, o que é feito com o fechamento e costura do invólucro. A criptografia e o sistema de chaves para assinaturas digitais parecem ser perfeitamente compatíveis com a segurança necessária para manutenção do "lacre" do testamento cerrado, que somente deixaria de ser mecânico, para transmudar-se em digital. O risco de violação seria mínimo, dado que seu conteúdo somente poderia se fazer conhecer por meio de chaves aptas a descodificarem a criptografia.

---

[52] BORGES, Lisieux Nidimar Dias. Testamento cerrado: readaptado, refletido e redemocratizado na era digital. *Revista IBDFAM Famílias e Sucessões*, Belo Horizonte, IBDFAM, v. 14, mar./abr. 2016, p. 128.

É possível concluir que o testamento cerrado é um instituto compatível com o sistema jurídico brasileiro, guardando em si características que o tornam expressão da autonomia privada, tal como apresentada na ordem constitucional estabelecida em 1988. Mais do que a difusão, a própria manutenção do uso desse tipo testamentário demanda adaptações legislativas que podem ser realizadas a partir de estudos conjuntos que envolvam notários, agentes públicos e privados desenvolvedores de programas (*softwares*) e sistemas de segurança e proteção de dados e civilistas, entre outros atores, possibilitando a funcionalização do instituto e tornando seu uso mais acessível à população como um todo.

Referências

ALEXY, Robert. *Teoría de los derechos fundamentales*. Madri: Centro de Estudos Políticos y Constitucionales, 2007.

BORGES, Lisieux Nidimar Dias. Testamento cerrado: readaptado, refletido e redemocratizado na era digital. *Revista IBDFAM* Famílias e Sucessões. Belo Horizonte: IBDFAM, v. 14, p. 117-135, mar./abr. 2016.

CONSELHO NACIONAL DE JUSTIÇA. *Provimento nº 74*, de 31 de julho de 2018. Disponível em: http://www.cnj.jus.br/busca-atos-adm?documento=3517. Acesso em 05 abr. 2019.

GOMES, Orlando. *Sucessões*. Rio de Janeiro: Forense, 1995.

HOUAISS, Antônio. *Dicionário Houaiss da língua portuguesa*. Rio de Janeiro: Objetiva, 2009.

LÔBO, Paulo. *Direito civil*. Parte geral. São Paulo: Saraiva, 2019.

LÔBO, Paulo.*Direito civil*. Sucessões. São Paulo: Saraiva, 2019.

LORENZETTI, Ricardo Luis. *Fundamentos do direito privado*. São Paulo: RT, 1998.

MARTINS, Luciana Mabilia. O direito à privacidade e à intimidade. *In:* MARTINS-COSTA, Judith (Org.). *A reconstrução do direito privado*. São Paulo: RT, 2002, p. 337-371.

MARTINS-COSTA, Judith. Prefácio a CACHAPUZ, Maria Cláudia. Intimidade e vida privada no novo Código Civil brasileiro: uma leitura orientada no discurso jurídico. *In:* MARTINS-COSTA, Judith (Org.). *Modelos de direito privado*. São Paulo: Marcial Pons, 2014, p. 41-47.

MIRANDA, Pontes de. *Tratado de direito privado*. Parte Especial. Tomo III. Negócios jurídicos. Representação. Conteúdo. Forma. Prova. São Paulo: RT, 2012.

PEIXOTO, Erick Lucena Campos; EHRHARDT JÚNIOR, Marcos. Breves notas sobre a ressignificação da privacidade. *Revista Brasileira de Direito Civil* – RBDCivil. Belo Horizonte: IBDCivil, v. 16, p. 35-56, abr./jun. 2018.

PEREIRA, Caio Mário da Silva. *Instituições de direito civil*. Rio de Janeiro: Forense, 2017. v. VI.

PERLINGIERI, Pietro. *Perfis do direito civil*: introdução ao direito civil constitucional. Rio de Janeiro: Renovar, 2002.

REALE, Miguel. *Questões de direito privado*. São Paulo: Saraiva, 1997.

SALDANHA, Nelson. O jardim e a praça: ensaio sobre o lado 'privado' e o lado 'público' da vida social e histórica. *Ciência & Trópico*, Recife, FUNDAJ, p. 105-121, jan./jun., 1983.

SCHREIBER, Anderson. *Direitos da personalidade*. São Paulo: Atlas, 2011.

SELL, Joelson. Segurança da informação em cartórios ganha novas regras. Disponível em: www.blog.notariado.or.br/notarial/seguranca-da-informacao-em-cartorios-ganha-novas-regras#. Acesso em 06 abr. 2019.

SIMÃO, José Fernando; GOMES, Julia Martins. Do testamento cerrado e sua regulamentação. *Revista Nacional de Direito de Família e Sucessões*. São Paulo: Magister, p. 87-99, jan./fev., 2015. Disponível em: https://bdjur.stj.jus.br/jspui/bitstream/2011/101395/testamento_cerrado_regulamentacao_simao.pdf. Acesso em 12.04.2019.

SILVA, Orozimbo Nonato da. *Do testamento*. Conceito e característicos. Direito e liberdade de testar. Minas Gerais: Imprensa Diocesana, 1932.

SILVA, Orozimbo Nonato da. *Estudos sobre sucessão testamentária*. Rio de Janeiro: Forense, 1957. v. I.

TARTUCE, Flávio. *Direito civil*: direito das sucessões. Rio de Janeiro: Forense, 2017.

TEIXEIRA, Ana Carolina Brochado. Autonomia existencial. *In*: TEPEDINO, Gustavo; OLIVA, Milena Donato (Coord.). *Teoria geral do direito civil*: questões controvertidas. Belo Horizonte: Fórum, 2019, p. 153-186.

YOSHIDA, Elias Yoshiaki. Informação, comunicação e a sociedade do conhecimento. Disponível em: www.ime.usp.br/~is/mac339/projetos/2001/demais/elias/. Acesso em: 05 abr. 2019.

Informação bibliográfica deste texto, conforme a NBR 6023:2018 da Associação Brasileira de Normas Técnicas (ABNT):

ANDRADE, Gustavo Henrique Baptista. A longeva privacidade do testamento cerrado e sua utilização na era digital. *In*: EHRHARDT JÚNIOR, Marcos; LOBO, Fabíola Albuquerque (Coord.). *Privacidade e sua compreensão no direito brasileiro*. Belo Horizonte: Fórum, 2019. p. 309-331. ISBN 978-85-450-0694-7.

SOBRE OS AUTORES

Bruno de Lima Acioli
Mestre em Direito pela Universidade Federal de Alagoas (UFAL). Graduado em Direito pelo Centro Universitário CESMAC. Professor de Direito Civil e de Direito Digital da Faculdade de Tecnologia de Alagoas (FAT). *E-mail*: bruno.acioli@uol.com.br

Camila Buarque Cabral
Mestre em Direito Privado pela UFPE. Professora Universitária. Advogada com especialidade em Direito de Família e Sucessões. Pesquisadora do Grupo de Pesquisa Constitucionalização das Relações Privadas (CONREP/UFPE). *E-mail*: camila@buarqueebrito.com.br

Danilo Rafael da Silva Mergulhão
É doutorando em Direito Comercial, pela Universidade de São Paulo. Mestre em Direito pela Universidade Federal de Pernambuco. Especialista em Direito Processual. Bacharel em Direito pela Universidade Católica de Pernambuco. Advogado. Assessor Jurídico do Município de Belo Jardim/PE. Coordenador do Núcleo de Direito de Empresa da Escola Superior da Advocacia de Pernambuco (ESA/PE). Professor da Escola Judicial de Pernambuco (ESMAPE). Supervisor do Núcleo de Prática Jurídica da Faculdade Metropolitana da Grande Recife. Pesquisador do Grupo de Pesquisa "Constitucionalização das Relações Privadas", da UFPE. Professor Universitário. Autor de obras jurídicas. *E-mail*: mergulhaoadvogados@gmail.com

Dante Ponte de Brito
Professor Adjunto II do Departamento de Ciências Jurídicas e do Programa de Pós-Graduação em Direito da Universidade Federal do Piauí (UFPI). Pós-Doutorando em Direito pela Pontifícia Universidade Católica do Rio Grande do Sul (PUCRS). Doutor em Direito pela Universidade Federal de Pernambuco (UFPE). Mestre em Direito pela Universidade Federal da Paraíba (UFPB). Advogado atuante nas áreas de Direito Civil e do Consumidor. *E-mail*: dantephb@ufpi.edu.br

Dimitre Braga Soares de Carvalho
Mestre e Doutor em Direito. Professor Adjunto II da Universidade Federal do Rio Grande do Norte (UFRN), e Adjunto III da UNIFACISA. Membro do Grupo de Pesquisa Constitucionalização das Relações Privadas (CONREP/UFPE-FDR). Advogado. *E-mail*: dimitresoares@hotmail.com

Erick Lucena Campos Peixoto
Advogado. Mestre em Direito pela Universidade Federal de Alagoas (UFAL). Professor de Direito Civil e de Direito Digital na Faculdade de Tecnologia de Alagoas (FAT-AL). Pesquisador no grupo de pesquisa Direito Privado e Contemporaneidade, da Universidade Federal de Alagoas. Membro da Comissão de Inovação e Tecnologia da OAB Alagoas. *E-mail*: ericklucenacp@gmail.com

Fabíola Albuquerque Lobo
Professora-Doutora do Departamento de Direito Privado do Centro de Ciências Jurídicas da UFPE. Professora do Programa de Pós-Graduação em Direito-CCJ/ UFPE. Integrante do Grupo de Pesquisa Constitucionalização das Relações Privadas (CONREP). Associada ao Instituto Brasileiro de Direito de Família (IBDFAM). *E-mail*: fabiolalobo13@gmail.com

Geraldo Frazão de Aquino Júnior
Doutor em Direito pela Universidade Federal de Pernambuco (UFPE). Graduado e Mestre em Direito e em Engenharia Elétrica pela UFPE. *E-mail:* geeraldo.frazao@bcb.gov.br

Gustavo Henrique Baptista Andrade
Pós-Doutorado em Direito Civil pela UERJ. Mestre e Doutor pela UFPE. Pesquisador do Grupo de Pesquisa Constitucionalização das Relações Privadas (CONREP – UFPE). Pesquisador do Grupo de Pesquisa Historicidade e Relatividade do Direito Civil (UERJ). Pesquisador visitante do *Max-Planck-Institut für ausländisches und internationales privatrecht*. Procurador do Município do Recife. *E-mail*: gustavo@gustavoandrade.adv.br

José Barros Correia Júnior
Doutor em Constitucionalização das Relações Privadas pela FDR/UFPE. Pesquisador do grupo de pesquisa Constitucionalização das Relações Privadas (CONREP, da UFPE). Pesquisador do grupo de pesquisa Direito Privado e Contemporaneidade, da UFAL. Professor da graduação e do mestrado da FDA/ UFAL. Advogado militante. *E-mail*: jbarroscjr@msn.com

Karina Barbosa Franco
Mestranda em Direito Público pela UFAL. Professora Universitária. Membro do IBDFAM e IBDCivil. Participante do Grupo de Pesquisa Constitucionalização das Relações Privadas (CONREP/UFPE) e Direito Privado e Contemporaneidade – Linha de Pesquisa: Constitucionalização das Relações Privadas (UFAL). *E-mail*: karybfranco@gmail.com

Luciana Brasileiro
Doutora em Direito Civil (UFPE). Advogada. Professora universitária. Pesquisadora do Grupo de Pesquisa "Constitucionalização das relações privadas". Conselheira científica do Instituto Brasileiro de Direito de Família/PE. *E-mail*: luciana_brasileiro@yahoo.com.br

SOBRE OS AUTORES | 335

Manuel Camelo Ferreira da Silva Netto
Mestrando em Direito pela Universidade Federal de Pernambuco (UFPE). Graduado em Direito pela Universidade Católica de Pernambuco (UNICAP). Pesquisador Bolsista da Coordenação de Aperfeiçoamento de Pessoal de Nível Superior (CAPES). Advogado. Mediador Humanista. Pesquisador do Grupo de Pesquisa Constitucionalização das Relações Privadas (CONREP/ UFPE/CNPq). Membro do Grupo Frida de Gênero e Diversidade (UNICAP). *E-mail*: manuelcamelo2012@hotmail.com

Marcos Ehrhardt Júnior
Advogado. Doutor em Direito pela Universidade Federal de Pernambuco (UFPE) e Mestre pela Universidade Federal de Alagoas (UFAL). Professor de Direito Civil dos cursos de mestrado e graduação da Universidade Federal de Alagoas. Professor de Direito Civil e Direito do Consumidor do Centro Universitário CESMAC. Pesquisador Visitante do Instituto Max-Planck de Direito Privado Comparado e Internacional (Hamburgo, Alemanha). Líder do Grupo de Pesquisa Direito Privado e Contemporaneidade (UFAL). Editor da *Revista Fórum de Direito Civil (RFDC)*. Diretor Regional Nordeste do Instituto Brasileiro de Direito Civil (IBDCivil). Membro do Instituto Brasileiro de Direito de Família (IBDFAM). *E-mail*: marcosehrhardtjr@uol.com.br

Maria Carla Moutinho Nery
Mestre em Direito (UFPE). Assessora Jurídica do Tribunal de Justiça de Pernambuco (TJPE). Professora da Escola Judicial de Pernambuco (ESMAPE) e da Faculdade Salesiana (FASNE). Membro do Grupo de Pesquisa Constitucionalização das relações privadas (UFPE/CNPQ). *E-mail*: mariacarlamoutinho@gmail.com

Maria Rita Holanda
Doutora em Direito Civil (UFPE). Advogada. Professora universitária. Pesquisadora do grupo de pesquisa Constitucionalização das relações privadas. Presidente do Instituto Brasileiro de Direito de Família/PE. *E-mail*: mrholandao@hotmail.com

Patricia Ferreira Rocha
Mestre em Direito Civil pela Universidade Federal de Pernambuco (UFPE). Professora de Famílias e Sucessões na graduação e pós-graduação em Direito, de cursos preparatórios para OAB e carreiras. Pesquisadora do Grupo de Pesquisa CONREP – Constitucionalização das Relações Privadas (UFPE). Membro do IBDFAM. Advogada, Conselheira Seccional e membro da Comissão de Ensino Jurídico da OAB/Alagoas. *E-mail*: patriciarochamcz@hotmail.com

Paula Falcão Albuquerque
Mestra em Direito pela FDA/UFAL. Pesquisadora do grupo de pesquisa Constitucionalização das Relações Privadas (CONREP), da UFPE. Pesquisadora do grupo de pesquisa Direito Privado e Contemporaneidade, da UFAL. Professora de Direito. Advogada. *E-mail*: paula.falcao@hotmail.com

Paulo Lôbo
Doutor em Direito Civil pela USP. Advogado. Ex-Conselheiro do CNJ. Professor Emérito da UFAL.

Esta obra foi composta em fonte Palatino Linotype, corpo 10
e impressa em papel Pólen Bold 70g (miolo) e Supremo 250g (capa)
pela Gráfica Laser Plus.